경북 고령 지역의 언어와 생활

경북 고령 지역의 언어와 생활

지역어 구술 자료 총서 7-3

경북 고령 지역의 언어와 생활

초판 제1쇄 인쇄 2011년 12월 21일
초판 제1쇄 발행 2011년 12월 31일

지 은 이 ‖ 김무식
펴 낸 이 ‖ 국립국어원
펴 낸 곳 ‖ 태학사
　　　　　주소 ∣ 경기도 파주시 문발동 파주출판도시 498-8
　　　　　전화 ∣ (031) 955-7580~2(마케팅부) · 955-7584~90(편집부)
　　　　　전송 ∣ (031) 955-0910
　　　　　홈페이지 ∣ www.thaehaksa.com
　　　　　전자우편 ∣ thaehak4@chol.com
　　　　　등록 ∣ 제 406-2006-00008호

ⓒ 국립국어원, 2011

값은 뒤표지에 있습니다.

ISBN 978-89-5966-478-8 94710
ISBN 978-89-5966-200-5 (세트)

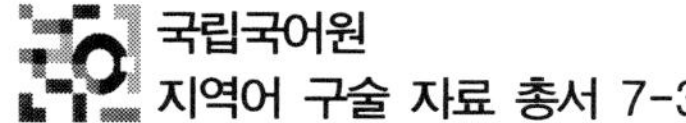
국립국어원
지역어 구술 자료 총서 7-3

경북 고령 지역의 언어와 생활

김무식

태학사

어릴 적 시골에서 자란 필자는 취학하기 전까지는 '옥수수·지렁이'라는 낱말은 몰랐고 오직 '강냉이·거깨~이'라는 낱말만 알았다. 초등학교에 입학하면서 취학 전에 내가 알고 있던 낱말에 대응되는 다른 낱말이 있음을 그때서야 비로소 알았고 이것이 아마도 방언에 대해 가졌던 나의 소박한 첫 인식이었을 것이다. 시간이 흘러 내가 국어학 전공을 하게 되었고 이를 통해 국어와 방언에 대해 일반인보다는 더 많은 관심을 가지고 살아왔다. 다른 곳으로의 여행이나 방언조사를 통해 느끼는 것이지만 시간이 다르게 지역 방언의 차이는 많이 줄어들고 있고 어휘의 변화도 많음을 몸으로 느끼곤 한다. 더욱이 요즘 젊은 세대에서는 각 지역별 어휘를 잘 모르는 경우가 많을 뿐만 아니라 문화적 단절까지 일어나는 경우를 보곤 한다.

교통 및 통신의 발달로 역사상 그 어느 때보다 지리적 차이에 따른 말의 차이가 현저히 줄어들고 있는 이 시기에 이 저술은 우리네 주위의 언어생활과 그에 반영된 문화를 엿볼 수 있는 자료이다. 이 구술발화 총서는 국립국어원에서 매년 실시하고 있는 지역어 조사 사업의 하나로 수행된 것이며 경상북도 고령 지역의 조사는 2007년에 실시되었고 이에 따른 조사보고서도 같은 해에 출간되었다. 이 저술에 실린 구술 발화 자료도 조사 보고서에 포함된 것이다. 기존의 보고서에 포함된 구술 발화는 시간에 쫓겨 그 내용이 잘못된 부분이 많았을 뿐만 아니라 이를 고쳐야 할 필요성이 있었고 조사보고서의 수량도 제한되어 이용 상의 제약이 있었다.

이런 이유로 조사보고서의 구술 발화 부분을 따로 떼어 단행본 형태로 펴낸 것이 이 책이며 이 과정에서 전사의 오류와 잘못된 표준어 대역을 수정하고 주석과 색인을 붙여 이용자에게 편의를 제공하고자 노력했다.

이 저술은 경상북도 고령군 덕곡면에 사시는 박만수 할아버지(조사 당시 만 86세)와 그 부인이신 최금순 할머니(조사 당시 만 70세) 그리고 구술 발화 부분만 담당한 보조 제보자인 도병기 할아버지(조사 당시 만 72세)와 그의 부인이신 '이영희 할머니(조사 당시 만 72세)의 일상 생활에 대해 녹취하고 이를 전사한 것이다. 본 자료집에서 1.2.절은 도병기 님이 주로 구술한 부분이며 부분적으로 그의 부인이신 이영희 님과 주제보자인 박만수 님이 참가했으며, 1.3.절부터는 박만수 님만 구술한 자료이다. 이 책은 세 분의 제보자가 약 4시간 동안 말한 구술 자료를 담고 있는데 여기에는 세 분의 기본적인 삶과 풍습, 민속 등과 같은 문화가 고스란히 녹아 있을 뿐만 아니라 이 분야의 다양한 토박이 어휘들이 그대로 드러나 있다. 이에 필자는 표준어로의 대역과 주석 그리고 색인 작업을 통해 이들 어휘에 대해 가능한 한 상세한 정보를 제공하려고 노력했다. 이 구술 발화 자료는 경북 고령 지역의 어휘를 비롯한 음운, 문법체계의 이해에 도움을 줄 뿐만 아니라 이 지역 토박이 화자의 담화 연구에도 유용할 것으로 판단된다.

이 자료집의 발간은 무엇보다 국립국어원의 관심과 태학사의 도움이 있었기에 가능했다. 기존의 보고서로 발간된 자료를 전사부터 표준어 대역에 이르기까지 다시 점검하면서 그 세부 내용을 고치고 여기에 주로 국어학적 관점에서의 설명인 주석과 색인을 덧붙이는 작업은 생각했던 이상으로 많은 시간과 노력을 필요로 했다. 특히, 보고서에는 성조표시를 하지 않아도 되는 조건이었지만 불완전하나마 성조를 표시하고자 시도한 것이 더욱 필자로 하여금 힘들게 했다. 이처럼 힘들고 많은 시간을 필요로 하는 작업이지만 이를 가능케 한 것은 전임 국립국어원의 원장이신 이상규 선생님, 국립국어원장이신 권재일 선생님과 지역어 조사 사업을 뒤에서

꼼꼼히 챙겨 주신 박민규 선생님의 헌신적인 도움이 있었기에 가능했던 것으로 판단된다. 또, 조사 과정이나 전사 과정에서 여러 가지로 도움 말씀을 주시고 힘들 때마다 격려를 아끼지 않은 지역어 조사위원들이 있었기에 이 단행본이 이렇게나마 모양을 갖출 수 있었다.

이 책의 초벌 전사는 주로 경북대학교 대학원에 재학 중인 김인규 선생이 맡았고 일부는 필자가 직접 했다. 또, 이러한 초벌 전사는 필자에 의해 다시 점검이 이루어졌지만 초벌 전사를 위해 많은 고생을 한 김인규 선생에게도 감사의 말을 전한다. 이 단행본이 간행되기 위해 여러 분들의 도움이 컸지만 가장 많은 도움 주신 분은 이 구술 자료를 제공하신 박만수, 최금순, 도병기, 이영희 어르신이다. 2007년 조사를 할 때나 그 이후 보완 조사를 하기 위해 방문했을 때 언제나 친절하게 맞이하고 자세히 설명해 주신 이 분들께 다시 한 번 감사의 말씀을 드린다. 마지막으로 이 책이 예쁘게 나오도록 편집을 하신 태학사의 편집 담당자와 경제성이 없는 데도 불구하고 책의 출간을 선뜻 맡은 태학사에게도 감사의 말을 전한다.

　국립국어원에서는 2004년도부터 전국의 지역어 조사 사업을 시행하고 있다. 이 사업은 도(道)를 기본 단위로 하여, 각 도에서 한 지점씩 연차적인 조사를 진행해 왔다. 첫 해에는 질문지를 만들고 이를 시험하기 위해 예비조사를 실시하였고, 본격적인 조사는 이듬해인 2005년부터 시작되었다. 관련 학자들이 모여 질문지를 여러 차례에 걸쳐 수정·보완하여 질문지를 간행했으며 방언조사용 그림자료집도 수정·보완 중에 있다. 경상북도 지역은 일차년도 사업으로 상주군 공성면을 조사하였고, 이차년도 사업으로 청송군 진보면 괴정리를, 삼차년도 사업으로 고령군 덕곡면 원송리를 조사지점으로 선정하였다. 이는 지금까지의 조사지점이 동남지역인 경주(예비조사지역), 서북지역인 상주, 동북지역인 청송이었으므로 상대적으로 서남쪽인 고령군을 선정했다.

　2007년도 경북 지역어 조사지로 선정된 고령군 덕곡면 원송리는 고령군의 서북쪽에 위치하며 고령읍에서 약 10km 가량 떨어진 곳이다. 덕곡면은 동쪽으로는 고령군 운수면, 서쪽으로는 경상남도 합천군 가야면, 북쪽으로는 성주군 수륜면과 경계를 이루고 있다. 덕곡면은 지방도로가 남쪽으로 고령읍, 북쪽으로 성주군 수륜면과 가야산 자락의 백운동으로 이어져 있을 뿐만 아니라 서쪽으로 경상남도 합천군 야로면으로 연결되어 있어서 비교적 교통이 발달된 지역이다. 행정단위 이름인 원송리는 자연부락 이름인 '심어동, 아래뜸, 새떰, 기동 마을'로 구성된 전형적인 농촌지역이다.

이 마을 사람은 대개 논농사를 짓고 있으며 이 지역에서 생산된 쌀은 특산물로 유명하며, 최근에는 딸기 재배도 하고 있다. 오늘날 이 지역 사람들의 시장 상권은 고령읍에 있는 고령시장이지만 예전에는 고령시장뿐만 아니라 재를 두 개 넘어서 가는 성주군 수륜시장을 이용하기도 했다. 최근에는 대구에서 시내버스가 연결되어 대구의 시장까지 쉽게 이용하고 있는 지역이다. 이 지역 사람의 통혼권도 위에 제시된 시장 상권과 거의 일치하며 합천군의 일부지역에까지 미치는데 주제보자도 인근 지역에 처가를 두고 있다. 이 지역 사람은 대개 조사지점에서 가까이 위치하고 있는 초등·중학교에 다녔으며 고등학교는 주로 고령읍이나 대구지역으로 진학을 했다. 대중교통편은 이 마을에서 고령읍까지 운행하는 관내의 대중버스와 대구에서 연결되는 시내버스가 있어서 매우 편리하며, 고령읍에서 전국의 여러 도시로 연결되는 시외버스가 운행되어 비교적 교통편이 편리한 곳이다.

경북 고령군 덕곡면 원송리 전경

　　방언자료의 조사는 2007년 7월 4일부터 같은 해 8월 18일까지 고령군 덕곡면 원송리에서 이루어졌다. 예비 조사는 7월 4일부터 7월 10일에 걸쳐 주말에, 본격적인 조사는 여름방학 기간이었던 7월말, 8월 중순에 집중적으로 수행했으며 보완·확인할 내용에 대해서는 12월 8일부터 9일까지 실시했다. 현지조사는 제보자의 집에서 글쓴이가 직접 하였으며 김인규(경북대학교 대학원생)가 녹음을 하고 녹음을 한 후에 파일 관리 등을 했다. 녹음 자료의 정리와 전사는 글쓴이와 김인규가 함께 하였으며 최종적으로 글쓴이가 검토했다. 아울러 이 단행본의 출간을 위한 전사에 대한 교정 작업과 주석 및 찾아보기 작업도 글쓴이가 직접 했다.

　　고령군 덕곡지역은 면사무소와 전임면장님의 도움을 받아 제보자를 섭외하고 실제 대담을 나누었으며 일차로 도병기(조사시 만 72세, 1935년생)님과 그의 부인인 이영희(조사시 만 72세, 1935년생)님을 제보자로 하여 구술발화를 시작했지만 농사부분에 대한 기억이 상대적으로 부족하여 이웃집에 사시는 박만수(조사시 만 86세, 1921년생: 실제나이 82세)님으로 주제보자를 교체했으며 이에 따라 그의 부인인 최금선(조사시 만 72세, 1935년생)님도 보조제보자로 참여했다. 주제보자인 박만수님은 경북 고령군 덕곡면 원송리에서 3대째 살고 있으며 육군 복무를 한 4년을 제외하면 타지에서 생활한 적이 없으며 그의 부인도 같은 면의 노동리에서 태어난 관계로 방언 간섭이 없는 경우이다. 주제보자인 박만수 님은 **나이에 비해** 질문에 대한 이해력이 높은 편이었으며 조사에도 적극적으로 임했지만 높은 연령으로 인해 조사를 함에 따라 음성의 크기가 줄어드는 문제점을 보이기도 했다. 또 가난한 집안의 막내로 태어났지만 자수성가한 편이며 성격은 차분하며 사회성이 좋은 편이다. 이 분은 무학이지만 한글을 깨우치고 있으며 성주풀이와 민요도 곧잘 부르지만 기억력의 감퇴로 정확하게 구술은 하지 못하는 편이다. 주제보자인 박만수 님은 어휘, 음운, 문법 부분과 구술발화 중 8시간 분량을 참여했으며 보조제보자인 그의 부인 최금

제보자 박만수 님과 그의 부인 최금선 님

제보자 도병기 님과 그의 부인 이영희 님

선 님은 어휘 부분에서 주로 여성과 관련된 내용에 참여했다. 이 구술자
료집의 1.3.(생업활동)절부터는 주제보자인 박만수 님이 기술한 부분이다.

보조제보자인 도병기 님은 고령군 덕곡면 원송리에서 3대째 거주하고
있으며 학력은 고졸이지만 고령에서 학교를 다닌 관계로 지역의 말씨를
그대로 잘 반영하고 있었지만 음성의 변이형이 매우 다양하게 실현되는
특징을 보이기도 했다. 전임면장 님의 소개를 받았으며 음량이 풍부하며
조사에도 매우 협조적이었다. 도병기 님의 부인 이영희 님은 이웃하는 지
역인 성주군 수륜면에서 20살 때 시집을 와서 계속 이 지역에서 살았으며
목소리가 매우 뚜렷한 것이 특징이다. 도병기 님은 구술발화 4시간 분량
(파일1, 2, 3, 4)을, 이영희 님은 구술발화1, 2에서 부분적으로 참여했다. 더
운 날씨와 여러 가지 힘든 작업인데도 불구하고 자료 조사에 협조해 주신
네 분에게 이 자리를 빌어서 감사의 말씀을 드리며 늘 건강하게 사시길
빌어본다.

이 지역에서는 모두 725분 정도의 구술발화를 조사하였지만 이 중에서
전사를 한 것은 4시간 정도의 녹음 분량이다. 이 번 조사에서 구술발화나
음운, 문법, 어휘 항목에 걸친 전반적인 부분은 주제보자인 박만수 님이
담당하였다. 이번에 출간하는 자료에도 주로 주 제보자를 중심으로 조사
가 이루어졌지만 다만 1.2.절 부분은 보조제보자인 도병기 님을 중심으로
이영희, 박만수 님이 보조적으로 참여하는 형식으로 이루어졌다.

전사

제보자의 구술발화 자료는 MARANZ PMD660 디지털 녹음기로 메모리카
드에 직접 녹음하였으며 자료는 GoldWave 무른모를 이용하여 음성파일로
변환하였다. 이 음성파일을 컴퓨터에서 재생하여 들으면서 전사무른모인
Transcriber 1.4를 이용하여 음성파일을 분절하고 전사를 하였다. 전사는

글쓴이와 김인규(경북대 대학원)가 나누어 초벌전사를 하였으며 전사 자료는 보고서를 작성하는 단계에서 글쓴이가 다시 점검했다. 또, 이번에 단행본을 내기 위해서 글쓴이가 다시 점검하였다. 초벌 전사와 방언조사 과정에서 고생한 김인규 선생에게 고마움을 전한다.

전사는 하나의 문장을 어절 단위로 하여 소리 나는 대로 전사하는 것을 원칙으로 하였지만 하나의 억양 단위로 소리 나는 경우에는 어절보다 큰 단위로 전사한 경우도 있었다. 현대 한글로 전사가 어려운 경우에는 특수 문자를 이용하거나 국제음성자모를 나란히 부기하기도 했다. 경북 고령 지역어는 단모음 /ㅔ/와 /ㅐ/, /ㅡ/와 /ㅓ/, 마찰음 /ㅅ/과 /ㅆ/이 서로 중화되어 변별적이지 않을 뿐만 아니라 전설의 원순모음인 /ㅟ/와 /ㅚ/도 일반적인 환경에서는 단모음으로 실현되지 않는다. 음운론적으로는 이들 자·모음이 서로 비변별적이기는 하지만 이 번 전사 자료에서는 음성적으로 가까운 쪽을 택하여 이들 자·모음을 전사했다. 즉, /ㅔ/와 /ㅐ/모음은 음운론적으로 중화된 경우이지만 음성적으로 [ㅔ]에 가까우면 '에'로 전사하였다. 비모음(鼻母音)은 비모음 기호(~)를 이용하여 나타냈으며 이 지역방언이 기본적으로 성조가 실현되는 지역이므로 이도 본문에 표시를 하려고 노력했다. 기본적으로 긴소리는 장음표시부호(:)를, 아주 인상적인 긴소리는 인상적 장음표시부호(::)를 사용했으며, 높은소리는 고음표시부호('), 상승조는 모음자를 중복해서 적고 뒷모음의 오른쪽 위에 (')표시를 하며, 하강조는 모음자를 중복해서 적고 앞 모음의 오른쪽 위에 (')표시를 했다. 고장조는 모음자를 중복해서 적고 두 모음의 각각의 해당 음절 오른쪽에 (')표시를 했다. 구술발화 자료의 경우 보고서에는 음장만 표시하기로 하고 성조표시는 안 해도 되었지만 이용자의 편의성을 높이기 위해 다소 정확성이 떨어지더라도 이 지역어의 특성인 성조표시까지 하였음을 밝히며 차후에 음성자료가 공개될 때 부족한 부분을 보완해 주기를 바란다.

본문의 글자체와 전사에 사용된 부호는 다음과 같다.

고딕체	조사자/ 보조조사자
명조체	제보자
ˉ	제1 제보자
=	제2 제보자
≡	제3 제보자
:	장음의 표시이며 길이가 상당히 길 경우 ::처럼 장음표시를 겹쳐 사용했다.
*	청취가 불가능한 부분 또는 표준어로의 번역이 불가능한 경우
	질문지와 주제가 다른 경우
+	색인에서 방언과 대응 표준어에 의미 차이가 있는 경우
++	색인에서 방언에 대응하는 표준어가 없는 경우
[x x]	전사부분에서 잘 들리지 않지만 추측이 가능한 표현인 경우

주석

　주석은 각 장마다 주를 몰아서 붙인 미주(尾註) 방식을 택했다. 이 자료를 이용하는 독자의 입장에서는 각주(脚註) 방식이 편리하겠지만 책의 편집 과정에서 불가피하게 미주로 처리할 수밖에 없었다. 주석은 가능한 한 친절하게 제공하려고 노력하였다. 주로 새로운 어휘나 표현이 이해하기 곤란한 경우에 그 의미를 풀이하였지만 형태에 대한 음운적 해석이나 문법형태에 대해서도 최소한의 범위에서 그 기능에 대해 간략한 설명을 붙여 독자의 이해를 돕고자 했다. 경우에 따라 경북의 다른 지역에서 사용되는 방언형도 밝히기도 했으며 독자의 편의를 위해 다소 비슷한 내용의 주석이 반복되기도 했음을 밝힌다.

표준어 대역

전사된 방언 자료에 대해서는 모두 표준어 대역을 제시했다. 원래의 조사보고서에서는 원칙적으로 문장 단위로 표준어 대역을 달았으나 여기서는 문장보다 더 큰 의미 단락이 그 잣대가 되었다. 표준어 대역을 별도의 쪽에 배치한 것도 조사보고서와는 달라진 부분이며 이는 독자들이 원문과 표준어 대역문을 쉽게 대조해서 읽을 수 있도록 배려한 조치이다.

전사한 방언 자료를 표준어로 옮길 때는 직역하는 것을 원칙으로 하였으며 직역이 불가능한 경우에는 주석을 붙여 표시하였다. 문장 중간에 '어, 저, 거, 인제, 은제, 머'와 같은 군말이나 담화표지도 가능하면 표준어로 살리려고 노력했지만 한꺼번에 연이어 나타날 때에는 적절히 조절하였다. 적당한 표준어 어휘나 대응 표현이 없는 경우에는 방언형을 그대로 표준어에 사용하고 이를 주석으로 표시했다. 전사가 불가능하거나 전사한 방언 표현의 의미가 불확실한 경우에도 각각 *를 이용하여 표시했다.

찾아보기

이 자료가 지역어 자료임을 고려하여 이 책의 끝부분에 표준어에 대응되는 방언형의 찾아보기(索引)를 붙였다. 찾아보기는 표준어형을 먼저 제시하고 그에 대응되는 방언형을 제시하는 방법을 택했으며, 이는 타지역 방언사용자를 고려한 조치이다. 찾아보기에서 체언은 방언형을 가능한 한 형태음소적으로 표기하려고 했지만 음성형을 그대로 제시한 예도 있으며, 용언은 예문에 사용된 활용형을 그대로 제시하였다.

일생 의례

제보자의 출생과 성장
결혼하기까지의 과정
전통적 혼례식

　어르신 그 음1) 아까 쪼'구믄2) 이야기 하셔씀미다마너3) 어디서 출생을 하셔
꼬, 그 다으메 사라오신는4) 과정이라든지, 그 다음메 나이하고5) 이런데 대해서
어 함분6) 쭉:7), 함분 이야기 쫌 해주십씨오8), 예?

　＝ 여'기선 지9), 지가 참 나씀미다.

　＝ 여'선10) 나가'조서11) 여'서 크고, 여섬12) 머 헤씀미다13).

　＝ 나는 지끔14) 현제 이 이'른 스 서이'미'다15).

　＝ 어 이른 서이16)고.

　얼신17) 거머느18) 띠'는' 어'뜨게19) 뎀미까?

　￣ 띠'는' 내 내껠20) 으 데'지떰미다.

　￣ 네, 을'레21)생.

　그엄22) 여기 그 동네 이름하고23) 그거 어 함 번 군, 면, 동까지 쫌 함 이야기
해 주십씨요.

　＝ 네:, 여 구는 고령구~'24)이고예25), 은자26) 며는 덕꽁며~이고, 그 다음
머27) 동은 예, 그 원송동 내에서 다니부라기28) 이씀미다.

　＝ 다니부라근 심:무동', 그 다음메 중떰, 세:땀29), 기동, 응 네, 그래 네
부라기 합, 합쳐가조서 우 원송이라꼬 함미더30).

　＝ 워 원송은 워뚜31) 원짜, 솔 송짜, 함무느로32) 하며는.

　그 다으메 어르신 그 부몬님 고'향하고 부모니미 예저네 생'어블 어떵33) 걸
하션는지 쫌 이야기해 주십씨요.

　＝ 네.

어르신 그 음, 아까 조금은 이야기를 하셨습니다마는 어디에서 출생을 하셨고, 그 다음에 살아오셨던 과정이라든지, 그 다음에 나이나 이런 것에 대해서 음, 한 번 쭉, 한 번 이야기를 좀 해주십시오, 예?

= 여기서 제, 제가 참 태어났습니다.

= 여기서는 태어나 가지고서 여기서 컸고, 여기서 뭐 했습니다.

= 나이는 지금 현재 일, 일흔셋 살입니다.

= 어, 일흔셋이고.

어르신 그러면은 띠는 어떻게 됩니까?

‾ 띠는 내, 나에게 음, 돼지띠입니다.

‾ 네, 을해(乙亥)생.

그럼 여기 그 동네 이름과 그것 음, 한 번 군, 면, 동까지 좀 한 번 이야기를 해 주십시오.

= 네, 여기 군은 고령군이고요, 인제 면은 덕곡면이고, 그 다음은 동은 그 원송동 내에서 단위부락이 있습니다.

= 단위부락은 심무동, 그 다음에 중뜸, 세땀[34], 기동, 음 네, 그래 네 부락이 합, 합쳐 가지고서 원송이라고 합니다.

= 원, 원송은 으뜸 원(元)자, 솔 송(松)자, 한문으로 하면은.

그 다음에 어르신 그 부모님 고향하고 부모님이 예전에 생업을 어떤 것을 하셨는지 좀 이야기를 해 주십시오.

= 네.

= 우리 에 웅35) 참 조'본님부텽36) 이 여이37) 여기 인자 오시38) 가조서39) 곱40) 모:실 때'에는 참 거41) 저 소:니42) 업써43) 가조서 그래 고'향을 떠나따 이'캅띠더44).

= 소 소니 인자 머 참 업승기45) 여 소~이46) 쩌47), 고양48)을 떠나며는 소니 하나다::, 이른49) 음 웅 거스로 해 가조서 이여50) 고향을 떠나 가조서 여서 참 미'테'까'지51) 이52)에 거 살고 아주 이씀'미다.

= 머 여소53) 해바떤54) 머 참 실찌55) 살기거56) 그 당시머 해도 골란해 가지어 나룬농'사57)하고 머 고'래 지58) 논예59) 여 머 참 억'찔'로60) 아주 살고 아주 그렁갑61) 씨'띠더62).

그라므63) 주로 어 나랑'농'사64)를 으 예정네도65) 부모님께서도 나랑'농'사를 주로 하셔씀미까?

= 녜에.

= 땅66) 건 아나고67), 나랑농'사마.

그 다음메 그 부모님 그 또 그럼며느 여기서 태어나셔꼬?

= 야68), 읍 그래.

증조부 붇?

= 아버'지는 모리게'써예69), 거섣 태'어난능강70), 여'서 태'어난네71) 거늠72) 모리게'써여, 실찌73), 넴.

= 멈 도'라가시따74) 봉게네75) 굼 무 굼 무 무'를 쑤도 어꼬이76), 여서 태어난느가77) 어떼78) 저어뜬79).

‾ 그 어르니 저게섣 조'보80)땐 태'어나 가주고 일로 오시찌 시푼데81).

= 네.

= 조보 때.

‾ 태러나기는82).

= 네, 고양83)에서.

‾ **, 웅, 고양에서.

ᵁ 우리 에, 음, 참 조부님부터 이 여기, 여기 인제 오셔 가지고서 그 모실 때에는 참, 거기 저 자손이 없어 가지고서 그래서 고향을 떠났다고 이렇게 말합디다.

ᵁ 손, 자손이 인제 뭐 참 없으니까 여 손이 저, 고향을 떠나면은 손이 하나다, 음84) 이런 것으로 해 가지고서 인제 고향을 떠나 가지고서 여기에서 몇 해까지 이곳에 거기에, 아주 살고 있습니다.

ᵁ 뭐, 여기서 해 보았던, 뭐 참 실제로 살기가 그 당시만 해도 곤란해 가지고 벼농사하고 뭐 그래 지어 놓으니까 여기 뭐 참 억지로 아주 살고 아주 그러한가 싶습니다.

그러면 주로 음 벼농사를 음 예전에도 부모님께서도 벼농사를 주로 하셨습니까?

ᵁ 네.

ᵁ 다른 것은 안 하고, 벼농사만.

그 다음에 그 부모님 그, 또 그러면은 여기에서 태어났셔고요?

ᵁ 예, 음 그래요.

증조부 부도?

ᵁ 아버지는 모르겠네요, 거기에서 태어났는지, 여기에서 태어났는 것은 모르겠어요, 실제, 네.

ᵁ 뭐 돌아가셨다 보니까 그 물을, 그 물을, 물을 수도 없고, 여기서 태어났는지 어떻게 되었든.

ᵀ 그 어른이 저기에서 조부 때 태어나 가지고 여기로 오셨지 싶은데.

ᵁ 네.

ᵁ 조부 때.

ᵀ 태어나기는.

ᵁ 네, 고향에서.

ᵀ **, 응, 고향에서.

= 네.

고 다으메 어므니믄 고양이 어디심미까?

˭ 그 어머니느 고'양은 저어 성주군85) 수륩면86) 윤'동이라카는87) 또 동네 거'는88) 순 멈 거 김'씨드리, 이승김'씨들맏89) 대'성'바'짇90) 짜고91) 삼미다.

그 다으메 어 어르신 형제널 그에 대해서 쫌 이야기 해주십씨요, 예?

= 네.

= 형'제는 삼형'젠' 두온는데92) 지금 형'어이93) 짐94) 머 그 형제뿐임미다.

= 우리형'이 이'서은데95) 형은 그 당'시에 유변사변96) 머리97) 참 거 어 주'구씀미다98).

건99) 동생부는?

= 동생'은 지'끔 그래 요100) 이따감101) 머 참 서울서 상고102) 공부하'고, 그래 서울서 또 직짱 셍활하'고 하다가 지끄름103) 미욱104) 가아주오105) 참 머찌106) 잘 살고 이씀미다.

˭ 참 나 나'느 이'래 몬'107) 사르도108).

혹씨 여형제느너 며치나 뎀미까?

˭ 여'형'제느 참 씨109) 매110) 처메늠111) 마:는'데112), 울 엄무'이113)가 열두를 가따가 나안는데114), 밤115) 빼'끼116) 아즈 어첨117) 몽' 키'아써여.

= 현제는 눈'님'118) 두 둘'하곤, 동생 하나뿌~'119)이라여.

= 니, 이 여행:제120)는.

어르신 그어 항녀근 어트게 데은지 함 이야기?

˭ 그어 항녀근 참 씨 먹 좀 머욱121) 거 참 거 고'등'하꼬'꺼지 해씀미다.

˭ 그어 우 고크122) 헤'따 케도 그 그날쫑에 유변사변또 지나고 머 허'덩'거'덩'123) 피'늠 머리 올키124) 참 공부도 하도 몯 몸 몸 모데꼬 머 기~'양 허동고도~이125) 그래고 먼 참 넝가'찌여126).

˝ 네.

그 다음에 어머님은 고향이 어디십니까?

˝ 그 어머니는 고향이 저기 성주군 수륜면 윤동이라고 하는, 또 동네 거기는 순전히 뭐 그 김씨들이, 의성김씨들만 대성(大姓)바지들로 짜고 삽니다.

그 다음에 어, 어르신 형제는 그에 대해서 좀 이야기를 해주십시오, 예?

˝ 네.

˝ 형제는 세 형제를 두었는데 지금 형이 지금 뭐 그 형제뿐[127]입니다.

˝ 우리 형이 있었는데 형은 그 당시에 6.25사변 즈음 참 거기 음, 죽었습니다.

그럼 동생분은?

˝ 동생은 지금 그래 여기에 있다가는 뭐 참 서울에서 늘 공부하고, 그래 서울에서 또 직장 생활을 하고 하다가 지금은 미국에 가 가지고 참 멋지게 잘 살고 있습니다.

˝ 참, 나, 나는 이래 못 살아도.

혹시 여형제는 몇이나 됩니까?

˝ 여형제는 참 맨 첨에는 많았는데, 우리 어머니가 열둘을 가져다가 낳았는데, 반밖에 아주 엄청 못 키웠어요.

˝ 현재는 누님 두, 둘과 동생 하나뿐이예요.

˝ 이, 여형제는.

어르신 그 학력은 어떻게 되는지 한 번 이야기를?

˝ 거기 학력은 참, 뭐 좀 뭐 거 참, 그 고등학교까지 했습니다.

˝ 그 우리 고렇게 했다고 해도 그, 그날쯤에 6.25사변도 지냈고 뭐 허둥지둥 게으름을 피우는 즈음에 옳게 참 공부도 하지도 못, 못했고 뭐 그냥 허둥지둥 그리고 뭐 참말로 넘겼지요.

결혼하기까지의 과정

그 다으메 어르신 그 어 부인께서느 아까 어머님, 그 부인께서느 어뜨께 어디 출시니고?

＝ 메, 네, 거는 절, 네.

＝ 성주군 수륜면 셰'빌[128)카는데, 거더느[129) 거느 그 동네는 또 선'산니 이'가'들마[130) 손자[131) 살고 이, 거이[132) 짜이, 자이[133) 거서 참 제실 지키, 지키 노코 참 그래 몸 문중을 지키감미느 그래 삼스[134), 사는, 사는 동넴미다[135).

그러며느 거이스[136) 어 수륜 그 새별마으린데, 그 어뜨케 스 만나셔씀미까?

＝ 아:, 만낼[137) 때'느 실'쩨' 보'며는 우리 히[138), 우리 형'이 참' 잘나'써요.

＝ 우리 형' 중매'자가 우리 형' 보고 그 당시에 인자 참 유변사변내[139) 인자 주'군[140) 줄 모르고, 그 짬 고, 고인덴'[141) 지[142)는 모르고 거'서 그 셰빌레에[143) 대해서 우리가 농'사를 가따가[144) 우'리가 서'마지리가[145) 저 우리가 이저[146) 거서 그 동네 사람믈 가따가 그'기'[147) 바론 자연지'비라[148).

＝ 우리가 부'쳐써여.

＝ 그'업' 자은지'베서[149) 아: 우리가 거 김 마[150) 씨 약사'하고~[151) 참 그 수 곡[152), 그 예전 요'라[153) 함며는 수:매'르[154) 뎅'기써요[155).

＝ 수, 수매로[156) 함멘[157) 일'려'넫 제[158) 가을' 때' 데가질 데'며는 인자 은 나랑농'사가 잘: 덴'나, 몬 덴나 거석 와가'조서[159) 그래 수[160) 부, 수를 보고 한데, 우리 형'이 그 당시에 참 잘라'써여[161).

　그 다음에 어르신, 그 음 부인께서는 아까 어머님, 그 부인께서는 어떻게 어디 출신이시고?

　＝ 뭐, 예, 거기는 저, 네.

　＝ 성주군 수륜면 새별이라고 하는데, 그 동네는 그는, 그 동네는 또 선산이가들만 혼자 살고 있고, 거기 자기, 자기들이 거기서 참 제실을 지키고, 지켜 놓고 참 그렇게 문중, 문중을 지켜가면서 그래 쌓으면서 사는, 사는 동네입니다.

　그러면은 거기서 음 수륜 그 새별마을인데, 그 어떻게 해서 만나셨습니까?

　＝ 아, 만날 때는 실제 보면은 우리 형, 우리 형이 참 잘났어요.

　＝ 우리 형 중매자가 우리 형을 보고, 그 당시에 인제 참 6.25사변에 인제 죽은 줄을 모르고, 그 참 고인, 고인인데 자기는 모르고 거기서, 그 새별에 대해서 우리가 농사를 우리가 세 마지기가, 저 우리가 이제 거기서 그 동네 사람이 그 곳이 바로 작은집이라.

　＝ 우리가 부쳤어요162).

　＝ 그럼 작은집에서 아, 우리가 그 그냥 약속하고, 참 그 수곡, 그 예전 요령으로 말하면 소작료를 매기러 다녔어요.

　＝ 수, 수매량을 매기려고 하면 일년에 인제 가을 때 되어서, 되면은 인제 음 벼농사가 잘 되었나, 못 되었나, 거기서 와 가지고서 그래서 수매량을 보고, 수매량을 보고 하는데, 우리 형이 그 당시에 참 잘났어요.

= 잘랑163) 엥게네164), 잘라고 그도 무165) 장사도 하고 사람 몸 그래 항
게네 데'따166) 시퍼서 그래 거 참 자은지'비다 봉게네 큰지'반테167) 약싸
고 거래지 입, 그랠 이 야간168) 머식169) 그른 니리 이싱'게네170) 곰마 저
나 거뜸먼171) 그래 하마172) 안 데겐나'아 카미성173), 그래 이야기 핸는 거
시 예저네는 성또뿌맘174) 중매자마175) 시'라다끼176) 멈머177) 조타캄'마178)
이 성, 선도 보도179) 아나고, 그'래 가주오섬180) 그래 즈쯤 머 으 참 은 난,
나도 그대으181) 수물 스, 수무' 살 덴는데 앙 갈리케사'도182) 부모니미 고
뚬 이우183)동네고 그러다 봉께 감문도184) 조코 황게네185) 곰맘186) 그래
머 먹'찔로187) 몸 모 으 참'188) 가찌에189).

= 그'리' 가써에.

= 저'어190)는 순: 그래 우리 형이 그래 그녀여191) 막 그래 음 머 은저 나안
주곰192) 바'까 가주고 옹'게네 곰머193) 저'서도 깜짱194) 놀래 뿐능195) 기래여.

= 굽 그거저넨 보'는 사래미196) 아197) 와오고 옹뜨한 사름 타카198) 옹'게네.

= 그리스 해쓰어.

= 실찌199), 실찌 그래 덴능200) 기래201).

머 어르신 형님께서도 어 잘 생겨꼬 그러시니까?

= 예, 녜, 네 홍 그 예, 그 그 당시에느 히202), 우린 나는 내, 내 형 응 그으'
마203) 보고 그레케 저'서느 응 크은 디빠까'서204) 핸 테이지205), 디바까서.

므 어르신도 잘생기?

= 어이구 내' 머 내'야 몬내~'이206)라고 멈 머 우리 형제 중에선 제일 몬
내~이라꼬 짱 모이카능긴데 뭐.

아, 그래서 중매::결'호늘 하셔따, 그지예?

= 여, 중미~, 중매' 결혼해써여.

그러면 그때 중매 결혼하시고 중매하신 부니 그 자근 처 저 처가찌벨 쩌 그거
자근때기지예?

= 그리, 크르치207).

＝ 잘난 것을 아니까, 잘났고 뭐 장사도 하고 사람의 몸이 그렇게 되니까 되었다고 싶어서, 그래 그 마침 작은집이다 보니까 큰집한테 약속하고 그랬지, 이 그래 이 여간 무슨 그런 일이 있으니까 그만 작은아이 같으면 그래 하면 안 되겠나 하면서, 그래 이야기를 했던 것이 예전에는 선도 중매자만 '실하다'고 뭐 좋다고 하면 이 선, 선도 보지도 않고 그래 가지고서 그래 저, 뭐 참 나는, 나도 그 때는 스물, 스물, 스무 살이 되었는데 안 가려고 해도 부모님이 그 또 이웃동네고 그러다 보니까 가문도 좋고 하니까 그만 그래 뭐, 억지로 뭐 그냥 갔지요.

＝ 그리 갔어요.

＝ 저기는 순 그래 우리 형이 그래 그래서, 막 그래 음 뭐 인제 나중에는 바꾸어 가지고 오니까 그만 저기서도 깜짝 놀라 버린 것이지요.

＝ 그 그전에 본 사람이 안 오고 엉뚱한 사람이 타서 오니까.

＝ 그렇게 했어.

＝ 실제, 실제 그래 되었는 것이라.

뭐 어르신 형님께서도 음 잘 생겼고 그러시니까?

＝ 예, 네 그 예, 그 당시에는 형, 우리는 나는 내, 내 형 음 그것만 보고 그렇게 저기서는 음 그 뒤바꾸어서 한 턱이지, 뒤바꾸어서.

뭐, 어르신도 잘 생겼는데요?

＝ 아이고, 내 뭐, 내야 못난이라고 뭐, 우리 형제 중에서는 제일 못난이라고 짝 모여가지고 하는데 뭐.

아, 그래서 중매 결혼을 하셨다, 그렇지요?

＝ 여기, 중매, 중매 결혼했어요.

그러면, 그 때 중매 결혼을 하시고 중매하신 분이 그 작은 처, 처갑집에 저 그것, 작은댁이지요?

＝ 그래, 그렇지요.

　　혹씨 그기 쎼별:마으208) 그 부부느 대헤선 쫌 함 부 이야기해 주실 수 이씀
미까, 아시는 데로, 호오씨?

　＝ 셰빌∷ 동네는 지뤄이209) 우릳: 여'서는 그 당시엠마210) 해도 참'211) 안:
냥바~이212) 참 드레 가고 아네'심네까.

　＝ 저 드레 가고 해'찌만도 셰빌 똥네느213) 아네서214) 드레 가능 기 업
써요.

　＝ 응, 그 당시엠메도215) 드리216) 가닝기217) 거꼬218), 바끄로 나 나안219)
니리 엄능기라.

　＝ 으음 벅 거 거거 이인자 왜 그리 양반 똥네라꼬.

　＝ 그'래아220) 여' 와가주소221) 여어는 풍'스비 틀대'그덩222).

　＝ 여느 여느 아:느로 머 주'롭 뚬 모두223) 숭꼬224) 항게네 먼 저'서 보마
야단난 난 난 나찌, 멈 머 영 머 참 시지브225) 잘 몸 몸 보네따꼬 맘226)
다부227) 두 둘고228) 오라카고 머머 껜자~이229) 해써.

　　아주 고께 자라셔 가주고.

　＝ 네, 저 참230) 그 사:남매에서 딸 하나 아들 서:이 그른데, 그 부자찌베
서 그림231) 무 좀.

　＝ 또 재인:어른도232) 끔머 참 맨장끈장233) 하고 먼 똑똑해'써.

　＝ 또'스'한234) 데다가 이리 머 참 그래 보내농게네 멈 머 참 쩌 아이'라 참.

　＝ 그 사우235) 잘 몸236) 바서 그래가주움 머 어히237) 이 시'상238) 베리
따239) 케도 과현240) 아이라.

　＝ 쏙 골'병히 드러가, 드러가주오.

　　$ 보조제보자에게 협조 요청

　　어머님믄 거면241) 어르신 벱:찌도 모242) 하고 말씀만 드꼬 그러게 호닌하션
네예?

　＝ 예, 무, 호, 예, 예, 이부찌243) 울 자은지우244) 하라버지가 그래 조타
카능기라요.

혹시 거기 새별마을, 그 부분에 대해서는 좀 한 번 이야기해 주실 수 있습니까, 아시는 대로, 혹시?

▪ 새별 동네는 지금 우리 여기에서는 그 당시에만 하더라도 정말 아녀자는 정말 들에 가고 안 했습니까?

▪ 저기 들에 가고 했지만도 새별 동네는 안사람이 들에 나가는 것이 없어요.

▪ 음, 그 당시에만 하더라도 들에 가는 것이 없고, 밖으로 나, 나간 일이 없는 것이라.

▪ 음, 뭐 그, 그것 인제 왜, 그렇게 양반 동네라고.

▪ 그래서 여기 와 가지고 여기는 풍습이 달랐거든.

▪ 여기는, 여기는 안으로 뭐 주로 또 모도 심고 하니까 뭐 여기를 저기에서 보면 야단났, 났, 났지, 뭐 그냥 뭐 참말로 시집을 잘 못, 못 보냈다고, 그냥 도로 데려 오라고 하고, 뭐 굉장히 했어.

아주 곱게 자라 가지고.

▪ 네, 저 그냥 그 사남매 중에서 딸 하나, 아들 셋이 그런데, 그 부자 집에서 그러면 뭐 좀.

▪ 또 장인 어른도 그 뭐 참 면장까지 하고 뭐 똑똑했어.

▪ 그러한 데다가 일이 뭐 그냥 그래 보내 놓으니까 뭐 뭐, 참 저기가 아니라 참.

▪ 그 사위 잘 못 봐서 그래 가지고 뭐 어찌 이 세상을 버렸다고 해도 과언이 아니라.

▪ 속 골병이 들어서, 들어 가지고.

$ 보조제보자에게 협조 요청

어머님은 그러면 어르신 뵙지도 못 하고 말씀만 듣고 그렇게 혼인을 하셨네요?

▪ 예, 뭐 혼, 예, 이웃집 우리 작은집의 할아버지가 그래 좋다고 하는 것이라요.

■ 그래 머 내 말만 드꼬 해라', 안 쏘'이께네245).

■ 예, 그래'도 선도 보도 아나고, 옌'나'레 바씀미까.

■ 보'다246) 아나구247) 그르248) 무 시집 와찌 머.

그 어 어머님 그 동네는 어떤 동넨지 함 분249) 쫌 이야기 해주이소?

그 애'저네 자라셔떤 친정 동네 함 부 거 자랑 쫌 해주십시오, 그 어떤 동넨카?

■ 으으, 고 특'뼈'란250) 자랑도 어꼬예251), 저 친정을252) 그 옌나레 잘 사라씸미다253).

■ 참 머 머 머 종: 디'러254) 노코 예 머슴 멀 큰'머슴, 자근'머슴, 중'강마씀255) 젤'256) 띠리 노코, 그래 잘: 사라씸더, 옌나레.

■ 그 마으레서는 제일 잘 잘 사라찌, 머.

어 그 어머님께서느 아주 그으기 자근 삼촌, 자근아부지257) 말씀만 드꼬 일로258) 오셔가주고 완전히 마, 아 지그미야 조치마느 처음 오셔쓸 때느 마니 저 어굴또259), 어'굴하고 하셔께씀미다?

■ 쏘가찌260) 머.

■ 그키261) 시집 오'이'께네 사'러보'이께네 머 이럼262) 마음 저런 맘더263) 어꺼264) 머 개안습띠'더265).

그럼며느 그때 중매를 하고 머 결호늘 어떤 시그로 하셔는지 함266) 머 어르신께서 함 이야기해 주이소.

중매 그르가 어르신 형님 보고 중매를 하셔는데, 그래가 결혼까지 어뜨케 핸는가 함 분 이야기해 주이소.

■ 예, 그래가주고.

■ 그 그어 그 당시에 인자 그 나를 자꼬 그래으 노마267) 인자 그 인잔 저 장게268) 갈 때는 기양269) 거러서 인자 거 거러서 가데 여'서 인자 관대'하고 그글' 가따아 열 한 사람 그을270) 질'미지271) 가주고 가찌여.

■ 그 디에 그 서'이'가272) 가능기라.

▪ 그래, 뭐 내 말만 듣고 해라, 안 속이니까.

▪ 예, 그래도 선도 보지도 않고, 옛날에 봤습니까273)?

▪ 보지도 않고 그렇게 뭐 시집을 왔지 뭐.

그 어, 어머님 그 동네는 어떤 동네인지 한 번 좀 이야기를 해주십시오.

그 예전에 자라셨던 친정 동네 한 번 그 자랑을 좀 해주십시오, 그 어떤 동네인가?

▪ 음, 그 특별한 자랑도 없고요, 저 친정은 그 옛날에 잘 살았습니다.

▪ 그냥 뭐 뭐, 종을 들여 놓고 예, 머슴 뭐, 상머슴, 곁머슴, 중간머슴을 제일 많이 들여 놓고, 그렇게 잘 살았습니다, 옛날에.

▪ 그 마을에서는 제일 잘, 잘 살았지, 뭐.

음, 그 어머니께서는 아주 거기 작은 삼촌, 작은아버지 말씀만 듣고 이리로 오셔 가지고 완전히 그냥, 아 지금이야 좋지마는 처음 오셨을 때는 많이 저 억울하고도, 억울하고 하셨겠습니다?

▪ 속았지 뭐.

▪ 그렇게 시집을 오니까 살아보니까 뭐 이런 마음, 저런 마음도 없고 뭐 괜찮습디다.

그러면은 그때 중매를 하고 뭐 결혼을 어떤 식으로 하셨는지 한 번 뭐 어르신께서 한 번 이야기해 주십시오.

중매를 그래 가지고 어르신의 형님을 보고 중매를 하셨는데, 그래 가지고 결혼까지 어떻게 했는가 한 번 이야기해 주십시오.

▪ 예, 그래 가지고.

▪ 그, 그, 그 당시에 인제 그 날을 잡고 그래 놓으면 인제 그 인제 저기 장가를 갈 때는 그냥 걸어서 인제 걸, 걸어서 가돼 여기서 인제 관대(冠帶)를 하고 그것을 가져다 여기서 한 사람이 그것을 짊어져 가지고 갔지요.

▪ 그 뒤에 그 셋이 가는 것이라.

= 서'이'가 가능 그, 가능 거스 은자 우리느 그때 잔274) 저 어르~'이275) 웨 거요고욘276) 저거 핀'찬해277) 가주오 뚜 으 삼초~이278) 인잔 따르가써이.

= 따라 가가주오석 그 따라가고 인제 한 사람 또 그글279) 지'물280) 지281) 가주오서 그래 가조 서이가 인자.

= 고 따러가는 사러믄 솅:변282), 솅:변, *** 짐 지가는283) 사래믄284) 함:제 비, 그래고 인자 실랑', 고래 구부~이285) 데가주고 서이가 감미다.

= 네, 생변나고, 또 실랑하고, 네, 그래, 네, 그래 인저 서이 가능기래에286).

= 거 서'이'가 가가주오서 그래 가 가농게네 매287) 처메느 인저 그래 음 말 말 드'릉 거하고, 내가 곰 머 찌메'해288) 가주 글항곤289) 트 털데'그등290).

= 응 멈머 구고이291) 영판292) 꺼리293) 그르 털델' 꺼 아'임'니꺼294) 고.

= 금295) 머 그어 그어 궈'서놈296) 멈 멈 무 영 머 디비져'뿌찌297) 몸 모.

= 그케298) 가즈 기걸299) 그래아 머 그래 인저 글:상거이300) 양반 동네는 그를 수도 어꼳, 형제301)를 저 정심마 다 치라고 다해찌.

= 옌나레느 호닌해노마 인제 여어302)도 물'릴 쑤도 엄는 **이지.

= 네, 음 그름 무르 쑤도 어꼬 곰 마 홍 쾌히 해따카머, 네.

= 지꾸믄303) 이래 이 무이게찌마느304) 그때는 이룬도305) 몯 하고 하알 수 엄시 *****.

= 여 그래아 할스306) 사능기르.

= 그'래가주 구으 결 결호느 하고 일련 모콰'고307), 일련 무칼'308) 때 우 리에: 솅활하능거 하고 저'어309)하고 틀리지염.

= 응 틀디능게310) 거어는,

= 아느로 머 내'보내능 기 업쓰여, 천지 마 내보내능 기 어꼬.

= 여는 멈 멈 머 결혼해'따카맘311) 머흑 들'로' 사느로 멈 내보내느 성씨 기'고312).

= 그'링게네 차'이가 그마치 차이가 인능기'라여.

그 일련 무쿤'다라능거는 모슴 이야김미까?

˝ 셋이 가는 그, 가는 것은 인제 우리는 그때 인제 저 어른이 왜 그런고 하면 저기 편찮아 가지고 또 음 삼촌이 인제 따라갔으니까.

˝ 따라 가 가지고 그 따라가고 인제 한 사람은 또 그것을 짐을 져 가지고서 그래 가지고 셋이 인제.

˝ 거기 따라가는 사람은 상객, 상객, *** 짐을 지고 가는 사람은 함진아비, 그리고 인제 신랑, 그렇게 구분이 되어 가지고 셋이 갑니다.

˝ 네, 상객과 또 신랑과 네, 그래 네, 인제 셋이 가는 것이라요.

˝ 그 셋이 가 가지고 그래서 가니까 맨 처음에는 인제 그래 음 말을 들은 것과, 내가 그 뭐 조그마해 가지고 그렇게 말한 것과는 달랐거든.

˝ 응, 뭐 뭐 그것이 아주 그리 그래 다를 것 아닙니까, 거기.

˝ 그럼 뭐, 거기, 거기, 거기서는 뭐, 뭐 영 뭐 뒤집어져 버렸지 뭐 뭐.

˝ 그렇게 해 가지고 그것을 그래서 뭐 그래 인제 천생 양반 동네는 그럴 수도 없고, 형지(形止)를 저, 정식으로 다 치루고 다했지.

˝ 옛날에는 혼인을 해 놓으면 인제 여기서도 물릴 수도 없는 **이지.

˝ 네, 음 그것은 무를 수도 없고 그만 그냥 음 쾌히 했다고 하면, 네.

˝ 지금은 이래 이래 물렸겠지만 그때는 의논도 못 하고 할 수 없이 ******.

˝ 음, 그래서 할 수 없이 사는 것이라.

˝ 그래 가지고 그 결혼, 결혼을 하고 일 년을 묵히고313), 일 년을 묵힐 때 우리가 생활하는 것하고 저기하고 달랐지, 영.

˝ 응, 다른 것이 거기는,

˝ 안으로 뭐 들에 내어 보내는 게 없어, 천지에 그냥 내어 보내는 게 없고.

˝ 여기는 뭐 뭐 뭐, 결혼을 했다고 하면 뭐 들로 산으로 뭐 내보내는 형식이고.

˝ 그러니까 차이가 그만치 차이가 있는 것이라요.

그 일년을 묵힌다고 하는 것은 무슨 이야기입니까?

= 일런 무칸다가이, 일런 또'아네 인자 결혼 해가주오서 자기 지벨 그 이:리 안 들'고314) 오'고, 실랑 지베 안노고315) 일런 또아니316) 이씀'며성 실라~'이 인자 인자 그거 인자 음 머 봄 봄 그트엄317) 봄, 여름 거틈 여름 인자 가'능기라.

겨론 해가주고서.

= 가가주오서318) 그 은자 그르이까319) 가 가가주 거서 인자 사기능기래 이]320).

= 요오느321) 뜨 낄련322) 또~'아네 사긴다 카능기 이이' 뜨 뜨시지 시뼈323).

‾ 고르치.

= 네, 그'래 이따가 고오스 인자 일런 이따가 그래 인잖 난주이324) 일 렌325) 지내며는데 가을해 가주오서 또 그걸 가따 그래이 식 또 그래 여 여 제불'로326) 일런 세327) 여느 여드르328) 인자 오는 날 인자은 또 은자 드 그 잔치를 하지.

= 심부 온 날 은젤 잔치르 하능기라여.

그라무 어르신 인제 처음 가가주고 아 처가찌베 처음 가선 초례를 거기서 하고?

= 네, 어, 그르치.

초례 지내고 그 다으메?

= 그 사밀마네 오고.

사밀 또~아 사밀마네 오셔가'주고 그 다으메 여기서 계속 생활하시다 함 분씩 가셔씀미까?

= 네.

일러네329) 함 며뼈?

= 사밀마네 오 오며는 똘 또 머 산 또 사미리따으 또 가이330).

= 기기.

= 기기 재이, 재임:331) 거'리미라꼬332) *.

= 예, 인사하로333).

＝ 그 일 년을 묵힌다는 것은 일 년 동안에 인제 결혼을 해 가지고 자기 집에 그 이래 안 데리고 오고, 신랑 집에 안 오고 일 년 동안에 있으면서 신랑이 인제, 인제 그것 인제 음 뭐 봄, 봄 같으면 봄, 여름 같으면 여름에 인제 가는 것이라.

결혼을 해 가지고서.

＝ 가 가지고, 그 인제 그러니까 가 가지고 거기서 인제 사귀는 것이라.

＝ 요점은 또 일 년 동안에 사귄다고 하는 것이 이 뜻, 뜻이지 싶어.

－ 그렇지.

＝ 네, 그래 있다가 거기서 인제 일 년 있다가 그래 인제, 나중에 일 년을 지내면 추수해 가지고 또 그것을 갖다 그러니까 식을 또 그렇게 여, 여기 는 두 벌로 일 년 사이에 여기는 여기대로 인제 오는 날에 인제 또 인제 또 그 잔치를 하지.

＝ 신부 온 날 인제 잔치를 하는 것이지요.

그러면 어르신 인제 처음 가서 아, 처갓집에 처음 가서 초례를 거기서 하고?

＝ 네, 어, 그렇지.

초례를 지내고 그 다음에?

＝ 그 삼 일만에 오고.

삼일 동안, 삼 일만에 오셔 가지고 그 다음에 계속 생활하시다가 한 번씩 가 셨습니까?

＝ 네.

일 년에 한 몇 번?

＝ 삼 일만에 오, 오면은 또 뭐 삼, 또 삼 일 있다가 또 가니까.

＝ 그것이.

＝ 그것이 재행(再行), 재행 걸음이라고 *.

＝ 예, 인사를 하러.

ˉ 재불로.

ˉ 제비러크334), 제빌'로335) 카느어 가놈머336) 그때늠 머 동상제하라이
머 하라이 멈 멍 몸 모옴 몸 브 그래익 허더꺼리능기'라.

ˉ 몸 먹끔 머 머시든지 인자 그 동네사람 다 모아노코 멈 마우 동상제하
라 카고 멈.

동상제는 멈미까?

ˉ 동상녜라카며는.

ˉ 도상애라꼬337) 옌나레 이서씀미다.

ˉ 헤 이써, 여어 열.

ˉ 겨룬338)하며는 그어 동운 동상애라 캄며느 이기랄.

ˉ 동도우 똥짜, 상짜 이339)에 이 상짠데340), 상짜, 예, 예히341) 이 예
두342) 레쩬데343), 동상예라꼬 그랜 명칭을 딱 서노며느 거서 인자 또 예를
드어 소 구뚬마344) 소 소 우짜 이거 해가주오서 함 마리 거틈 함, 함 마리,
데지345) 그 데지 그트머 데지, 또 함 마리, 인자 세물346) 거트머 해물 그여
일쩔347), 그래 막 구지버레348) 써니거느349) 근나 그래 해가조서 난조350)
와시는 그 동 그어 그어 그어서는 또 멀 랠351) 하며는 안주, 안주는 내가
부담하고, 수른 똔 뜨 그 처채찌브섭 부담하능 기라이.

ˉ 어 밤바느352) 부다353) 네지.

ˉ 그래 인자 동상예라꼬 하능 기기' 이늠 이'써여.

ˉ 예뿌터 니르와찌354).

ˉ 네, 예뿌터 니르오능 기라.

ˉ 가맘355) 맘356) 머 동상녜로 고맘 머 막 스붐357) 그 머'글' 가르 가르노
코, 응 보이미358) 써라 이기라 머.

ˉ 지그믄 업찌마는.

아, 안주 그 네이껄레?

ˉ 으.

= 두 번째로.

= 두 번째로, 두 번째로 하는 것, 가 놓으면 그때는 뭐 동상례(東牀禮)를 하라니, 뭐 하라니 뭐, 뭐, 뭐 그렇게 헐떡거린 것이라.

= 못 먹어서, 뭐 무엇이든지 인제 그 동네 사람을 다 모아놓고 뭐 마구 동상례를 하라고 하고 뭐.

동상례는 무엇입니까?

= 동상례라고 하면은.

⁻ 동상례라고 옛날에 있었습니다.

= 허, 있어, 여기 여기.

= 결혼하며는 그 동상, 동상례라고 하면은 이것이라.

= "동녘 동(東)자", 상자 위에 이 "상(牀)자"인데, 상자, 예, 예의, 이 "예도 례(禮)자"인데, "동상례"라고 그런 명칭을 딱 써 놓으면 거기서 인제 또 예를 들어 소 같으면 소, "소 우(牛)자", 이것을 해 가지고서 한 마리 같으면 한, 한 마리, 돼지, 그 돼지 같으면 돼지, 또 한 마리, 인제 해물 같으면 해물 거기 일체, 그렇게 마구 자질구레하게 써는 것은, 그냥 그래 놓아 그래 해가지고서 나중에 와서는 그 동네 거기, 거기서는 또 무엇을 내느냐 하면은 안주, 안주는 내가 부담하고, 술은 또 그 처녀 집에서 부담하는 것이라.

= 응, 반반을 나누어 내지.

= 그래 인제 동상례라고 하는 것이 있, 있어요.

⁻ 예부터 내려왔지.

= 네, 예부터 내려오는 것이라.

= 가면 그냥 뭐 동상례로 그만 뭐 그냥 써 버리면, 그 먹을 갈아, 갈아 놓고, 음 보이며 써라 이것이라 뭐.

⁻ 지금은 없지만은.

아, 안주 그 낼 것을요?

= 응.

= 그걸' 인처 글 그골359) 써'라 카니 그으늠 멈 머 안 떼'이360), 안 써'리곤 안데 마.

˘ 데지 함 바리361) 내고.

= 네, 멈 막 때'리362) 사섬363) 멈 무 강제르 업써느 무서느 끄으늠 막 패내잉364) 기라, 움 몸.

˘ 안지마365) 강제저그로 막 다리로366) 당그러매367) 노코 그은 명태 이짜나요.

˘ 명태로 가주고 그눔368) 바를 가따가 머 사정업씨 뚜'디리369) 패능기라.

= 그 내 몬 이서숨370) 머 써'애데' 그얼371) 몸 모.

˘ 할 수 업써서372) 인자 써가 데지 함 바리 내게따.

= 금 마저.

= 거는 자기가 몬 낼 꺼 거트며는 크기373) 헤'뿌'느기아, 함'버레374).

= 소 함 마리375), 소 함 마리, 이거 소 함 마리 누가 뜨 낼 사람 어딘'노.

= 또 그 다음메 머 해물 일'쩔'376) 커뿌미377) 해물 거느 여 바다 해물 그으늠 멀 일쩔 히 해나뿌고378), 또 데지 머 머 머 함 마리, 머 그르케 이래 해뿌~이379) 그르치 크기380) 거차게 헤뿌언데, 이거늠 마 안 낼 사'라미다, 이래가주 난주381) 포기하고 멈 마능기라이.

= 이롬 무 도'둥'누 복짱멘데382) 이르케 가주고 디'나383), 이 이레 가주고 포기하고, 그 자기가 낼 꺼 거트며 저깝:하~'이 그래 카능기고.

그으가 동상녜르 하고 그으기서 어르시느 계속 게심미까, 앙가므384) 도러오셔슴미까?

= 동상녜 그어 그어 우리는 모데'찌, 모 그리간.

= 거느 인자 동네 사'라면385) 동상녜시게라꼬 해'따카며는 동네 사람 다:청'하능기라, 뜨 뜨.

= 그은 동네 사람 이 사라미 이리 추립해'씽게네, 장가 와싱게네 동상녜 해'따 이그 하'미성 이으 동사제 어구룰386) 네:밀'고 거떼 그릉기 그여 참 인는 사라미 그래 해이, 헤이.

˝ 그것을 인제 글, 그것을 써라고 하니 그것은 뭐 안 되니, 안 써고는 안
돼 그냥.

˝ 돼지 한 마리를 내고.

˝ 네, 뭐 마구 때려 쌓아서 머 강제로 없으면 무슨 그것은 막 패 내는 것
이라, 음, 뭐.

˝ 앉으면 강제로 막 다리를 높은 곳에 달아매어 놓고 그 명태 있잖아요.

˝ 명태를 가지고 그 발을 갖다가 뭐 사정없이 두드려 패는 것이라.

˝ 그 내가 못 견딜 것 같으면 뭐 써야 돼, 그걸 뭐 뭐.

˝ 할 수 없어서 인제 써가지고 돼지 한 마리를 내겠다.

˝ 그건, 맞아.

˝ 그것은 자기가 못 낼 것 같으면은 크게 해버리는 것이야, 아예.

˝ 소 한 마리, 소 한 마리 이것 소 한 마리를 누가 또 낼 사람이 어디 있
나?

˝ 또 그 다음에 뭐 해물 일체라고 해버리면 해물 그것은 여기 바다의 해
물 그것을 뭐 일체로 해놓아 버리고, 또 돼지 뭐 뭐 뭐 한 마리, 뭐 그렇게
이래 해 버리니까 그렇게 크게 걸차게 해 버렸는데, 이것은 그냥 안 낼 사
람이다, 이래 가지고 나중에 포기하고 뭐 마는 것이라.

˝ 이 놈 뭐 도둑놈 복장(腹臟)처럼 이렇게 가지고 되나, 이렇게 해 가지
고 포기하고, 그 자기가 낼 것 같으면 적합하게 그래 하는 것이고.

˝ 그래 가지고 동상례를 하고 거기서 어르신은 계속 계십니까, 안 그러면 돌아
오셨습니까?

˝ 동상례 그것, 그것 우리는 못 했지, 못 그래서.

˝ 그것은 인제 동네 사람은 동상 예식이라고 했다고 하면은 동네 사람
을 다 청하는 것이라, 또, 또.

˝ 그것은 동네 사람에게 이 사람이 이리로 출입했으니까, 장가를 왔으니
까 동상례를 했다고 이것을 하면서 이것은 동상례에 얼굴을 내밀고 그 때
그런 것은 그 참말로 있는 사람이 그래하지, 해.

어르신 그암 인제 그래 가셔따가 그암며느 아까 머 봄메도 가시고 머 일련 똥 아느 계속 와따 가따 하셔씀미까?

= 구루치387), 가이 데지, 녀 여여 여를 그래 암보'내머 안데'는데 몸.

= 모388) 여음 므 가'르카나389) 마나 부모가 가르카느 머레 암 버, 앙가므 안데능기'라 허.

= 부모이390) 중 그르 장391) 마주 그래이 가라캄마 가고 모 머 그래 거서 또 한 사날 이따 머 또 오고 그 그래이.

그암며느 그르 일련 또안 계속 와따 가따 하신다?

= 그르치 영.

⁻ 인자 일려~이392) 너머가며느 인자 신행'이라꼬 처저393)쪼게서 인자 이쪼게으 감미다.

⁻ 고기 인자.

어 그 인제 그엄며느.

⁻ 그 신행한다 앙카나, 그는.

신행 오실 때는 어떠 누구하고 오셔씀미까?

= 여 고서 신행 올 때'는 거도 은자 으 서'이'가 오지.

= 서 인자 자기 인자 아버'지하고, 자기하고, 또 한 한 사람 건 또 시에이.

= 너이 아니고, 너이 와써.

⁻ 세빌띠~이느394) 그름 네이 올 쯔게 가마타'고 와씸미꺼395)?

= 거'러와쓰예.

= 그때가.

= 거'러완나?

= 예, 가마도 어꼬396) 차도 업꼬.

⁻ 그때, 그때 고 잘사는 지'베서 좀 가마 태'우, 태'우지.

= 우리 지'베섬397) 마자케'써398).

= 우리 집에서,

　어르신 그러면 인제 그래 가셨다가 그러면은 아까 뭐 봄에도 가시고, 뭐 일년 동안은 계속 왔다 갔다 하셨습니까?

　ˉ 그렇지, 가야 되지, 여기 여기, 여기를 그렇게 안 보내면 안 되는데 뭐.

　ˉ 뭐 여기서는 뭐 가라고 하나 마나 부모가 가라고 하는 때문에 안, 안 가면 안 되는 것이라, 허.

　ˉ 부모님이 그래 늘 맞아, 그렇게 가라고 하면 가고 뭐 그래 거기서 또 한 사나흘 있다가 뭐 또 오고 그래, 그랬지.

　그러면은 그렇게 일 년 동안 계속 왔다 갔다 하신다?

　ˉ 그렇지, 영.

　ˉ 인제 일 년이 넘어가면은 인제 신행이라고 처자 쪽에서 인제 이쪽에 갑니다.

　ˉ 거기 인제.

　음, 그 인제 그러면은.

　ˉ 그 신행한고 안 하나, 그것은?

　신행을 오실 때는 어떤, 누구하고 오셨습니까?

　ˉ 음, 고기서 신행 올 때는 거기도 인제 음 셋이 왔지.

　ˉ 셋, 인제 자기 인제 아버지와 자기와 또 한, 한 사람이 거기도 셋이.

　ˉ 넷이 아니고, 넷이 왔어.

　ˉ 새별댁은 그럼 넷이 올 적에 가마를 타고 왔습니까?

　ˉ 걸어 왔어요.

　ˉ 그때가.

　ˉ 걸어왔나?

　ˉ 예, 가마도 없고 차도 없고.

　ˉ 그때, 그때 거기 잘 사는 집에서 좀 가마를 태우고, 태우지.

　ˉ 우리 집에서 말자고 했어.

　ˉ 우리 집에서,

= 우리는 마:이 따:라오며는 그 우리가 인자 또 부담하그드.

= 가마.

‾ *** 또 모해준다.

= 네, 가마 타고서릉, 그 사암들[399] 그 일꾼 전신[400] 므 노비꺼즌[401] 다 조에[402] 델 모이네.

‾ 어, 이짝 움소로이[403], 그름시.

= 네, 노비꺼지 조에 데'능기라.

= 아안주'마 그 사람드르 요가능 거~[404] 데이.

= 반님[405]하고 너시[406] 와찌.

= 예, 그래.

= 요'가는 머리[407] 그그를 부다믈랃[408] 업세이 아버지감 머 어무이 워'씨여 그릉 거 아[409] 안다, 우리는 아 한다, 기'양[410] 온드'라 이래 데능기야, 예.

= 그랭거능 몸 무 그어즘[411] 기양 오러카이 이'쭈[412]에서 퀄'리가 인능기람 머.

‾ 그러치.

= 으어 이 이 이쭈 인자 퀄리가 인능기라.

아, 그람며느 은제 그 네 부, 넴 부니스 그르 가찌예?

= 씨 뭄 시으 시르도 할 수 엄능기래.

= 예, 네 부니 와쓰예.

검[413] 얻 어느 어느 부니 오셔씀미까?

= 꺼 우리 아부'지하고 그 은자 시지봄[414] 머 실꼬오는 그 물거이 이꺼'등네.

= 고 실꼬 오는 사람 한 사람하고, 그래 내하고 고 또 절 씬'다꼬[415] 하님 이'쓰예.

= 새애씨[416] 딜'고[417] 오머[418] 절 씨'기고 머 그 한 그 하님마고 너이.

＝ 우리는 많이 따라오면은 그 우리가 인제 또 부담을 하거든.

＝ 가마.

￣ *** 또 못 해준다.

＝ 네, 가마를 타고서는, 그 사람들 그 일꾼을 전신을, 뭐 노자까지 다 주어야 될 모양이네.

￣ 어, 이쪽이 없어니까, 그렇지.

＝ 네, 노자까지 주어야 되는 것이라.

＝ 안 주면 그 사람들은 욕을 하는 것이니.

＝ 하님과 넷이 왔지.

＝ 예, 그래.

＝ 욕하는 때문에 그것을 부담을 없애야, 아버지가 뭐, 어머니도 "무엇이요?", 그런 것은 안 한다, 우리는 안 한다, 그냥 오너라 이래 되는 것이야, 예.

＝ 그런 것은 뭐 그쯤 그냥 오라고 하니까 이쪽에서 권리가 있는 것이라, 뭐.

￣ 그렇지.

＝ 응, 이 이 쪽에서 인제 권리가 있는 것이라.

아, 그러면은 인제 그 네 분, 네 분이서 그렇게 갔지요?

＝ 싫어, 뭐 싫어, 싫어도 할 수 없는 것이라.

＝ 예, 네 분이 왔습니다.

그럼, 어, 어느, 어느 분이 오셨습니까?

＝ 그 우리 아버지와 그 인제 시집을 오면 무엇을 싣고 오는 그 물건이 있거든요.

＝ 그 싣고 오는 사람, 한 사람하고 그렇게 나와 그 또 절을 시킨다고 하님 있어요.

＝ 색시를 데리고 오면 절을 시키고 뭐 그 하는 그 하님하고 넷이.

아유 그럼며느 거기 거러서느 여기 한 면니 정도 뎀미까?

˭ 요서 거 그럼며는[419] 함.

˭ 삼심니 델 껄'.

˭ 이이 아이 아이라.

˭ 키로수는 하냐 사식키로이 심닝게네, 한 뜨어 찌이시 데시 육식키를 틀낌'미다, 육식키로, 키로수너.

˭ 잠 그'어느 차도 어꼬 장마'중 므 재를 두 개르 넝꼬 장: 거'르 뎅기.

˭ 수룸며는[420] 시보리.

˭ 이 시보리.

˭ 아아, 흠.

˭ 예.

˭ 시보리.

˭ 우리말로 지꿈[421] 여예.

˭ 네, 초온네.

˭ 시보리가 안 *** ****.

˭ 예, 한 한 네 한 니심니기 데끼'라.

이심니 정도 대네예?

˭ 네, 이심니 그트며는 거 금 팔시키로 델끼라이[422].

˭ 으 팔키로.

예예예, 한 팔키로?

˭ 키로.

한 이심니 정도 뎀미까?

그염 머 거르서느?

˭ 장아지[423] 거르 뎅기지 머.

함 반나절 정도?

˭ 네.

아유 그러면은 거기에서 걸어서는 여기까지 한 몇 리 정도가 됩니까?

˝ 여기서 거기 걸으면은 한.

˝ 삼십리 될 걸.

˝ 이, 아니, 아니라.

˝ 킬로수는 인제 사십킬로가 십리니까[424], 한 대강 육십킬로미터 될 것입니다, 육십킬로미터, 킬로수는.

˝ 참, 거기는 차도 없고 장마다 뭐 재를 두 개를 넘고 늘 걸어 다녔어.

˗ 수륜면은 십오리.

˝ 이, 십오리.

˝ 아, 음.

˝ 예.

˗ 십오리.

˝ 우리 말로 지금 여기말로요.

˝ 네, 촌에.

˗ 십오리가 안 *** ****.

˝ 예, 한, 한 네, 한 이십리가 될 것이라.

이십리 정도 되네요.

˝ 네, 이십리 같으면은 거기 지금 팔십킬로미터[425] 될 것이라.

˝ 음, 팔킬로미터.

예, 예, 한 팔킬로미터?

˝ 킬로미터.

한 이십리 정도 됩니까?

그럼 뭐 걸어서는?

˝ 장마다 걸어 다니지 뭐.

한 반나절 정도?

˝ 네.

＝ 반나절 버 머추[426) 걸리지.

＝ 네, 장[427) 무 거꼬 장마종~을예[428).

＝ 거 상낄[429)로 상낄 장머이[430) 거 꺼 건능기라이.

＝ 예저네음 멈 차가 이심느까 머 이심니꺼, 장마줌[431) 머 거러 뎅기찌.
그아무 그때 머 그웁 궁합하고 이렁거느 보셔씀미까?

＝ 인저 으 뚱'가베능 구~'압[432)또 암바아 덴다 카'미썽, 모르지 반능가
암 반능가 모르게씸'미더 우이는 머.

＝ 그때 머두[433) 어리아주고.
검며 신행 오시 가주고늠 머 여 어떠케 하셔씀미가?

＝ 시능 와 여서뜬 또 절'하지여.

＝ 여서이 시어른.

예, 함 분 그래 시냉 어떠케 신행 인지 은지 아까 네부니서 이래 오 도로심며
느 아 여기까지 도착할브터[434) 그 다으메 함 부 이얘기해 주이소.

＝ 네, 두롬[435) 머 이 일딴 여'서도 또 은자 그글 가따가 이자[436) 저 새액
씨에 또 열 대:바니[437) 이꼬 고 다메 어르네 대바니 이쓰이.

＝ 어른 그 덤메 자기 어른 데반, 어른 데방 그르른며는 인자 시 새액씨
아'바시[438) 안 드롬니가?

＝ 아'바시에 데반 도라와 그거 그' 부'니 모시 가조[439) 바~아로[440) 모시
고, 또 바께서는 또 아느로 하며는 안 아누로 뜯 데바늘 모시가조 거서 하
능기오[441).

＝ 우리는 또 웨 그러면 예예 차디~'이[442), 차도~'이 그 안 안냥마[443) 건
데반 안처 가조 그래을 드가고 거'서 인자 절 씨'이고[444) 다 하능기라, 인
제.

＝ 인자 그 여음 열 사랑빠~'에는 그 인쟐 데방 칸 사암 그 사암드리 소
개하능기라.

＝ 사라~[445) 여 이 여 이 부는 누구도고 이근 누부다[446).

﹦ 반나절 뭐 얼추 걸리지.

﹦ 네, 늘 뭐 걷고 장마다요.

﹦ 그 산길로 산길을 장마다 거기 걷는 것이라.

﹦ 예전에는 음 뭐 차가 있습니까, 장마다 뭐 걸어 다녔지.

그러면 그때 뭐 거기 궁합하고 이런 것은 보셨습니까?

﹦ 인제 음 동갑에는 궁합도 안 봐도 된다고 하면서, 모르지, 봤는가 안 봤는가 모르겠습니다, 우리는 뭐.

﹦ 끄때 모두 어려 가지고.

그러면 신행 오셔 가지고는 뭐 여기 어떻게 하셨습니까?

﹦ 신행을 와서 여기서도 또 절을 하지요.

﹦ 여기서 시어른께.

예, 한 번 그래 신행을 어떻게 신행을, 인제 인제 아까 네분이 이렇게 음 들어오시면은 아, 여기까지 도착할 때부터 그 다음에 한 번 이야기를 해 주십시오.

﹦ 네, 들어오면 뭐 일단 여기서도 또 인제 그것을 갖다가 인제 저 색시에게 또 여기에 대반(對盤)이 있고 그 다음에 어른의 대반이 있었어요.

﹦ 어른 그 다음에 자기 어른 대반, 어른 대반 그러면 인제 색시 아버지가 안 들어옵니까?

﹦ 아버지의 대반이 들어와 그것, 그 분이 모셔 가지고 방으로 모시고, 또 밖에서는 또 안으로 하면은 안, 안으로 또 대반이 모셔 가지고 거기서 하는 것이고.

﹦ 우리는 또 왜 그런가 하면, 예 차동이, 차동이의 그 안, 안양반, 거기를 대반을 앉혀 가지고 그래 들어가고 거기서 인제 절을 시키고 다 하는 것이라, 인제.

﹦ 인제 그럼 여기 사랑방에는 그 인제 대반이라고 하는 사람, 그 사람들이 소개를 하는 것이라.

﹦ 사랑에서 여기 이, 여기 이분은 누구가 되고 이 분은 누구다.

＝ 이래 소개씨 씨이느 사암미래.

그람 녀 신행 오시 가주고도 여기 잔치를 함미까?

＝ 이 잔치하지여.

⁻ 잔치하지.

신행와서 그람 어떠케 핸는지 쫌 이야기해 주이소.

예기 어 잔치 보통하고 어뜨케?

＝ 잔치하마 여서 은자 그 은접447) 그어 시:아'바시하고 이 시'오'마시아448) 인사하지예.

＝ 그레야 근 저 구걸 가따 은접449) 시'아'바시라꾸450) 그래 오마 시아바시한떼 인사하고 나서느 그 이튼날부통451) 창마'중452) 몸453) 몸 푸 한 스석딸꺼'정454)은 창마중 식스, 식사 저네 일'찍 일라455) 가조서 와저 시아바시한테 절하고, 이나456) 기기457) 바릅 바로 인남 어 무난드리지요.

한 그람 무란 인사느 보통 한 석딸 정도예?

⁻ 예, 저 석딸 정도 해이458).

어르니 하지마라 그럴 때까지 함미까?

＝ 네, 그르치예.

＝ 하지 마라 그래지.

⁻ 기'차네가주 마459) 어데 엄 마 험마 하지마라이.

＝ 절 반능460) 거또 귀찬타 그이 ***.

＝ 하지마라 칼 때까지 자꿍 머 암 두껄 머 금 머담 부니야, 어 그르므461) 저 그 저를 가따압 음 그어 바끼 이 조아한 사라믄 먿 자꾸여 하능기라이.

＝ 바끼 시른 사라믄 고 머 이내 멈 머 고맘462) 마 마라 이카고.

씨넹 오며느 므아 어트게 여 여기서 대접하느 상'가틍 거 이씀미까?

새 ****?

⁻ 그어 오며는 애463) 신넹 와따 카마 자기가 또 해가주오 완 완능 거 어뜨게 해가주 완능공 시퍼서 그은쩌여, 결혼핸 사르미나 안핸 사르므 와464) 그 지벤 보'로 오능기라이.

＝ 이렇게 소개를 시, 시키는 사람이라.

그러면 여기서 신행을 오셔 가지고도 여기서 잔치를 합니까?

＝ 이 잔치를 하지요.

¯ 잔치하지.

신행을 와서 그러면 어떻게 했는지 좀 이야기를 해 주십시오.

여기 음, 잔치를 보통 어떻게 하고?

＝ 잔치를 하면 여기서 인제 그 인제 거기 시아버지하고 이 시어머니한
테 인사를 하지요.

＝ 그래야, 그 저기 그걸 갖다 인제 시아버지라고 그래 오면 시아버지한
테 인사하고 나서는 그 이튿날부터 새벽마다 뭐 뭐 한 세, 세달까지는 새
벽마다 식사, 식사 전에 일찍 일어나 가지고 와서 시아바지한테 절을 하
고, 인제 그것이 바로 바로 인제 음, 문안을 드리는 것이지요465).

음, 그럼 문안 인사는 보통 한 석달 정도는 합니까요?

¯ 예, 저 석달 정도 해야.

어른이 하지 마라 그럴 때까지 합니까?

＝ 네, 그렇지요.

＝ 하지 말라고 그랬지.

¯ 귀찮아서 그냥 어디 그냥 하면 하지 마라 하지.

＝ 절을 받는 것도 귀찮다고 하니까, ***.

＝ 하지 마라고 할 때까지 자꾸 뭐 음 두고, 무엇한 분이야 어 그러면 절,
그 저를 가지고 음 그 받기를 좋아한 사람은 뭐 자꾸 하는 것이라.

＝ 절 받기가 싫은 사람은 그 뭐 이내 뭐 그만 "말아라" 이렇게 말하고.

신행을 오면은 뭐 어떻게 여, 여기서 대접하는 상 같은 것은 있습니까?

새 ****?

¯ 거기 오면은 음, 신행 왔다고 하면 자기가 또 해서 왔, 왔는 것이 어떻
게 해서 왔는가 싶어서 그렇지요, 결혼한 사람이나 안 한 사람이, 왜 그
집에 보러 오는 것이지요.

＝ 은466) 보러 와아주467) 이 지베는 시집 와가저 어뜨케 해가주 완능공 시퍼서 머 그 그 보로468) 와가조서 마~이 해가주 와 와씨마469) 그 지베 마이 해가조 와따, 저끼 해가조 와씨머 그 지베 멈 머 쓰 그래 머 저이 머 볼 멩'이470)가 업'뜨'라 이래 카능기래이.

＝ 그래 막 거 한 동네 살:민섬471) 막 거 뜨 그 지베 머 지다보고472) 멈 멈 환 사날꺼정 먹 쓰 디다보고 그레 그 그르능 기래이.

가며 신행올 때도 이 마으레느 잔치느 그 아까 이야기한 데읍 서로 부조해 가면선 **** 그럽 잔치를 함미까?

＝ 네.

＝ 그르치예.

⁻ 그러치.

＝ 예, 네예.

＝ 그 네나473) 머가치474) 인자 술'도 가지오고475) 묵'또 가즈오고 *** 해가 가 오고.

＝ 네, ****.

＝ 네, 전심메 지좀476) 지지무477) 꼴 마 서~478)이쓰.

⁻ 이래 옌날레느 인자 상거사~'이479) 밥쌍이라 카능기 이써, 밥쌍, 이래.

⁻ 밥쌍을 가따가 채'리가480) 오는 사람도 이꼬, 이래 여러 가지두481) 이래 마임482) 채리가 옴미더.

⁻ 헙쪼483)를 인제 해가이고 그래 잔치르 침니다.

어르시는 그암며너 혹씨 저기 장가가실 때, 에 그르이까484) 일런 저네, 신행 오시기 일런 저네 어 가실 때느 어뜨케, 그저네 사주하고 이런, 사주단자하고 먼저 보내미까, 그렁거 어뜨케?

＝ 사성?

＝ 사성이러 보내지여 인저 항상.

＝ 음, 보러 와서 이 집에는 시집을 와서 어떻게 해 가지고 왔는가 싶어서, 뭐 그, 그것 보러 와 가지고서 많이 해가지고 왔, 왔으면 그 집에 많이 해 가지고 왔다, 적게 해 가지고 왔으면 그 집에 뭐 뭐 쓸 것이, 그래 뭐 적이 볼 낯이 없더라고 이렇게 말하는 것이라요.

＝ 그래 막 거기 한 동네에 살면서 막 그 또 그 집에 뭐 들어보고 뭐, 뭐 한 사나흘까지 뭐 들어보고 그렇게 그, 그르는 것이라.

그러면 신행을 올 때도 이 마을에는 잔치는 그 아까 이야기를 한 대로 부조해 가면서 **** 그럼 잔치를 합니까?

＝ 네.

＝ 그렇지요.

￣ 그렇지.

＝ 예, 네.

￣ 거기 마찬가지로 많이 인제 술도 가져오고 묵도 가져오고 *** 해가지고 가져오고.

＝ 네, ****.

＝ 네, 점심에 자기껏, 자기껏이 대개 써 있어.

￣ 이래 옛날에는 인제 상객상(上客床), 밥상이라고 하는 것이 있어, 밥상, 이렇게.

￣ 밥상을 갖다가 차려서 오는 사람도 있고, 이래 여러 가지도, 이렇게 많이 차려 가지고 옵니다.

￣ 협조를 인제 해 가지고 그래 잔치를 치릅니다.

어르신은 그러면은 혹시 저기 장가 가실 때, 음 그러니까 일년 전에, 신행을 오시기 일년 전에 음 가실 때는 어떻게, 그 전에 사주를 이런, 사주단자를 먼저 보내닙까, 그런 것을 어떻게?

＝ 사성?

＝ 사성(四星)이라고 보내지요, 인제 항상.

= 사 상 사 사성 그으는[485] 자 사성 카능 거 빌거드[486] 아이 아이데이[487].

= 자기가 실랑 세년워릴, 그 인자 머'신[488] 도가 거틈 머신 도가예 생녀니룰 그음 마 또 보내 기이: 인자 사서~이야 캄, 너 삭짜에다각 봉트에서는 별 성짜루 딱 써뿌고 아래다가 인자 음 성조 도가 거듬머 성주 도가로[489] 고 딱 써뿌고 거다가 인자 이 셍니노릴 딱 저언능기 기에 빠로 사서~이데이.

= 사성 기이[490] 간딴해에 금 머.

무 다릉거느 드르가능 거 업씀미꺼?

= 업써예, 그.

감[491] 그어 보낼 때느 그검만 보냄미까?

= 그음마 보내지여, 사성 카능 고누.

˜ 하메 여가주고 그래 보내나.

하메 누가 누가 가주감미까, 그 어느, 가주갈 때?

= 하 하믄 그 그러며느이 중신한 사래미 가주아지, 중신.

= 중신하는 사라미 끄 에'저'네는 중신한다 케'바선 고무신 항 크리[492] 그이 줄 주능기라.

= 땅' 근 어꼬.

= 고무신 네나 고무신 항 크리 그그 바꼬.

중신깝쓰로?

= 넫 중 머 그으 머 인잔 뎅긴다꼬 은자 그'땜만 해도 고무신 그이 비싸써이.

= 네, 그 어 상[493] 크리 주마 조:타꼬 맘 머, 앙 그듬몀 모웁 구여[494] 또으는 사라느 껌느 껌느 껌느 고무 고무신.

˜ * 머 그때느 세빌띠기른 미신[495] 싱꼬 와심미꺼, 고무신 싱꼬 ***?

= 고무시 싱꼬 와찌여, 그때.

▪ 사 성, 사, 사성 그것은 인제 사성이라고 하는 것은 별것도 아니, 아니지요.

▪ 자기가 신랑 생년월일, 그 인제 "무슨 도가"같은 무슨 도가에 생년일월을 그럼 그냥 또 보내는 것이 인제 사성이라고 하면, 넉 사자에다가 봉투에는 별 성자로 딱 써버리고 안에다가 인제 음 성주 도가 같으면 성주 도가로 딱 써버리고 거기다가 인제 이 생년월일을 딱 적었던 것이 바로 사성이지.

▪ 사성 그것이 간단해, 그 뭐.

뭐 다른 것은 들어가는 것은 업습니까?

▪ 없어요, 그것.

그럼, 그것 보낼 때는 그것만 보냅니까?

▪ 그러면 보내지요, 사성이라고 하는 것만.

▪ 함에 넣어서 그래 보내나.

함은 누가 누가 가지고 갑니까, 그 어느 것, 가지고 갈 때?

▪ 하, 함은 그 그러면 중신을 한 사람이 가져가지, 중신한 사람이.

▪ 중신하는 사람이 그 예저에는 중신하다고 해봐도 고무신 한 켤레 그것을 주는 것이라.

▪ 딴 것은 없고.

▪ 고무신 마찬가지로 고무신 한 켤레 그것밖에.

중신값으로?

▪ 네, 중신 뭐 그 뭐 인제 다닌다고 인제 그때만 해도 고무신 그게 비쌌어.

▪ 네, 그 음 한 켤레를 주면 좋다고 그냥 뭐, 안 그러면 뭐 그냥 또 아무것도 없는 사람은 검은, 검은 고무, 고무신을 주었고.

▪ * 뭐 그때는 새별댁은 짚신 신고 왔습니까, 고무신을 신고 ***?

▪ 고무신, 신고 왔지요, 그때.

‾ 고무신 싱꼬 와씸미꺼?

= 예.

‾ 그르또 그때는 그 여유가 고마 조안네이.

= 예, 고무시 시데.

그럼며느 그어 함믈 그아면 그 중매하는 부니 인제 들고 가서 그래 해따, 그지예?

= 그치에.

= 네, 예저네 주추 중 쭈.

요즘 그거 그러며 저기 장가가실 때너 아 여기섬 물모기나 이렁 거 쫌 들고 감미까, 앙그아면 그냥?

= 장게496) 갈 때는 암망497) 꺼 암무 끄또 가다나아 아나고.

= 상답.

= 상다 가가잔나.

= 어 하메 거 연나?

= 예, 오 꺼틍498) 거 잉게 여 가주고 상다비라꼬.

그엄 거늠 멈 머?

‾ 쎄액씨499) 처매500)저구리.

‾ 예, 주로 인자 섹시 처매저구르 인자 고따501) 여가꼬 이래.

= 시지볼 때 임는 처마 저구리 칸데, 예.

시집올 때 예?

= * *, 예.

= 예, **** ***라꼬 이쓰예.

= 고구 햐메 여가 ***.

그 고골 머라 부른다고예?

상, 상답?

= 우리예?

ᐨ 고무신을 신고 왔습니까?

ᐥ 예.

ᐨ 그래도 그때는 그 여유가 고만 좋았네요.

ᐥ 예, 고무신 신어.

그러면은 그 함을 그러면 그 중매를 하는 분이 인제 들고 가서 그랬다, 그렇지요?

ᐥ 그렇지요.

ᐥ 네, 예전에 중, 중매.

요즘 그건 그러면 저기 장가를 가실 때는 아, 여기서 물목이나 이런 것을 좀 들고 갑니까, 안 그러면 그냥?

ᐥ 장가를 갈 때는 아무 것, 아무 것도 가져가지 않고.

ᐥ 상답.

ᐥ 상답이 가, 가잖아.

ᐥ 음 함에 그것을 넣나?

ᐥ 예, 옷 같은 것을 인제 넣어 가지고 상답이라고.

그런 것은 뭐, 뭐?

ᐨ 새색시 치마저고리.

ᐨ 예, 주로 인제 색시 치마저고리를 인제 고기에다 넣어서 이렇게.

ᐥ 시집올 때 입는 치마와 저고리를 말하는데, 예.

시집올 때, 예?

ᐥ * *, 예.

ᐥ 예, **** ***라고 있어요.

ᐥ 고것을 함에 넣어 가 ***.

그 그것을 뭐라고 부른다고요?

상, 상답?

ᐥ 우리예?

예.

－ 으으웅502), 고소 인냐 처매 저구리 인자, *** ***.

－ 상으로.

－ 이래.

＝ 고 시집올 때 임능 거느 상다비고, 고 다으메 탐503) 블 거이504) 중:다
비라꼬505) 고래 인자 여가주오 그 질'머지 오데.

그름 그르며 한 일련 똥아네늗 인제 어머니먼 시어른으넌 보시고, 시어르느
보셔씀미까?

＝ 시른 몸' 보지예.

가 그리이까 일르 일련 똥안 가며 시어른도 모뽀시고 모른다 아임미까, 그지
예?

＝ 예, 모르지.

실랑반 인제 알고, 그암 근 그때 머 여 철 바낄 때 가녹 인사도 일로 머 어뜨
엡 머 함미까, 저 처?

＝ 철 바낄 때는 저서 인자 어 오꺼틍 거 헤 해가주오 이르 이리 가주 옥
가따 주고, 또 그 다으메 장, 인제 제사짱 그렁 거릅, 그어 그어 거너'물
바가조서 거 명절 때 디'며느 그 가주 쓰'라꼬 머 이제 가따조이.

그 안 저쭈우게서?

＝ 네, 예.

처자찌베서?

＝ *****.

＝ 세엑씨 지베서 이리 가따 주능기라이.

그암 보통 그어 누가 들고 옴미가?

하인드리 믿 이르크?

＝ 꺼 심부름꾸 미씀 심부름506) 딜고 오고507), 그 저네는 어 머 동생 이
쓰마 동생 가올 수도 이스꼬.

예.
˗ 아니, 그것은 인제 치마와 저고리를 인제, *** ***.
˗ 상으로.
˗ 이렇게.
＝ 그 시집을 올 때, 입는 것은 상답이고, 그 다음에 한 벌 것이 중답이라
고 고래 인제 넣어 가지고 그것을 짊어지고 오던데.
그럼 그러면 한 일년 동안에는 인제 어머님은 시어른은 보시고, 시어른은 보
셨습니까?
＝ 시어른 못 보지요.
그래, 그러니까 일년, 일년 동안 그러면 시어른도 못 보시고 모른다 아닙니까,
그렇지요?
＝ 예, 모르지.
신랑만 인제 알고, 그럼 그 그때 뭐, 여기 철이 바뀔 때 간혹 인사도 이리로는
뭐 어떻게 뭐 합니까, 저 철이 바뀔 때?
＝ 철이 바뀔 때는 저기서 인제 어 오거던, 거기 해, 해서 이렇게 이리 가
지고 오고, 갖다 주고 , 또 그 다음에 장, 인제 제사장 그런 것을, 거기 건
어, 건어물을 봐 가지고 그 명절 때 되면은 그것을 가지고 쓰라고 뭐 이제
갖다 주었지.
그럼, 저쪽에서?
＝ 네, 예.
처녀집에서?
＝ *****.
＝ 색시 집에서 이리로 갖다 주는 것이라요.
그럼 보통 그건 누가 들고 옵니까?
하인들이 뭐 이렇게?
＝ 그 심부름꾼이 있으면 심부름꾼이 가져오고, 그 전에는 음 뭐 동생이
있으면 동생이 가져 올 수 도 있었고.

＝ 따르 어 동세~이 업쓰마 따은 사암메 가올 수도 이꼬 이래께데.

그엄며느 그르케 머 물모글 이래 가주오며느 여기서도 보냄미까?

앙 가음 빙 걸로 보냄미까, 보통?

￣ ** ** 그그 예이를 가따 지키야 데거던녀508).

￣ 그르키 때미네 쫌 이쭈으서도 쪼끔 보내지.

＝ 쓰 우리느 보낸느 암 보내 그글 모르게따, 나는.

￣ 음'스멈 몸'509) 뽀'내지마느510) 인는 사라므 가따가 이래 쪼꿈511) 이래 보내능기 예이라 ***.

그 다으묘 혹씨 인제 어르시니 장가가실 때, 그어 아까 심부: 은제 그릉꺼 어머님 이불 그어 신행오실 때 이불 옫하고, 치마 저고리, 또 그 다으메 아가 중다미라 해씀미까?

＝ 예.

거 하오 두 가짐마 해가 가시어꼬 혹씨 또 다른 예무른 해가 가싱 거 업씀미까?

＝ 그릉 거 업찌 몸 모.

＝ 예저네 패물도 업씨.

＝ 예저네에 으음 여 업써 에기.

패물?

￣ 녜, 예저네야 머 이씸니까, 머 네.

＝ 예, 그른 꺼또 온니 ****.

감 혹씨 처갇찌벤 장인어르니나 어른들한테 해가주 간 패물도 업씀미까?

＝ 업씨여512).

＝ 녜, 업쓰이513), 그릉 거.

＝ 업써여.

그 어머니므 신행오실 때 시집오실 때 에 머 패물 해가주 오셔씀미까?

예물 해가 오셔씀미까?

▣ 따로 음 동생이 없으면 다른 사람이 가져올 수도 있고 이랬겠지.

그러면은 그렇게 뭐 물목을 이렇게 가져 오면은 여기서도 보냅니까?

안 그럼 빈 것으로 보냅니까, 보통?

￢ ** ** 그것 예의를 갖다 지켜야 되거든요.

￢ 그렇기 때문에 좀 이쪽에서도 조금 보내지.

▣ 우리는 보냈나, 안 보냈나 그것을 모르겠다, 나는.

￢ 없으면 못 보내지마는 있는 사람은 가져다가 이래 조금 이래 보내는 것이 예의라, ***.

그 다음은 혹시 인제 어르신이 장가를 가실 때, 그 아까 신부 인제 그런 것, 어머님이 입을 그런 신행 오실 때 입을 옷하고, 치마와 저고리, 또 그 다음에 아까 중답이라 했습니까?

▣ 예.

그것 하고 두 가지만 해가지고 가셨고 혹시 또 다른 예물은 해가지고 가신 것은 업습니까?

￢ 그런 것은 없지, 뭐.

▣ 예전에 패물도 없이.

▣ 예전에는 음 여기 없어 여기.

패물?

▣ 네, 예전에야 뭐 있습니까, 뭐 네.

▣ 예, 그런 것도 오니 ****.

그럼 혹시 처갓집에 장인어른이나 어른들한테 해서 간 패물도 없습니까?

▣ 없어요.

▣ 네, 없으니까, 그런 것.

▣ 없어요.

그 어머님은 신행을 오실 때, 시집을 오실 때 음 뭐 패물을 해서 오셨습니까? 예물을 해가지고 오셨습니까?

= 요' 요'도 안 해'완데514) 여 마라 내 해고오심니까.

= 안 해야지.

= 실랑 쪼게서 하'저네예.

= 응, 그래 아 해'쓰이.

요즘믄 어 그 어떠씀미까?

그어 아드님 장가 보내고 또는 딸분 시집뽀낼 때?

= 지끄미 시 시끔 셰월 따라 가조이515) 지끔 마이 예주지 머이.

= 지꾸뭄 마 혜 주능기라.

= 지꿈멈.

요즘 마니 해줌미까?

= 네, 반지도 해주고 머 시게도 해주고 전심 마 다 해주이, 셰워리 크:만 찔516) 변해서.

= 우리 아은517) 서이라도 마이 해조씀미더.

= 넬 변해쓰예518).

= 참 벼네써.

검며느 해주는 버미가 보톡 처거 그니까 사위 이 한테도 해주지마너 사이 아버지하고 어머님한텔 다 해주고?

= 글치, 이단519).

= 예, 다 온 한 벌써예520).

= 이단 다 해존네, 지껌.

= 예, 오 탄 벌쓰또 마차 디리꼬521), 웨당깜 별또로 디리써예.

그암며느 딸 그러케 시집 보내셔쓸 때, 어 또 그쪼게 사위 쪼게서도 예무를 해가 옴미까, 요즘 어떠씀미까?

= 여 지꿈 헤가주 와이.

요즘하고 예전하고느 쫌 말 달라져찌예?

= 기여 마이 달라저찌여.

≡ 요, 요기도 안 해 왔는데 여기 뭐하려고 내가 해 가지고 오겠습니까?

≡ 안 해야지.

≡ 신랑 쪽에서 하잖아요.

≡ 응, 그렇게 안 했으니까.

요즘은 어 그 어떻습니까?

거기 아드님 장가 보내고 또는 딸분 시집을 보낼 때?

≡ 지금이야 지, 지금 세월에 따라 가 줘야, 지금이야 많이 해주지 뭐.

≡ 지금은 그냥 해 주는 것이라.

≡ 지금은.

요즘 많이 해줍니까?

≡ 네, 반지도 해주고, 뭐 시계도 해주고 전심(全心) 그냥 다 해주니, 세월
이 그만치 변했어.

≡ 우리 아이들은 셋이라도 많이 해주었습니다.

≡ 네, 변했어요.

≡ 참 변했어.

그러면은 해주는 범위가 보통 처가 그러니까 사위한테도 해주지만은 사위 아
버지하고 어머님한테도 다 해주고?

≡ 그렇지, 예단.

≡ 예, 다 옷 한 벌씩요.

≡ 예단을 다 해주었네, 지금은.

≡ 예, 옷 한 벌씩도 맞추어 드렸고, 예단 감을 별도로 드렸어요.

그러면은 딸을 그렇게 시집을 보내셨을 때, 어 또 그 쪽에 사위 쪽에서도 예
물을 해가 옵니까, 요즘 어떻습니까?

≡ 여기 지금은 해 가지고 와요.

요즘하고 예전하고는 좀 많이 달라졌지요?

≡ 그것이야 많이 달라졌지요.

‒ 예, 마이.

= 마이 달라지지.

= 살기아522) 그마지523) 수지니524) 노풍기라.

‒ 엔나레선 바불525) 몸 무써.

= 네.

‒ 네 바불 몸 무써.

‒ 해줄 여유'가 업'짜너여.

‒ 예 그래성 바 기그 뭉능526) 기 제::일 주로 인자 큰 목찌거 상거찌.
요즈음 머 예저에어 보리꼬개가 머 워낙 심하니까.

= 하 예, 하 원체 뭐 무얼 끼 업따 봉게네527) 마.

= 구우뚜528) 우리 여게 유변529)니 거 체방530)델 때는 사네 저' 나무가,
솔라무가 음 기'양531) 성'항 기 업써서.

= 그그를 삐'끼가즈어 스 그 송기를 가따가 걷뚜 멍는다꼬예.

= 저아 큰' 나무는 전시~'이 송기 삐'끼가주오서532) 그그 가이조.

= 봄 디'마533) 쑥 뜨더가주고 그에 그그'르 가따 반튼하고534) 버리535) 저
릉 걸 쯔 맘 머 536)썰므가주오 그으캉537) 가치 538)머무리지.

= 크 지끄뭉 그으 요라맏 제엘 그은 짐승도 암머거예, 그래 주마.

= 어, 짐승도 암 뭉는다 가이539).

‒ 짐승 암 묵찌.

= 예, 큼'만치 고생시러버540).

‒ 짐스~'이541) 고기 암머여마 지꿈 뭉나?

= 그르치.

= 곰 끄 예저네는 참: 그만치.
머꼬 싸알게 덴지가 그르케 오래 데지가 아나씀미다.

= 으, 참말로 저 예저네.

‒ 예, 너무 달라***.

▪ 예, 많이.

▪ 많이 달라졌지.

▪ 살기가 그만치 수준이 높은 것이라.

▪ 옛날에서는 밥을 못 먹었어.

▪ 네.

▪ 네, 밥을 못 먹었어.

▪ 해줄 여유가 없잖아요.

▪ 예, 그래서 밥 그것을 먹는 게 제일 주로 인제 큰 목적으로 산 것이지.
요즘 뭐, 예전에는 보릿고개가 뭐 워낙 심하니까.

▪ 하, 예, 하 원체 뭐 먹을 것이 업다가 보니까 그냥.

▪ 그것도 우리 여기 6.25사변이, 그 해방될 때는 산에 저 나무가, 소나무
가 음 그냥 성한 것이 없었어.

▪ 그거를 벗겨 가지고서 그 송기를 갖다가 그것도 먹는다고요.

▪ 저기 큰 나무는 전신(全身)이 송기를 벗겨 가지고서 그것을 가지고.

▪ 봄이 되면 쑥을 뜯어 가지고 그에 그것을 갖다 반쯤하고 보리 저런
것, 저 뭐 삶아 가지고 그것과 같이 버무렸지.

▪ 그 지금은 그래 요러면 저기 그 짐승도 안 먹어요, 그래 주면.

▪ 음, 짐승도 안 먹는다고 하니까.

▪ 짐승도 안 먹었지.

▪ 예, 그만치 고생스러웠지.

▪ 짐승이 고기 안 먹이면 지금 먹나?

▪ 그렇지.

▪ 그럼 그 예전에는 참 그만치.
먹고 살게 된 지가 그렇게 오래 되지가 않았습니다.

▪ 음, 참말로 저 예전에.

▪ 예, 너무 달라***.

˜ 뭉능 거시 제:일 가따 뭉능게 여서는 이 예.

그으 어머님께서 인제 여기 시집 오시니까' 처음 은제 시집 오셔쓸 때 어 어떰 분들 게십띠까?

시가찌베 오시니까?

≡ 머 이 어른 네 분 게시고 인자 시누일 두리꼬, 네542) 시동상 안주 끄금543) 궁미나교 뎅기고예.

≡ 네, 고래 삐'더544).

그엄며 시동, 그라며 씨누우 두 분 다 아직 호레늘 아하셔꼬, 예?

≡ 예예, 결론 저네서.

≡ 오고 나서 결혼식 해쓰여.

아, 아이고 그라마 고생이 만아께슴니더.

그엄메 미테 그어 시동생뿐넌 처음 오시쓸 때 궁민하꼬 다녀쓰니까 어려께따, 그지예?

≡ 예, 어려.

≡ 그르치, 어리지오.

≡ 젤 망내~이.

≡ 예, 꺼르지.

머라고 불러씀미까, 그때?

≡ 그때늠 머 입 디'르미라꼬545) 이래 불러찌요.

그 그라머 근 디련님 인제 스 그어 장가가시고 할 때너 머 다아 해드리께따, 그지요?

그어기 그라며 그 어르신니 시집 오셔, 아이 시집 오시고 나서 어르시니 구네 가셔씀미까?

≡ 예, 구네 가쓰예.

≡ 네, 구 군대 가쓰이.

감 구데연 가셔쓸 때느 여기 혼자 게셔씀미가, 어떠씀?

˗ 먹는 것이 제일, 가져다 먹는 것이 여기서는 이 예.

그 어머님께서 인제 여기 시집을 오시니까, 처음 인제 시집 오셨을 때 어, 어떤 분들이 계시던가요?

시가집에 오시니까?

＝ 뭐 이 어른 네 분 계시고 인제, 시누이 둘 있고, 음 시동생 아직 그때 국민학교 다니고예.

＝ 네, 고래 뿐이었습니다.

그러면 시동생, 그러면 시누이 두 분 다 아직 혼례를 안 하셧고, 예?

＝ 예, 결혼 전이어서.

＝ 오고 나서 결혼식을 했어요.

아, 아이고 그러면 고생이 많았겠습니다.

그러면 밑의 그 시동생분은 처음 오셨을 때는 국민학교 다녔으니까, 어렸겠다 그렇지요?

＝ 예, 어려.

＝ 그렇지, 어리지요.

＝ 제일 막내.

＝ 예, 그렇지.

뭐라고 불렀습니까, 그때?

＝ 그때는 뭐 이 도련님이라고 이렇게 불렀지요.

그, 그러면 그 도련님은 인제 그 장가를 가시고 할 때는 뭐 다 해드렸겠다, 그렇지요?

거기 그러면 그 어르신이 시집을 오셔서, 아니 시집을 오시고 나서 어르신이 군에 가셨습니까?

＝ 예, 군에 갔어요.

＝ 네, 군, 군대 갔으니까.

그럼 군데에 가셨을 때는 여기 혼자 계셨습니까, 어떻습니까?

＝ 예으, 즈 은저 읍 시어른하고 가치 이써찌요, 시누이하고.

그 그읍 혼자 한 그르도 삼녕 게셔씀며느 그때는 더 머 힘드셔께씀미다?

＝ 예, 머 이 만날 일하은 사암 맹꺼546) 어른들 일 잘 하시가주고 머 가치 일하고 그찌.

요즈믄 지곰 머 그럼며는 머 요기 두 붐 내에분 두 두 분하고 할머님맏 하고 세 분 그륵 게신다, 그지예?

＝ 예, 세 분.

＝ 예, 음 저 인제 음 시어른하고 같이 있었지요, 시누이하고.

그, 그럼 혼자 한 그래도 삼년 계셨으면은 그때는 더 뭐 힘드셨겠습니다?

＝ 예, 뭐 이 만날 일하는 사람처럼 어른들께서 일을 잘 하셔 가지고, 뭐 같이 일하고 그렇지.

요즘은 지금 뭐 그러면은, 뭐 여기 두 분 내외분 두, 두 분하고 할머님만 하고 세 분이 그렇게 계신다, 그렇지요?

＝ 예, 세 분.

그 어르신, 그 어 보니께서 장가가시고 그 다으메 어머님또 시집 오신 이야기 쭉 해주션는데, 아까 대강 이야기느 하셔씀미다마넘 그오 우리가 오 홀레치를 때, 에 그 초레 치를 때, 그 초레 치를 때넏 보통 어떤 시그로 하는지 함 분 이야기해 주이십시오.

˭ 그 당시에 홀레 치르, 치를 때는 맨 처음메 저::547) 강게네 근 네네께548) 대바~이라 캉이 이써여.

˭ 대바니 거서.

˚ 실랑 대바.

˭ 아, 이 실랑 대바~이 전심 마 인자 메 처메 드강게네 술상도 가조오고 전시메 다가549) 그 다가주 와가주오서 그그을 가따가 그래 수를 가따암 머꼬 나서, 그래 난주550) 저느 또 글항게네 인자 어, 실랑 네네껴 거 그오 홀레 씨이는 그 오슬 가주와, 가주와아지 그거 다 이피여.

˭ 다 이피가조서551) 그래가조 저 인자 다 이피거 가조 노 노며는552) 자, 바께서느 은자 닫 닫 모등 줌비를553) 가따 다 채리노며느554) 인자 인자 저 실라~이 인자 아페 아프로 인자 나오라카며는 그 대바~이 인자 둘고555) 나가 인자.

˭ 둘 나가 이시며는556) 거서 은제 이 실라~'이 아페 나오557) 이시며는 심불'를 가따 나558) 난주 인자 거서 인잔 큰바~'아선 다보559) 인잔, 또 심부도 네네께 대바~'이 이써 가조 심부를 가따 은자 둘고 나오지여.

   그 어르신, 그 음 본인께서 장가를 가시고 그 다음에 어머님도 시집을 오신 이야기를 쭉 해주셨는데, 아까 대강 이야기는 하셨습니다마는 그 우리가 혼례를 치를 때, 음 그 초례를 치를 때, 그 초례를 치를 때는 보통 어떤 식으로 하는지 한 번 이야기를 해 주십시오.

  = 그 당시에 혼례를 치를, 치를 때는 맨 처음에 저기 가니까 그 마찬가지로 대반이라고 하는 것이 있어요.

  = 대반이 거기서.

  - 신랑 대반.

  = 아, 이 신랑 대반이 전심 그냥 인제 맨 처음에 들어가니까 술상도 가져오고 전심으로 다 가져, 다 가지고 와 가지고서 그거를 가져다가 그래 술을 갖다가 먹고 나서, 그래 나중에 저는 또 그래 하니까 인제 음, 신랑에게 마찬가지로 그, 그곳 혼례를 시키는 그 옷을 가져와, 가져와서 그것을 다 입혀요.

  = 다 입혀 가지고 그래서 저 인제 다 입혀 가져다 놓, 놓으면은 인제 밖에서는 인제 다 모든 준비를 갖다 다 차려놓으면은 인제 인제 저 신랑이 인제 앞에 앞으로, 인제 나오라고 하면은 그 대반이 인제 데리고 나가지 인제.

  = 데리고 나가 있으면은 거기서 인제 이 신랑이 앞에 나와 있으면 신부를 데려다 놓고 나중에 인제 거기서 큰방에서는 도로 인제, 또 신부도 마찬가지로 대반이 있어서 신부를 가져다 인제 데리고 나오지요.

= 두르 나가저 은저 그 은자 홀레 시난데560), 머 학짜 데는 사라미 그 인자 홀'레 방시기 이써.

= 홀레 바, 방시기 인는데, 홀레 방어 방시글 가따가 그렘 머 메 처메 머 부칸561) 치 제 제배라 카등가 멈 멈 머 저어 쯔쯔 쯔어.

 ̄ 부캉제배.

= 네, 부칸재배 그으는 내 거 부콴재베아 캉 거느 인자 임금님 아 안떼 인자 알린다 겡이.

= 우리가 두 사래미562) 인자 부카네 저 임금히 마 임금니미 게싱게네 뿌가 머.

 ̄ 부캉제배, 구래 마.

= 네, 그래 가즈업 임금니만테563) 알린다 카미서 그래 인자 거 인자 저를 하라 카마 절 인잖 두 분 하능기라이.

= 두 분564) 하고 나머느 난:주 가셔느 또 인자 심분찌'베서부텅 아페 씨 그 인자 네 넫 네 네키야 심부가 인잖 두 분 하며는 실랑은 함 분 하능 기라이.

= 어이씨 거 인자 시 그 이 베'를 심, 심부가 항상 베'를 반베를 내주고 실라~은 함 분 하고, 그래하고 난조 어시는 끄테 가처서 은자 수 술 술'쌍을 가따가 교'환하능기래이.

= 여 은저 실랑 수뤈 심부로 가따 주고, 심부 술'쌍은 심부 옵치 실라~'올 가따 주고, 그래 서로 게 인제 저 인자 엄 쭉쭉 쭉 딱 이래 감'먼 자 마시라 이게러.

= 어 음.

= 그래가주우 쩌메치 인저 읍 마신다 카능기 임마 데, 데다가 인자 마느기'지.

= 그그르565) 가따으 올'케 할라 카므 다 무어수566) 머 다 무'여도 무방하지만도 그 여러 사람 아페서 뭡 뭐 물 쑤 이씸'니까.

= 데리고 나가지고 인제 그 인제 혼례를 치르는데, 뭐 학자 되는 사람이 그 인제 혼례 방식이 있어.

= 혼례 방, 방식이 있는데, 혼례 방, 방식을 갖다가 그래 뭐 맨 처음에 뭐 "북향재배"라 하던가 뭐, 뭐 저기 저.

⁻ 북향재배.

= 네, 북향재배 그것은, 내 그것 북향재배라고 하는 것은 인제 임금님아, 앞에 인제 알린다고 하니까.

= 우리가 두 사람이 인제 북향에 저 임금이 그냥 임금님이 계시니까 뭐.

⁻ 북향재배, 그래 그냥.

= 네, 그래 가지고 임금님한테 알린다고 하면서 그래 인제 거기 인제 절을 하라고 하면 절을 인제 두 번 하는 것이라고.

= 두 번 하고 나면은 나중에 가서는 또 인제 신부 측에서부터 앞에 서 그 인제 마, 마찬가지로 신부가 인제 두 번 하면은 신랑은 한 번 하는 것이라.

= 어이, 그 인제 그 이 잔을 신, 신부가 항상 잔을 반잔을 내어 주고 신랑은 한 번 하고, 그렇게 하고 나중에 대개는 끝에 가서는 인제 술, 술상을 갖다가 교환하는 것이라.

= 여기 인제 신랑 술은 신부에게로 갖다 주고, 신부 술상은 신부 옳지 신랑을 갖다 주고, 그래 서로 거기 인제 저 인제, "음 쭉쭉 쭉 딱" 이렇게 말하면 인제 마셔라 이것이라.

= 어, 음.

= 그래 가지고 조금 인제 음, 마신다고 하는 것이 입만 대, 대다가 인제 마는 것이지.

= 그것을 갖다가 옳게 하려고 하면 다 먹어서 뭐 다 먹어도 무방하지만도 그 여러 사람 앞에서 뭐, 뭐 먹을 수가 있습니까?

= 금 머 잍567) 데다 고만 노코, 그래가 난주 딱 끈, 끈나고 나마 인자 암음 암'빠~'이라게568) 이써 인자.

‒ 컴 컴, 컴방우론569).

= 그르 큼바~'우로 인자 그 매570) 처메는571) 할 때느 사랑으론 그이 핸는데 인자 인자 으 결혼식 다 하고 나며 큼바~'으롬 남 인자 드가지572).

= 큼바~'으로 드가노'마 인자 대'방'캉573) 가치 인는데, 고'맏 그어시 그어 심부지삔 신'쩌'이나574) 모등 거시 달 다 드로'능575) 기라 마.

= 쌱: 도라가조서576) 그'때'부'텅 에 애:를 미이능577) 기라.

= 어뜨케 여' 완노?

= 너 어뜨케 완노 이래 이래 해찌.

= 이 이 여 이 오슨 누가' 난'노578) 이러능 건.

= 누가 난느579) 이게뿜면580) 말: 함마'디에, 무 우리 어무이가 나따 이캄마, 느거 느거 옴마581)가 이 오'또' 논'나582), 이랑기에.

= 그 으 말 함마디 함마디 잘: 해'에 데.

= 이거는 참 머 어머니가 저 손수 지583) 맨드'러따, 이래 하, 이래 하고, 손수 지'이따 카고 이'래' 해'야 자기가 채'글러 안 차필 정도로 머심 한, 한 사라밈 말하이 디'며는 자기가 그을 함부스로 말하능기 아이고이, 저 마를 바드며는 내갑 어뜨케 말하느 거우, 그글 다뻐니 머 캉'상584) 소'킴585) 말하머 안데에.

= 튼 셍가케가주서 그'래'가주 멈 밈 멉 씨'꼬586) 허드꺼려도 심:중'이587) 셍각해가주오서 말해 해야데능기레.

‒ 앙그르든 머, 마르 여러 사래미588) 말 당하다 봉게네, 머'시든지 멈 머 마구 머 인자 말 어뜨께 말 나오능가 시퍼서, 크'래 머 다라'능'기'라이589), 그래가주오 멈 무 뚜디'리고590) 달코 막.

‒ ** ** ** 말 하다보여 혼처591) 가서 딱 따무 실수하기가 십찌.

= 네.

￬ 그럼 뭐 입을 대다 고만 놓고, 그래서 나중에 딱 끝, 끝나고 나면 인제 안, 음 안방이라는 것이 있어, 인제.

￣ 큰, 큰 큰방을.

￬ 그래 큰방으로 인제 그 맨 처음에 할 때는 사랑방으로 그래 했는데, 인제 인제 음 결혼식을 다 하고 나면 큰방으로 음 인제 들어가지.

￬ 큰방으로 들어가 놓으면 인제 대반이랑 같이 있는데, 그만 거기 거기 신부집의 친척이나 모든 사람이 다 들어오는 것이라, 그냥.

￬ 싹 둘러앉아서 그때부터 애, 애를 먹이는 것이라.

￬ 어떻게 여기에 왔느냐?

￬ 너는 어떻게 왔느냐, 이렇게 이렇게 했지.

￬ 이, 이것 여기 이 옷은 누구한테서 나왔느냐, 이르는 것이.

￬ “너는 누가 낳느냐” 이렇게 말해 버리면 말 한 마디에 뭐 우리 어머니가 낳았다고 이렇게 하면 너희 너희 엄마가 이 옷도 낳았나, 이러기에.

￬ 그 음 말 한 마디, 한 마디를 잘 해야 되지.

￬ 이것은 참 뭐 어머니가 저에게 주시기 위해 손수 지어 만들었다, 이렇게 하고, 이렇게 하고, 손수 지었다고 하고 이렇게 해야 자기가 책을 안 잡힐 정도로, 무슨 한, 한 사람이 말하게 되며는 자기가 그것을 한부로 말하는 것이 아니고, 저 말을 받으면은 내가 어떻게 말을 하는 것이, 그것을 답변이 뭐 항상 속히 말하면 안되지요.

￬ 하여튼 생각해 가지고서 그래 가지고 뭐, 뭐 말을 씹고 허덕거려도 심중히 생각해 가지고 말해야 되는 것이라.

￣ 안 그러면 뭐, 말을 여러 사람의 말을 당하다 보니까, 무엇이든지 뭐 마구 뭐 인제 말을 어떻게 말이 나오는가 싶어서, 그렇게 뭐 다루니까, 그래 가지고 뭐 두드리고 다루고 막.

￣ ** ** ** 말을 하다보면 혼자 가서 딱 다만 실수하기가 싫지.

￬ 네.

＝ *** * ***.

＝ 아 보꾸'루'운데'예592).

＝ 네.

＝ 여'러 명'어593) 말 몬함미더594) 오세도.

＝ 예.

＝ 그르치람 ***가 데에 데고.

＝ 과 그 과 관행595)이 멈 머 어드로596) 써'노', 이랴움 멤 메 머 모르느 사라믄 관넹 카머느 인자 성, 성씨를 두고 말해야 덴느, 안 앙그르면 무시 카머는 마네쓰 찌라른늠 넙 빼'가가 피'가가 머 성으느 머시고 이리 나오 능기라 인자.

＝ 먹 그래 쿡 지바'으면서597) 머 허드끄리고 머. 그엄 그르케 게소으 머 그르케 함미까?

＝ 예'에', 머, 머'시든지으.

＝ 머 그래 시:기598) 다라능기라이.

＝ 시기 몸 모 곰 멈 므오 멈 무, 그 올' 때가지 덴 데 올' 때가지 거뜨 그.

＝ 사밀 또아599) 인는데 사밀 또안 게:숙 인자 그르이 마을 사람한데 달 기능기라.

＝ 달리능 기라.

＝ 사이600) 바랑'게 다루능 경가.

＝ 주'굴 곤 고'초르 다하능기라.

＝ 이 말루601) 그르치.

＝ ** ** 가 노머 치 큰 고초 당한다 그기.

＝ 네. 장에' 가능 그도 시운 니르 아이네.

＝ 예, 아 예.

＝ 시운 닐 아이라.

‾ *** * ***.

＝ 아, 복장을 끓게 하느데요.

＝ 네.

＝ 여러 명의 말을 못 당합니다, 요새도.

＝ 예.

‾ 그러면 ***가 되어야 되고.

＝ 관, 그 관, 관향이 뭐 어떻게 써니, 이렇게 말하면, 뭐 무엇을 모르는 사람은 관향 하면은 인제 성, 성씨를 두고 말을 해야 되는데, 안 그러면 무식하면 말하기를, "지랄할 놈, 너가 빼가가, 피가가 뭐 성은 무엇이니?" 하고 이렇게 나오는 것이라 인제.

＝ 뭐 그래, 쿡 쥐어박으면서 뭐 헐떡거리고 뭐.

그럼 그렇게 계속 뭐 그렇게 합니까?

＝ 예, 뭐 무엇이든지.

＝ 뭐, 그렇게 세게 다루는 것이라.

＝ 세게 뭐 그 뭐, 그 올 때까지 뭐 올 때까지 거기도.

‾ 삼일 동안 있는데 삼일 동안 계속 인제 마을 사람한테 시달리는 것이라.

＝ 시달리는 것이라.

＝ 사위를 봤으니까 다루는 것인가?

＝ 죽을 고, 고초를 다 겪는 것이라.

＝ 이것이 말로 그렇지.

‾ ** ** 가 놓으면 큰 고초를 당한다, 거기.

＝ 네.

장가를 가는 것도 쉬운 일은 아니네.

＝ 에, 아, 예.

‾ 쉬운 일이 아니라.

= 여기 여 그 씨앙[602] 그튼 데는 굼 머 배'기다갑 보기도 머 모테가 다 붇[603] 끈데 여 멈 머 그레은뎀 지히 가뿐다 앙케 머.

= 내 무, 염무 여 몬[604] 살게따 캄.

어르신 근 아까 으 초레 으에 지낼 때, 초레상에너 주로 머 차림미까, 그러며 그게너?

= 초'레상은 어뜨해 뎅게네 첟 처째는 소나무, 대나무, 근 참: 대나무, 소나무는 그 그래도 암무리 겨'우리 데도 그기 웨그'넴[605] 벼'나미 어끄덩여.

= 원'칸[606] 느그 두리 인자 벤'치' 말고 그래 인자 샤:라 카능 그이, 크 사느 그이이 그르이 머어 똑 실 그틍 그릉 거이 인잡 주룽실[607] 기에서 걸치 논능기.

= 이그 은자 멍'도 두리 마 마, 먹 끄'끈'네 사라꼬이, 이음 막 거'다가 머 그래 걸치가주오서 그른 노코, 그 담'메 달'도 암딱, 쑥딱, 양쭈우를 음 마 주보고 그 그랜 노코.

= 그그 그으느느.

= 네?

= 쌀'두[608] 나.

= 쌀 쌀더 너이, 그래.

= 쌀 라[609] 가주고, 그 우'에다가 초뿔 썬'는데, 구게 어이 두 개, 두 래[610] 다머가꼬 머 쪽뚜리 썬는 데에다가.

= ** ****.

= 그 다으메 인자 아페다 나는, 아페 요'느 은자 그 다메[611] 술'쌍은 노코 미테 이거는 술'쌍을 노코 수란줘 고기 넙:뜩'하익[612] 끼'은데 머 짠'짜'이[613] 끼어 가따가 막 큼'지'큼'지' 해가주오서 이거 해가지 미'테다알 여'끄틍 걸 가따가 발라가조 이그를 몬' 띠두루[614] 한 등으리 멘'더뿌리[615].

〃 여기 여 그 "시암" 같은 곳은 그 뭐 배기다가 보기도 못해서 도로 그런
데 여기 뭐, 그런데 집에 가버린다고 안 했나 뭐.

〃 나는 뭐 여기 여기에서 못 살겠다고 하면서.

어르신, 그 아까 음 초례를 지낼 때, 초례상에는 주로 무엇을 차립니까, 그러
면 그기에는?

〃 초례상은 어떻게 해야 되니까 첫, 첫째는 소나무, 대나무, 그 참 대나
무, 소나무는 그, 그래도 아무리 겨울이 되어도 거기 왜 그러냐 하면 변함
이 없거던요.

〃 원래 너희 둘이 인제 변치 말고 그렇게 인제 살라고 하는 것이고, 그
상은 그, 그러니까 뭐 또 실 같은 것은 거의 인제 실꾸리로 된 실을 상의
귀에 걸쳐 놓는 것이라.

〃 이것 인제 사람의 목숨도 그냥 뭐 끝끝내 살라고, 음 막 거기다가 뭐
그렇게 걸쳐 가지고 걸어 놓고, 그 다음에 닭도 암탉, 수탉을 양 쪽으로
음 마주 보고 그, 그래 놓고.

〃 그, 그, 그것은.

〃 네?

〃 쌀도 놓아.

〃 쌀, 쌀도 놓고 그래.

〃 쌀을 놓아 가지고 그 위에다가 촛불을 켰는데, 그게 어 두 개, 두 개에
담아 가지고 뭐 족두리를 썬 데에다가.

〃 ** ****.

〃 그 다음에 인제 앞에다 놓는, 앞에 요기는 인제 그 다음에 술상을 놓
고 밑에 이것은 술상을 놓고, 술 안주로 고기를 넓적하게 꿴 곳에 뭐 촘촘
히 꿰어 가져다가 막 큼직큼직하게 해서, 이것을 해서는 밑에다가 엿 같은
것을 가져다가 발라 가지고 이것을 못 떼도록 한 덩어리를 만들어 버려.

= 막 그래엄 수란주 아 쩌 안주 찌'버라꼳616), 안주 쭈울따' 이함머 이그 인제 안주르 가따 이 디비'라617) 카능기.

= 이거 요 은자 저'분618) 이 해가존 이글 이글 암619)머'그며는 이 디비'라꼬 카거드이.

= 디비'노마620) 이어 한 등이으르621) 데'가조 몬 디베, 한 등그르622) 데가접 따~아623) 부'트가조이 가치 인는데, 몬디베에 크득꺼리맘624) 막 우'숩따꼬 머 저어르625) 쩌 안죽꺼치 지꺼 저'분질도 몯하능기 장'게'626) 와따, 저'르 저'릉기 지 장게 왇, 이름 막 수까'랑기627), 저이 저기 으예 저기 드리 저 저게 가주구 머신 찜 멈 머 이 시 씨 여 지'랄한다꼬 요 완나 이그 이래 맘 시달리능 기라.

= 그기 장난칠라꼬 머 한 등그리 그 시 새'액'씨드리 그리 게리 그름 고로 멘드'르 뿌'리어.

= 삐'저가주고 마 한 등그리 데뿌.

그르가 인제 초레 지내고 아까 은제 드르가스 또 아 친저, 아 거 처갇땍 시꾸들한테또 이러케 저러케 시달리고, 그 천날빠문 어뜨게 그 함미까?

= 천날빠문 기~여고 나서 인자 으 그어 저이 지 일 두:리 무'우라꼬628) 야:물'상629)을 가뜬 둘랄, 들라누치여.

= 이엔 더 더더 덜라노코 나며는, 이 야물'상 드로기 저네 이글 가따걱 쪽뚜'리'께' 이 이써이.

= 쪽떠리르 인젭 빕 비'끼야630) 그이 그 야물상을 무끄덩예.

= 쪽 쪽뚜리르 가따가 안 삐끼며 야물사~은 검 거 음 머'을 수 업'써이.

= 그 이 쪼뜨랑에 드끼 겁 겨룬할 때 쓰누 쭈 쪼뜨리 인잖 다: 비'끼노코, 기래 야:물'상을 가따가 잍 들라노코, 그래 임 뭐 세엑씨가 술 한 잔 주맏 자기연 머꼬, 자 자기가 또 세에시앝 조 술 한 잔 주고, 그르노마 뭉경'으롣 디다보미섬 막 여페 사암드 느그 두리맘 멍나, 마 그 돌라케'사코 머 야단 지'이고 그르능 기'라이.

˝ 막 그래서 술안주를, 저 안주를 집으라고 "안주 쭈울딱" 이렇게 하면 이것 인제 안주를 갖다가 뒤집어 라고 하는 것이라.

˝ 이것 요기 인제 젓가락을 이렇게 해서 이것을, 이것을 못 먹으면 이것을 뒤집어라고 말하거든.

˝ 뒤집어 놓으려고 하면 이것이 한 덩이로 되어서 못 뒤집어, 한 덩어리로 되어서 딱 붙어 가지고 같이 붙어 있는데, 못 뒤집어 덜커덕거리면 막 우습다고 뭐 자기들은 저 아직까지 자기 것, 젓가락질도 못 하는 것이 장가를 왔다고, 저, 저런 것이 장가를 왔다고, 이르면 막 애달프게 하는 것이, 저기 저기 어떻게 자기들이 저, 저것을 가지고 뭐가 있어서 "여기에 지랄한다고 여기 왔나" 하고 이렇게 마음을 시달리게 되는 것이라.

˝ 거기 장난을 치려고 뭐 한 덩어리로 그 색시들이 그리 그렇게 그런 까닭으로 만들어 버려.

˝ 빚어 가지고 그냥 한 덩어리가 되어 버려.

그래서, 인제 초례를 지내고 아까 인제 들어가서 또, 아 친정, 아 그 처가댁 식구들한테 또 이렇게 저렇게 시달리고, 그 첫날밤은 어떻게 그렇게 합니까?

˝ 첫날밤은 그리고 나서 인제 음 그어 저기 자기 둘이서 먹으라고 야물상을 가져다 들여 놓고, 들여 놓았지요.

˝ 이에 들, 들여 놓고 나면, 이 야물상이 들어오기 전에 이것을 갖다가 족두리가 있어, 있었어.

˝ 족두리를 인제 벗, 벗겨야 그, 이 야물상을 먹거던요.

˝ 족, 족두리를 갖다가 못 벗기면 야물상은 그, 음 먹을 수가 없었어.

˝ 그 이 족두리란 것이, 특히 그 결혼할 때 쓴 그 족두리를 인제 다 벗겨 놓고, 그래 야물상을 갖다가 이제 들여놓고, 그래 이 뭐 색시가 술을 한 잔을 주면 자기가 먹고 자, 자기가 또 색시한테 그 술을 한 잔을 주고, 그렇게 해 놓으면 문 구멍으로 들여다 보면서 막 옆에 사람들이 너희 둘만 먹나, 그냥 그렇게 주라고 하고, 뭐 야단을 떨고 그르는 것이라.

˘ 그기가이631) 상:방지킬라 카능긴데, 상방지킨다, 예.

그 그러며는 그때 으 거 사, 상방 거 지키기할 때, 근냥 어두우짐며느 그냥 나감미까, 사암드리?

그냥 두 사암 자게 그냥 두?

= 에'이, 안 데지.

그머 그 어쩜미까?

= 저'업 저'어다가632) 품'펑'을633) 처나도 저거러 확 제'끼부곤 저거 뭉끼'웅을634) 뚤버가조서635) 마 저 그 멈 먼 막 볼라꼬636) 멈 먼 전심 맘 무뭄마정637) 다 째 째노코 멈 멈 겐'자하으638) 한데 멈.

= 자구러 함니까, 먼.

= 음 머 끄'자브 네는데.

그래가 어르신도 모쭈무셔씀미까?

= 그르치에, 응 몽 몽 몽 몽.

= 몬자구로 한데 머, 웨:를 미'이는데639) 머, 그래 머.

그야머 한 그래 한 사밀 똥아는 머 게소그?

= 그 이튿날 디며는640) 어뜨게 덴능게 아이라 인잠, 뚜디'리능641)기'라.

= 뚜디리느 때에느 인자 인저 모르거'드 맨 첨메 어'리다 봉게네 장모 소리를 가따감 안 나오거'등예.

= 그 장모 소르를 가따간 하기 이에선, 뚜'드리야 매'안테 모니기 가조서 냐 뚜디런 사라미 인자 말해이.

= 여 장모 불러라, 이래 항기라642).

= 으 암부르고 모643) 그 이시맘, 와 암 부'리노, 맏 뚜드리라이644), 막 패'데니으645), 패데맘 머 아 모니'이'가조646) 고마 장모니::함 고함 콰흠믈647) 지브, 지르며는 인자 장모가 인자 두루와가648), 드로고 조, 드로고, 그 다음메 그은 거서 인자 소개 다 씨'이능649) 기라.

= 그 다으메 인자 또 그 도옴메 처남대기라꺼 여스 처나메 마:느'리

ˉ 그것이 그 상방을 지키려고 하는 것인데, "상방지킨다"라고 하지.

그, 그러면은 그때 음 거기 상, 상방 그것 지키기를 할 때, 그냥 어두워 지면 그냥 나갑니까, 사람들이?

그냥 두 사람이 자게 그냥 두고?

= 에이, 안 되지.

그 뭐, 그 어떻게 합니까?

= 저기, 저기다가 병풍을 쳐놓아도 저것을 확 젖혀버리고 저기 문구멍을 뚫어서 그냥 저기 그 뭐 막 보려고 뭐 모든 그냥 문짝마다 다 찢, 찢어놓고 뭐, 뭐 굉장하고, 굉장한데, 뭐.

⹀ 자게 합니까, 뭔.

= 음, 뭐 끄잡아 내는데.

그래서 어르신도 못 주무셨습니까?

= 그렇지요, 음 못 잤지요.

= 못 자게 하는데 뭐, 애를 먹이는데 뭐, 그래 뭐.

그야 뭐, 한 그렇게, 한 삼일 동안은 뭐 계속을 하나요?

= 그 이튿날 되면은 어떻게 되는 것이 아니라 인제, 두드리는 것이라.

= 두드리는 때는 인제, 인제 모르거든, 맨 처음에 어리다 보니까, 장모 소리가 안 나오거던요.

= 그 장모 소리를 갖다가 하기 위해서, 두드려야 매한테 못 이겨서 인제 두드리는 사람이 인제 말을 해요.

= 여기, 장모를 불러라, 이래 한 것이라.

= 음, 안 부르고 뭐 그렇게 있으면 왜 안 부르느냐, 마구 두드려라, 막 패니까, 패면 뭐 아 매에 못 이겨서 그만 "장모님"이라고 하면, 고함을, 고함을 치면, 지르면은 인제 장모가 인제 들어와서, 들어오고 그 들어오고, 그 다음에 거기, 거기서 인제 소개를 모두 시키는 것이라.

= 그 다음에 인제 또 그 다음에 처남댁이라고 여기서 처남의 마누라를 갖

를650) 가따아 처남대기거든.

= 그르 처남대~이락, 큰처남 그 처 큰처남대기라꼬 카암물 지르며는 그
래 와아주옴 멈 머 머 은저 머 업'씸며는 그 노는 사라미 업씨며는 머 가
조 오래코 억 가물 지래 이르웅기.

= 멈 머 안주 이시머 안죽 가조오라꼬651) 가물 질러라, 앙그트임652) 멀
가주오라꼬 가물 지르이653), 이그르 인자 머'끼 이에654) 서능기래.

= 그어 그기 예저네는 뭉는655) 사라미 업따 봉게넴 무끼 이'에섬 패'능기
라.

= 패맘 멈 멈 나오이656) 머 머드이.

⁻ 장모르 부를 때도 그거 무'끼 위에서 장몰 불'러 ***, 그러면 장모아657)
가조온다, 그에서 강 탕 머그마 감∷ *** ***.

= 네, 어에, 마자.

= 가이 여 비까658) 매가주구 온 데 끌꼬 뎅긴데, 옴 마** 매 나도 그래.

= 네, 이거는 이거를 가따가 메능 거는 그 인자 네 네까악 거 저 장게 갈
때 인자 이그 지므지머 함 지느 가느 극 끈' 아니'심네꺼659)?

⁻ 끙660) 그'그'르 가따감 드라'노코661) 그 메능'기라여.

⁻ 매가주오섬 멈 무끄꼬662) 뎅기미섬 맘 몸 무 그름 머 메능게.

≡ *** 할버이 뚜디리뿌 ** *** 머 그 참 머 **** ***.

= 이그또 은자 에663) 나는 처나미 소누처나미664) 이써섬 금 멈 멀 덜 당
해찌여.

= 어언뜨665) 그 그 지베 두:루 사'며는 장난도 올키666) 몬 치'고, 참 그
지베 안667) 두루 사가 하고 하마 장나르 가따 맘데르668) 치고, 저거 마음
데러 함미다.

= 처가찌비 두루 담며는669) 조 골키670) 모데이.

= 네, 그 처남 보 바서, 곧 자이, 재이너른671) 바서도.

= 우리 처아찌비 그 당시에 맘 머 처남도 잘라'찌, 재이너르 잘라'찌, 그

다가 처남댁이라고 하거든.

￭ 그래 처남댁이랑, 큰처남, 그 처, 큰처남댁이라고 고함을 지르면은 그 래 와 가지고 뭐 인제 뭐 음식이 없으면 거기서 노는 사람이 무엇을 가지 고 오라고 음, 고함을 지르라고 말하는 것이라.

￭ 뭐, 뭐 안주가 있으면 안주를 가져오라고 고함을 질러라, 안 그러면 무엇을 가져오라고 고함을 지르니까, 이것은 인제 먹기 위해서 쓰는 것이 라.

￭ 그, 거기 예전에는 잘 먹는 사람이 없다 보니까 먹기 위해서 패는 것 이라.

￭ 패면 뭐, 뭐 나오니까 뭐, 뭐든지.

￣ 장모를 부를 때도 그것으로 먹기 위해서 장모를 불러 ***, 그러면 장모 가 가져온다, 그래서 많이 먹으면 고함 *** ***.

￭ 네, 음, 맞아.

￭ 그러니 여기 베를 매 가지고 온 곳에 끌고 다니는데, 음 마** 매 나도 그래.

￭ 네, 이것은 이것을 갖다가 매는 것은 그 인제 내, 내가 거기 저 장가 갈 때 인제 이것, 짊어지며 함을 지고 가는 그 끈이 안 있습니까?

￣ 끈, 그것으로 갖다가 드려 놓고 그러게 매는 것이라요.

￭ 매어 가지고서는 뭐, 묶어서 다니면서 그냥 뭐 그렇게 뭐 매니까.

￦ *** 할아버지 두드려 버리면 ** *** 뭐 그 참, 뭐 **** ***.

￭ 이것도 인제 음 나는 처남이 손위 처남이 있어서 그 뭐 덜 당했지요.

￭ 어떤 그, 그 집에 두루 잘 살면 장난도 옳게 못 치고, 참 그 집이 두루 잘 살지 못 하면 장난을 갖다 맘대로 치고, 자기 마음대로 합니다.

￭ 처가집이 두루 살면 저 고렇게 못 해요.

￭ 네, 그 처남을 보아, 봐서, 곧 장인, 장인 어른을 봐서도.

￭ 우리 처가집이 그 당시에 그냥 뭐 처남도 잘 생겼지, 장인어른도 잘 생

래 농게네 지 끄 어 동네에서 머 주인 데'농게네 오 올키 모 모데쓰에.

그렁 거는 여페서 어멈니므 그어, 그러셔도 머 꼼짝 안하나고 가마 이쓰야 데미까?

= 가마672) 이찌 머 우'야게씀미꺼673).

= 그르타 카능 그글 곰 몸 무 상식'쩌그로 저래 만는다커 그기'라 맘 마이 그언.

= 예저네는 저기 어 볼래 오'만674) 장가오'마 저래 씨'달리고 볼래 저래 뚜드리 만능기러, 이르 셍가하능기라이, 다.

하이뜬 장가가며늠 마 그르케 고생을?

= 초'주'움675) 지'이능676) 기에, 초'주'움.

= 초주우미 그리 머 한 사나륵677) 가따 오마 세'카만능 기라요.

= 몸: 묵'찌, 마꾸678) 멈 머 씨'버 데지, 그람마 올키 뭉'나 그아.

= 지끔679) 사람거트며 씸 그래 아이다~'이.

⁻ 지끄무 그래 달문 ****.

그 다으메 어르신 그으기 인제 도'로 오셔가주고, 시집 오셔 가주고느 페배근 어느 붕까지 봄미까?

여기 오셔쓸 때?

= 고'오'느680) 가차운681) 지바느 다 바예.

그엉 그너 머 이 동네 친척 일가찌, 일가는 먼 다 보네?

= 예, 일가먼682) 보지.

그 담메 보통 이으 홀레할 때 머 여기서 시집오셨슬 때나 또늡 장가가셔슬 때나 잔치 아남미까, 그지예?

= 네.

잔치 때 보토~은 음시근 보통 어떵 거 줌비해가주 데접함미까, 사람들한테?

= 주로 모운 그 예저네느 떠꾸기지 머.

겼지, 그래 놓으니까 자기 그 동네에서 뭐 주인이 되었으니까 옳게 못, 못 했어요.

그런 것은 옆에서 어머님은 거기 그렇게 하셔도 뭐 꼼짝을 안 하고 가만히 있어야 됩니까?

＝ 가만 있지 뭐 어찌하겠습니까?

＝ 그렇다고 하는 그것을 그 뭐 상식으로 저렇게 맞는다는 것, 그것이라 그냥 그것.

＝ 예전에는 저기 본래 오면, 장가를 오면 저렇게 시달리고 본래 저렇게 두드려 맞는 것이라고 이래 생각하는 것이라, 모두.

하여튼 장가를 가면은 그냥 그렇게 고생을?

＝ 초죽음, 죽이는 것이라, 초죽음을 만드는 것이라.

＝ 초죽음이 그렇게 뭐 한 사나흘을 갔다 오면 얼굴색이 새까맣는 것이라요.

‐ 못 먹지, 마구 뭐 씹어 되지, 그러면 옳게 먹나 그러면.

＝ 지금 사람 같으면 그래 안 했을 거요.

‐ 지금은 그래 매달면 ****.

그 다음에 어르신 거기 인제 돌아 오셔가지고, 시집을 오셔 가지고는 폐백은 어느 분까지 보았습니까?

여기에 오셨을 때?

＝ 고것은 가까운 집안은 다 보지요.

그럼 그것은 뭐 이 동네 친척, 일가집, 일가는 뭐 다보네요.?

＝ 예, 일가면 보지.

그 다음에 보통 여기 혼례를 할 때 뭐 여기서 시집을 오셨을 때나 장가를 가셨을 때나 잔치를 안 합니까, 그렇지요.?

＝ 네.

잔치를 할 때, 보통 음식은, 보통 어떤 것을 준비해서 대접을 합니까, 손님들한테?

＝ 주로 뭐 그 예전에는 떡국이지 뭐.

= 떠꾸.

= 또 장게읍 가따 오'며는 동네어 사람한테 다: 인'사 다 해이.

= 동683) 뎅기미성.

= 둘마기684) 이꼬 모차림685) 그디'루686) 해가주오서 인사 다 하능기라.

= 동네마적687) 어른들 타 차자 뵈어이688) 데이, 고 은자.

= 조고이 방시이라 근냐 예.

검 여기는 주로 떡꾸글 줌비***?

= 녜예.

≡ ****.

˜ 예, 옌나레느 싸리 기에689) 가주고 농'사르 지'이도690) 그때느 수와글 몬내기 떼미네 싸'리 아'주 기'해'씸니다.

˜ 그르가주오 떠꾹 끼'리691) 주마 그 집 잔치 잘'한다.

= 누러이 깨가지 머 그래.

엄 보통 그암 떠꿍 모타는 지바네는 머 대접?

˜ 머 국쓰, 국쓰나, 예, 근니더.

= 경상도느 국쑤 업'써'써이.

= 주'루 떠'꾸기지.

어 어째뜬 모사라도 떠꾹?

= 녜.

˜ 떠꾸근.

주미꺼?

= 예, 그으느 필'수'라692).

˜ ** 여그 더러 다 **** 모해이.

= 예, 필수라이.

그아고 머 떠꾹 말고느 또 머 어떵 거 줌비함미까, 음식?

= 주거 주론 참 데지 자바 가조서 그 수란주하고.

＝ 떡국.

＝ 또 장가를 갔다 오면 동네 사람한테 다 인사를 다 해요.

＝ 동네를 다니면서.

＝ 두루마기를 입고 옷차림 그대로 해 가지고서 인사를 다 하는 것이라.

＝ 동네마다 어른들을 다 찾아 뵈어야 되지, 고 인제.

＝ 저것이 여기 방식이라, 예.

그럼 여기는 주로 떡국을 준비***?

＝ 네.

≡ ****.

¯ 옛, 옛날에는 쌀이 귀해 가지고 농사를 지어도 그때는 수확을 많이 못 했기 때문에 쌀이 아주 귀했습니다.

¯ 그래 가지고 떡국을 끓여 주면 그 집은 잔치를 잘 한다.

＝ 누렇게 끓여서 뭐 그래.

음, 보통 그럼 떡국을 못 하는 집안에는 무엇을 대접합니까?

¯ 뭐 국수, 국수나, 예 그렇습니다.

＝ 경상도는 국수가 없었어요.

＝ 주로 떡국이지.

어, 어째든 못 살아도 떡국?

＝ 네.

¯ 떡국은.

줍니까?

＝ 예, 그것은 필수라.

¯ ** 여기는 더러 다 **** 못 했어요.

＝ 예, 필수라요.

그리고, 뭐 떡국 말고는 또 뭐 어떤 것을 준비합니까, 음식은?

＝ 저기, 주로 참 돼지를 잡아 가지고 그 술안주하고.

ᚆ 단술, 묵.
＝ 무 단술, 묵 고령 거 모아가조 채'려가조693) 그래이.
　머 혹씸 머 찌지미나 그렁 거또 함미까?
　부침?
＝ 글, 글치읍, 부침도 하지여.
ᚆ 그또 나물찌지미지.
ᚆ 부로694) 고기찌짐 이렁 건 어'꼬, 여 머 저 이 머 찌짐, 벱차찌짐695),
정구지, 이렁 거 머 **** 카능거 그래 하고, 예.
＝ 점부 바테.
　그 다으메 그 찌짐 아까 그런 채소찌짐들 주로 하고 그 다으메 데지고기느 데
지늡 보통 어떠게 잡씀미까?
　감며?
＝ 데지 여 열 동네서 다 잡'찌예.
＝ 자버' 주'지예, 동 동네서이.
＝ 예, 큰닐한다 카마 동네 사라미 참 데지 불'롣696) 멀 다 잠능기 아이
고, 저 잘란 산 잘 잘 잘 저 잘 자음 사라미 이꺼등에.
　아 잘사는 지베느?
＝ 쩌 어데697).
＝ 잘 지끄 잘 데지를 잘 잘 저거 모꼬 지기느698) 사라미 이따꽁.
　아, 잠는 사라미?
＝ 예.
＝ 몬'사는 사람, 쭘 모, 모'단 사람 잘 모다지여.
　데지으 고또 즈 저 점문쩌그로 잘 잠는 사라미에?
＝ 예, 하는 사암, 예.
＝ 그 사라미 언제 머, 인제든 시699) 자꼬 달코 하지.
　그엄므너 그'르고 혹씨 그 데지으늘 자브가주오 머 수융 가곧 살머 가주고 안
주 함미까?

˥ 단술, 묵.

˭ 묵, 단술, 묵 고런 것을 모아서 차려서 그랬어.

뭐, 혹시 뭐 부침개나 그런 것도 합니까?

부침개?

˭ 그, 그렇지요, 부침도 하지요.

˥ 그것도 나물부침개지.

˥ 부러 고기부침개 이런 것은 없고, 여 뭐 저 부침깨, 배추 부침개, 부추, 이런 것 뭐 **** 하는 것, 그래 하고, 예.

˭ 모두 밭에서

그 다음에 그 부침개, 아까 그런 채소 부침개들을 주로 하고 그 다음에는 돼지고기는 돼지는 보통 어떻게 잡습니까?

그러면?

˭ 돼지, 여기, 여기 동네에서 다 잡지요.

˭ 잡어 주지요, 동, 동네에서요.

˭ 예, 큰일을 한다고 하면 동네 사람이 참 돼지를 별로 뭐 다 잡는 것이 아니고, 저 잘 잡는 잘, 잡는 사람이 있거던요.

아 잘 사는 집에는?

˭ 저, 아뇨.

˭ 잘, 지금 잘 돼지를 잘, 잘 저거 무엇인가 하면 잘 죽이는 사람이 있다고.

아, 잡는 사람이?

˭ 예.

˭ 못 하는 사람, 좀 못, 못한 사람은 잘 못하지요.

돼지는 그것도 저, 전, 전문적으로 잘 잡는 사람이요?

˭ 예, 하는 사람, 예.

˭ 그 사람이 언제, 뭐 언제든지 쉽게 잡고 달고 하지.

그러면은 그리고 혹시 그 돼지를 잡아 가지고 뭐 수육 그것만 삶아 가지고 안주를 합니까?

= 그르치, 쌀마 가주오섬 머 주로 인자 참 삐저 가조 그래 안주하지.

머 그엄 스 쌀코김마 쓰미까, 앙그암 머 다릉 거똔 순대나 이렁거또 다 함미까?

내장가틍?

= 그 내장도 그저네늠 멈 피 여가주오서 그래 하며는 그으는 여 시가주이[700] 언젠지어스 큰'상에 그어즈 그어쯔 쩌쯔 손님들 그 그어 드글 드가여, 드가지.

= 허:파나 머 장 간 거틍 거 그릉 거는.

⁻ 내장으러[701] 또 고'그부로[702] 해.

= 우, 고구브리 해써, 그저네는.

아, 그응까 그렁거느 인자 일반 사암들한테 잘 안주고어 손님 오션 머?

= 에, 아안 주고, 안 주고, 예, 손님.

= 상각소님드[703].

= 네.

⁻ 상낙소니 오마 인자 그 사~'아 가따 올리고.

= 머 매누[704] 피를 여가조서 그래 여가조서 매누' 올린느 그 임자.

= 똥둘똥굴 똥구바~하이[705] 스 싸리[706] 가주.

= 그 담메 강 그틍 고르 그 다음 미테 그레 뜹 그 하고 그림[707] 머 그 허파 거틍 건눙 그래 차레가 이썸.

= 메지 맴 미테가[708] 인잔 살꼬기어[709] 드가고[710] 그 다으멕 간, 허파 거틍 걸 드가이고 매 누는 맨: 우'에느 은작 가 어 그 은잔[711] 저 피 여'가조서 그 여가조 그래 인잔 공게가조[712] 그래 인나 짜전 참 주지 인네.

그라며 큰 상이나 이른'데'마 올린다, 그지예?

= 그르치예.

그 다머 혹씨 머 아까 어 이야기하션는데, 아 찌짐도 하고 그래 하, 하고 떡' 가틍 건 안 함미까?

＝ 그렇지, 삶아 가지고서 뭐 주로 인제 참 얇게 썰어 가지고 그래 안주를 하지.

뭐, 그럼 살, 살코기만 씁니까, 안 그러면 뭐 다른 것도, 순대나 이런 것도 다 합니까?

내장 같은 것도?

＝ 그 내장도 그 전에는 뭐 피를 넣어 가지고서 그래 하면은 그것은 여기써서 언제든지 큰상에 그 쪽, 그 쪽 저 쪽 손님들 그, 그 곳에 들어가요, 들어가지.

＝ 허파나 뭐 내장, 간 같은 것, 그런 것은.

￣ 내장은 또 고급으로 치지.

＝ 음, 고급으로 쳤어, 그전에는.

아, 그러니까 그런 것은 인제 일반 사람들한테 잘 안주고 음 손님이 오시면은 뭐?

＝ 예, 안 주고 안 주고, 예 손님상에만.

￣ 상객들.

＝ 네.

￣ 상객이 오면 인제 그 상에 갖다 올리고.

＝ 뭐, 맨 위에 피를 넣어서 그래 넣어서, 맨 위에 올리는 그것 인자.

＝ 동글동글 동그스럼하게 썰어서.

＝ 그 다음에 간 같은 고런 것, 다음 밑에 그래 또 그것하고 그러면 뭐 그 허파 같은 것은 그래 차례가 있어.

＝ 메지, 맨 밑에 인제 살코기가 들어가고 그 다음에 간, 허파 같은 것이 들어가고, 맨 위에는, 맨 위에는 인제, 그 인제 저 피를 넣어 가지고서 그것을 넣어서 그래 인제 잘 포개어서 그래 인제 참말로 주지 인제.

그러면 큰 상이나 이런 곳에만 올린다, 그렇지요?

＝ 그렇지요.

그 다음에 혹시 머 아까 음, 이야기를 하셨는데, 아 부침개도 하고 그래 하고 떡 같은 것은 안 합니까?

떠근 머 잔치 땐 안 함미까, 그때느?

기에서?

‾ 잔체 이랜 떠그 가떠 빌로713) 아내찌야.

‾ 떠근 머 빌라714) 아나고, 에 주로 인잗 떠꾹 끼리가주고 이래 죽: 돌리고 이래찌.

= 떠꾹 끼르가주 해찌.

혹씨 머 떠꾸게 근냥 끄림미까, 앙그암 떠꾸게 머윽 고명이나 머 머 언?

= 시 그 저네으 두부'지, 준, 다.

‾ 두부 여'코, 혹 요래 이 큰사암715) 거늠 달716), 달 자바 가주고 은자 그 누믈 인자 고기르 맹그러 가주고 이에 여코 이래지.

그 다메 그 홀레 치를 때 그 머 음시근 머 주로 누가, 어뜨게 장만함미까? 그어 일손 가틍 겨우느?

= 그르 동네서 하시.

= 순: 동:네'서 하능기'래.

‾ 여어서 인제 여기서 마이, 마이 해찌 ****.

= 아이와 동:네'서 주로 다 해'조.

‾ 이기서717) 마이 도와 주고.

= 네.

‾ 그래 해.

= 해따 카마 동네에서 전심만시718) 다 해조 그지 그저네늠 머.

거 지반 사암드른 쫌 마 더 열시미 하고 그 다으메 지바 사람 아니드라도 동네 사암 다 네서?

= 네, 네, 동네서.

‾ 여 오시머 건.

= 동네서, 저 예렵따719) 카며는 동네 사람 다 오고 지반 마는 사라미 저 거 지바네쓰 해도 무바'이지만또720) 에'로운 사라미 에'로운 사람끼'리 또 도아주능기'라.

떡은 뭐 잔치 때는 안 합니까, 그때는?

귀해서?

˘ 잔치는 이래 떡 같은 것은 별로 안 했지요.

˘ 떡은 뭐 별나게 안 하고, 에 주로 인제 떡국을 끓여 가지고 이래 쭉 돌리고 이러했지.

= 떡국을 끓여서 했지.

혹시 뭐 떡국에 그냥 끓입니까, 안 그러면 떡국에 뭐 고명이나 뭐 음?

= 그 전에는 두부지, 순 다.

˘ 두부를 넣고, 혹 요래 이 손님 것은 닭, 닭을 잡아 가지고 인제 그 놈을 인제 고기를 만들어서 여기에 넣고 이랬지.

그 다음에 그 혼례를 치를 때, 그 뭐 음식은 뭐 주로 누가, 어떻게 장만을 합니까? 그 일손 같은 경우는?

= 그래 동네에서 하지.

= 순전히 동네에서 하는 것이라.

˘ 여기서 인제, 여기서 많이, 많이 했지, ****.

= 아니야 동네에서 주로 다 해주지.

˘ 여기서 많이 도와주고.

= 네.

˘ 그래 해.

= 했다고 하면 동네에서 모두 다 해주지, 그저 그 전에는 뭐.

그 집안 사람들은 좀 그냥 더 열심히 하고, 그 다음에 집안 사람이 아니더라도 동네 사람 다 나와서?

= 네, 네, 동네에서.

˘ 여기 오시면 그.

= 동네에서, 저기 외롭다고 하면은 동네 사람이 다 오고, 집안 많은 사람이 저희 집안에서 해도 무방하지만 외로운 사람은 외로운 사람 끼리 또 도와주는 것이라.

＝ 그래얀 내가 에롭'따 봉에 내가 저 지베데아721) 도와조'야 나'도 쯔 머 큰'질722) 치'며는 저 지블 도우물 바'따 뽕게네, 기기 서로 모 모 상보 상써 상조기라.

그엄며느 인제 머 주로 아까 이야기해따 시핍 부조가틍 경우는 부조데로 하고 또 이 ** 몸 **** ** **, 예예예.

＝ 떠 이 몸도 몸 모 모믄 몸더러 떧 테'주고.

그암 머 거이 한, 한 며칠 씩 일 하시게따, 그지예, 그럼며느?

＝ 그르치, 끈날 때까지 해찌, 멈 머 과이나 할 카지여.

＝ 끈날 때까지 하능기라이.

머 그암 거이 머 동네가 친처기 아니라도, 일가 친척 아니라도 머 거이 아주 치나게?

＝ 녜예, 녜예.

˜ 도와줌니, 마니 그 도와줌미더.

＝ 참 도'와조'이.

＝ 앙그'러'맘 그 모함, 모함미다723).

˜ 그르이724) 초'닌시미 인자 조타 카'능기 그 인제.

＝ 예.

그어 아까 어, 어르신 근 볼빠'닥 그 때리고 할 때너 에 머 주로으 꿈 머 까주오725) 때린다 해씀미까?

＝ 명태.

명'테'에?

˜ 녜, 명태 그글 마 마 명태 그기 야물거등726).

＝ 야뭉게네 명태 그금 멍 활활 피'두룽727) 멈 무 때'링기라, 그 명태 그 어.

＝ 야멍 명태 그으 팔활 피'두루 때'리.

˜ 난주게728) 저거 다 피'뿌리.

＝ 그래야 내가 외롭다 보니까 내가 저 집에다가 도와주어야 나도 뭐 큰 일을 치면은 저 집의 도움을 받아야 보니까, 그것이 서로 뭐 상부상조이지.

그러면 인제 뭐 주로 아까 이야기를 했다시피 부조 같은 경우는 부조대로 하고, 또 이 ** 몸 **** ** **, 예.

＝ 또, 이 몸도, 뭐 몸은 몸대로 또 해주고.

그러면 뭐 거의 한, 한 며칠씩 일 하시겠다, 그러지요, 그러면은?

＝ 그렇지, 끝날 때까지 했지, 뭐 다할 때까지 하지요.

￣ 끝날 때까지 하는 것이라.

뭐 그럼, 거의 뭐 동네가 친척이 아니더라도, 일가 친척이 아니더라도 뭐 거의 아주 친하게 지내겠네요?

＝ 네, 네.

￣ 도와줍니다, 많이 그 도와줍니다.

＝ 참말로 도와주지요.

＝ 안 그러면 그것을 못 하고, 못 합니다.

￣ 그러니까 촌인심이 인제 좋다고 말하는 것이지, 그 인제.

＝ 예.

그, 아까 어, 어르신이 거기 발바닥 거기를 때리고 할 때는 뭐 주로 무엇을 가지고 때린다고 했습니까?

＝ 명태.

명태요?

￣ 네, 명태 그것을 그냥, 명태 그것이 아주 야물거든.

＝ 야무니까 명태 그것이 뭐 활활 피도록 뭐 때리는 것이라, 그 명태 그 것으로.

＝ 야문 명태 그것으로 활활 피도록 때리는 것이지.

￣ 나중에 저것이 다 피어나 버리지.

＝ 예.

아.

￣ 삼 사악 끄 시삼지 *** *** 그 그래 띠노이.

＝ 눼, 이 사'암돈 뚜'디리고[729] 저 삼도 뚜'디리고 모 혼자가 뚜디능게 아이'고, 신'시:허'마[730] 그 금 멈 머 그 호:기시미라 카까 몸 몸 무 그항게는 몸 무 그 미:삐'[731] 그 뿔마 더 하곰, 그 머 여러 사이 여페 서람만디[732] 미삐'뿌마 그럼멈 그엄 마 줘지 자간은 주구나이.

＝ 안 미삐고 어떤 사람, 그런 사람 참 잘 하도록 해'조'에데.

＝ 에, 이그예.

그르가 잘 마처 주고 아까 어르신 말씀하신 데로 머 이야기를 잘해야 덴다, 그져?

＝ 네, 그래야 데지.

꼬트리 안 자피?

￣ 거 이걸 가따가 머당[733] 거는 맘 맘 막 그걸 웨 그럼며는 밉따꼬 멈 먹 그나이[734] 엉그리[735] 그를 가따 마~'이 씨'이는[736] 사람 이꼬 저기 시인 사람이써.

＝ 엉그리러 마이 씨'인 사라믄 드'얼' 마꼬 실찌어[737] 덜 마저.

＝ 언그'리러[738] 가따감 안 씨'고 미런 데느[739] 사라므 마이 마꼬이.

＝ 그 마이 만능기'라, 미련 덴는 사라믄.

＝ 나는 멈, 매 이거 암 마저서랑게네 으엉거리 마 흐해 가주고 머 중는다 망 중는, 주구 마고 야:야:아 카면서, 저호[740]는 지를 저어는 와 그이지러[741] 응그'리기 그그 참 만노 이카.

￣ 이 짜스검[742] 이 누무 *** 커미서 마.

＝ 그렝 누데 후이 응그와가 저 살라카넹 이.

￣ 그래가 한 찰 더 마'저여, 으으름.

＝ 그럼.

〓 예.

아.

〓 삼, 사일 그 새삼스레 *** *** 그, 그렇게 때려 놓으니까.

〓 네, 이 사람도 두드리고 저 사람도 두드리고 뭐 혼자가 두드리는 것이 아니고, 심심하면 그 뭐 그 호기심이라고 할까 뭐, 뭐 그러니까, 뭐 그 밉게 보이면 성만 더 하고, 그 뭐 여러 사람이, 옆에 있는 사람한테 밉게 보이면 그러면 그러면 뭐 죽지, 좌우간은 죽게 되지.

〓 안 밉게 보이는 그런 사람은, 그런 사람은 참 잘 하도록 해줘야 돼.

〓 예, 이렇게요.

그래 가지고 잘 맞추어 주고 아까 어르신 말씀을 하신 대로 뭐 이야기를 잘 해야 된다, 그렇죠?

〓 네, 그렇게 해야 되지.

꼬투리를 안 잡혀야 되네요.

〓 그 이것을 가져다가 뭐한 것은 뭐 그냥 그것을 왜 그런가 하면 그 사람이 밉다고 뭐, 그러니까 엄살을 갖다가 많이 하는 사람도 있고, 적게 하는 사람이 있어.

〓 엄살을 많이 하는 사람은 덜 맞고 실제로 덜 맞아.

〓 엄살을 갖다가 안 하고 미련을 떠는 사람은 많이 맞고.

〓 그러면 많이 맞는 것이라, 미련을 떤 사람은.

〓 나는 뭐 매, 이것을 안 맞았으니까 엄살을 그냥 해 가지고, 뭐 죽는다고 그냥 죽는, 죽고 말고 "아, 아!"라고 하면서 저희들은 저를 저기는 왜 그래 지레 엄살 그것이 참말로 많으냐고 이르면서.

〓 이 자식은 이 놈은 *** 하면서 그냥.

〓 그래 누군데 여기 엄살을 해서 저기 살려고 하네.

〓 그래서 한 찰을 더 맞아요, 음.

〓 그럼.

⎯ 우리가 덜 때'리 가주고 이 짜시기 엉구'루'마 마 저거 씨 카민성.

⎯ 자:꾸 이 뚜'드리 패'능기라이.

⎯ 만능 기 목쩌기라 그러이께네, 그때 장게 가마, 그 옌나레느 그래씸미
더.

그어기 혹씨 머 쫌 머글 꺼 가틍 거 마이 내 노으며너 쫌 덜 그함미까?

＝ 구루치.

＝ 이쭈 무얼743) 거느.

⎯ 무울 꺼 마:니 주마 인자 그 무울 따'네느744) 인자, 인자 안 뚜'드러 패
지.

⎯ 안 뚜드리 패고, 그거 무꼬 나가 또 심시아, 한 너미 또 심시'므마 또
들러미.

⎯ 작따: 시'푸마 또 돌리지어 뚜드리 패고 뚜드르745) 패고 하으뜬 머 실
랑들 그날 가마 머 무 중능 가**.

＝ 내 나는 어뜨에746) 된냐 한 넘미 결혼해 가주어 흐언:청747) 거 머 그
사라미 애: 문는 모'애랃.

＝ 결혼해 가주오서 예 문데 그 그' 부니 요고 요 고 맘 나도 요고 요 함
녀 이 힘 마 예 미'인다748) 구래 씨 작쫑'해'쏘.749)

⎯ 이마치750), 이만치 복쑤한다.

＝ 앙에

＝ 하따751), 그 너므 어찌 달뜨르가주752) 머 허뜨거르든지 머.

＝ 그름맘753) 보'맘 마 거'비 살살나고 머.

＝ 그 알코래~'이754) 가조 달'러드는데 멈머 참 그어 머.

＝ 그저: 이샤~이.

⎯ 그를 쩨는 **저어 머 머어시고 도라마 예 케에데.

＝ 참 어.

⎯ 이 머 쪼끔 예 케에데지 거 머 쪼매 말 로타가늠 머.

⁻ 우리가 덜 때려 가지고 이 자식이 엄살만, 그냥 저렇게 하면서.

⁻ 자꾸 이렇게 두드려 패는 것이라.

⁻ 맞는 것이 목적이라 그러니까, 그때 장가를 가면 그 옛날에는 그랬습니다.

그거 혹시 뭐 좀 먹을 것 같은 것을 많이 내어 놓으면 좀 덜 그렇게 합니까?

＝ 그렇지.

＝ 이 쪽 먹을 것은.

⁻ 먹을 것 많이 주면 인제 그것을 먹을 동안에는 인제, 인제 안 두드려 패지.

⁻ 안 두드려 패고, 그것을 먹고 나서 또 심심하면 한 놈이 또 심심하면 또 둘러매고.

⁻ 작다고 싶으면 또 매를 돌리고 두드려 패고, 두드려 패고 하여튼 뭐 신랑들은 그날은 가만히 뭐 죽는 것이라.

＝ 내, 나는 어떻게 되었냐, 한 놈이 결혼을 해 가지고 엄청 그 뭐 그 사람이 애를 먹은 모양이라.

＝ 결혼을 해 가지고 애를 먹었는데 그, 그 분이 요기, 요기 그 뭐 나도 요기 요기서 한 번 애를 먹인다고 그렇게 작정했어.

⁻ 이만큼, 이만큼 복수를 한다.

＝ 아, 예.

＝ 아따, 그 놈은 어찌나 달려들어서 뭐 헐떡거리든지 뭐.

＝ 그놈만 보면 그냥 겁이 설설 나고 뭐.

＝ 그 암고양이 같이 달려드는데 뭐 뭐 참, 거기 뭐.

＝ 그저 있었어.

⁻ 그럴 적에는 ** 저기 뭐, 무엇이든지 들어오면 "예"라고 대답해야 되지.

＝ 참, 음.

⁻ 이 뭐 조금 "예"라고 해야되지, 그 뭐 조금 말을 놓다가는 뭐.

1) 이는 조사자의 담화표지로 사용된 예이며 이 발화에서는 이 외에도 '어, 으, 음, 인제, 은제' 등이 등장한다.

2) 이는 선행하는 원순모음이나 후행하는 순자음 'ㅁ'에 의하여 동화된 예로 설명할 수 있으며 조사자의 발화에서 자주 찾아볼 수 있다.

3) 이는 '하셨습니다'에 보조사 '-마는'이 연결된 예로서 보조사 '-마는' 형이 'ㅡ'와 'ㅓ'모음의 중화와 어절말 자음의 탈락에 의하여 '-마너'형으로 실현된 경우이다. 또, '하셨습니다 → 하셔슴니다(비음동화) → 하셔슴미다(순음동화)'와 같은 음운 과정을 통해 실현된 예이다.

4) 이 어형은 '살아오- + -시- + -었- + -는'의 결합형으로서 중부방언의 선어말어미 결합 과정과는 다른 양상을 보이는 예이다.

5) 제보자의 발화형인 '-하고'형은 경북방언에서 접속조사로 사용되는 것이 일반적이지만 여기서는 보조사 '-나'와 비슷한 의미를 지니는 예이다.

6) 이는 '한 + 번'의 결합형으로서 '한번 → 함번(양순음화) → 함분(원순모음화)'과 같은 음운 과정을 겪은 예이다.

7) 이는 부사 '쭉'의 대응형이며 이 지역어에서는 음장이 실현되어 나타난다.

8) 여기서 치조마찰음의 된소리 [ㅆ]이 실현된 것은 수의적 현상이다.

9) 이는 대명사 '제'가 '제 → 지'와 같은 고모음화 과정을 겪은 형으로서 이 지역어의 일반적인 과정이다.

10) '여기서는'의 준말로서 제보자2의 발화에서 자주 등장한다. 이는 '여('여기'의 준말) + -에서(처소부사격조사) + -ㄴ (보조사)'의 결합구조를 보이는 예이다.

11) 이는 '나가 가지고서 → 나가 가조서(축약) → 나가조서(어절 축약)'의 과정을 겪은 어형으로 이 지역어를 비롯하여 경상도방언에서 어절 축약은 흔히 발견되는 예이다.

12) 이는 '여서(← 여기 + -에서) + -ㅁ (보조사)'의 결합형이다.

13) 이 지역어에서는 전설의 'ㅔ'모음과 'ㅐ'모음은 중화되어 변별이 되지 않지만 음성실현형에 가깝게 전사한 것이다. 또 이 어형에 '순자음동화'와 '비음동화' 현상이 실현된 예이다.

14) 이 지역어에서는 어두나 어중 위치에서 경음화 현상이 많이 실현되는데 그 중의 한 예이다.

15) 사전에 이야기를 나누었지만 이 부분이 이 지역 조사의 첫 부분이라서 상
대적으로 제보자2의 발화가 자연스럽지 못한 부분이다. 이로 인해 다소 더듬
거린 음성형이 나타났다. 원래 구술발화 원문에는 나이를 헤아리는 단위명사
인 '살'이 실현되어 있지 않지만 문맥을 고려해서 표준어 대역문에서는 나이
를 표시하는 단위명사를 넣었다.
16) 이 지역어에서 수사 '셋'은 '서이'형으로 대응된다.
17) 이는 '어르신'의 준말로서 이 지역어에서는 준말이 일반적으로 많이 사용된다.
18) 이는 '그러면 + -은(보조사)'의 결합형으로서 '그러면 → 그러먼(이중모음의
단모음화) → 그러머(어절말 자음 탈락) → 그머(축약)'의 과정을 겪은 것이다.
19) 이는 일반적인 국어의 음운과정과 달리 실현된 예인데 '어떻게 → 어떠게
(ㅎ 탈락) → 어뜨게(모음중화)'의 과정을 겪은 예이다.
20) 이는 '내(吾) + -껜(여격조사)'의 결합형이며 '나에게'의 의미이다.
21) 이는 '을해(乙亥) → 을헤(모음중화) → 을레(유음동화)'의 과정을 겪은 예
이다.
22) 이는 '그럼'에 대응되는 예로서 어중 위치의 유음이 탈락된 예이다.
23) '-하고'는 접속조사 '-와/과'에 대응되는 이 지역어형이며 이 지역어에서는
이 어형 외에도 '-캉'형도 있다.
24) 이는 어형 '고령군'의 어말비음이 선행하는 모음을 비모음화(鼻母音化)를
시키고 난 다음 그 비자음이 탈락한 예이며, 이러한 음운현상은 이 지역어를
비롯하여 경상도방언에서 일반적으로 실현되는 현상이다.
25) 이 지역어와 대구를 비롯한 남부 경북방언권에서는 친교 표시 기능의 조사
로 주로 '-예'가 실현된다.
26) 이는 담화표지어로 '인제'에 대응되는 형이며, '언제, 인제, 인자 ……' 등과
같은 다양한 어형으로 실현된다.
27) 이 어형은 '다음 + -은'의 결합 구조로서 '다음은 → 다음언(모음중화) → 다
음먼(양음절화) → 다음머(어절말자음 탈락)'의 과정을 겪은 예이다.
28) 이 지역어에서는 다른 경상도방언과 같이 전설의 원순고모음이 단모음으
로 실현되지 않아서 비슷한 위치의 전설 고모음으로 실현된 예이다.
29) 여기서 '떰, 땀'은 모두 이 지역어의 기본 지명어휘소로서 '뜸'에 대응되는
이 지역어형이며 유사한 의미의 지명어휘소로서 '각단'이 있다.
30) 이 지역어에서 어미 '-니다' 형은 '-니더'로 실현되는데 이 어형은 경북방언
중에서 주로 남부 경북방언에서 실현되는 형이다.

31) 이는 '元'의 새김이 '으뜸'이지만 '으뜸 → 워뜸(이중모음의 단모음화에 따라 과도교정형) → 워뚜(원순모음화)'의 과정을 겪은 예이다.

32) '한문 → 함문'은 국어에서 일반적으로 실현되는 음운현상인 치조음이 양순음화 현상에 의하여 양순음으로 실현된 형태이다.

33) 이 현상도 국어 음운현상에서 일반적으로 실현되는 현상으로 치음이 후행하는 연구개자음에 의하여 이루어진 연구개음화 된 예이다. 일반적으로 국어 음운현상에서 자음의 강도는 '치음 〈 양순음 〈 연구개음'으로 알려져 있으며 경북방언의 경우 지역에 따라 양순음과 연구개음의 강도는 다소 이런 경향과 다를 수도 있다.

34) 이 어휘의 경우 중앙어로 옮기면 '세뜸'으로 추정되지만 고유명사라서 그냥 그대로 나타냈다.

35) '에, 응'은 앞에서 등장한 담화표지의 일종이며 화자에 따라 지역에 따라 다양하게 실현되는 양상을 드러낸다.

36) 이는 '조부(祖父)'가 모음동화된 형태이며 양음절화에 따라 'ㄴ'음이 첨가된 예이다. '-부텅'은 보조사 '-부터'에 대응되는 예이다.

37) 이는 '여기'형의 'ㄱ'음이 탈락된 어형이며 이 밖에도 이 지역어에서는 이 어휘에 대응되는 형으로 '여, 여기' 등이 실현된다.

38) 이는 '오(來)- + -시- + -어 → 오셔 → 오시'의 과정과 '오(來)- + -시- + -어 → 오시'의 과정으로 설명할 수 있는데 전자는 이중모음의 실현제약에 따른 단모음화의 과정으로, 후자는 동화의 과정으로 설명할 수 있다. 이러한 설명 방법은 이 지역어의 용언의 활용 양상이나 다른 음운현상과 관련지워 설명력이 가장 좋은 방법으로 설명하는 것이 바람직하며 이 지역어의 음운현상을 통해 볼 때 전자의 과정이 합리적으로 판단된다.

39) 이 어형에 대해서는 앞의 주 11번을 참고하기 바람.

40) 이는 '그'에 대해 '귀엽게 표현하거나 낮잡아 표현할 때 사용하는 말'인 '고'의 이형태로서 이 지역어형이다.

41) 이는 '거기'에 해당하는 말로서 '거기'의 준말이다.

42) 이 어휘는 '자손(子孫)'을 뜻하며 이 지역어에서 '손(客)'은 음고가 높여서 '손'으로 실현되며 '손(手)'은 저조로 실현된다.

43) 이 지역어의 자음체계에서 치조마찰음인 'ㅅ'과 'ㅆ'은 서로 대립되지 않지만 된소리는 수의적인 음성실현형으로 'ㅆ'음은 실현된다.

44) 이 어형은 '이렇게 말합디다'가 축약된 형태이며 이러한 축약된 형태가 이

미 이 지역어에서 '이카다'라는 새로운 어휘로 재어휘화 된 경우이다.

45) 이는 '없습니다 → 업습니다'의 과정처럼 용언의 어간이 '업습니다 → 업습 다'처럼 재어휘화가 된 다음 '업슴(無)- + -기 → 업승기'의 구성으로 이루어진 예이다.

46) '손(孫)- + -이(주격조사)'의 구성에 의한 비자음의 탈락과 함께 비모음화(鼻 母音化)가 실현된 예이다.

47) 이는 이 지역어의 일반적인 현상이며 제보자2에 해당하는 '도병기 님'의 발 음에서도 어두나 어중 발음에서 경음화가 많이 실현되는 양상을 드러낸다.

48) 어중의 모음 사이에서 'ㅎ'음이 탈락되는 것은 15세기 국어 이래로 'ㅎ'음의 분포의 제약 양상과 관련이 있는 예이다.

49) 이는 모음중화에 따라 '이런'으로 실현되어야 하겠지만 '이른'형으로 실현된 예이다.

50) 이는 '인제, 이렇게'의 두 가지 의미로 사용되며 여기서는 '인제'의 의미로 사용된 예이다.

51) 이는 '몇 해까지'의 뜻이며, 이 지역어에서 흔한 음운현상인 이중모음 실현 제약으로 인해 '몇 → 및'으로 어형이 재구조화가 되고 그 다음 단계로 '및 + 해 + 까지 → 미태까지(융합현상) → 미테까지(모음중화)'의 과정을 통해 실 현된 예이다.

52) 이는 '이곳'을 대용한 표현이다.

53) 이는 '여기에서 → 여기서(축약) → 여서(축약) → 여소(이화작용)'의 과정 을 겪어서 실현된 어형이다.

54) 이 어형은 '해보- + -았- + -더-+ -ㄴ'의 구성으로서 '해봤던 → 해받떤 → 해 바떤'의 음운과정을 통해 실현된 예이다.

55) 이는 한자어 '실제(實際)'이며 '실제 → 실쩨(경음화) → 실찌(고모음화)'의 과정을 통해 도출된 예이다.

56) 이는 '살기 + -가'의 결합형으로서 '살기가 → 살기거(이화작용)'와 같은 과 정을 통해 실현된 예이다. 이 지역어에서 도병기 님의 발화에서는 모음 간의 수의적 변이가 많이 확인되는 특징을 보이는데 바로 이어지는 '당시머, 가지 거'라는 어형도 마찬가지이다.

57) 이 지역어에서 '벼(稻)'의 대응형은 '나락'이며 따라서 '벼농사'도 '나락농사 → 나룬농사(원순모음에 따른 모음동화)'와 같은 음운과정을 겪은 예다. 이어 진 발화에서는 '나랑농사'로도 실현된다.

58) 이는 '짓(作)- + -어 → 지어 → 지(모음동화)'의 과정을 겪은 예로 이 지역 어를 비롯하여 경북방언에서 일반적으로 실현되는 동화현상이다.

59) 이는 '놓- + -니까 → 논니깨(비음동화) → 논니께(모음중화) → 논이께(비음탈락) → 노이에(음절말비음탈락) → 논예(축약)'의 과정을 통해 형성된 어형으로 판단된다.

60) 이는 '억지로 → 억찌로(경음화) → 억찔로(양음절화에 따른 'ㄹ'음 첨가)'의 과정을 겪은 예이다.

61) 이는 '그러하- + -ㄴ가 → 그러한가 → 그런가(축약) → 그런갑('ㅂ'음 첨가)'의 과정을 겪은 예이다.

62) 이는 '싶- + -더(과거회상)- + -이(상대높임)- + -더(종결어미) → 십떠이더(경음화) → 시떠이더(모음동화) → 시떠더(음절말자음 탈락 및 축약) → 씨떠더(어두 경음화)'의 과정을 겪은 예이다.

63) 이중모음 실현제약에 따라 단모음으로 실현된 예이다.

64) 국어에서 필수적으로 적용되는 음운현상인 비음화 현상에 의한 실현형이다.

65) 이화작용에 의해 수의적으로 실현된 경우이다.

66) 이는 '다른 → 따른(어두 경음화) → 딴(축약)'의 과정을 겪은 예이다.

67) 이는 '안 + 하고'의 구성에서 어중 위치의 'ㅎ'탈락과 그에 이은 연음에 의한 형태이다.

68) 이는 '예'의 이 지역어형이다.

69) 이는 '모르다'가 치음 아래에서 전설모음화가 일어나 '모리다'형으로 실현되었으며, '-예'는 친교표시 기능의 조사이다.

70) '-는강'은 '-는지'에 대한 이 지역어형이며 다른 경북지역에도 실현된다.

71) 이는 '태어난는'형으로 실현되어야 할 어형이지만 발화실수로 실현된 예이다.

72) 이는 '거(← 것) + -는 → 거늠(순자음동화)'의 음운변화 과정을 겪은 예이며 자음동화는 후행하는 순음의 영향으로 이루어진 역행동화이다.

73) 이는 '실제 → 실쩨(경음화) → 실찌(고모음화)'의 과정을 겪은 예이다.

74) 이는 '돌아가 - + -시- + -었- + -다 → 돌아가셨다(축약) → 돌아가싰다(이중모음 제약) → 돌아가시따(경음화)'의 과정으로 이루어진 예이다. 이 예의 경우 주체높임의 선어말어미 '-시-'에 의해 과거완료표시의 선어말어미 '-었-'이 모음동화가 되어 축약된 것으로 설명할 수도 있지만 이 지역어에서 더 자연스러운 설명 과정은 전자로 판단된다.

75) '-게네'는 '-니까'에 해당하는 이 지역어의 연결형어미이다.

76) 이는 '없- + -고 + -이(친교표시 조사) → 업꼬이(어중 경음화) → 어꼬이(음절말자음 탈락)'의 과정을 겪은 예로서 '-이'는 이 지역어에서 일반적으로 실현되는 친교표시의 조사인 '-예'와 같은 기능을 보이는 형태다.

77) 이는 'ㄴ' 자음이 탈락된 형태이다.

78) 이는 '어떻게'의 준말로서 '어떻게 → 어떼(축약)'의 과정을 통해 실현된 예이다.

79) 이는 '되다'에 대응되지만 이 지역어에서는 동사 '지다'가 이 의미를 지님을 알 수 있다. 이 어형은 '저(化)- + -었- + -든 → 저었뜬(경음화) → 저어뜬(음절말자음 탈락)'의 과정을 겪은 예이다.

80) '조부(祖父)'에서 모음동화에 의하여 실현된 이 지역어형이다.

81) 이는 '싶은데'형에서 원순모음화가 이루어진 예이다.

82) 이는 '태어나기는'형에 대한 단순 발화실수형이다.

83) 어휘 '고향'에서 어중 사이의 'ㅎ'음의 탈락으로 실현된 예이다.

84) 담화표지어가 잇달아 '음, 응' 등으로 실현되지만 실제 표준어 대역에서는 하나만 제시하기로 했다.

85) 이는 경상북도 성주군 수륜면 윤동을 가리킨다.

86) 이는 '수륜면 → 수룸면(순음화)'의 과정을 겪은 예이다.

87) '카는'은 '라고 하는'의 축약으로 이루어진 어형이며 경북방언에서는 '카다'가 하나의 어휘로 재어휘화가 되었다.

88) 이는 '거기'의 준말이다.

89) 이는 김씨 성의 본관 중의 하나인 '의성김씨(義城金氏)'를 가리킨다. 도병기 님에 따르면 성주군 수륜면 윤동은 '의성김씨'가 많이 사는 마을이다.

90) '바지'는 기술을 가진 장인(匠人)의 뜻으로 사용된 어휘지만 여기서는 '일반적인 사람'이라는 뜻으로 사용된 예이다.

91) 여기서 동사 '짜다'는 '무리를 짓다'라는 의미이다.

92) 이는 '두(置)- + -었- + -는데 → 두웠는데(모음동화) → 두온는데(비음화)'의 과정을 겪은 예이다.

93) 이는 '형이'의 형태에서 성조가 '형(고저조)이(저조)'처럼 실현된 것을 전사한 것이다.

94) 이는 '지금'의 준말이다.

95) 이는 '있- + -었- + -는데 → 이선는데(비음동화) → 이서은데(비자음탈락)'

의 과정을 겪은 것이다.

96) 이는 '6·25사변(事變)'의 발화실수형으로서 1950년 북한에 의한 남침 전쟁
    인 '6·25 전쟁'을 가리킨다.

97) 이 지역어에서 '머리'는 '즈음, 때, 쯤'의 뜻을 나타내는 어휘이다.

98) 이는 '죽(死)- + -었- + -습니다 → 주구씁니다(원순모음동화) → 주구씀니다
    (비음화)'의 과정을 통해 도출된 예이다.

99) 이는 '그럼'의 발화오류형이다.

100) 이는 '요기'의 이 지역어형이며 이 어형은 이 밖에도 경남이나 강원지역에
    도 분포한다.

101) 이는 '있(有)- + -다가 + -ㅁ(보조사) → 이따감'의 결합구조로서 '-ㅁ'은 화
    제표시의 보조사 '-ㄴ'과 같은 보조사이다.

102) 이는 '늘, 줄곧'의 뜻을 지니는 이 지역어로서 '상구'로도 실현된다. 이는
    다른 경북방언뿐만 아니라 충북방언에도 실현된다.

103) 이는 '지금 + -음(← 보조사 '은')'의 결합형으로서 '-음'은 '-은'에 대응되는
    화제표시의 보조사이다.

104) 이는 모음 사이에서 자음 'ㄱ'음이 탈락된 예이다.

105) 이는 '가 가지고'에 대응되는 형이며 '가지고 → 아지고(ㄱ 탈락) → 아주
    고(원순모음동화)'의 과정을 거쳐 이루어진 어형이다.

106) 이는 '멋지- + -이 → 머찌이(경음화) → 머찌(축약)'의 과정을 겪은 예이다.

107) 이 지역어에서 부정부사 '못'형은 자음동화에 의한 형태인 '몬'형으로 재구
    조화가 이루어졌음을 알 수 있다.

108) 이는 '살 + -어도 → 사르도(모음중화)'의 과정을 통한 도출형이다.

109) 이는 발화실수로 이루어진 형이다.

110) '맨'에 대응되는 이 지역어형이다.

111) 이는 '처음에는'에 대응되는 예인데, '첨(← 처음) + -에(처소부사격 조사)
    + -는(화제제시의 보조사)'의 구성으로 이루어진 어형이다.

112) 이는 '많(多)- + -은데 → 만은데(ㅎ 탈락) → 마는데'의 과정을 겪은 형태
    이다.

113) 이는 '어머니 → 어머이(ㄴ 탈락) → 어무이(원순모음화) → 엄무이(양음
    절화에 따른 ㅁ 첨가)'의 과정을 겪은 예이다.

114) 이는 '낳(産)- + -았- + -는데 → 나았는데(ㅎ 탈락) → 나안는데(비음동화)'
    의 과정을 겪은 예이다.

115) 이는 후행하는 양순자음에 의해 '반(半)'이 위치동화된 예이다.

116) 이는 '밖에 → 빠께(경음화) → 빠끼(고모음화) → 빼끼(움라우트)'의 과정
을 겪은 예이다.

117) 이는 부사 '엄청'에 대응되는 이 지역어이다.

118) 이는 '누님'형에 ㄴ음이 첨가된 형태이다.

119) 이는 ㄴ음이 비모음화(鼻母音化)를 시킨 후에 비자음(鼻子音)이 탈락된
예이다.

120) 이는 '형제(兄弟)'가 이중모음제약에 따라 실현된 형이다.

121) 이 어형과 '먹'은 모두 '뭐'에 대응되는 예이다.

122) 이는 '고러하게금 → 고러큼(융합 및 축약) → 고큼(음절탈락) → 고크(음
절말음 탈락)'의 과정을 겪은 예이다.

123) 이는 '허둥지둥'에 대응되는 이 지역어형이다.

124) 이는 '옳- + -게 → 올케(융합) → 올키(고모음화)'의 과정을 겪은 예이다.

125) 이는 앞에서 등장한 어형인 '허덩거덩'과 같은 어형으로 '허둥지둥'에 대응
되는 이 지역어형이다.

126) 이는 '넘기- + -았(과거시상)- + -지(연결형어미) + -요(친교기능의 보조사)
→ 넘갔지요(축약) → 넝갔지요(연구개음화) → 넝가찌요(경음화)'의 과정을
겪은 예이다.

127) 이는 '제보자2인 도병기 님과 그의 동생'의 두 형제뿐이다는 뜻이다.

128) 이는 성주군 수륜면의 자연부락 이름으로 '새별'에 대응되는 어휘로서 이
중모음 실현제약에 따라 '세빌'로 실현되었다.

129) 이는 '그 동네는'에 대한 발화실수형이다.

130) 선산이씨는 본관지가 경상북도 구미시 선산읍이며 성씨의 유래에 대해 자
세히 알려져 있지는 않으며 2000년 인구조사 통계에 따르면 13,758명으로 조
사되어 있는 성씨이다.

131) '혼자'의 발화실수형이다.

132) 어중자음 'ㄱ'음이 탈락된 예이다.

133) 선행하는 어형 '짜이'와 '자이'는 모두 어중자음 'ㄱ'이 탈락된 형태이며 선
행하는 어형은 어두 경음화 현상으로 된소리로 실현된 예이다.

134) 이는 '쌓다'에 대응되는 이 지역어형이다.

135) 이는 '동네입니다 → 동네임니다(비자음동화) → 동네임미다(양순음화)
→ 동넴미다(축약)'의 과정을 겪었다.

136) 이는 조사자의 발화로서 모음 사이에서 'ㄱ'음이 탈락된 경우이다.

137) 이 지역어에서 어휘 '만나다'는 재구조화에 의해 '만내다'형으로 실현된다.

138) '형(兄)'에 대한 이 지역어형은 '히~야'형인데 이 어형이 완전하게 실현되지 않은 것으로서 제보자가 발화형을 개신형인 '형'으로 발화를 바꾼 경우이다.

139) 이는 '육이오사변에'의 발화실수형이다.

140) 이는 '죽은'에 대응되는 지역어형으로서 원순모음동화 현상에 따라 실현된 형이다.

141) 이는 한자어 '고인(故人)'으로서, 발화실수에 따라 '고'로 실현된 것이다.

142) 이는 '저 + -이(주격조사) → 제(축약) → 지(고모음화)'의 과정을 통해 고착화된 형으로서 이 지역어에 두루 실현되는 대명사이다.

143) 이는 '새빌(별) + 에(처소부사격 조사) + 에(처소부사격 조사)'와 같이 처소부사격 조사가 이중으로 실현된 예이며 양음절화에 따라 'ㄹ'이 실현된 경우이다.

144) 이 어형은 원래 '가져다가'에 대응되는 이 지역어형이지만 여기서는 일종의 담화 표지에 해당하는 어형이다.

145) 이는 '서마지기가'형으로 실현되어야 할 예이지만 발화 실수로 실현된 어형이다.

146) 이는 '인제'형에 대응되는 어형이다.

147) 이는 '그고시 → 그기(축약)'의 과정을 겪은 형태로서 이 지역어를 비롯한 경상도방언에서 일반적으로 실현되는 현상이다.

148) 이는 '작은집 → 자건집(모음중화) → 자언집(ㄱ 탈락) → 자연집(ㅣ 모음동화)'의 과정을 겪은 것으로 판단되며 우발적인 발화형이다.

149) 이는 '작은집에서'의 어형에서 모음 사이에서 'ㄱ음'이 탈락된 경우이다.

150) 이는 경상도 방언에서 일반적으로 쓰이는 부사 '마'이다.

151) 이는 어형 '약속하다'의 발화실수형이다.

152) 이는 '수곡(收穀)'의 발화실수형으로 볼 수도 있고 한 편으로는 '수매기다(收: 소작농에 대해 소작료를 매기는 것)'어형과 곡식 어형의 발화로 판단할 수도 있는 부분이다.

153) 이는 한자어 '요령(要領)'인데 '요령 → 요렁(단모음화) → 요랑(모음동화)'의 과정을 겪은 이 지역어형이다.

154) 일반적인 '수매(收買)'의 의미는 정부나 수매 기관에서 어떤 곡식이나 물건을 사들이는 것을 뜻하지만 여기서는 앞의 각주 152번에서처럼 '소작농에게 거두어들일 곡식의 양을 매기는 것'을 뜻한다.

155) 일반적으로 알려진 것처럼 이 어형은 '다니다'의 방언형으로 'ㅔ/ㅐ'모음
의 중화에 따른 실현형이다.

156) 이미 알려진 대로 이 어형은 경북방언에서 목적격 조사로 실현된 형이며
지역에 따라 '-로, -르, -느'형으로 실현되기도 한다.

157) 이 제보자의 발음엔 양음절화에 따라 후행하는 음절의 초성 자음이 선행
음절의 말음으로 실현되는 현상이 빈번하다. 이 어형은 '하면 → 함면(양음절
화에 따른 자음첨가) → 함멘(이중모음의 단모음화)'와 같은 과정을 겪은 예
이다.

158) 이는 담화표지로 쓰인 '인제'의 준말이다.

159) 이는 '와 가지고서'의 준말이다.

160) 이는 지주나 지주의 위탁을 받은 마름이 한 해 농사 작황을 보고 소작농
으로부터 거둬들이는 수매량을 가리키는 말이다.

161) 이는 어형 '잘나다'의 이 지역어 활용형으로서 이 지역어에서는 유음화에
따라 '잘라다'로 실현된 경우이다.

162) 여기서 목적어가 생략되었는데 생략된 목적어는 '세 마지기의 논을'이다.

163) 이는 어절 경계를 두고 연구개음화가 실현된 형이다.

164) '엥게네'는 '아니까'형에 대응되는 것으로서 움라우트 현상에 따른 동사어
간에 어미 '-니까'에 대응되는 이 지역어형인 '-ㅇ 게네'형이 실현된 예이다.

165) 이는 '뭐'의 이 지역어형으로 이중모음 실현제약에 따른 실현형이다.

166) 이는 '되다'의 과거형 '되었다'의 준말이다.

167) 이는 '큰집 + 한테'의 결합형으로서 조사 '-한테'의 'ㅎ'음 탈락에 따라 음절
경계가 조정되어 실현된 예이다.

168) 이는 부사 '여간'에 대응되는 이 지역어형이다.

169) 이는 '무슨'에 대응되는 이 지역어형이다.

170) 이는 '있으니까'에 대응되며 '있으 + ㅇ 게네 → 이승게네 → 이싱게네(전
설모음화)'의 과정을 겪은 예이다.

171) 이는 '적(小)은 + 아 + 거뜨으면'의 결합형이다. 여기서 어형 '저나'는 '적은
아 → 전 아(축약) → 저나(음절경계 조정'의 과정을 겪은 것이며 이 지역어
를 비롯한 남부 경북방언에서는 '적다'가 '작다'의 의미로 쓰이기도 한다. 또,
'같다'가 이 지역어에서는 '거뜨다'로 대응되는 경우이다.

172) 이는 '하(爲)- + -마(연결형어미)'의 결합형으로 '하면'에 대응되는 예이다.

173) 이는 '-고 하면서'의 준말로서 '-고 하면서 → 카면서(축약) → 카민서(단모

음화) → 카미서(자음탈락) → 카미성(자음첨가)'의 과정을 겪은 예이다.

174) 이는 '선'의 발화실수형이다.

175) 이는 '중매자 + -마(보조사)'의 결합형으로 '-마'는 보조사 '-만'에 대응되는 예이다.

176) 이는 '실(實)하다'형의 'ㅎ'음이 탈락되어 음절경계가 조정된 경우이다.

177) 이는 담화표지 '뭐'의 이 지역어형인 '머'의 중가형에 음절말자음 'ㅁ'이 첨가된 경우이다. 이 제보자의 경우 음절말자음을 첨가시키는 특징이 매우 강한 편이다.

178) 이는 '좋다고 하면'에 대응되며 '좋다고 하면 → 조타고 하면(융합) → 조타카면(어절간 축약에 따른 융합) → 조타카만(단모음화 및 모음동화) → 조타캄만(음절말자음 첨가) → 조타캄마(자음탈락)'의 과정을 통해 실현된 형이다.

179) 이는 '보지도'의 준말로서 이 지역어에서 축약현상이 많이 일어나는 이유로 실현된 예이다.

180) 이는 '가지고서 → 가주고서(모음동화) → 가주오서(ㄱ 탈락) → 가주오섬(음절말자음 첨가)'의 과정을 겪은 예이다.

181) 이는 '그대(그때) + -은(보조사) → 그대으(음절말자음 탈락)'의 과정을 겪은 예이다.

182) 이는 '안 가려고 해도'에 대응되는 예이며, '가- + -ㄹ라고 # 해사도 → 갈라캐사도(축약) → 갈라케사도(모음중화) → 갈리케사도(발화실수)'의 과정을 겪은 경우이다.

183) 이는 음절말자음이 후행 음절의 자음에 영향을 미치지 않고 단순히 탈락된 경우이다.

184) 이는 '가문(家門)'의 발화실수형이다.

185) 이는 '항게네'로 발화되어야 할 부분이 이중모음 실현제약에 대한 과도교정으로 '황게네'로 실현된 것이다.

186) 이는 '고만 → 곰만(ㅁ 첨가) → 곰맘(자음동화)'의 과정을 겪은 예이다.

187) 이는 '억지로'에 대응되는 이 지역어형인 '억찔로'의 발화실수형이다.

188) 이는 부사로서 '그냥, 정말' 등의 의미로 쓰이는 이 지역어이며, 전라방언과 충청방언에서는 '퍽'의 의미로 사용되기도 한다.

189) '-에'는 이 지역어에서 '-예' 등으로 실현되는 보조사이다.

190) '저기'에 대응되는 이 지역어형이며 이는 경남방언에도 실현되는 형이다.

191) 이는 '그러하여 → 그러여(축약) → 그너여(어중 위치에서 ㄹ음 제약)'의

과정을 겪은 예이다.

192) 이는 '나중'에 대응되는 이 지역어형으로서 경북방언에서는 '난주, 난주~'
  등으로 실현되며 전남방언의 '난중'과도 관련이 있는 예이다. 여기서 '-곰'은
  보조사이다.

193) 이는 부사 '고만'에 대응되는 이 지역어로서 '고만 → 곰만(양음절화에 따
  른 ㅁ 첨가) → 곰마(ㄴ 탈락) → 곰머(이화작용)'의 과정을 겪은 예이다.

194) 이는 '깜짝'의 대응형으로서 음절말 자음의 동화에 따라 실현된 예이다.

195) 이는 '버리다'에 대응되는 이 지역어형으로서 '뿌었는 → 뿐는(축약) → 뿐
  는(비음동화)'의 과정을 겪은 예이다.

196) 이는 움라우트 현상에 따라 실현된 어형 '사램'이 재구조화된 예이다.

197) 이는 부정부사 '안'에 대응되는 이 지역어형이며 음절말자음 'ㄴ'이 탈락된
  예이다.

198) 이는 '타 가지고'형이 축약된 형이다.

199) 이는 '실제 → 실지(고모음화)'의 과정을 겪은 예이다.

200) 이는 '되었는 → 되언는(비음동화) → 데언는(이중모음실현제약에 따른
  단모음화) → 덴는(축약) → 덴능(후행 어절에 따른 연구개음화)'의 과정을
  겪은 예이다.

201) 이는 '것이라 → 거시래(ㅣ모음동화) → 기래(축약)'의 과정을 겪은 예이다.

202) 이는 형에 대한 이 지역어형인 '히야'를 일부만 발화한 예이다.

203) 이는 '그것만'에 대응되는 예이며 '그것만 → 그긋만(모음중화) → 그읏만
  (자음탈락) → 그으마(음절말자음 탈락)'의 과정을 겪은 예이다.

204) 이는 '뒤바뀌- + -아서'의 결합형으로 이중모음의 단모음화와 경음화로 인
  해 실현된 예이다.

205) 이는 '턱이지 → 텍이지(움라우트) → 테이지(ㄱ 탈락)'의 과정을 겪은 예
  이다.

206) 이는 '못난이 → 몬난이(비음동화) → 몬내니(움라우트) → 몬내~니(비모
  음화) → 몬내~이(비음탈락)'의 과정을 겪은 이 지역어형이다.

207) 이는 수의적 변동에 따른 어두유기음화가 일어난 예이다.

208) 이는 수의적 변동에 따른 어말자음의 탈락이 일어난 경우이다.

209) 이는 '지금이'형에 대응되는 발화실수형이다.

210) 이는 '당시 + -에(처소격조사) + -마(보조사) → 당시엠마(양음절화에 따른
  음절말자음 첨가)'의 과정을 겪은 예이다.

211) 이는 '그냥, 정말'의 뜻을 지닌 부사로서 앞의 각주 187을 참고하기 바람.

212) 이는 비모음화에 이어서 비자음이 탈락된 예이다.

213) 이는 어두 경음화와 어말위치에서 어말자음의 탈락으로 형성된 예이다.

214) '안'은 '안사람'을 가리키며 '안사람이'로 대역되는 예이다.

215) 이는 '당시 + -에(처소격조사) + -마(보조사) + -도(보조사) → 당시엠마도 (양음절화에 따른 음절말자음 첨가) → 당시엠메도(모음동화)'의 과정을 겪은 예이다.

216) 이는 '들(野) + -이(처소격조사)'의 구성으로 '들에'형에 대응된다.

217) 이는 '가- + -는 # 것 + -이 → 가능 거시(연구개음화) → 가능 기시(모음동 화) → 가능 기(축약)'의 과정을 겪은 예이다.

218) 이는 '어꼬'로 발화되어야 할 표현이 발화실수로 표현된 예이다.

219) 모음 사이에서 'ㄱ'음이 탈락된 예로서 이 제보자의 발화에서는 자음의 수 의적 탈락현상이 많은 편이다.

220) 이는 '그래가'형에서 'ㄱ'음이 탈락된 예로서 '그래서'에 대응되는 예이다.

221) '와가주고'의 수의적인 발화실수형이다.

222) 이는 '틀리다'에 대응되는 이 지역어형으로서 그 기본형이 '틀대다'이다. 이 는 의미론적으로 '다르다'라는 어휘를 선택해야 하지만 잘못 사용한 예이다.

223) 이는 '모(稻) + -두(보조사)'의 결합형이다.

224) 이는 '심다'의 이 지역어형인 '숨다'형이 연구개음화된 형이다.

225) 이는 목적격 조사 '-을'의 어말 자음이 탈락된 형으로 이 제보자를 비롯하 여 이 지역어에서는 어말 자음이 탈락되는 경우가 많다.

226) 이는 이 지역어의 부사 '마'형에 음절말자음이 첨가되어 실현된 예이다.

227) 이는 부사 '도리어'에 대응되는 이 지역어형이다.

228) 이는 '데리고 → 델고(축약) → 둘고(모음동화)'의 과정을 겪은 예이다.

229) 이는 '굉장이 → 겡장이(단모음화) → 껭장이(경음화) → 껜장이(위치동 화) → 껜자~이(비모음화 및 비음탈락)'의 과정을 겪은 예이다.

230) 여기서는 부사 '그냥'의 의미로 쓰인 것이다.

231) 이는 '그리하- + -마 → 그림(축약)'의 과정을 겪은 예이다.

232) '재인'은 '장인'에 대응되는 어휘이며 '경상 및 전라방언'에 모두 실현되는 예이다. 이는 '장인 → 자인(비음탈락) → 재인(ㅣ모음역행동화)'의 과정을 겪은 예이다.

233) 이는 '면장(面長) + -끄장(보조사)'의 구성으로 보조사에 음절말자음 'ㄴ'이

첨가된 형이다.

234) 이는 '그러하다'에 대응되는 이 지역어형이다.

235) 이는 '사위'의 이 지역형으로 이 어형은 경북방언 외에도 '강원, 경기, 경남, 전남, 충청' 등의 지역에서도 보고된 바 있는 어형이다.

236) 이는 어절 간에 후행하는 비음의 영향으로 인해 비음화가 실현된 예이다.

237) 이는 '어찌'에 대응되는 이 지역어형이다.

238) 이는 '세상 → 시상(고모음화)'의 과정을 겪은 이 지역어형이다.

239) 이는 '버리었다 → 버리렀다(모음동화) → 버렀다(축약) → 베렀다(움라우트)'의 과정을 겪은 예이다.

240) 이 제보자의 발화에서는 모음 간에서 'ㅎ'이 탈락되는 경우가 일반적이지만 이 예처럼 'ㅎ'이 첨가되어 발화되는 예도 보인다.

241) 이는 '그러면'의 축약으로 인해 실현된 형이다.

242) 이는 부정부사 '못'에서 음절말자음이 탈락된 형태이다.

243) 이는 '이웃집'에 대응되는 이 지역어형이며 '이붓'으로 실현되는 특징을 보인다.

244) 이는 '작은집의 → 자은집의(ㄱ 탈락) → 자은지브(단모음화) → 자은지우(원순모음화)'의 과정을 통해 실현된 예이다.

245) 이는 수의적 변이에 따른 된소리의 실현과 ㄱ음 탈락이 함께 이루어진 예이다.

246) 이는 '보(見)- + -아도 → 보다(모음동화에 이은 축약)'의 결과로 실현된 예이며 앞의 예 '보도'와는 반대의 동화양상을 보인 예이다.

247) 이는 '안 하고 → 안 아고(ㅎ 탈락) → 아나구(모음상승)'의 과정을 겪은 예이며 경북방언에서도 모음상승은 부분적으로 실현되는 현상이다.

248) 이는 '그렇게'를 뜻하는 이 지역어이며 '그리 → 그르(모음동화)'의 과정을 겪은 예이다.

249) 이는 '번(回) → 분(원순모음화)'의 과정을 겪은 예이다.

250) 이는 '특별한 → 특뻘한(경음화) → 특뻘안(ㅎ 탈락) → 특뻐란(연음화)'의 과정을 겪은 예이다.

251) 이는 '없- + -고 # -예(조사)'의 구성이며 '업꼬예(경음화) → 어꼬예(ㅂ 탈락)'의 과정을 겪은 예이다.

252) 이는 목적격 조사가 보조사처럼 사용된 예이며 이는 화제를 표시하는 '-은'에 대응되는 예이다.

253) 이는 '살았습니다 → 사랃습니다(비음화) → 사라씀니다(경음화) → 사라씀니다(전설모음화) → 사라씸미다(양순음화)'의 과정을 겪은 예이다.

254) '데리- + -어 → 데려(축약) → 데러(단모음화) → 디러(고모음화)'의 과정을 겪은 예이며 후행하는 '띠리'는 '경음화'와 '모음동화'에 의한 실현형이다.

255) 여기서 '중강마씀'은 발화실수형이며 이 지역에서는 머슴의 종류가 일의 숙련도에 따라 크게 세 부류 즉, '상머슴, 중간머슴, 곁머슴'으로 나뉘어졌음을 짐작할 수 있다.

256) 여기서 '젤'은 '제일'의 축약형이며 실제로는 '제일 많이'의 뜻을 나타내는 어형이다.

257) 이는 '작은아버지'에 대응되는 이 지역어형으로서 원순모음화가 이루어진 형태이다.

258) 이는 '이리로'의 축약형이다.

259) 일반적으로 '억울'은 '억울하다'처럼 어근으로 사용되는 것이 일반적이지만 명사로 사용된 예이다.

260) 수의적 변이에 따라 된소리로 실현된 예이다.

261) 이는 '그러케 → 그케(축약) → 그키(고모음화)'의 과정을 겪은 예이다.

262) 이는 후행하는 어절의 양순음의 영향으로 양순음화가 이루어진 형이다.

263) 이는 '마음'의 축약형 '맘'에 보조사 '-더'가 연결된 형이다.

264) 이는 '없고'형이 모음동화에 의하여 이루어진 형태이다.

265) 이는 '괜찮다'의 이 지역어형인 '개않다'형의 활용형이다.

266) 이는 '한번 → 함번(양순음화) → 함(축약)'의 과정을 겪은 어형이다.

267) 이는 '놓- + -마 → 노흐마 → 노으마(ㅎ 탈락) → 노마(축약)'의 과정을 겪은 예이다.

268) 이는 '장가'의 이 지역어형이다.

269) 이는 부사 '그냥'의 이 지역어형이며 이 어형은 전남과 함남방언에서도 보고된 바 있다.

270) 이는 '그(그것) + -을'의 구성으로 이루어진 어형이다.

271) 이는 '짊어지- + -어 → 짊어지어 → 짊어지(동화 및 모음축약) → 질미지(모음동화)'의 과정을 겪은 예이다.

272) '서이'는 '셋'의 이 지역어형이며 이는 이 지역어 외에도 충청도, 함경도 방언에도 실현되는 것으로 알려져 있다.

273) 이는 '옛날에 어디 선이나 봤습니까?'로 표현되어야 할 부분이지만 일부

내용이 생략된 경우이다.

274) 이는 '인제'에 대응되는 이 지역어형인 '은쟌'형의 변이형이다.

275) 이는 '어른 + -이 → 어르니 → 어르~이(비모음화 및 비음탈락)'의 과정을
겪은 예이다.

276) 이는 '거요고마'형으로 실현되어야 할 예지만 발화실수로 실현된 예이다.

277) 이는 '편찮다'에 대응되는 이 지역어형으로 '편찮다 → 펜찮다(단모음화)
→ 핀찮다(고모음화)'의 과정을 겪은 예이다.

278) 이는 '삼촌이 → 삼초~니(비모음화) → 삼초~이(비음탈락)'의 과정을 겪은
이 지역어형이다.

279) 이는 '그것을 → 그그슬(모음중화) → 그글(축약)'의 과정을 겪은 예이다.

280) 이는 '짐을'형에서 원순모음화가 이루어진 형이다.

281) 이는 '지(負)- + -어 → 지이(모음동화) → 지(축약)'의 과정을 겪은 예이다.

282) 이는 신행 때 따라가는 부모님이나 윗 항렬의 어른을 가리키는 의미로서
경상도방언에서는 주로 '상각'으로 쓰이지만 여기서는 이 어형으로 실현되었다.

283) 이는 '지- + 가'의 합성으로 이루어진 형태이다.

284) 이는 이 어형의 곡용 환경에서 움라우트현상으로 실현된 '사램'형이 재어
휘화 된 예이다.

285) 이는 '구분이 → 구부~니(비모음화) → 구부~이(자음탈락)'의 과정을 겪은
예이다.

286) 이는 '가는 것이라요'에 대응되며 '가는 것이라예 → 가능 것이라예(연구
개음화) → 가능 깃이라예(움라우트) → 가능 기시래예(ㅣ모음동화) → 가능
기래예(축약) → 가능 기래에(단모음화)'의 과정을 겪은 예이다.

287) 이는 부사 '맨'에 대응되는 이 지역어형으로서 '다른 것은 섞이지 아니하고
온통'이라는 의미와 함께 '가장'이라는 의미도 있는 어휘이다.

288) 이는 '조그만하다, 자그마하다'의 의미로 사용된 이 지역어형으로서 '쪼매
하다'도 같이 사용된다.

289) 이는 '그러하고'에 대응되는 예이며, '그러하고 → 글하고(축약) → 글항고
(자음첨가)'의 과정을 겪은 수의적 변이형이다.

290) '틀데그등'은 '다르다'라는 의미의 뜻을 지닌 이 지역어의 어휘인 '틀데다'
의 활용형이다. '틀데- + 거등 → 틀데그등(모음중화)'의 과정을 겪은 예이다.

291) 이는 '고것 + -이(주격조사) → 고고시(모음동화) →고고이(자음탈락) →
구고이(이화작용)'의 과정을 통해 실현된 예이다.

292) 이는 부사 '아주'에 대응되는 이 지역어형이다.

293) 이는 부사 '그리'에 대응되는 지역어형으로서 모음중화 및 어두 위치에서
의 경음화에 따라 실현된 어형이다.

294) 이는 '아닙니까'에 대응되는 이 지역어형으로서 '아닙니꺼 → 아님니꺼(비
음동화) → 아임니꺼(비음탈락)'의 과정을 겪은 예이다.

295) 이는 '그럼 → 그름(모음중화) → 그음(자음탈락) → 금(축약)'의 과정을
겪은 예이다.

296) 이는 '거('거기'의 준말) + -어서(처소격조사) + -는(보조사) → 거어서놈(비
모음화) → 구어서놈(모음의 수의적 변이) → 궈서놈(축약)'의 과정을 겪은
예이다.

297) 이는 '뒤집어져 버렸지'에 대응되는 예로 '디비(뒤집다의 지역어형)지어 +
뿌다'의 구성형으로 '디비다'형은 경상도와 함경도방언에 실현되는 것으로 보
고되어 있다.

298) 이는 '그렇게 해'의 준말이다.

299) 이는 '그것을 → 그걸(축약) → 기걸(전설모음화)'의 과정을 통해 실현된
예이다.

300) 이는 부사 '천생'에 대응되는 이 지역어형이다.

301) 이는 이 지역어에서 전설고모음화가 실현되는 음운현상에 대한 과도교정
형이다.

302) '여기'에 대응되는 이 지역어형이다.

303) 이는 '지금 → 지끔(경음화) → 지꿈(역행원순모음화)'의 과정을 겪은 예
이다.

304) 이는 '무이(물리다)- + 겠 + -지 + -마느'의 구성으로 '물리다'형이 발화실수
로 인해 실현된 형이다.

305) '의론도 → 이론도(단모음화) → 이룬도(이화)'의 과정을 통해 실현된 예
이다.

306) 이 다음에 '없이'가 생략된 표현인다.

307) 이는 '무콰고'로 실현되어야 하지만 후행하는 모음의 영향으로 동화가 일
어나서 실현된 예이다. '묵히다'의 수의적 발음형이다.

308) 이는 '묵다'의 사동형으로 '무카- + -ㄹ(관형사형)'의 구성이며 이 지역어의
사동사는 '무카다'로 판단된다.

309) 이는 '저기'의 이 지역어형이며 이 지역어에서는 모두 '거어, 저어'로 실현

된다.

310) 이 지역어에서는 '다르다'에 대응되는 어휘로 '틀리다 ~ 틀디다'형을 지적
할 수 있다.

311) 이는 '결혼했다고 하면'에 대응되는 이 지역어의 축약형으로서 어미 '-면'
에 대응되는 이 지역어형으로 '-만 ~맘'에 대응되는 예이다.

312) 이는 '형식 → 셩식(구개음화) → 성식(단모음화) → 성썩(경음화)'의 과정
을 겪은 이 지역어형이다.

313) 여기서 '묵힌다'는 표현의 의미는 혼인을 한 후에 부인을 시집올 때까지
일 년 동안 친정에서 더 거주하게 하고 신랑이 자주 신부집을 방문하는 그런
절차를 말한다. 즉, 친정에서 혼인을 한 후에도 일 년 동안 신부를 더 거주하
게 한 행위를 '묵힌다'라는 어휘로 표현한 것이다. 이미 잘 알려진 대로, 우리
의 전통적인 혼인제도는 일종의 데릴사위제였던 '남귀여가혼(男歸女家婚)'이
었지만 고려말 조선초 이후 성리학이 도입되면서 주자가례의 '친영혼(親迎婚
: 혼인을 한 후 바로 여자가 시집가는 방법)' 제도가 도입되면서 혼례방식에
서 충돌이 일어나게 되었다. 유교를 국시로 한 조선의 건국 이후에도 국왕이
직접 친영혼의 시범을 보이기도 하지만 정착이 안 되었고 결국은 혼인을 한
후 시집을 가는 날을 단축시킨 반친영혼(反親迎婚)이 등장하게 되며 오늘날
혼인을 한 후에 시집을 바로 가지 않고 친정에 하루든 며칠이든 있다가 가는
것은 바로 이 반친영혼 제도에 그 뿌리를 두고 있다.

314) 이는 '데리고 → 델고(축약) → 들고(후설모음화)'의 과정을 겪은 이 지역
어형이다.

315) 이는 '안 오고'형이 양음절화에 따라 실현된 이 지역어형이다.

316) 이는 '동안에'에 대응되는 예이며 '동안 + -이 → 똥아니(경음화) → 또아
니(자음탈락)'의 과정을 겪은 예이다.

317) 이는 '같다(如)'에 대응되는 이 지역어형인 '겉다'형의 활용형으로, 수의적
인 축약형으로 '거틈'형이 이어서 실현되었다.

318) 이는 '가 가지고서 → 가 가지오서(ㄱ탈락) → 가 가주오서(모음동화)'의
과정을 겪은 예이며 축약형으로 '가 가주'형으로도 실현된 예가 연이어 나타
난다.

319) 이는 '그러니까 → 그르니까(모음동화에 따른 중화) → 그르이까(ㄴ탈락)'
의 과정을 겪은 예이다.

320) 이는 '사기는 것이라니까'형에 대응되는 예이며 '것이라니까 →거시라니

(축약) → 게시래니(움라우트) → 기시래니(고모음화) → 기이래니(자음탈락)
→ 기래니(축약) → 기래이(ㄴ 탈락)'의 과정을 겪은 형이다.

321) 이는 한자어 '요(要) + -는(보조사)'의 구성에 대응되는 이 지역어형이다.

322) 이는 선후행하는 치조파열음의 된소리에 유추되어 우발적으로 일어난 발화형이다.

323) 이는 '싶어'의 이 지역어형으로 거센소리가 된소리로 발화된 예이다.

324) 이는 '난중(나중) + -이(처소부사격) → 난주이(자음탈락)'의 과정을 겪은 예이다.

325) 이는 '일 년 → 일렌(단모음화)'의 과정을 겪은 이 지역어형이다.

326) 이는 '재(再)벌 → 제벌(모음중화) → 제불(원순모음화)'의 과정을 겪은 예이며, 두 벌이 맞는 표현이며 이 지역형이다.

327) 이는 '사이'의 준말인 '새'의 수의적 발화형이다.

328) 이는 '여(여기) + -드르(-대로)'의 구성으로 이루어진 이 지역어형이다.

329) 이는 이중모음에 대한 수의적 발화실수형으로 실현된 예이다.

330) 이는 '가니 → 가이(비자음 탈락)'의 과정을 통한 실현형이다.

331) 이는 '재림(再臨)'에서 'ㄹ'음의 탈락으로 이루어진 어형이며 '재행(再行)'과 같은 의미로 쓰인 예로 판단된다.

332) 이는 '걸음 → 거림(전설모음화)'의 과정을 겪은 예이다.

333) 이 지역어를 비롯한 경북 방언에서는 어미 '-러'형이 '-로'형으로 실현되는 양상을 보인다.

334) 이는 '제빌로 카는'의 수의적 발화형이다.

335) 이는 '재벌 → 제벌(ㅔ/ㅐ 모음중화) → 제블(ㅡ/ㅓ 모음중화) → 제빌(전설모음화)'의 과정을 겪은 실현형이다.

336) 이는 '가 놓으면'에 대응되는 이 지역어형이며 '놓- + -면(어미 '-면'의 이 지역어형) → 놈먼(자음동화) → 놈머(음절말자음 탈락)'의 과정을 통해 실현된 예이다.

337) 이는 '동상례 → 동상래(단모음화) → 동상애(ㄹ 탈락)'의 과정을 겪은 실현형이다.

338) 이는 '결혼 → 겨론(ㅎ 탈락) → 겨룬(모음상승)'의 과정을 겪은 실현형이다.

339) 이는 '위(上) → 이(단모음화)'의 과정을 겪은 실현형이며, 이 지역어에서는 경북 방언의 일반적 특징처럼 '위'가 단모음 [ø]로는 실현되지 않는다.

340) 이는 '상자(上字) + -인데 → 상짜인데(경음화) → 상짠데(축약)'의 과정을

겪은 실현형이다.

341) 이는 '예의(禮義) → 예이(단모음화) → 예히(ㅎ 첨가)'의 과정을 겪은 예이다.

342) 이는 한자어 '예도(禮度) → 예두(모음상승)'의 과정을 겪은 예이며 이 지역어에서 모음상승이 부분적으로 실현된다.

343) 이는 '례자(禮字) + 인데 → 레자인데(단모음화) → 레짜인데(경음화) → 레짼데(축약) → 레쩬데(모음중화)'의 과정을 겪은 실현형이다.

344) 이는 '같다'의 이 지역어의 활용형으로서 이 예 외에도 '그틈, 그텀, 그뜸' 등처럼 다양하게 실현된다. 이는 '그뜨- + 으마(으면) → 그뜨마 → 그뚜마(역행원순모음화) → 구뚜마(원순모음동화)'의 과정을 겪은 예이다.

345) 이는 '돼지 → 데지(단모음화)'의 과정을 겪은 예이며 이 지역어에서 이중모음의 실현제약은 아주 일반적이다.

346) 이는 '해물(海物) → 새물(구개음화) → 세물(모음중화)'의 과정을 겪은 실현형이다.

347) 이는 '일체(一切)'로 읽어야 할 한자음을 잘못 읽은 오류형이다.

348) 이는 '자질구레하게'의 의미를 지닌 이 지역어형이다.

349) 이는 '쓰는 것은'에 대응되며 '쓰는 → 쓰느(음절말자음 탈락) → 쓰니(전설모음화) → 써니(모음중화)'의 과정을 겪은 실현형이다.

350) 이는 '나중에'에 대응되는 이 지역어형이다.

351) 이는 '내(與)- + -르(관형사형 어미) → 랠'의 과정을 겪은 예로서 이어지는 발화에 '것인가'라는 말이 생략된 표현이다.

352) 이는 '반반(半半) + -으(보조사 '은') → 밤바느(순자음화)'의 과정을 겪은 예이다.

353) 이는 '부수다'의 의미를 나타내는 이 지역어형으로서, 여기서는 '나누다'의 뜻으로 쓰인 어휘이다.

354) 이는 '내려오다'에 대응되는 이 지역어형인 '니르오다'의 활용형이다.

355) 이는 '가(去)- + -맘(-면)'의 구성이며, '-맘'은 어미 '-면'에 대응되는 이 지역어형인 '-마/ -만'형의 수의적 변이형이다.

356) 이는 이 지역어에서 많이 실현되는 부사 '마'의 수의적 변이형으로 '그냥'의 의미에 대응된다.

357) 이는 '써 버리면'에 대응되는 이 지역어형이다. '스'는 '써'형에 대응되는데 이 지역어에서는 '쓰'과 'ㅅ'음의 중화와 'ㅡ'와 'ㅓ'모음의 중화에 따라 실현된 형이며 '붐'은 '버리면 → 부리면(원순모음화) → 붐(축약)'의 과정을 겪은 어

형이다.

358) 이는 '보이며 → 보이미(이중모음 실현 제약 및 모음동화)'의 과정을 통해 실현된 이 지역어형이다.

359) 이는 '그것을'의 준말로서 수의적 모음 변이에 따라 실현된 예이다.

360) 이는 '되니 → 데니(모음 실현제약) → 떼니(어두경음화) → 떼이(비음탈락)'의 과정을 통해 실현된 이 지역어형이다.

361) 이는 단위명사 '마리'에 대응되는 이 지역어형으로서 '경남 및 충북 지역'에서도 실현됨이 보고되어 있다.

362) 이는 '때리- + -어 → 때리(축약)'의 구성을 보이는 이 지역어의 예이다.

363) 이는 보조동사 '쌓- + -서 + -ㅁ(강세보조사)'의 구성을 지니는 이 지역어형이다.

364) 이는 '패다'와 보조동사 '내다'의 결합형이다.

365) 이는 '앉(坐)- + -으마(-으면)'의 구성으로 '안즈마 → 안지마(전설모음화)'의 과정을 겪은 예이다.

366) 이는 이미 잘 알려진 것처럼, 이 지역어의 목적격 조사가 '-로'로 실현된 예이다.

367) 이는 '높은 곳에 매달다'의 의미로서 원래는 '당(幢)을 걸어 매다'에서 유래된 어휘로 판단된다. 즉, 절에서 불교 의식 때 '당(幢)을 높은 곳에 걸고 매다'라는 뜻에서 유래된 낱말로 이것이 줄어들어 '당걸어매다 → 당글어매다(ㅡ/ㅓ 모음중화)'의 과정을 통해 실현된 예이다.

368) 여기서 '그눔'은 '그놈'에 대응되는 비칭어이며 모음상승에 따른 예이다.

369) 이는 '뚜드리(打)- + -어 → 뚜디리어(모음동화에 따른 전설모음화) → 뚜디리이(모음동화) → 뚜디리(축약)'의 과정을 겪어 실현된 예이다.

370) 여기서 '있다'는 '고초를 견디어 내어 있다'의 의미이며 '있(有)- + -었- + -음 → 이서슴(자음중화) → 이서숨(원순모음화)'의 과정을 통해 실현된 예이다.

371) 이는 모음 사이에서 'ㄱ'음이 탈락된 예이다.

372) 이 제보자의 경우 마찰음 'ㅆ'과 'ㅅ'음은 수의적으로 실현되며 음운론적으로 중화된 것으로 볼 수 있다.

373) 이는 '크게 → 크기(고모음화)'의 과정을 겪은 예이다.

374) 이는 '함부레'로 실현되기도 하는 것으로 '아예'라는 뜻의 부사이다.

375) 이는 '한 마리'에서 위치동화에 따라 양순음화가 일어난 예이다.

376) 이는 '일체(一切)'로 표현해야 할 어휘가 '일절(一切)'로 잘못 표현한 것이다.

377) 일반적으로 '케뿌마' 정도로 실현되지만 수의적인 변동으로 실현된 형이
다. 즉, '~라고 해버리면'에 대응되는데 '고 해 버리마 → 캐 버리마(축약) →
케 부리마(원순모음화) → 케 뿌리마(경음화) → 케뿌마(축약) → 커뿌미(수
의적인 모음변동)'의 과정을 거쳐 실현된 예이다.

378) 이는 '해 놓아 버리고'에 대응되는 예이며 '해나 버리고(축약) → 해나 뻐
리고(경음화) → 해나 뿌리고(원순모음화) → 해나뿌고(축약)'의 과정을 겪은
예이다.

379) 이는 '해 버리니 → 해뿌니(음운동화 및 축약) → 해뿌~니(비모음화) →
해뿌~이(비음탈락)'의 과정을 겪은 예이다.

380) 이는 '크게 → 크기(고모음화)'의 과정을 겪은 예이다.

381) 이는 명사 '나중'에 대응되는 이 지역어이다.

382) 이는 '처럼'에 대응되는 이 지역어로서 '맨치'로 실현되기도 한다.

383) 이는 '되다 → 데다(이중모음 실현제약) → 디다(고모음화)'의 과정을 통
해 실현된 이 지역어형이다.

384) 이는 '안 그라면(그러면) → 앙 그라면 → 앙가면(축약) → 앙가믄(이중모
음 실현제약) → 앙가므(어말자음 탈락)'의 과정을 겪은 예이다.

385) 이는 경상도방언에서 흔히 나타나는 'ㅓ'와 'ㅡ'모음의 중화에 따라 실현된
형이다.

386) 이는 '얼굴을 → 얼구룰(원순모음동화) → 어구룰(ㄹ 탈락)'의 과정을 통해
실현된 형이다.

387) 이는 '그렇지'의 수의적인 이 지역어의 발화형이다.

388) 이는 '뭐 → 므(이중모음 실현 제약) → 모(원순모음화)'의 과정을 통해 실
현된 이 지역어형이다.

389) 이는 '가(去)- + -라고 # 하- + -나'의 구성으로 '가라카나(축약) → 가러카나
(이화에 따른 모음변이) → 가르카나(모음중화에 따른 음성변동)'의 과정을
통해 실현된 이 지역어형이다.

390) 이는 '부모님 → 부모임(ㄴ 탈락) → 부모이(어말자음 탈락)'의 과정을 통
해 실현된 예이다.

391) 이는 부사 '늘, 항상'에 대응되는 이 지역어형이다.

392) 이는 '일년 → 일년~이(비모음화) → 일녀~이(비자음탈락)'의 과정을 겪은
예이다.

393) 이는 '처자'의 발화실수형이다.

394) 이 어형은 '새별 → 새빌(이중모음 제약에 따른 고모음화)'과 '댁(宅)+이(접
사) → 때기(경음화) → 띠기(고모음화) → 띠~기(비모음화) → 띠~이(ㄱ 탈
락)'의 과정을 겪은 예이다.

395) 이는 '오(來)- + -았(과거시제선어말어미)- + 습니꺼(의문형어미) → 와씀니
꺼(축약 및 비음화) → 와씀미꺼(순자음화) → 와씸미꺼(전설모음화)'의 과정
을 거친 예이다.

396) 이는 후행하는 발화처럼 '업꼬'로 실현되어야 할 예지만 수의적인 발화실
수로 인해 음절말자음이 탈락되어 실현된 형이다.

397) '집 + -에서(처소격 조사) + -ㅁ(강세보조사)'의 구성을 보이는 예이다.

398) '마(勿)- + -자(청유형 어미) + -고(인용격 조사) # 했어'의 구성을 보이는
예이며 이어서 축약이 이루어진 예이다.

399) 이는 '사람들 → 사암들(ㄹ 탈락)'의 과정을 거친 예로서 여기서 더 축약이
이루어지면 '삼들'형으로 실현되기도 한다.

400) 여기서 '전신'은 '온몸'이라는 뜻으로 사용되었기보다 '전부'라는 뜻으로 사
용된 것이다.

401) 이는 '노비(路費) + -꺼즌(보조사)'의 구성이며 '-꺼즌'은 '-꺼증, 꺼정'으로
실현되기도 하는데 보조사 '-까지'에 대응되는 이 지역어형이다.

402) 이는 '조(與)- + -에(연결형어미)'의 구성으로 뜻은 '주어야'에 대응된다.

403) 이는 '엄(無)- + -어 # 놓으니'의 구성으로 '엄서노으니(어중자음 탈락) →
엄소노니(원순모음동화) → 엄소노이(ㄴ 탈락) → 엄소로이(수의적 유음화)'
의 과정을 거쳐 실현된 예이다.

404) 이는 '욕하는 것 → 요가는 거(ㅎ 및 음절말자음 탈락) → 요가능 거(연구
개음화)'의 과정을 거친 예이다.

405) '하님'에 대응되는 이 지역어형이다.

406) 이는 '넛(四) + -이'의 구성으로 이루어진 어형이다.

407) 이는 '때문'이라는 의미로 사용된 이 지역어이다.

408) 이는 '부담(負擔) + -을(목적격 조사) + -랑(보조사)'의 구성을 이루어진 어
형이며 '-랑'은 수의적인 발화로서 '-란, -량'에 대응되는 또사이다.

409) 이는 부정부사 '안'에서 음절말자음이 탈락된 예이다.

410) 이는 부사 '그냥'에 대응되는 어휘이다.

411) 이는 '그쪽'에 대응되는 이 지역어이다.

412) 이는 '이쪽 → 이쪼(음절말자음 탈락) → 이쭈(모음상승)'의 과정을 겪은

예이다.

413) 이는 '그럼'의 축약형이다.

414) 이는 '시집오- + -ㅁ'의 구성형으로 축약으로 인해 이렇게 실현된 형이다.

415) 이는 '시기- + -ㄴ다(어미) → 씨기다(수의적 경음화) → 씨인다(어중 자음 탈락) → 씬다(축약)'의 과정을 거친 예이다.

416) 이는 '색시'에 대응되는 이 지역어형인데, '색시[색:씨]'로 발음되므로 장음 과 된소리로 실현되는 음을 반영한 발음이다.

417) 이는 '데리고 → 디리고(고모음화) → 딜고(축약)'의 과정을 거친 어형이다.

418) 이는 '오(來)- + -머(연결형어미)'의 구성으로 주로 이 지역어에서는 연결형 어미 '-면'에 대응되는 어형은 '-마'형인데 수의적 변동이 일어난 예이다.

419) 이는 '걷- + -으면(연결형어미) + -은(보조사)'의 구성으로 '걸으면은 → 그 러면은(모음중화에 따른 수의적 변동) → 그럼며는(ㅁ 첨가) → 그럼며느(어 말자음 탈락)'의 과정을 거친 예이다.

420) 여기서 '수륜면'은 경상북도 성주군 수륜면을 가리킨다. 본 지역어 조사지 역이 경상북도 고령군 덕곡면인데 수륜면은 가야산을 두고서 덕곡면과 인접 해 있는 지역이다.

421) 이는 '지금 → 지굼(원순모음화) → 지꿈(경음화)'의 과정을 겪은 예이다.

422) 이 부분도 제보자가 잠시 도량형의 환산 과정에서 착오를 일으킨 부분이다.

423) 이는 '장 + -아지(보조사 '마저'의 대응형)'의 구성으로 '-아지'형은 함경남도 에서 실현되는 어형으로 보고되어 있다.

424) 이 부분은 제보자가 잠시 착오를 일으켜서 발화를 한 부분이다.

425) 여기서는 제보자가 도량형의 환산을 착각하여 '8km'로 표현해야 할 부분 을 잘못 표현한 부분이다.

426) 이는 부사 '얼추, 대강'에 대응되는 이 지역어형이다.

427) 이는 '늘, 언제나'에 대응되는 어휘이며 북한어에서 실현되는 것으로 보고 되어 있지만 이 지역어에서도 일반적으로 사용되는 예이다.

428) 이는 '장(市場) + -마종(보조사 '-마다'에 대응되는 어형) + -을(보조사) + -예(보조사)'의 구성이다.

429) 이는 '산길 → 상길(연구개음화) → 상낄(경음화)'의 과정을 거친 예이다.

430) 이는 '장(市場) + -머이(보조사 '-마다')'의 구성이다.

431) 이는 '장(市場) + -마줌(보조사 '-마다' 또는 '마중')'의 구성이며 수의적 변동 에 따라 실현된 예이다.

432) 이는 '궁합 + -도(보조사) → 궁압도(ㅎ 탈락) → 궁~압또(비모음화) →
구~압또(비음 탈락)'의 과정을 거친 예이다.

433) 이는 '모두'의 수의적 발화실수형이다.

434) 발화실수로 명사 '때'가 생략된 표현이다.

435) 이는 '들어오- + -ㅁ(명사형어미) → 들으옴(모음중화) → 드롬(축약) →
두롬(모음동화)'의 과정을 겪은 예이다.

436) 이는 '인제'에 대응되는 이 지역어형이다.

437) 이는 '대반(對盤) + -이'의 구성으로 '대반'은 '혼례에서, 신랑이나 신부 또는
후행(後行) 온 사람을 옆에서 접대하는 일 또는 그 일을 맡은 사람'을 뜻한다.

438) 이는 '아버지'의 이 지역어형으로 기존에는 경남 방언형으로 보고되어 있
지만 남부 경북방언에서도 사용되고 있음이 확인되었다.

439) 이는 '가지고 → 가조(축약)'의 과정을 거친 이 지역어형이다.

440) 이는 '방(房) + -으로 → 방~으로(비모음화) → 바~으로(비음탈락) → 바~
아로(모음동화)'의 과정을 거친 예이다.

441) 이는 '하는 것이고'에 대응되는 이 지역어형인데, '하는 거시오(ㄱ 탈락) →
하는 거이오(ㅅ 탈락) → 하는 기이오(ㅣ 모음역행동화) → 하는 기오(축약)'의
과정을 겪은 예이다.

442) 이는 이 마을의 사람 이름이다.

443) 이는 '안양반'의 우발적인 발화실수형이다.

444) 이는 '시기고 → 시이고(ㄱ 탈락)'의 과정을 거친 예이다.

445) 이는 '사랑 → 사랑~(비모음화) → 사라~(비음탈락)'의 과정을 거친 예이다.

446) 이는 '누구다'의 발화실수형이다.

447) 이는 담화표지인 '인제'의 이 지역어형이다.

448) 이는 '시오마시(媤母) + -아(주격조사)'의 구성형이다. 여기서 '-아'는 주격
조사 '-가'의 'ㄱ'이 탈락된 형태이며 실제로는 주격보다는 여격으로 실현되어
야 할 부분이다.

449) 이는 담화표지인 '인제'의 수의적 발화형이다.

450) 여기서 '-라꾸'는 인용조사 '-라고'의 수의적 발화형이다.

451) 이는 보조사 '-부터'의 수의적 발화형이며 '부터 → 부토(원순모음동화) →
부통(음절말자음 첨가)'의 과정을 거친 예이다.

452) 이는 '창(窓) + 마중'의 구성으로 '창'이 새벽의 의미로 사용된 어휘로 판단
된다. 일상적 표현인 '창이 밝아오다.'와 같은 표현에서처럼 비유적인 표현으

로 판단되는 예이다.

453) 이는 '뭐'의 수의적 발화형이다.

454) '-꺼정'은 '-까지'의 지역어형이며 이 어형은 '경상도, 충북, 함경도 방언'에
서 실현되는 것으로 보고되어 있다.

455) 이는 기본형이 '일나다'이며 이 어형의 실현 보고 지역은 '경남, 강원, 전남
방언'에서 실현되는 것으로 보고되어 있다.

456) 이는 담화표지 '인자'의 수의적 발화형이다.

457) 이는 '그것이'에 대응되는 이 지역어형이며, '그것이 → 그게(축약형) →
그기(고모음화) → 기기(전설모음화)'의 과정을 거친 예이다.

458) 이는 '해이 되요.'처럼 '되요'가 생략된 부분이며 표준어 대역은 이를 찾아
서 바로 잡은 것이다.

459) 이는 '그냥'에 대응되는 이 지역어형이다.

460) 이는 '받(受)- + -는→ 반는(비음동화) → 반능(후행하는 어절의 연구개음
에 의한 연구개음화)'의 과정을 거친 예이다.

461) 이는 '그러면'에 대응되는 예이며 '그러면 → 그러먼(이중모음 실현제약에
따른 단모음화) → 그러믄(모음동화) → 그러므(어절말 자음 탈락)'의 과정을
거친 예이다.

462) 이는 '고만'의 수의적 발화형이다.

463) 이는 이 지역어 담화표지 중의 한 형태이다.

464) 이는 의문부사 '왜'에 대응되는 이 지역어형이며 경상도 전역에 걸쳐 실현
된다.

465) 원래 지역어에는 '문안을 드리다'로 표현되어 있지만 표현상의 잘못을 바
로 잡아서 의역을 한 것이다.

466) 이는 담화표지의 한 형태이다.

467) 이는 '와가주'형에서 'ㄱ'음이 탈락된 예이며 수의적으로 실현된 이형태가
많이 나타난다.

468) 이는 '보- + -러(목적표시의 어미) → 보로(모음동화)'의 과정을 겪은 예이다.

469) 이는 '오(來)- + -았(과거시상)- + 으마(조건표시의 연결형어미) → 와씨마
(전설모음화)'의 과정을 겪은 예이다.

470) 이는 원래 써래나 고무래의 바탕을 뜻하는 말이지만 여기서는 '낯이 없다'
라는 뜻처럼 비유적으로 사용된 것이다.

471) 이는 '살- + -면서(연결형어미) + -ㅁ(강조의 보조사) → 살민섬(이중모음

실현제약에 따른 단모음화)'의 과정을 겪은 예이다.

472) 이는 '디다보다'의 경구개음화된 예이며 '디다보다'는 '들여다보다'에 대응되는 형이다. '들여다보다 → 드리다보다(이중모음 실현제약) → 디다보다(축약)'의 과정을 겪은 예이다.

473) 이는 이 지역어에서 '네나' 또는 '내나'로 실현되는데 그 의미는 '마찬가지로, 역시'라는 뜻의 부사이다.

474) 이는 원래 '뭐 같이'라는 표현이지만 여기서는 '많이'라는 뜻으로 사용된 경우이다.

475) 이는 후행하는 어형인 '가즈오다'처럼 수의적으로 변동되어 실현된다. 이는 '가져오다 → 가저오다(이중모음 실현 제약에 따른 단모음화) → 가즈오다(모음중화에 따른 실현형) → 가지오다(전설모음화)'의 과정을 거친 예이다.

476) 이는 '자기 것'의 의미로 사용된 이 지역어형이며 '지좀, 지줌, 지주~'형으로 실현되기도 한다.

477) 이 어형도 앞의 '지좀'형과 같은 의미로 사용된 예다.

478) 이는 'ㅆ'과 'ㅅ'음의 중화로 인해 실현된 어형이다.

479) 이는 '상객상(上客床)'의 이 지역어형이며 '상객상 → 상거상(수의적 발화형) → 상거상~(비모음화) → 상거사~(비자음탈락)'의 과정을 거친 예이다.

480) 이는 '차리다'에 움라우트 현상이 일어난 어형이 재구조화되어 새 어휘로 굳어진 경우이다. 이는 경남방언과 평남방언에도 실현되는 것으로 보고되어 있지만 남부 경북방언에도 일반화되어 있는 예이다.

481) 여기서 '-두'는 보조사이며 실제로 보조사가 사용되기보다 목적격조사가 실현되어야 할 부분이다. 이는 단순히 발화 실수로 이렇게 되었을 가능성과 함께 '목적격조사'가 보조사화 되어 가는 성격으로 인해 이에 유추되어 발화 실수형으로 나타났을 것으로 판단된다.

482) 이는 '많이'에 대응되는 이 지역어형이며, '많이 → 마니(ㅎ탈락) → 마이(ㄴ탈락) → 마임(ㅁ첨가)'의 과정을 거친 예이다. 이 어형보다는 주로 '마이, 마이~'형으로 실현된다.

483) 이는 이중모음 실현 제약으로 인해 실현된 어형이다.

484) 이는 '그러니까'에 대응되는 이 지역어형이며 '그러니까 → 그러이까(ㄴ탈락) → 그르이까(모음중화)'의 과정을 거친 예이다.

485) 이는 '그거 + -는 → 그그는(모음중화) → 그으는(ㄱ탈락)'의 과정을 거친 예이다.

486) 이는 '빌(別) # 거(것) + -드(보조사)'의 구성이며 '별 거도 → 빌 거도(이중
모음 실현 제약) → 빌 그도(모음중화)' → 빌 그드(모음동화) → 빌 거드(모
음중화)'의 과정을 거친 예이다.

487) 이는 '아니다 + -이(보조사) → 아이다이(ㄴ 탈락) → 아이대이(ㅣ 모음동
화) → 아이데이(모음중화)'의 과정을 거친 예이다.

488) 이는 '무슨'의 이 지역어형이며 '무슨 → 므슨(모음동화) → 므신(전설모음
화) → 머신(모음중화)'의 과정을 거친 예이다.

489) 이는 '도가 + -로(목적격조사)'의 구성이다.

490) 이는 '그게 → 그기(고모음화) → 기기(모음동화)'의 과정을 거친 예이다.

491) 이는 '그럼'에 대응되는 이 지역어형인데, '그럼 → 그람(이화) → 그암(르
탈락) → 감(축약)'의 과정을 거친 예이다.

492) 이는 '켤레 → 컬레(이중모음 실현 제약) → 컬리(고모음화) → 커리(르 탈
락) → 크리(모음중화)'의 과정을 거친 예이다. '커리'형은 이 지역어를 비롯한
경북방언 외에도 '강원, 경남, 충청, 평북, 함경도방언'에서도 실현되는 것으로
보고되었다.

493) 이는 '향'의 발화 실수형이다.

494) 이는 '그냥'의 이 지역어형이다.

495) 이는 '짚신'의 이 지역어형이며 경상도방언 전역에 걸쳐 실현된다.

496) 이는 '장가'의 이 지역어형이다.

497) 이는 '아무'의 수의적 발화형으로 '암무'로 실현되기도 한다.

498) 이 지역어에서는 '같다'형이 '겉다 ~ 껕다'형으로 실현된다.

499) 이는 '새악시 → 새액시(움라우트) → 쌔액씨(경음화)'의 과정을 거쳐 실
현된 이 지역어형이다.

500) 이는 '치마'에 대응되는 이 지역어형이다.

501) 이는 '고기 + -에다가'의 축약형이다.

502) 이는 부정부사 '아니'에 대응되는 이 지역어형이다.

503) 이는 발화 실수에 따른 어형으로 '함'으로 실현되어야 할 어형이다.

504) 이는 '그것이'의 축약형이며 '그것이 → 거거시(모음중화에 따른 동화) →
거기(축약) → 거이(ㄱ 탈락)'의 과정을 겪은 예이다.

505) 제보자의 설명대로 시집올 때 입으라고 넣는 옷을 '상답'이라고 부르고 '상
답' 중에서 여벌로 한 벌 넣은 것을 '중답'으로 지칭하고 있다.

506) 구어의 발화상황에서 격조사가 생략된 표현이다.

507) 원래 이는 '데리고 오다'의 의미지만 여기서는 물건이므로 '가져오다'로 대역을 했다. 제보자가 정확한 어휘를 구사하지 못한 경우이다.

508) 이는 '데(化)- + -거던(연결형어미) + -여(보조사)'의 구성으로 '되거든여 → 데거든여(모음중화) → 데거던여(모음동화) → 데거던녀(양음절화에 의한 ㄴ 첨가)'의 과정을 거친 예이다.

509) 이는 부정부사 '못'이 순음화된 형이다.

510) 이는 어두경음화 현상이 일어난 어형이다.

511) 이는 '쪼끔'에 대응되는 이 지역어형이며 '쪼끔 → 쪼꿈(역행원순모음화)'의 과정을 거친 예이다.

512) 이는 치음 아래에서 전설모음화가 실현된 어형이다.

513) 이는 '없- + -으니'의 구성으로 비자음의 탈락과 함께 경음화가 실현된 예이다.

514) 이는 '해왔는데'의 축약형이다. '해왔는데 → 해완는데(비음동화) → 해완데(축약)'의 과정을 거친 예이다.

515) 이는 '가(去) # 주(보조동사)- + 야 → 가조야(모음동화) → 가조이(수의적 모음변이)'의 과정을 거친 예이다.

516) 이는 '크('그'의 수의적 발화형) + -만찔(보조사)'의 구성으로 이루어진 것이다.

517) 이는 '아(兒) + -은(보조사)'의 구성으로 '아'는 '아이, 아들'의 의미로 대응되는 이 지역어형이며 경북방언의 일반적인 실현형이다.

518) 여기서 '-예'는 주로 친교의 기능으로 사용된 조사이며 주로 아이들이나 여성 화자에서 더 많이 사용되는 말이다.

519) 이는 '예단(禮單)'에 대응되는 이 지역어형이며 '예단 → 이단(이중모음 실현 제약)'의 과정을 거친 예이다.

520) 이는 '한 벌씩'에 대응되는 이 지역어형이며 '썩('씩'의 이 지역어형) + -예(조사) → 써예(ㄱ 탈락)'의 과정을 거친 예이다. 접미사 '썩'은 이 경상도 외에도 경기도와 전남방언에도 분포되는 것으로 알려져 있다.

521) 이는 '드렸고'에 대응되는 표현이며 '드렸고 → 디렸고(움라우트) →디맀고(모음동화) → 디리꼬(경음화)'의 과정을 거친 예이다.

522) 이는 주격조사 '-가'의 수의적 변이형으로 어중위치에서 자음이 탈락된 경우이다.

523) 이는 '그 + -마지(만치)'의 구성형이다.

524) 이는 '수준(水準) + -이'의 구성으로 움라우트 현상이 실현된 어형이다.

525) 이는 원순모음화가 실현된 예이다.

526) 대개 경남방언과 남부 경북방언에서 '먹다'형에 대한 대응형으로 '묵다'형
으로 실현된다.

527) 이는 '보(見)- + -ㅇ게네(-니까)'의 구성이다.

528) 이는 '그것도'에 대응되는 예인데, '그것 + -두(보조사) → 그거뚜(경음화)
→ 그그뚜(모음중화) → 그으뚜(ㄱ 탈락) → 구우뚜(모음동화)'의 과정을 거친
예이다.

529) 이는 '육이오사변'의 축약형이다.

530) 이는 '해방'에 대응되는 '헤방'형의 발화실수형이다.

531) 이는 '그냥 → 기냥(움라우트) → 기양(ㄴ 탈락)'의 과정을 거친 예이다.

532) 이는 '벗겨서'에 대응되는 이 지역어형이며 '벗기다 → 벳기다(움라우트)
→ 베끼다(경음화) → 비끼다(고모음화)'의 과정을 거친 예이다.

533) 이는 '되다'의 이 지역형이며 '되다 → 데다(이중모음 제약) → 디다(고모
음화)'의 과정을 거친 예이다.

534) 여기서 '튼'은 접미사 '쯤'에 대응되는 이 지역어형이다.

535) 이는 '보리'에 대응되는 이 지역어형이다.

536) 이는 수의적인 모음동화에 의하여 실현된 어형으로 '살머가지고'로 실현되
어야 할 어형이 모음동화로 인해 '썰므가지고'로 실현된 경우이다. 이는 경음
화와 모음중화 현상이 일어난 예다.

537) 이는 '그것과'에 대응되는 이 지역어형으로 '그것 + -캉(접속조사) → 그긋
캉(모음중화) → 그으캉(자음탈락)'의 과정을 거친 예이다.

538) 이는 '버무리다'의 우발적인 발화실수로 실현된 예이다.

539) 이는 '카이'로 실현되어야 할 표현이지만 발화 실수로 인해 이 어형으로
실현된 것이다.

540) 이는 '고생스럽다'에 대응되는 이 지역어형이며 전설모음화가 실현된 어형
이다.

541) 이는 '짐승이 → 짐승~이(비모음화) → 짐스~이(비자음탈락)'의 과정을 거
친 예이다.

542) 이는 담화표지의 한 형태이다.

543) 이는 '그때'에 대응되는 이 지역어형이다.

544) 이는 '고래(그래) # 뿐입니더'의 준말이며 '뿐입니더 → 삐더(축약)'의 과정
을 거친 예이다.

545) 여기서 ‘디름’은 ‘도련님’에 대응되는 이 지역어로서 경북방언에서 일반적
    으로 실현되는 어휘다.

546) 이는 ‘만큼, 처럼’에 대응되는 이 지역어이다.

547) 이는 담화표지며 ‘저기’에 대응되는 예이다.

548) 이는 ‘역시, 마찬가지로’의 뜻을 지닌 이 지역어형이며 ‘내나, 네나’형과 같
    은 어휘이다.

549) 이는 ‘전심 + -에다가(처소격조사)’의 구성이며 ‘모든 것에다가’의 의미이다.

550) 이는 ‘나중에’의 뜻을 지닌 이 지역형이며 ‘나주, 나주~’형으로 실현되기도
    한다.

551) 이는 ‘이피(입히)- + -가조서(-서)’의 구성이며 ‘입혀서’의 뜻이다.

552) 이는 ‘놓- + -며(연결형어미) + -는(보조사)’의 구성이다. 일반적으로 이 경
    우는 자음의 연쇄에 의해 자음충돌이 일어나므로 매개모음이 들어가는 것이
    일반적이지만 여기서는 이 방법을 택하지 않고 자음충돌에 따른 탈락의 방법
    을 택한 경우이다.

553) 이는 ‘준비(準備)’ 형이 뒤따르는 양순음에 의해 양순음화 된 예이다.

554) 이는 ‘채리(차리)- # 놓- + -며 + -느(어말자음 탈락)’의 구성으로 이루어진
    예이다.

555) 이는 ‘데리다’의 뜻으로 사용된 이 지역어형으로 경북방언에 널리 분포하
    는 예이다.

556) 이는 ‘있(有)- + -으면(연결형어미) + -은(보조사)’의 구성으로 ‘이스며는 →
    이시며는(전설모음화)’의 과정을 거친 예이며 기본형이 ‘이시다’형은 아닌 것
    으로 판단된다. 왜냐하면 이 지역에서는 ‘있다’의 활용형이 일반적으로 실현
    되기 때문이다.

557) 이는 ‘나오(出現)- + -아’의 구성이지만 ‘나오아 → 나오오(모음동화) → 나
    오(축약)’의 과정을 거친예다.

558) 이는 ‘놓다’에 대응되는 이 지역어로서 ‘낳다’형이다.

559) 이는 ‘도리어’에 대응되는 이 지역어로서 ‘다보, 다부’ 등으로 실현된다.

560) 이는 ‘치난데’로 실현되어야 할 부분으로 잘못 발화된 발화실수형이다.

561) 이는 ‘북향’의 음성실현형으로서 ‘부캉’으로 실현되어야 하지만 이중모음
    제약과 음절말자음의 불명확성에 기인하여 실현된 예이다.

562) 이는 움라우트 현상에 따른 실현형이다.

563) 이는 ‘임금 + -님(접사) + -한테(여격조사)’의 구성으로 ‘임금님한테 → 임

금니만테(ㅎ 탈락)'의 과정을 거친 예이다.

564) 이는 수단위명사 '번'이며 '번 → 분(원순모음화)'의 과정을 거친 예이다.

565) 이는 '그그(그것) + -를'의 구성이며 어절말 자음이 탈락된 예이다.

566) 이는 '먹다'의 이 지역어형인 '묵다'의 활용형이다.

567) 이는 '입'이 후행하는 어휘의 자음에 동화가 되어 '잇'으로 실현된 예로서 중부방언에서는 양순음이 치조음으로 위치동화되는 예가 거의 없는데 비해 이 지역어에서는 이 현상이 드물게 실현된다.

568) 이는 '안방'에서 양순음화가 되어 실현된 예이며 이 지역어에서도 '큰방'으로 사용되는 것이 일반적이지만 '안방'이라는 형태로도 사용됨을 볼 수 있는 예다.

569) 이는 '큰방 + -으로'의 구성이며 '큰방으로 → 큼방으로 → 큼방우로(역행 원순모음화)'의 과정을 거친 예이다.

570) 이는 관형사 '맨'의 음절말자음이 탈락된 경우이다.

571) 이는 '처음에는'의 준말이며 '처음에는 → 첨에는(축약) → 처메는(연음화)'의 과정을 거친 예이다.

572) 이는 '들어가다' 형식의 조어법이 아니라, '들(入)- + 가(去)-'와 같은 조어법 형식으로 구성된 것이며 '들가다 → 드가다(ㄹ 탈락)'의 과정을 거친 예이다.

573) 이는 '대반(對盤) + -캉(접속조사)'의 구성이며 '대반캉 → 대방캉(연구개음화)'의 과정을 거친 예이다.

574) 이는 '친척이나'의 수의적 발화오류형이다.

575) 이 예도 앞의 '드가다'처럼 '들(入)- + 오(來)-'의 구성으로 이루어진 어형이며 '들오는 → 드로능(연구개음화)'의 과정을 거친 예이다.

576) 이는 '도라안자가조서'로 실현되어야 할 예지만 '앉다' 부분이 생략된 표현이다.

577) 이는 '먹이다'에 대응되는 이 지역어이며 '머기는 → 메기는(움라우트) → 미기는(고모음화) → 미기능(연구개음화) → 미이능(ㄱ 탈락)'의 과정을 거친 예이다.

578) 이는 정확하게 표현이 이루어지지 않은 부분이다.

579) 이는 '낳(産)- + -느(의문어미)'의 구성이며 설명의문문에서 주로 실현되는 의문형어미 '-노'가 '-느'로 실현된 예이다.

580) 이는 '이렇게 말해 버리면'에 대응되는 예이며 '버리다'형에 대응되는 이 지역어형은 '뿌다'이다.

581) 이는 '엄마'에 대응되는 예로 이 지역어를 비롯해 경상도방언에 일반적으로 분포하는 예이다.

582) '낳다(産)'에 대응되는 이 지역어형은 '놓다'이며 이 제보자에게서는 '낳다'와 '놓다'가 수의적으로 실현되며 실현에는 다른 규칙이 나타나는 것은 아니다.

583) 이는 '짓다'의 활용형이며 '짓- + -어 → 지어 → 지이(모음동화) → 지(축약)'의 과정을 거친 예이다.

584) 이는 '항상'의 우발적인 발화실수형이다.

585) 이는 '속히'에 대응되는 예이며, '속히 + ㅁ(강조 표시의 보조사)'의 구성이다.

586) 이는 '마를 씨꼬로 표현되어야 할 부분인데 목적어가 생략된 것이다. '씨꼬'는 '씹고 → 씹꼬(경음화) → 씨꼬(ㅂ 탈락)'의 과정을 거친 예이다.

587) 이는 한자어 '심중(深重)히'에 대응되는 이 지역어형이다.

588) 이는 '사람 + -이(주격조사)'의 구성이며 '사라미 → 사래미(움라우트)'의 과정을 거친 예이다. 다만, 이 예에서는 표면적으로 주격형이 실현되어 있지만 실제로는 관형격으로 실현되어야 할 부분이다.

589) 이는 '다라다'형으로 '다루다'형에 대응되는 이 지역어형이다.

590) 이는 '두드리고'에 대응되는 이 지역어형으로서 '두드리- + -고(연결형어미)'의 구성이며 '두드리고 → 뚜드리고(경음화) → 뚜디리고(전설모음화)'의 과정을 거친 예이다.

591) 이는 '혼자'에 대응되는 이 지역어형이며 한글학회에서 편찬한 '우리말큰사전'에는 '혼자'라는 의미로 풀이되어 있다.

592) 이는 '복끌우다'형으로 소급되며 '복장을 끓게 하다'의 뜻으로 사용된 이 지역어형이다.

593) 이는 '여러 명 + 어(관형격좋사)'의 구성이며 '-의 → 으(이중모음실현 제약) → 어(모음중화)'의 과정을 거쳐 실현된 예다.

594) 여기서 '하다' 동사는 대동사로서 '당하다'의 뜻으로 사용된 말이다.

595) 이는 '관향(貫鄕)'의 이 지역어형이며 '관향'은 성씨의 시조가 태어난 곳을 가리킨다.

596) 이는 '어떻게'에 대응되는 이 지역어형이다.

597) 이는 '쥐박다'로서 '쥐어박다'형에 대응되는 이 지역어형이다. 이는 '쥐박- + 으면서'의 구성으로 '쥐박으면서 → 지박으면서(단모음화) → 지바으면서(ㄱ 탈락)'의 과정을 거친 예이다.

598) 이는 '세계'에 대응되는 이 지역어형으로서 '세계 → 시기(고모음화)'의 과

정을 거친 예이다.

599) 이는 '동안'의 이 지역어형으로 '동안 → 똥안(경음화) → 또아(음절말자음
    탈락)'의 과정을 거친 예이며 '또안'으로 실현되기도 한다.

600) 이는 '사위'의 이 지역어형으로서 '사위 → 사이(이중모음 실현제약)'의 과
    정을 거친 예이며 '사우'로 실현되기도 한다.

601) 이는 '말(語) + -루'의 구성으로 '말로'에 대응되는 이 지역어형이며 '모음상
    승'에 따라 실현된 예이다.

602) 이는 이 지역의 구체적인 지역어의 이름이며 '시암'이 경음화와 후행하는
    연구개음의 영향으로 연구개음화가 실현되어 나타난 예이다.

603) 이는 경상도방언에 널리 실현되는 어형으로서 '도리어'에 대응되는 이 지
    역어형이다.

604) 이는 부정부사가 '몬'으로 재구조화된 어형이다.

605) 이는 '왜 그러냐 하면'의 준말이다.

606) 이는 '원래'에 대응되는 이 지역어형이며 '워낙'의 뜻으로도 사용되기도 한
    다. '그 사람은 원칸 숭악한 사람이다.'

607) 이는 '꾸리로 된 실'을 뜻하며 표준어에 대응되는 예가 없는 어휘이다.

608) 이 지역어에서는 제보자에 따라, 같은 제보자도 발화상황에 따라 보조사
    '-도'가 수의적인 발음형으로 '두, 더, 도' 형으로 실현된다.

609) 이는 '놓아'형에 대응되는 이 지역어형이지만, 이 지역어에서는 어휘의 재
    구조화에 따라 기본형이 '낭(置)-'이다. '낳다(産)'에 대응되는 이 지역어형은
    '놓다'이다.

610) 이는 '개'의 수의적 발화실수형이다.

611) 이는 바로 앞에서 실현된 '다음에'의 축약형이다.

612) 이는 '넓적하다'의 이 지역어형으로 '넙득하- + 이'의 결합형이다.

613) 이는 '촘촘히'의 뜻을 지닌 이 지역어형이다.

614) 이 지역어에서는 '떼다'에 대응되는 어형은 '띠다'이다.

615) 이는 '멘들(製)- + -어 # 뿌리(버리-)'의 구성으로 '뿌리'는 '뿌리- + -어 →
    뿌리리(모음동화) → 뿌리(축약)'의 과정을 거친 예이다.

616) 이는 '집다'의 어두경음화가 실현된 형인 '찝다'의 활용형이다.

617) 이는 이 지역어에서 '뒤집다'의 의미로 사용된 예이며 이 지역어에서 같은
    어형이 '뒤지다'의 뜻으로도 사용된다. 이는 이 지역어에서 성조의 차이에 따
    라 뜻이 구별되기도 한다.

618) 이는 '젓가락'에 대응되는 이 지역어형으로서 이 지역 외에도 '강원도, 전북, 충남방언'에도 실현되는 예이다.

619) 이는 부정부사 '안'형이 후행하는 동사의 음에 동화된 형이며, 의미상으로 '못'이 실현되어야 할 부분이다.

620) 이 부분은 원래 대역하면 '뒤집어 놓으면'으로 해석해야 할 부분이지만 실제로 그 의미는 '뒤집어 놓으려고 하면'으로 대역해야 문맥 의미가 맞게 된다.

621) 이는 '한 등이 + -으르(으로)'의 결합형으로 도구격조사 '-로'가 바로 실현될 수 있음에도 '-으로'형이 실현된 예이며 '등이'는 모음중화에 따른 '덩이'의 실현형이다.

622) 이는 다음 발화에서 실현된 '등그리'의 수의적 실현형이며 '덩어리'에 대응되는 이 지역어형이다.

623) 이는 부사 '딱'에 대응되는 이 지역어형이다.

624) 이는 '덜커덩거리다'에 대응되는 이 지역어형으로서, '크덕꺼리- + -맘(-면)'의 구성이다.

625) 이는 '저희'에 대응되는 이 지역어형인 '저거'형에서 'ㄱ'이 탈락된 경우이다.

626) 이는 '장가(杖家)'의 이 지역어형으로서 제주도방언에도 실현되는 것으로 보고되어 있다.

627) 이는 '수까- + -는 # -것이 → 수까난 것이(모음동화) → 수까낭 것이(연구개음화) → 수까랑 것이(수의적변동) → 수까랑 게(축약) → 수까랑기(고모음화)'의 과정을 거쳐 실현된 예이다.

628) 이는 '먹다'에 대응되는 이 지역어형으로 '묵(喫)- + -으라고 → 무그라꼬(경음화) → 무으라꼬(ㄱ 탈락) → 무우라꼬(원순모음화)'의 과정을 거친 예이다.

629) 이는 혼례 때, 첫날밤 저녁에 신랑과 신부가 함께 밤참을 먹으라고 차린 상의 이름이다.

630) 이는 '벗기다'에 대응되는 이 지역어형으로서 '벗기다 → 벳기다 (움라우트) → 빗기다(고모음화) → 비끼다(경음화)'의 과정을 통해 도출된 어형으로 재구조화된 어휘이다.

631) 이는 주격조사가 중가된 형태인데 이에 대해서는 이상규(1984)를 참고할 수 있다.

632) 이는 '저기에다가'로 대역되는데 '저어(저기) + -다가(보조사)'의 결합형으로, '저어'는 경남방언에서도 실현되는 예이다.

633) 이는 '핌풍'형이 우발적인 발화실수로 인해 실현된 형으로 판단되며, '핌풍'

은 '병풍(屛風)'의 이 지역어형이며 '핑풍, 평풍' 등으로 실현되기도 한다. 이는 '핑풍 → 핌풍(양순음화)'의 과정을 거쳐 실현된 예로 판단된다.

634) 이는 '문구멍'의 이 지역어형이며 '문꾸영, 문꾸무' 형으로 실현되기도 한다.

635) 이 지역어에서는 서울지역과 달리 '뚫다'형이 기본형이 아니고 '뚧다'형이 기본형이다. 이와 동일한 지역은 경상도를 비롯하여 '강원, 충북, 제주, 함경 방언' 등이다.

636) 이는 '보(見)- + -ㄹ라꼬(의도형어미)'의 구성이다.

637) 이는 '문(門) + -마정(마다, 보조사)'의 구성이다.

638) 이는 '굉장하고'로 대역되는 어휘인데 '겐장하- + -그(고) → 겐자하그(비음 탈락) → 겐자하으(ㄱ탈락)'의 과정을 거친 예이다.

639) 이는 기본형이 '미기다'형이며 '먹이다 → 메기다(움라우트) → 미기다(모 음동화)'의 과정을 거쳐 형성된 어형이 새로운 어휘로 재구조화된 예이다.

640) 이는 '되다(化)'형에 대응되는 이 지역어형으로, '되다 → 데다(단모음화) → 디다(고모음화)'의 과정을 거쳤으며 '데다'형과 수의적으로 실현된다.

641) 이는 '두드리는'에 대응되며 '두드리는 → 뚜드리는(경음화) → 뚜디리는 (모음동화)'의 과정을 거친 예이다.

642) 이는 '한 것이라 → 항 거시라(연구개음화) → 항 게시라(움라우트 현상) → 항 기시라(고모음화) → 항 기라(축약)'의 과정을 거친 예이다.

643) 이는 담화표지의 한 형태로서 '뭐'에 대응되는 이 지역어형이다.

644) 이는 '뚜드리(打)- + -라(명령형어미) + -이(보조사)'의 구성으로 이루어진 예이며, '두드려라'로 대역할 수 있다.

645) 이는 '패- + 되(化)-'의 구성으로 '패되- + -니까 → 패데니끄(어미의 수의적 변동) → 패데니으(자음탈락)'의 과정을 거친 예이다.

646) 이는 성조표기를 위해서 이루어진 형이며 실제 음소층위의 표기는 '모니 가조'형이다. 이는 '못 + 이가조'의 구성이며 '못 # 이기- + -가조(연결형어미) → 몬니기가지고(ㄴ첨가) → 몬니기가지고(비음동화) → 몬니가지고(축약) → 몬니가조(축약)'의 과정을 거친형이다.

647) 이는 '고함'의 이 지역어형이며 주로 이 지역어를 비롯해서 경상도에서는 '감, 가암, 카암' 형이 일반적이다. 어형 '콰흠'은 '카암'형이 수의적으로 변동이 일어난 예이며 '고함'은 중부방언형이 실현된 예이며 중부방언의 어휘가 많이 확산되어 있음을 볼 수 있는 부분이다.

648) 이는 '들어오다'형에서 후설원순모음화 현상이 실현된 예인데, 남부 경북

방언을 비롯해 경남지역어에서 흔히 발견되는 'ㅓ'모음의 'ㅜ'모음으로의 상
승과 관련된 예이다.

649) 이는 '시키는'에 대응되는 이 지역어형이며, '시키는 → 씨키는(어두경음
화) → 씨이는(유기음탈락) → 씨이능(후행어절에 의한 비음화)'의 과정을 겪
은 예이다.

650) 이는 '마누라'의 수의적 발화형으로 이 지역어에서는 '마누라'의 의미 영역
이 중부방언(중년이 넘은 나이지긋한 부인을 이르는 말)보다 더 넓음을 알
수 있다.

651) 이는 '가져오다'에 대응되는 이 지역어형이며, '가져오다 → 가조오다(모음
동화)'의 과정을 거친 어형이다.

652) 이는 '안 # 겉(如, 같다)- + -으이면 → 앙 거트이면(연구개음화) → 앙 그
트이면(모음중화) → 앙 그트임(축약)'의 과정을 거친 어형이다.

653) 이는 '지르- + -니 → 지르이(자음탈락)'의 과정을 거친 예이다.

654) 이는 '위해'에 대응되는 이 지역어형이며 '위해 → 위애(자음탈락) → 이애
(이중모음 실현제약에 따른 단모음화) → 이에(모음중화)'의 과정을 거친 실
현형이다.

655) 이는 '잘 먹는다'라는 뜻으로 사용된 어휘이다.

656) 이 제보자의 발화에서는 'ㅣ'모음 앞에서 치조비음 'ㄴ'음이 탈락되는 경우
가 일반적이다.

657) 이는 '장모갸'형의 발화형이지만 모음 사이에서 자음 'ㄱ'음이 탈락된 예이다.

658) 이는 '비(布) + -까(목적격조사)'의 구성이며 '베(布) → 비(고모음화)'의 과
정을 거친 발화형이다.

659) 이 어형 '아니'심네꺼'는 '안 # 있읍니꺼 → 아니슴니꺼(비음동화) → 아니
심니꺼(전설모음화) → 아니심네꺼(유추에 의한 중고모음화)'의 과정을 거친
예이다.

660) 이는 명사 '끈'이 후행하는 음의 영향에 의해 연구개음화로 인해 실현된
예이다.

661) 어형 '드라놓다'는 '들이어놓다 → 드리아놓다(모음변이) → 드랴놓다(축
약) → 드라놓다(이중모음 실현 제약에 따른 단모음화)'의 과정을 거친 실현
형이다.

662) 이는 직역 대역형이 '묶으고'이지만 이는 문맥상으로 '묶어서' 형으로 대역
해야 할 부분이다. 이렇게 발화된 것은 일반 구술발화라는 성격 때문으로 판

단된다.

663) 이는 담화표지이다.

664) 이는 '손 + 우(上) + 처남(妻男)이'의 구성이며 '손위처남'의 이 지역어형이다.

665) 이는 '어떤'의 오류형이다.

666) 이는 부사 '옳게'의 이 지역어형이다.

667) 이는 부정부사 '안'의 형태이며 어순상 표현이 잘못된 부분이다.

668) 이는 보조사 '-대로'의 이 지역어형이며 '-대로 → -데로(모음중화) → -데르(고모음화)/-데러(모음중화)'의 과정을 거친 예이다.

669) 이는 발화실수에 따른 실현형이며 원래는 '삼며는'으로 실현되어야 할 부분이다.

670) 이는 '고렇게'에 대응되는 이 지역어형이며 '고렇게 → 고러케(융합) → 골케(축약) → 골키(고모음화)'의 과정을 통해 실현된 예이다.

671) 이는 이 지역어에서 널리 실현되는 어형으로 '장인어른 → 쟁인어른(움라우트) → 재인어른(비음탈락)'의 과정을 거친 예이다.

672) 이는 부사 '가만'에 대응되는 이 지역어형으로서 '가만 → 가마(비음탈락)'의 과정을 거친 예이다.

673) 이는 기본형이 '우야다'로서 '어찌하다'에 대응되는 이 지역어형이다.

674) 이는 '장가 오만'의 표현이며, '오(來)- + -만(-면)'의 구성이다.

675) 이는 '초죽음'에 대응되는 이 지역어형으로, '초죽음 → 추주굼(원순모음화) → 초주움(연구개음 탈락)'의 과정을 거친 예이다.

676) 이는 '죽이는'에 대응되며 '죽이는 → 주기능(후행 어절의 영향에 의한 연구개음화) → 쥐기능(움라우트현상) → 지이능(이중모음 실현제약에 따른 단모음화)'의 과정을 거친 예이다.

677) 이는 '사나흘을'에 대응되는 이 지역어형이며 '사날 + -윽(목적격조사)'의 구성이다.

678) 이는 부사 '마구'에 대응되는 이 지역어형이다.

679) 이는 부사 '지금'의 이 지역어형으로서 경음화가 실현된 형이다.

680) 이는 '고오(고것) + -느(보조사 '는')'의 구성이며 '고것 → 고곳(모음동화) → 고고(어말자음 탈락) → 고오(연구개음 탈락)'의 과정을 거친 예이다.

681) 이는 '가깝다'에 대응되는 이 지역어형으로서 경상도방언을 비롯하여 강원, 전라, 제주, 충청, 평안방언에 이르기까지 광범위하게 분포되어 있는 예이다.

682) 여기서 ‘일가(一家) + -먼(면)’의 구성이며 이중모음 실현제약에 따라 ‘-면’
이 ‘먼’으로 실현된 예이다.

683) 이는 ‘동네’의 준말이다.

684) 이는 ‘두루마기’의 준말로서 이 지역어형이다.

685) 이는 ‘옷차림’의 우발적인 발화실수형이다.

686) 이는 ‘그대로’의 이 지역어형으로서 ‘그대로 → 그데로(모음중화) → 그디
루(고모음화)’의 과정을 거친 예이다.

687) 이는 ‘동네 + -마적(마다)’의 구성으로 ‘-마적’은 보조사 ‘-마다’에 대응되는
이 지역어형이다.

688) 이 제보자의 발화에서는 ‘-어야 또는 ‘-야’형이 각각 ‘-어이’ 또는 ‘-이’형으
로 실현되는 경향을 보인다.

689) 이는 ‘귀해’의 이 지역어형으로서 ‘귀해 → 기해(이중모음 실현제약에 따
른 단모음화) → 기헤(모음중화) → 기에(ㅎ 탈락)’의 과정을 거친 예이다.

690) 이는 ‘지어도’에 대응되며 ‘지어도 → 지이도(모음동화)’의 과정을 거친 예
이다.

691) 이는 ‘끓이다’의 이 지역어형으로 기본형이 ‘끼리다’이며 전라도와 충남방
언에서도 확인된다.

692) 이 발화에서 제보자1과 제보자2의 발화에는 잔치의 대접에 관한 개인차가
보인다. 이는 나이 차이와 경제적 차이로 인한 문제로 판단된다. 대개 남부
경북지역에서는 잔치 손님에 떡국을 대접하는 것이 일반적이며 그렇게 해야
대접을 잘한 것으로 여겼으며 국수를 대접하는 것은 경제력이 떨어져서 대접
이 소홀한 경우에 해당된다고 여겼다.

693) 이 지역어에서는 ‘가지다’가 동사로 사용되거나 문법화가 되어서 ‘-(아)서’
로 사용되기도 한다. 이러한 예 중에서 발화상황에 따라 구분이 쉽지 않은
경우가 많은데 여기서는 ‘가지다’의 활용형이 유지된 경우는 동사로, 활용형
이 변형이 되어 일부만 실현되거나 축약이 된 경우에는 문법화가 된 것으로
해석했음을 밝힌다. 다만, 문맥상 동사로 해석해야 할 경우에는 축약된 어형
이라도 동사로 해석했다.

694) 이는 ‘부러’의 이 지역어형이다.

695) 이는 ‘배추부침개’의 이 지역어형이며 여기서 ‘벱차’는 ‘배추’의 이 지역어
형이다.

696) 이는 ‘벌로’형으로도 실현되며 그 뜻은 ‘아무렇게나, 건성으로’이다.

697) 이는 '아니' 또는 '아니오'란 뜻의 이 지역어형이며, 준말 '어데'와는 관련이
　　없는 예이다.
698) 이는 '죽이다'의 이 지역어형인 '지기- + -는 → 지기느(ㄴ 탈락)'의 과정을
　　거친 예이다.
699) 이는 '쉽게'의 뜻을 나타내는 이 지역어형이며, '수이 → 쉬이(ㅣ 모음역행
　　동화) → 쉬(축약) → 시(이중모음실현제약에 따른 단모음화)'의 과정을 거친
　　예이다.
700) 이는 '쓰다'에 대응되는 이 지역어형인 '시다'의 활용형이다.
701) 이는 '내장(內臟) + 으느(보조사)'의 구성으로 '내장으느 → 내장으르(유음
　　화) → 내장으러(모음중화)'의 과정을 거친 실현형이다.
702) 이는 '고급 + 으로 → 고그부로(원순모음화)'의 과정을 거친 예이다.
703) 이는 '상각(上客) + 손님 + 드(복수접미사)'의 구성으로 이루어진 말이다.
　　'상각'은 '상객'에 대한 이 지역어형이다.
704) 이는 '맨 + 우(上)'의 구성으로 이루어진 발화이다.
705) 이는 '똥구방하- + -이(부사화접사)'의 구성으로 이루어진 예이며, '둥그스
　　럼하게'의 뜻이다.
706) 이는 '써리다'에 대응되는 이 지역어로서 '싸리- + 어 → 싸리(축약)'의 과
　　정을 거친 예이다.
707) 이는 '그러면'에 대응되는 이 지역어의 준말이며 '그러면 → 그러민(이중모
　　음 실현 제약) → 그리민(ㅣ 모음동화) → 그림(축약)'의 과정을 거친 예이다.
708) 이는 '밑(底) + -에(처소부사격) + -가(보조사)'의 구성으로 '-가'는 주격조사
　　가 아니라 보조사의 기능으로 사용된 경우이다.
709) 이는 '살코기'의 이 지역어형이며 '살꼬기 + -어(-가, 주격조사)'의 구성으로
　　이루어진 예이다.
710) 이는 '들어가다'의 이 지역어형이며 '들- + 가-'의 구성으로 이루어진 어형
　　으로 '드가다'이다. 이런 조어법은 15·6세기 국어에서 일반화된 조어법으로
　　현대 이 지역어에도 그대로 나타남을 볼 수 있다.
711) 이는 '은작'형과 함께 이 지역어의 다양한 담화표지 형태 중의 하나이다.
712) '공게다'는 '포개다'에 대응되는 이 지역어형이며 이는 '공게(疊)- + -가조'의
　　구성이다.
713) 이는 부사 '별로'에 대응되는 이 지역어형으로서 이는 경상도방언과 전라
　　방언에서 나타나는 어형이다.

714) 이는 '빌(別)나- + -아 → 빌나(축약) → 빌라(유음화)'의 과정을 거친 예이다.

715) 이는 '어른'의 뜻이라기보다 '손님, 큰 손님'의 뜻으로 사용된 어휘이다.

716) 이는 '닭'의 이 지역어형으로서 이 지역어를 비롯한 경상도와 함경남도방언에서 실현되는 것으로 보고되어 있다. 또 이 어형은 이 지역어에서 다른 이형태로 '달구'로 실현되기도 한다.

717) 이는 '여기서'에 대응되는 이 지역어형으로서 '여기 → 이기(이중모음실현제약)'의 과정을 거친 예이다. 이 어형은 이 지역어 외에 함북방언에서 실현됨이 보고된 바 있다.

718) 이는 이 지역어를 비롯하여 경상도방언에서 '전시만시' 형으로 실현되며 이는 '모두, 전부'의 뜻이다.

719) 이는 '외롭다'에 대응되는 이 지역어형으로 '예럽따, 에롭따' 등으로 실현되며 이는 이 지역어에서 이중모음 실현제약과 관련된 예이다.

720) 이는 '무방(無妨)하지만도'에 대응되는 이 지역어형으로서 '무방(無妨) + -이다 + -지만 + -도'의 구성으로 연구개비음이 탈락된 경우이다.

721) 이는 '집 + -에(처소부사격조사) + -데아(-다가)'의 구성으로 이루어진 예이며 '집에다가'로 대역할 수 있다.

722) 이는 '큰일'의 발화실수로 이루어진 어형이다.

723) 이는 부정부사 '못'의 음절말자음이 탈락된 형태로 실현된 예이며 '못 # 합니다 → 모 합니다(음절말자음탈락) → 모 함니다(비자음동화) → 모 함미다(양순음화)'의 과정을 거친 예이다.

724) 이는 '그러니 → 그러이(비자음탈락) → 그르이(모음동화)'의 과정을 거친 예이다.

725) 이는 '가지고'에 대응되는 이 지역어형으로서 '가지고 → 가주고(모음동화) → 까주고(어두경음화) → 까주오(ㄱ음탈락)'의 과정을 거친 예이다.

726) 이 지역어에서 활용어미 '-거든'은 '-거등'으로 실현되기도 한다.

727) 이 지역어에서 활용어미 '-도록'형은 '-두룽, -두루'형으로 실현되기도 한다.

728) 이는 '나중'에 대응되는 이 지역어로서 전라방언에서도 실현되는 '난중'형과도 비교되는 어형이다.

729) 이는 '두드리고'에 대응되는 이 지역어형으로서 '두드리고 → 뚜드리고(어두경음화) → 뚜디리고(모음동화)'의 과정을 거친 예이다.

730) 이는 '심심하면'에 대응되는 예이며 '심심하- + -면 → 신시하면(자음탈락 및 수의적 발화실수) → 신시하만(이중모음실현제약) → 신시하마(음절말자

음탈락) → 신시허마(이화)’의 과정을 거친 예이다.

731) 이는 ‘밉(憎) + 보이-’의 구성으로 ‘밉보이 → 밉뽀이(경음화) → 밉쀠이
(움라우트) → 미쀠이(음절말자음탈락) → 미삐(고모음화)’의 과정을 거친 예
이다.

732) 이는 ‘서람(사람) + -한디(한테)’의 구성으로 ‘서람’은 ‘사람’의 수의적 발화
실수형이며 ‘서람한디 → 서람만디(ㅎ 탈락)’의 과정을 거친 예이다.

733) 이는 ‘뭣(무엇) + 한’의 구성으로 ‘뭣한 → 뭐단(ㅎ 탈락) → 머단(이중모음
실현제약) → 머당(후행어절에 따른 연구개음화)’의 과정을 거친 예이다.

734) 이는 ‘그러하니’로 대역되는데 ‘그러하니 → 그라니(축약) → 그라이(ㄴ 탈
락) → 그나이(유음의 분포제약)’의 과정을 거친 예이다.

735) 이는 ‘엄살 또는 엉썩’으로 대역되는 이 지역어형이다.

736) 이는 원래 ‘쐬다’형에 대응되는 이 지역어형이지만 여기서는 ‘하다’ 동사로
대역을 했다.

737) 이는 ‘실제(實際)로’로 대역되며 ‘실제로 → 실쩨로(경음화) → 실찌로(고
모음화) → 실찌어(수의적 변동)’의 과정을 거친 예이다.

738) 이는 ‘언그리(엄살) + -러(목적격조사)’의 구성이다.

739) 이는 ‘미련을 떨다’의 의미로 쓰인 어휘이며 ‘미련 대다’로 실현된 예이다.
‘미런’은 이 지역어에서 흔한 현상 중의 하나인 이중모음실현 제약과 관련된
예이다.

740) 이는 ‘저희’에 대응되는 이 지역어형이며 수의적 발화형이다.

741) 이는 부사 ‘지레’의 이 지역어형으로서 ‘ㅔ’모음이 단모음화하기 전에 ‘지
레 → 지러(j모음탈락)’의 과정을 거친 실현형이다.

742) 이는 비어인 ‘자식’의 이 지역어형이며 ‘자식 → 짜식(경음화) → 짜슥(치
음 아래에서의 전설모음화에 따른 과도교정형)’의 과정을 거친 예이다. 이 지
역어에서는 수의적인 어형으로 ‘짜식’으로도 실현된다.

743) 이는 ‘묵(喫)- + -을 → 무을(ㄱ 탈락) → 무얼(모음중화)’의 과정을 거친 예
이다.

744) 이는 서울지역어의 ‘딴’과는 형태는 같지만 다른 어휘로서 이는 ‘동안’이라
는 의미로 쓰인 명사이다.

745) 이 제보자의 발화에서는 수의적인 발화형이 많은데, ‘뚜드르’는 ‘뚜드리’에
서 모음동화가 반영된 결과이다.

746) 이는 ‘어떻게 → 어떠케(융합) → 어떠에(ㅋ 탈락) → 어드에(모음중화)’의

과정을 거친 실현형이다.

747) 이는 '흐언청'은 '엄청'의 뜻을 지닌 이 지역어형이며 '엄청'에 'ㅎ'음이 추가되고 다시 장음형으로 실현된 예이다.

748) 이는 '먹인다 → 메긴다(움라우트) → 미긴다(고모음화) → 미인다(ㄱ 탈락)'의 과정을 거친 예이다.

749) 이는 '작정했어 → 작쩡해서(경음화) → 작쫑해서(모음중화) → 작쫑해쏘(수의적 모음변이)'의 과정을 거친 예이다.

750) 이는 보조사 '-만치'형에서 음절말자음 'ㄴ'이 탈락된 형태로서 이 지역어형이다.

751) 이는 '아따'의 이 지역어형이며 'ㅎ'음이 첨가된 예이다.

752) 이는 '달-('달려들다'의 한 부분) + 들(入)-'의 합성으로 이루어진 형태이다.

753) 이는 '그놈만 → 그늠만(모음동화) → 그늠맘(자음동화) → 그름맘(이화에 따른 유음화)'의 과정을 거친 예이다.

754) 이는 '암 + 고냉이 → 암코냉이(융합) → 암코랭이(유음화) → 암코랭~이 → 암코래~이(비모음화) → 알코래~이(수의적 변동)'의 과정을 거친 예이다.

생업 활동

가을걷이와 겨우살이
마을 공동체 생활을 위한 일손

가을걷이와 겨우살이1)

어르신 그러며 또 어 이거 예예, 어저께는 농사진는 거에 대에섬 여쭈우꼬, 그 오을 또 조금 더 여쭈께씀미다.

쫌 아시는 대로, 쫌 잘 설명해 주이소.

그 어 방아 종뉴 으입 그 업 알고 게심미까?

‾ 그르치.

그 바~아 종뉴∷에 대해서 쫌 이야기해 주시∶고, 그 여이, 이 동네에 사용하던 바~아 아니씀미까.

그런 바~아, 또 그렁 거느 어떵게2) 이꼬, 어 어떤 데 사용하는지 쫌 이야기해 주이소.

‾ 물레방아가 이꼬.

‾ 물로3) 가주고 도는 물레방아가 이꼬.

‾ 또 그 다으메, 예∷ 화통바~아라꼬, 그저네 저걸 인자 이래 막 돌리가 주고 은좌, 불 일키 가주고, 이 돌리는 방아가 이꼬.

‾ 또 디들빠아가4) 이꼬.

‾ 절구방아가 이꼬.

‾ 방아 종뉴가 인자 그래 이쩨, 여거서는.

머 이 동네에선 그르게 서씀미까?

‾ 눌치에.

그엄 므.

‾ 지끄므 인자 저거 머 정기루 가주고돈 스이찌 여가 씨지마느, 그저네

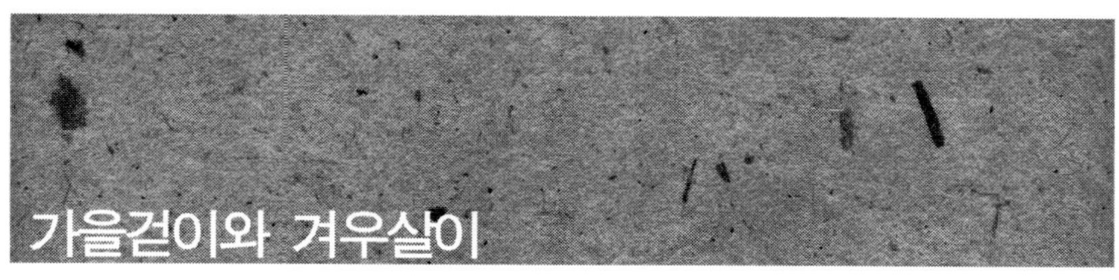

어르신 그러면 또 어 이거 예, 어저께는 농사짓는 것에 대해서 여쭈었고, 그 오늘도 조금 더 여쭙겠습니다.

좀 아시는 대로, 좀 잘 설명해 주십시오.

그 어 방아 종류를 알고 계십니까?

¯ 그렇지.

그 방아 종류에 대해서 좀 이야기해 주시고, 그 여기, 이 동네에서 사용하던 방아가 안 있습니까.

그런 방아, 또 그런 것은 어떤 것이 있고, 어, 어떤 데 사용하는지 좀 이야기해 주십시오.

¯ 물레방아가 있고.

¯ 물을 가지고 도는 물레방아가 있고.

¯ 또 그 다음에, 에, 화통방아5)라고, 그전에 저것 인제 이래 막 돌려 가지고 인제, 불을 일으켜 가지고, 이래 돌리는 방아가 있고.

¯ 또 디딜방아가 있고.

¯ 절구가 있고.

¯ 방아 종류는 인제 그렇게 있지요, 여기서는.

뭐 이 동네에서는 그렇게 썼습니까?

¯ 옳지.

그럼 뭐.

¯ 지금은 인제 저기 뭐 전기를 가지고도 스위치를 넣어서 쓰지만은, 그

는 자 그래, 종뉴가 그래 다 이서찌.

그엄 에저네느 가장 마니 쓰뜬 바~아는, 어떤 거 마이 써씀미까?

˗ 물레방아 마이 써찌.

물레바~아예?

˗ 올치.

˗ 물레바~아돈6) 덜 써꼬, 예저네는 디들빠~아라꼬, 디딜빠~아넌 쭈장 마이 써지.

디들빠아느 주로 어뜨케?

˗ 두 가레 사래미 올라 서가주고 인자 디드마 인잗 올라와따가 나뿌머7) 쿵 찌고, 디드마 니르가따가, 오라아따가 나뿌마 쿵 찌키고, 이그 이 뜰빠~아지.

예예.

그엄 디딜빠~안 두 사람마 하믄 뎀미까?

˗ 씨련는8) 사람 하나, 세 사람 해애데.

˗ 바~아 저거 인자 또 고에9) 씨연는 사람 이끄덩.

˗ 그 사람하고 씨10) 사래미 이따커이.

바~아, 바~아 고에 가가주, 방아꼬에?

˗ 음치, 이 지 고 씨르, 씨르연는 사람.

그어며느 어르신 으 에저네 지베도 그렁 게 이서씀미까?

˗ 이서찌, 그래.

어디에 해나노코 아 이슴미까?

˗ 뜨드 내삐리뿌고 업::씨11), 인자.

그렁 거느 어디 바까테 해노씀미까?

˗ 그래 이:저'네12) 저 인자 허까레 저런데 가따 거러노코.

비느 아노는 데라야 뎀미까?

˗ 그르치.

전에는 인제 그래, 종류가 그렇게 다 있었지.

　그럼 예전에는 가장 많이 썼던 방아는, 어떤 것을 많이 썼습니까?

　ⁿ 물레방아를 많이 썼지.

　물레방아요?

　ⁿ 옳지.

　ⁿ 물레방아는 덜 썼고, 예전에는 디딜방아라고, 디딜방아를 가장 많이 썼지.

　디딜방아는 주로 어떻게?

　ⁿ 두 갈래에 사람이 올라서 가지고 인제 디디면 인제 올라왔다가 놓아 버리면 쿵 찧고, 디디면 내려갔다가, 올라왔다가 놓아 버리면 쿵 찍히고, 이게 이 디딜방아지.

　예예.

　그럼 디딜방아는 두 사람만 하면 됩니까?

　ⁿ 썰어 넣는 사람 하나, 세 사람이 해야돼.

　ⁿ 방아 저거 인제 또 방아확에 썰어 넣는 사람이 있거든.

　ⁿ 그 사람하고 세 사람이 있다니까.

　방아, 방아확에 가서, 방아확에?

　ⁿ 옳지, 이 저 거기 썰어, 썰어 넣는 사람.

　그러면은 어르신 예전에 집에도 그런 게 있었습니까?

　ⁿ 있었지, 그래.

　어디에 해놓고, 아 있습니까?[13]

　ⁿ 뜯어내 버리고 없으니까, 인제.

　그런 것은 어디 바깥에 해놓습니까?

　ⁿ 그래 예전에 저기 인제 헛간에 저런 데 갖다 걸어놓고.

　비는 안 오는 데라야 됩니까?

　ⁿ 그렇지.

⁻ 비가14) 암마즈야 데지.

거 어 그 다으메 그.

⁻ 절구바~아나 카능 거느 인자 이, 절구바~아는 지끔도 일 쯔꼬15) 인는데, 요래가 요 코코16) 요래 인자, 한쭈17) 소는 방메~이로18)가조 코코 찌꼬, 고기 인자 절구바~아고.

그아므 이 절구바아느 주로 머 어떵 거 찍씀미까?

⁻ 절구바~아는 쪼끔 자웅19) 거 찌치20), 인제.

⁻ 꼬추돕 쩝코, 마늘도 찌꼬, 여어는21) 쪼매창 은자 깨도 찍코, 그그는 머 저.

주로 그릉 근만 찡는.

⁻ 그러치요.

⁻ 고롱22) 거 사용하고.

그 다으메 그 어 글 디딜빠~아는 머?

⁻ 드들빠~아느 인자 머 오맘 겁, 나락또 찌꼬, 보리도 찌코, 머 수시도 찌꼬, 호박 꾸 머 여:가지로 온 다 찌찌.

그엄 쩌쩌 찐는 거느 점부 다 디딜빠아로 다 하고예?

⁻ 마23) 디딜빠로 마~이 찌찌.

= 우리도 사::무24) 클 따느까지25) 디딜빠~아로 다 찌가 해 무따고.

그엄 물레방아는 머.

⁻ 물레바~아느 인자, 죽: 보에서 무를 마가 여가주고, 물레르 인쟌 짜가주오, 돌리가지고, 무리 인쟌 떠러지며는 물레가 도능 기라꼬.

⁻ 물레가 돌마 인자, 물레에다 이렁 걸 해가주고 이레 하마, 이느미, 바~아가 쿵 올러가고, 이느미 쿵 하마 이느미 쿵 니르가고26), 쿵 하마 쿵 니르가고, 쿵 니르가마 이애, 그기 인자 물레바27).

그 쩌 거 거도 매 방아꼬가28) 이따이, 그지예?

⁻ 을치.

˘ 비를 안 맞아야 되지.

그 어 그 다음에 그.

˘ 절구방아라고 하는 것은 인제 이, 절구방아는 지금도 찧고 있는데, 요 래 가지고 요 콕콕 요래 인제, 한 쪽 손으로는 방망이를 가지고 콕콕 찍고, 그게 인제 절구방아고.

그러면 이 절구방아는 주로 뭐, 어떤 것을 찧습니까?

˘ 절구방아는 쪼끔 작은 것을 찧지, 인제.

˘ 고추도 찧고, 마늘도 찧고, 여기는 인제 조그마한 깨도 찧고, 그것은 뭐 저.

주로 그런 것만 찧는.

˘ 그렇지요.

˘ 고런 것을 사용하고.

그 다음에 그 어, 그 디딜방아는 뭐?

˘ 디딜방아는 인제 뭐 오만 것, 벼도 찧고, 보리도 찧고, 뭐 수수도 찧고, 호박 그 뭐 여러 가지를 다 찧지.

그럼 찧, 찧는 것은 전부 다 디딜방아로 다 하고요?

˘ 그냥 디딜방아로 많이 찧지.

≡ 우리도 사뭇 클 때까지는 디딜방아로 다 찧어서 해 먹었다고.

그럼 물레방아는 뭐.

˘ 물레방아는 인제, 쭉 보에서 물을 막아 넣어 가지고, 물레를 인제 짜 가지고 돌려 가지고, 물이 인제 떨어지면은 물레가 도는 것이라고.

˘ 물레가 돌면 인제, 물레에다가 이런 것을 해 가지고 이래 하면, 이 놈 이, 방아가 쿵 올라가고, 이 놈이 쿵 하면 이 놈이 내려가고, 쿵 하면 쿵 내려가고, 쿵 내려가면 이래, 그것이 인제 물레방아.

그 저, 그것도 마찬가지로 방아확이 있다, 그렇지요?

˘ 옳지.

˘ 여어 일 여얻 딛바~아깥 또까테, 그 시기.

머 거는.

˘ 물로 가주 해서 그르치.

물로 하고예.

검 여기도 예저네 이 마레 물리바아가 이서씀미까?

˘ 이서찌, 그래.

˘ 바루 요 요그 이쓰써.

그어므 그릉 경우느 동네에 며 깨 뎀미까, 앙 그암며느 그런 물레방아도?

˘ 머 두 동네 항 개속또 이꼬, 한 동네 항 개쓰또 이꼬, 그래써.

검 물레바~아느 공동으로 쓴다, 그지예?

˘ 그거또 은잔 물리바~아 임자가 이서가주고 인제 싹 쭈고 그래 하지.

아: 아, 그으또, 물레방아도 임자가 인능 거네, 그지예?

˘ 그르치.

˘ 물레방아 곰 보 마아가주고, 물레 짜가주고 그래 하야먼 임자가 다 이찌.

˘ 싸글 가따 인자 보리로 인자 미 때쓰 주고 그래케짜나.

그 다으메 어르신 그 혹시 예저네는 그람며는 물리바~아, 디딜빵아 하고, 절구바~아하고, 이그 말고 호씨 여는 마리나 소까주 이래 돌리는 그른 바~는 업서씀니까?

˘ 연자방애.

이서씀미까?

˘ 으, 돌빠~애29).

그 돌빠~아.

˘ 돌빠~애 이그는 빌로 업써써.

아, 이 동네느 업서씀미꺼?

˘ 으.

￣ 여기, 이 여기 디딜방아와 똑같아, 그 방식이.

뭐 그것은.

￣ 물을 가지고 해서 그렇지.

물로 하고요.

그럼 여기도 예전에, 이 마을에 물레방아가 있었습니까?

￣ 있었지, 그래.

￣ 바로 요, 요기 있었어.

그러면 그런 경우는 동네에 몇 개가 됩니까, 안 그러면은 그런 물레방아도?

￣ 뭐 두 동네에 한 개씩도 있고, 한 동네 한 개씩도 있고, 그랬어.

그럼 물레방아는 공동으로 쓴다, 그렇지요?

￣ 그것도 인제 물레방아 임자가 있어 가지고 인제 삯을 주고 그래 하지.

아아, 그것도, 물레방아도 임자가 있는 거네, 그렇지요?

￣ 그렇지요.

￣ 물레방아 그 보를 막아 가지고, 물레를 짜 가지고 그래 하려면 임자가 다 있지.

￣ 삯을 갖다가 인제 보리를 인제 몇 되씩 주고 그랬잖아.

그 다음에 어르신 그 혹시 예전에는 그러면은 물레방아, 디딜방아하고, 절구 방아하고, 이것 말고 혹시 여기는 말이나 소를 가지고 이래 돌리는 그런 방아는 없었습니까?

￣ 연자방아.

있었습니까?

￣ 어, 연자방아.

그 연자방아.

￣ 연자방아 이것은 별로 없었어.

아, 이 동네는 없었습니까?

￣ 응.

요즘 아까 그거 새로 그 머 이 기름 까 이래 돌리가 하는 그으는, 그느 화통

바~?

⁻ 월치. 화통바~아.

화톤바~암미까?

⁻ 얼체.

화톤바~아느 이 동네 이서씀미까?

⁻ 화통바~아느 이써써.

⁻ 탱탱탱탱 그르미써 인자 바찌이쓰쓰.

거도 먿 추 주이니?

⁻ 크얼또 주이니 이찌.

⁻ 싸를 가따 은잔 함 마리마30) 두디서31), 함 방:가마이 두 디석, 서 데

석32) 이래 주고 인자 그래써지.

예예.

그 다메 어르신 혹시 그거, 어 에저네 그어 거면 나락또 그거 점부 다 디딜

빠~아 쩌씀미까?

⁻ 그르치.

⁻ 나락또 디딜빠~ 찌고, 버리도 디딜빠~아 찌꼬.

밀도 그러코예?

⁻ 으, 밀도 디딜빠~ 빠사가33) 그러 무꼬.

그어머느 으 나락가튼 거늘 디딜빠~아 찌을라 카며 어 검 나락 어뜨게 찌으

슴미까, 에저너?

⁻ 나라글 여가주고 껍띠기 그 누물 까가주고.

소늘 깜미까?

⁻ 아니여.

그엄며느?

⁻ 구우 까 쿵쿵 찌엉 까인다 카이끼네.

요즘 아까 그것은 새로 그 뭐 이 기름을 가지고 이래 돌려서 하는 그것은, 그건 화통방아?

‑ 옳지. 화통방아34).

화통방아입니까?

‑ 옳지.

화통방아는 이 동네에 있었습니까?

‑ 화통방아는 있었어.

‑ 탱탱탱탱 그러면서 인제 방아를 찧었어.

그것도 뭐 주인이?

‑ 그것도 주인이 있지.

‑ 쌀을 갖다가 인제 한 말이면 두 되씩, 한 반 가마니면 두 되씩, 세 되씩 이래 주고 인제 그랬었지.

예예.

그 다음에 어르신 혹시 그것, 예전에 그것, 그러면 벼도 그것을, 전부 다 디딜방아로 찧었습니까?

‑ 그렇지.

‑ 벼도 디딜방아로 찧고, 보리도 디딜방아로 찧고.

밀도 그렇고요?

‑ 응, 밀도 디딜방아에 빻아서 그렇게 먹고.

그러면은 으, 벼 같은 것은 디딜방아로 찧으려고 하며, 어 그러면 벼를 어떻게 찧었습니까, 예전에?

‑ 벼를 넣어 가지고 껍질, 그 놈을 까 가지고.

손으로 깝니까?

‑ 아니요.

그러면은?

‑ 그것을 가지고 쿵쿵 찧으면 까인다, 까인다니까.

아, 디딜빠~아로예?
⁻ 욜치.
디딜빠~아 극 찌으며너.
⁻ 까인다 카이께네.
그러먹 껍띠기하고 그 하 부트이슬꺼 아이요?
⁻ 올치, 그러가 은자 까불러가주고, 또 인자 여가주고 또 찌코, 껍띠기
나오마 껍띠이는 까불러 내삐리고 또 알메에는35) 여가 또 찌꼬 또 찌꼬.
⁻ 응.
⁻ 그래 찌만 난제36) 가 자꾸 씰리마 싸리 보해진다 카이.
아, 검 혹시 그게 싸리 그거 인 머 뭐 마니 저기 걷 찌이며넌 사리 뿌라지고
그라진 안씀미까?
뿌사지머?
⁻ 머 뿌사지는 거또 혹 이찌.
예.
⁻ 응.
그 그으기 찌이도 엔저네 거둔 뿌서지는 거느 이쓰도 온 사라리 만씀미까?
⁻ 이스찌, 만치.
⁻ 온 사리 마네.
⁻ 잘 뎅거느 온 사리 기양 이꼬.
⁻ 나뿡기 인자 뿌사지지.
그 벼가, 나라기 나뿡 게 쫌 그로 데고, 음.
⁻ 으치여, 뿌사지고.
그람 버리바~아느 어뜨게 찍씀미까?
⁻ 버리바~아도 거서 찐다 카이.
그런 시그로 함미까?
⁻ 올치.

아, 디딜방아로요?

￣ 옳지.

디딜방아로 그걸 찧으면은.

￣ 까인다고 하니까.

그러면 껍질과, 그것과 붙어있을 것 아닙니까?

￣ 옳지, 그래서 인제 키로 까불어 가지고, 또 인제 넣어 가지고 또 찧고, 껍질이 나오면 껍질은 까불어서 내버리고, 또 알맹이는 넣어서 또 찧고, 또 찧고.

￣ 응.

￣ 그렇게 찧으면 나중에 가서 자꾸 쓸리면 쌀이 보얗게 된다고 하니까.

아, 그럼 혹시, 그게 쌀이, 그거 인제 뭐, 많이 저기 그 찧으면은 쌀이 부러지고 그러지는 않습니까?

부서지면?

￣ 뭐 부서지는 것도 간혹 있지.

예.

￣ 응.

그 거기 찧어도 예전에 거기도 부서지는 것은 있어도 온전한 쌀알이 많습니까?

￣ 있었지, 많지.

￣ 온전한 쌀알이 많아.

￣ 잘 된 것은 온전한 쌀이 그냥 있고.

￣ 나쁜 것이 인제 부서지지.

그 벼가, 낟알이 나쁜 게 좀 그렇게 되고, 음.

￣ 그렇지요, 부서지고.

그럼 보리방아는 어떻게 찧습니까?

￣ 보리방아도 거기서 찧는다니까.

그런 식으로 합니까?

￣ 옳지.

 물 부가주고.

아, 나락빠~아느 그러면 무를 암 부씀?

 나랑반37) 암 부찌마늠 버리바~아는 무를 부야 인잔 껍띠이38) 까진다 캉께.

검 어떠께 무를 분는데예?

하 함 분 이야기 해주이소.

 호바게다가39) 거 인자 버리도 가따가 부가주고, 호바게다가 인자 물, 그얼 보리랑 가치 인자 무를 부에데.

암, 무를예?

 올치.

 그래야 까지지.

무를 마이 부씀니까?

 기양40), 기양 찌거진41) 앙 까져.

 거 응가~이42) 적당:하~이 부가조 인잔 찐느기라꼬.

 쿡떡쿡떡 이예.

디딜빠~아로예?

 올치.

검 찌으며너 그래가 인자 물.

 껍띠이가 나오마 인자 그거또 인자 이래 인자 꼼꼼하구로 이래 무를 주지.

 막 축축하이 이래는 안 주그등.

 꼼꼼하이 주마 껍띠이가 인자 까이자너.

 까이며 인자 치~이가43) 까부르44) 내삐리고, 또 여가주고 또 찌코 또 찌꼬 요래.

 내나 나라캉 항가진.

그 나라근.

￣ 물을 부어 가지고.

아, 나락방아는 그러면 물을 안 붓습니까?

￣ 나락방아는 안 붓지만은 보리방아는 물을 부어야 껍질이 까진다니까.

그럼 어떻게 물을 붓습니까?

한 번 이야기해 주십시오.

￣ 방아확에다가 거기 인제 보리도 가져다가 부어 가지고, 방아확에다가 인제 물, 그걸 보리랑 같이 인제 물을 부어야 돼.

아, 물을요?

￣ 옳지.

￣ 그래야 까지지.

물을 많이 붓습니까?

￣ 그냥, 그냥 찧어서는 안 까져요.

￣ 그건 어지간히 적당하게 부어서 인제 찧는 것이라고.

￣ 쿵떡쿵떡 이래.

디딜방아로요?

￣ 옳지.

그럼 찧으면은 그래 가지고 인제 물.

￣ 껍질이 나오면 인제 그것도 인제 이래 인제 꼽꼽하도록 이래 물을 주지.

￣ 막 축축하게 이래는 안 주거든.

￣ 꼽꼽하게 주면 껍질이 인제 까이잖아.

￣ 까이면 인제 키를 가지고 까불어서 내어 버리고, 또 넣어 가지고 또 찧고, 또 찧고 요래.

￣ 역시 벼와 한 가지지.

그 벼는.

- 나라근 무를 암[45] 부치마는[46] 버리는 무를 부가 쩌야[47] 데.

버리는 반드이 무를 부여 데네, 예.

- 그르치.

- 물 암 부마 그양은[48] 안 찌인다 카이.

그 그아면 이 보리느 브리느 그아며 찌고 나며너 껍띠기는 다 해 가주 버림미까?

- 그러치에.

- 소도, 소 주지, 소.

소예?

- 은.

혹시 그 미른 그럼며너.

- 밀도 뿌수치[49].

- 미른 기양[50] 여가주 막 탕 거 때로[51] 뿌수치.

미른 껍떼기가.

- 껍찌이[52] 뿌수마 인자 읍 밀껍띠기가 남지.

- 곤[53] 다부래~이[54].

아, 미끌띠기를.

- 다부래~이.

- 그 저넨 엄실 째느 그 다부래~이주글 끼리가[55] 무꼬.

- 밀갈리를[56] 처 가주고 인자 수지비[57]도 떠 무꼬.

감 머 밀 밀 빠아~너 인제 가리를 내이끼네, 그냥 게속.

- 그르치.

- 게속 찌야 데지.

그럼먼 인제 나중에.

- 밀가루가 인잔 데 가주오[58] 치[59] 여가[60] 인자 처 가주고.

가며 위에.

﹉ 벼는 물을 안 붓지만은 보리는 물을 부어서 찧어야 돼.

보리는 반드시 물을 부어야 되네요, 예.

﹉ 그렇지.

﹉ 물을 안 부으면 그냥은 안 찧어진다고 하니까.

그, 그러면 이 보리는, 보리는 그러면 찧고 나면은 껍질은 다 해 가지고 버립
니까?

﹉ 그렇지요.

﹉ 소도, 소를 주지, 소.

소요?

﹉ 응.

혹시 그 밀은 그러면은.

﹉ 밀도 부수지.

﹉ 밀은 그냥 넣어서 막 탕, 그 때려 부수지.

밀은 껍질이.

﹉ 껍질을 부수면 인제 밀껍질이 남지.

﹉ 고건 밀기울.

아, 밀껍질을.

﹉ 밀기울.

﹉ 그 전에는 없을 때에는 그 밀기울죽을 끓여서 먹었고.

﹉ 밀가루를 쳐 가지고 인제 수제비도 떠 먹고.

그럼 뭐 밀, 밀 방아는 이제 가루를 내니까, 그냥 계속.

﹉ 그렇지.

﹉ 계속 찧어야 되지.

그러면 이제 나중에.

﹉ 밀가루가 인제 돼 가지고 키에 넣어서 인제 쳐 가지고.

그러면 위에.

⌐ 또 우에 남는 거는 또 찍꼬[61].

⌐ 밀가리 빠지능 거느 인자 내 노코.

그거 밀다부래~이는.

⌐ 다부래~앤 난자[62] 다부래~이 데고, 밀껍띠이가 다부래~이그더.

⌐ 다부래~이느 은자 끼르[63] 무꼬.

밀다부래이느 인저 버리기도 하고, 또 멀.

⌐ 끼르 무끼느, 그 저네는 끼르 무그따 카이, 그글 가요.

⌐ 그을 누룩 디디고.

아, 밀다부래이 그 까 인자.

⌐ 누룩 디디가 술 해 무꼬.

⌐ 주로 인제 인[64] 데 초네서 은자 누루글 마~이 디디[65] 가이고 수를 해 무찌, 그 까지고.

밀다부래~이 까지고?

⌐ 올치.

끄어며 어르신 그어며느 인제 밀ː 이거는 밀다부래~이라 하고 그 다으메 그.

⌐ 버리느 버리껍찌.

보리느?

⌐ 버리껍띠기.

버리껍띠기?

⌐ 예.

버리껍띠기도 이찌마느 쪼금 껍띠기 버껴내고 나며 쫌.

⌐ 아네 쏘기, 쏘기 쫌 이찌.

⌐ 곰 보드라븐[66] 딩기[67].

그룸 머라 함미?

⌐ 보드라븐 딩기라 하지.

˜ 또 위에 남는 것은 또 찧고.

˜ 밀가루가 빠지는 것은 인제 내 놓고.

그것, 밀기울은.

˜ 밀기울은 나중에 밀기울이 되고, 밀껍질이 밀기울이거든.

˜ 밀기울은 인제 끓여 먹고.

밀기울은 인제 버리기도 하고, 또 뭐.

˜ 끓여 먹기는, 그 전에는 끓여 먹었다고 하니까, 그걸 가지고요.

˜ 그걸로 누룩을 디디고.

아, 밀기울이 그것을 가지고 인제.

˜ 누룩을 디뎌서 술을 해 먹고.

˜ 주로 인제 이런 데, 촌에서는 인제 누룩을 많이 디뎌 가지고 술을 해 먹었지, 그것을 가지고.

밀기울을 가지고?

˜ 옳지.

그러면 어르신 그러면은 이제 밀 이것은 밀기울이라고 하고 그 다음에 그.

˜ 보리는 보리껍질.

보리는?

˜ 보리껍질.

보리껍질?

˜ 예.

보리껍질도 있지만은 조금, 껍질을 벗겨내고 나면 좀.

˜ 안에 속이, 속이 좀 있지.

˜ 고건 보드라운 등겨.

그것은 뭐라고 합니까?

˜ 보드라운 등겨라고 하지.

거 딩게라 함미까?

⁻ 얼치.

거 딩게넘 머 함미까, 거너?

⁻ 딩기는 인자 고::분68) 딩기 나오마 그 까주고 인잔 반주글 해가주 그 그또 끼리 무따 카이께네.

⁻ 옌날, 엔나레너69).

⁻ 고분 딩기 빼가주고.

보리띵기느 고분 딩기 까 먹찌예?

⁻ 응, 올치.

그엄 그 떡또 꾸어 먹씀미까, 그그 까?

⁻ 구 까주우70) 부침도 해 무꼬 해써.

그엄 떡 끄어는 무슨 떠기라 함미, 그릉?

⁻ 딩기떠기라 가지.

딩기떵예?

⁻ 음.

그으 그엄 예저네는 머 어째뜬 그른 딩기떡 이렁 거이 아마 예 온동네 다 머 거따, 그지예?

⁻ 으응, 그글 그때느 배가 고프이 다 무따 카이.

⁻ 우리 클 때엔느 맨날 그래따 카이.

끄 다으메 그으 인제 그 이 나락 안 이씀미까?

⁻ 음.

나라근 그암 먿 껍띠기를 머라고 부름미까?

⁻ 나락껍띠기.

나락껍띠기라?

⁻ 나락 끄, 끕띠기71).

검 나락껍띠기느?

그것을 등겨라고 합니까?

⁻ 옳지.

그 등겨는 뭐 합니까?

⁻ 등겨는 인제 고운 등겨가 나오면 그것을 가지고 인제 반죽을 해서 그
것도 끓여 먹었다고 하니까.

⁻ 옛날, 옛날에는.

⁻ 고운 등겨를 빼 가지고.

보리등겨는 고운 등겨 가지고 먹지요?

⁻ 응, 옳지.

그럼 그 떡도 구워 먹습니까, 그걸 가지고?

⁻ 그것 가지고 부침도 해 먹고 했어.

그럼 떡 그것은 무슨 떡이라고 합니까, 그런 것을?

⁻ 등겨떡이라고 하지.

등겨떡이요?

⁻ 응.

그거 그럼 예전에는 뭐 어쨌든 그런 등겨떡 이런 것을 아마 온 동네에서 다
먹었다, 그렇지요?

⁻ 응, 그것을 그때는 배가 고프니까 다 먹었다고 하니까.

⁻ 우리가 클 때에는 만날 그랬다고 하니까.

그 다음에 그 이제 그 이 벼가 안 있습니까?

⁻ 응.

벼는 그럼 뭐 껍질을 뭐라고 부릅니까?

⁻ 벼껍질.

벼껍질이라고?

⁻ 벼껍, 껍질.

그럼 벼껍질은?

⁻ 쉰딩기라 케찌, 신딩기⁷²⁾.

그그느 나락껍?

⁻ 나락껍띠기르 신딩기라 그래따 카이.

그는 신딩게?

⁻ 예.

신딩기.

이 신딩기라고 하는데, 이 신딩기 이거느 인자 몬 먹지예?

⁻ 신딩기느 인자, 올치.

버리고?

⁻ 올치.

⁻ 고고느 인자 요 그 저네 질삼⁷³⁾, 비⁷⁴⁾ 맬 쩨게⁷⁵⁾, 불 피아 가주고, 비를 인자 말랴고⁷⁶⁾, 또 연 데서 열, 여 가주 굼불또 떼고, 그래찌.

아, 그으 굼불 떼는데 쓰그나 도 질삼 할 때 불 피울 때 그글 가 쓰고 불 뗄지예?

⁻ 은. 어언데, 올치요. 그거 씨고, 그르치.

호씨 인제 보리늠, 보릳껍떼기넘 끄 하고 남, 아네 고분딩기가 인는데, 나락또 고분딩기아 이씀미까?

⁻ 그르치.

⁻ 나라또⁷⁷⁾ 고분 딩기 인는데, 고분 딩기 쪼끙 고분 딩기 나오능 거느 인자 소를 주고.

그를⁷⁸⁾ 사람 암 묵네요?

⁻ 으얼여. 엉.

⁻ 근 당갈띵기라⁷⁹⁾ 그래찌.

⁻ 당갈띵기.

이 너, 나라게 이.

⁻ 당갈띵기.

˗ 등겨라고 했지, 등겨.

그것은 벼껍질?

˗ 벼껍질을 센 등겨라고 그랬다고 하니까.

그것은 등겨?

˗ 예.

등겨.

이것을 등겨라고 하는데, 이 등겨 이것은 인제 못 먹지요?

˗ 등겨는 인제, 옳지.

버리고?

˗ 옳지.

˗ 고것은 인제 요기 그 전에 길쌈, 베를 맬 때에, 불을 피워 가지고, 베를 이제 말리고, 또 이런 데에 넣어, 넣어 가지고 군불도 때고, 그랬지.

아, 그건 군불 때는데 쓰거나, 또 길쌈 할 때, 불을 피울 때 그것을 가지고 쓰고 불을 때었지요?

˗ 응. 그래, 옳지. 그것을 쓰고, 그렇지.

혹시 이제 보리는, 보리껍질은 그것을 하고 나면, 안에 고운 등겨가 있는데, 벼도 고운 등겨가 있습니까?

˗ 그렇지.

˗ 벼도 고운 등겨가 있는데, 고운 등겨, 조금 고운 등겨가 나오는 것은 이제 소를 주고.

그건 사람이 안 먹네요?

˗ 응. 응.

˗ 그건 단가루등겨라 그랬지.

˗ 단가루등겨.

이 벼, 벼에 이.

˗ 단가루등겨.

검 이 나, 당가레, 당가레띵게는.

￣ 당갈띵기.

아, 소 조따, 그지예?

￣ 어, 근 소 조찌.

감 이언 햅 나락 띵기느 씬딩기든 당가레띵게든 먹진 아해따, 그지예?

￣ 그르치.

조 보릳, 보리리넙 뽀항 기 인제 러 죽 뚜고 글 인제.

￣ 보리느 인자 고분딩기느 인자, 올치, 무꼬.

예, 개뜩 해 무, 딩, 딩기떡 해 무꼬이.

￣ 개떡, 어, 딩기떡.

예, 해 므꼬.

그 다으메 아까 미른 아.

￣ 올치여, 밀 다부래~이.

밀다부래~이느 누루기나 이렁 거 해 가주고?

￣ 놀치.

앙 카읻 쭘 머 죽또 끄리?

￣ 쩌 머끼도 하고 밀다부래~이도 하고, 어, 그래꼬.

그 다으메 어르신 그 곡시글 이 타작 머 나까리 치든 먿 나락삐까리 재든 해 가주 타자글 아 함미까, 그지예?

￣ 어.

검 타작하며는 어디다 갈무리함미까, 주로?

나라근?

￣ 나라글 얻 어데다 가따 연나?

에에, 에야.

￣ 엔나렌 인자 두지80)도 여코, 섬: 해 가주고 서메도 여코, 둥구매기81)도 여코, 둥구매기, 가마이도 여코.

그럼 이 벼, 단가루, 단가루등겨는.

⁻ 단가루등겨.

아, 소를 줬다, 그렇지요?

⁻ 응, 그건 소를 줬지.

그럼 이건 하여튼 벼 등겨는 센 등겨든 당갈등겨든 먹지는 안 했다, 그렇지요?

⁻ 그렇지.

저 보리, 보리는 뽀얀 것은 이제 죽을 쑤어 그걸 이제.

⁻ 보리는 이제 고운 등겨는 이제, 옳지, 먹고.

예, 개떡을 해 먹, 등겨, 등겨떡을 해 먹고요.

⁻ 개떡, 응, 등겨떡.

예, 해 먹고.

그 다음에 아까 밀은 어.

⁻ 옳지, 밀기울.

밀기울은 누룩이나 이런 것을 해 가지고?

⁻ 옳지.

안 그러면 저기 뭐 죽도 끓여?

⁻ 쪄 먹기도 하고, 밀기울도 하고, 응, 그랬고.

그 다음에 어르신 그 곡식을 낟가리를 쌓든 뭐 나락 볏가리를 재든 해 가지고 타작을 안 합니까, 그렇지요?

⁻ 응.

그럼 타작하면 어디에다가 갈무리를 합니까, 주로?

벼는?

⁻ 벼를 어디, 어디에 갖다 넣느냐?

예, 예.

⁻ 옛날에는 인제 곳간에도 넣고, 섬을 해 가지고 섬에도 넣고, 멱둥구미에도 넣고, 멱둥구미, 가마니에도 넣고.

그엄며 주로 이 여기서느 어르시는 에를 드러서 여기 나락 가틍 거 주로 어데 지버너씀미까?

￣ 옌나레 우리 클 찌에느[82] 요래 인잔 두지로[83] 맹그러 가주고 두지 아네 인자 나라글 가따 마이 여찌.

두지는 머 어떤 시그로 만듬미까?

￣ 두지느 인자 이래:: 존 데다 이자[84] 부치 가주고.

아, 가면 다러냄미까?

￣ 올치, 다르내[85] 가주 지베다가 그래 가주 인자 요래 따로 진는 그또 이꼬, 그래가 은녀 그 따으다 나르를 막 퍼 부찌.

￣ 두지 무~이[86] 이꼬.

무니 이씀미까?

두지무는 머 어떤 시그로 만?

￣ 두지문 일, 니, 삼, 사, 이래 인자 주 리여, 버노를 맹그러 노꼬, 요는 숭반[87] 쪼개르 가 망그라[88] 가주고.

송판 이래가?

￣ 맹그러 가주고, 요만사[89] 쪼꾸덩.

￣ 쪼부잉께 요고는 일 버이다, 이 버이다, 삼 버이다, 사 버이다, 이래 쭉::욱 이르니, 번노르 써 가주고 그르가 인자.

감 위에 시그로?

￣ 올치.

￣ 우에서부터 인저 부마 인자 이 멥 맴 미테느 일 번 녀 해갈 찌에느 일 버네 인자 부우뿌.

￣ 이 브, 그 차올라 오마 이 버네 부꼬, 다꼬, 또 삼 번 차올르믄[90] 삼 버네 부꼬, 사 번 차올믄 사 버네 부꼬, 마닐 시 뿐까지 이시만 막 달 부꼬 이.

검 나락 그 인제 그그 나락 그건 어느망쿰 마니 재배하느냐에 따라서?

그러면 주로 이 여기서 어르신은 예를 들어서 여기 벼 같은 것을 주로 어디에 집어넣습니까?

˧ 옛날에 우리가 클 적에는 요래 인제 곳간을 만들어 가지고 곳간 안에 이제 벼를 갖다 많이 넣었지.

곳간은 뭐 어떤 식으로 만듭니까?

˧ 곳간은 인제 이래 저런 데에다 이제 붙여 가지고.

아, 그러면 달아냅니까?

˧ 옳지, 달아내어 가지고 집에다가 그래 가지고 인제 요래 따로 짓는 것도 있고, 그래서 이제 거기에다가 벼를 막 퍼서 붓지.

˧ 곳간은 문이 있고.

문이 있습니까?

곳간 문은 뭐 어떤 식으로 만듭니까?

˧ 곳간문 일, 이, 삼, 사, 이래 인제 죽 이래, 번호를 만들어 놓고, 요런 송판 조각을 가지고 만들어 가지고.

송판을 이래 가지고?

˧ 만들어 가지고, 요만큼씩 좁거든.

˧ 좁으니까 요것은 일 번이다, 이 번이다, 삼 번이다, 사 번이다, 이래 쭉 이름이, 번호를 써 가지고 그래 가지고 인제.

그럼 위에 방식으로?

˧ 옳지.

˧ 위에서부터 인제 부으면 인제 이 맨 밑에 일 번에 넣어야 할 적에는 일 번에 인제 부어 버려.

˧ 이 번, 그곳에 차오르면 이 번에 붓고, 닫고, 또 삼 번이 차오르면 삼 번에 붓고, 사 번이 차오르면 사 번에 붓고, 만일 십 번까지 있으면 막 다 부어 버리고.

그럼 벼 그 이제 그건 벼 그건 어느 만큼 많이 재배하느냐에 따라서?

⁻ 그르치.

두지 크기도 다르고 그르케 하겐네예?

⁻ 그르치, 크지도 다르고 다 다르지.

⁻ 자께 하는 사라믄 쪼매나고91).

⁻ 서메다 여 노코 무꼬 살고.

검 나락뚜지 인제 하고 머 모지래며너 또 나락 낭꼬 하며느 인제 서미나 머 둥구매기나 가마이나 이른 데 너논, 너 논는다, 그지예?

⁻ 은, 또 서메다, 올치, 둥구매기나 가마이 너 여코, 응.

그으며느 그으게 인제 나락 하 처으멘 추수해 나마 항금 지버너 노치마너 그 자꾸 쩌 머을 꺼 아임미까, 사라미, 시꾸가 마느끼네.

⁻ 응, 그르쩌, 그르쩌, 그르치.

그암 중가네 머 쫌 나라기 함 반두지나 이르케 데멷 중가네 마이 암 빔미까?

⁻ 므 그르치.

그른데도 머 다 나랑마 너 노씀미까, 다릉 거또 너씀미까, 그른데느?

⁻ 머 근데는 보통 나랑마 여치.

아, 나랑만녜?

⁻ 으.

끄엄며느 이 예저네는 머 어 이 두지라든지, 서미라든지, 둥구매기나 가마이, 이그 점부 다 지베서 다?

⁻ 맹그르찌.

소는수?

⁻ 그르치, 손수 다 맹그러써.

어르신 그 옌나레 그 가실하고, 여 머 어 그 추수, 가으레 추수하능 글 가실한다 하지예?

⁻ 가실한다꺼.

그 가실하고 나며느 이 집피, 지, 비렁 거 가주고 은 머.

⁻ 그렇지.

곳간 크기도 다르고 그렇게 하겠네요?

⁻ 그렇지, 크기도 다르고 다 다르지.

⁻ 작게 하는 사람은 조그마하고.

⁻ 섬에다 넣어 놓고 먹고 살고.

그럼 벼곳간 인제 하고 뭐 모자라면은 또 벼 남고 하면은 이제 섬이나 멱둥구미나 가마니나 이런 데 넣어 놓, 넣어 놓는다, 그렇지요?

⁻ 응, 또 섬에다가, 옳지, 멱둥구미나 가마니에 넣어 놓고. 응.

그러면은 거기에 이제 벼를 처음에는 추수해 놓으면 많이 집어 넣어 놓지만은 그걸 자꾸 찧어 먹을 것 아닙니까, 사람이, 식구가 많으니까.

⁻ 응, 그렇지, 그렇지, 그렇지.

그럼 중간에 뭐 좀 벼가 한 반 곳간이나 이렇게 되면 중간에 많이 안 빕니까?

⁻ 뭐, 그렇지.

그런 데도 뭐 다 벼만 넣어 놓습니까, 다른 것도 넣습니까, 그런 데는?

⁻ 뭐 그런 데는 보통 벼만 넣지.

아, 벼만이요?

⁻ 응.

그러면은 이 예전에는 뭐 어 이 곳간이라든지, 섬이라든지, 멱둥구미나 가마니, 이걸 전부 다 집에서 다?

⁻ 만들었지.

손수?

⁻ 그렇지, 손수 다 만들었어.

어르신 그 옛날에 그 가을걷이하고, 여기 뭐 어 그 추수, 가을에 추수하는 것을 가을걷이한다고 하지요?

⁻ 가을걷이한다고.

그 가을걷이하고 나면은 이 짚이, 짚, 이런 것을 가지고 으 뭐.

- 은 녀꺼 가주고, 짐92) 니이고.

집 이이지예?

- 어.

거 그 머 거 집 이일 때는 머머 만듬미까, 그암 지브로?

- 지브로 인자 마람도 여꼬, 용마람도 맹글고 그래지.

그거 이여 언능 그 뚱구한, 언는 그 머라고 함미까, 그어느?

- 어등거?

집 으 지붕 이래 위에.

- 말래이93).

- 말래이 우에 연능 거, 용마, 용마람.

그 용마라미고, 그 담 이 돌, 도라가면서 이.

- 영게, 영게.

영게?

영게 꺼느 그럼 마이 만드르깬네예?

- 마이 망그러예지.

- 그래야 자::꾸 도라감 이서가미서 자::꾸 인자 둥굴둥굴 인제 이지.

그럼며느 그 보통 나무하러 가기 저네 인자 영게 이렁 거 만들고 하겐네예, 그제이?

- 그르치, 으.

일 델때느, 시간 델 때느, 나무하러 모 까며너.

- 으, 마저, 어, 고고 해노코 인자 나무하러 가지.

아, 그아므 영게 하고 그 담 혹시 머 어 으 머 으 덕서기나 이렁 거도 만듬미까?

- 그르치.

- 덕서또 나랄 맬, 말랴기 때므네 덕서글 맹그러 가주고 인자.

덕석도 만드러야 데고?

- 맹그러 데지.

⁻ 응, 엮어 가지고, 집을 이고.

집을 이지요?

⁻ 응.

거기 그 뭐 거기 집을 일 때는 무엇 무엇을 만듭니까, 그럼 짚으로?

⁻ 짚으로 인제 마름도 엮고, 용마름도 만들고 그러지.

그거, 이거 없는 그 둥글한, 없는 것을 뭐라고 합니까, 그것은?

⁻ 어떤 것?

집 어 지붕, 이래 위에.

⁻ 마루.

⁻ 마루 위에 얹는 것, 용마름, 용마름.

그건 용마름이고, 그 다음에 이 돌, 돌아가면서 이.

⁻ 이엉, 이엉.

이엉?

이엉 그것은 그럼 많이 만들었겠네요?

⁻ 많이 만들어야지.

⁻ 그래야 자꾸 돌아가면서 이어가면서 자꾸 인제 둥굴둥굴하게 인제 이지.

그러면은 보통 나무하러 가기 전에 인제 이엉 이런 것을 만들고 하겠네요, 그렇지요?

⁻ 그렇지, 응.

일이 고될 때는, 시간이 될 때는, 나무하러 못 가면은.

⁻ 응, 맞아, 응, 고걸 해놓고 인제 나무하러 가지.

아, 그러면 이엉을 만들고 그 다음에 혹시 뭐 멍석이나 이런 것도 만듭니까?

⁻ 그렇지.

⁻ 멍석도 벼를 말, 말리기 때문에 멍석을 만들어 가지고 인제.

멍석도 만들어야 되고?

⁻ 만들어야 되지.

또 머 가마이도 짜이?

⁻ 가마이도 짜이 데고.

⁻ 가마이 짤 쩨느 일쩡시대선 마~이 짜찌.

검 마이 해따, 그지예?

⁻ 응.

⁻ 보통 하이 일쩡지대[94] 안 나와슬 때느 가마이가 업서꼬, 섬, 밀떠리, 둥구매기 이능 검마 해 가주고요, 고서 마~이 여꼬.

⁻ 인제 저거 가마이라 카능 건 인자 일본놈드리 저거 인자 피로하기[95] 위해서 일본는드 나아실[96] 쩌게 인자 가마이라 사용해따거.

⁻ 우리느 그그또, 가마이돈 모 짜써 그때느, 우리.

나락 실코 갈려고 저어가[97], 에에, 예예.

⁻ 허, 올치, 가마이 여 가주고 은자.

⁻ 가마이도 일보으로 가따 여르스 수::만장 가주고, 가주 가따 카이.

⁻ 일보늘 막 즈으가[98] 막 가주 가느 기라고.

저어거 피로하니까?

⁻ 음.

가마이도 일브. 일.

⁻ 일보르 다 간.

왜정시대 때 마이 만드런네예?

⁻ 그르치.

⁻ 왜정지때 다 가주 가뿌르다 카이.

⁻ 우리느 여 소수 씨고[99] 하 다 배당을 맹그럼내 가주고 한 사라 마뻬 열 짜~이마 열 짱, 수무 장이면 수무 장, 백 짱이며 백 짱 이래가 단, 배당을 준다 카이끼네.

⁻ 왜놈드리.

어리[100] 그르가 해 가주고 인저 으.

또 뭐 가마니도 짜야 되고?

ᐨ 가마니도 짜야 되고.

ᐨ 가마니를 짤 적에는 일제강점기에 많이 짰지.

그럼 많이 했다, 그렇지요?

ᐨ 응.

ᐨ 보통 한 일정시대, 안 나왔을 때101)는 가마니가 없었고, 섬, 멱서리, 멱둥구미 이런 것만 해 가지고요, 곡식을 많이 넣었고.

ᐨ 인제 저거 가마니라고 하는 것은 이제 일본 놈들이 자기들이 이제 필요하니까 일본놈들이 나왔을 적에 이제 가마니를 사용했다고.

ᐨ 우리는 그것도, 가마니도 못 짰어 그때는, 우리.

나락 싣고 가려고 저희들이, 예예, 예예.

ᐨ 허, 옳지, 가마니에 넣어 가지고 인제.

ᐨ 가마니도 일본으로 가져다 여러 수만장을 가지고, 가지고 갔다고 하니까.

ᐨ 일본으로 막 저희들이 막 가지고 가는 거라고.

자기들이 필요하니까?

ᐨ 응.

가마니도 일본, 일본.

ᐨ 일본으로 다 가져갔어.

왜정시대 때 많이 만들었네요?

ᐨ 그렇지.

ᐨ 왜정시대 때 다 가지고 가버렸다고 하니까.

ᐨ 우리는 여기서 소수만 쓰고 다 배당을 만들어내 가지고 한 사람 앞에 열 장이면 열 장, 스무 장이면 스무 장, 백장이면 백 장 이래 가지고 딱, 배당을 해준다고 하니까.

ᐨ 왜놈들이.

어디 그래서 해 가지고 인제.

- 그래서 점붇 공출데 가주고 일분 따 씰고 까 뿌고.

그 공출로 그래 배당을 해따, 그지예?

- 그르치여.

거문 머 이 영게도 만들고 마람도 말들고 용마름도 만들고?

- 응, 올치.

그 다으메 가마이도 짤고?

- 섬도 맹글고.

섬도 만들고.

- 둥구매기도 맹글고.

둥구매기도 만들고.

- 올치.

그 다임 멍슥또 만들고.

- 그르치.

에 머 그 다으미 머.

- 점부 맹그러 가 다 서찌.

머 또 집신도 해쓰?

- 집신도 삼꼬.

- 집신느 므엔날102) 집신 사네, 하루 항 크르슥103) 사므야 하로 산다 카
이끼네.

아, 그아믄 집시늘 마니 만드러씀미까, 매일 망?

- 매:일 망그러지.

아, 사네 나무하러 갈려.

- 그르치.

- 인데104) 뎅기도 첨부 집신 싱고 뎅기다 보이께네, 하로 시느어 집신
홀따 떠러저 뿌고, 이른데 핑지 뎅기도.

- 사네 가 뿌마 하로 가주 몬 모, 안 데, 안 데고.

￢ 그래서 전부 공출돼 가지고 일본으로 다 싣고 가버리고.

그 공출로 그래 배당을 했다, 그렇지요?

￢ 그렇지요.

그러면 뭐 이 이엉도 만들고 마름도 만들고 용마름도 만들고?

￢ 응, 옳지.

그 다음에 가마니도 짜고?

￢ 섬도 만들고.

섬도 만들고.

￢ 멱둥구미도 만들고.

멱둥구미도 만들고.

￢ 옳지.

그 다음에 멍석도 만들고.

￢ 그렇지.

어 뭐 그 다음에 뭐.

￢ 전부 만들어 가지고 다 썼지.

뭐 또 짚신도 했습니까?

￢ 짚신도 삼고.

￢ 짚신도 만날 짚신을 삼네, 하루 한 켤레씩 삼아야 하루를 산다고 하니까.

아, 그러면 짚신을 많이 만들었습니까, 매일 만들었습니까?

￢ 매일 만들었지.

아, 산에 나무하러 가려면.

￢ 그렇지.

￢ 이런 데 다녀도 전부 짚신을 신고 다니다 보니까, 하루를 신으면 짚신이 홀딱 다 떨어져 버리고, 이런 데 평지를 다녀도.

￢ 산에 가 버리면 하루 가지고 못, 안 돼, 안 되고.

그어면 집신니 검 머 매일 가마 집시는 시 맬: 사머야 데겐네.
- 매일: 사머여, 매일: 사므야 데지.
- 새끼도 매일 꼬아이105) 데고.
새끼도 매일 꼬아야 데 그르타, 그지예?
- 응, 그르치.
- 나무하러 가도 새낀 무까이 데고.
나무 무까야 데고?
- 응.
- 집또 인자 첨부 지베나 이 노꼬 인자 새끼르 가이 첨부 우 동이 매애
데고.
그 셰끼도 마이 꼰다.
- 마:이 꼬지.
아, 그어며 집신도 그라면 나무하러 갈 때느 머 여유인는 사라믄 집신 한 짝?
- 다라 가꺼 한, 하 항 걸 다르가 가이덴다카이.
한 짝 다르가 가야데네?
- 그르치, 지긱106) 제이 꼬붕때~이107) 다르가108) 가야덴다 가이.
그엄 저느 아, 이 집시늘 한 며칠씩 신는 주 아란는데.
- 아여, 하루마네 다 뜨러.
- 하루마은도 몬 전뎀109), 날 바싹 가물고 하마 한 나저레 금벙 다 떠레
져뿌러.
당이기, 평지에 다니도 그르타, 그지예?
- 그르치.
- 핑지110) 뎅기므 제우 하루 싱끼나 말기나.
- 다 뜰.
그래 예저녠 바깐양반드리 집신 삼는 거또 이기 보통 이리 아이네예.
- 큰:: 문제지.

그러면 짚신이 그럼 매일 산에 가면 짚신은 매일 삼아야 되겠네.

˝ 매일 삼아야, 매일 삼아야 되지.

˝ 새끼도 매일 꼬아야 되고.

새끼도 매일 꼬아야 되고 그렇다, 그렇지요?

˝ 응, 그렇지.

˝ 나무하러 가도 새끼로 묶어야 되고.

나무를 묶어야 되고?

˝ 응.

˝ 집도 인제 전부 집이나 이어 놓고, 인제 새끼를 가지고 전부 동여 매야 되고.

그 새끼도 많이 꼰다.

˝ 많이 꼬지.

아, 그러면 짚신도 그러면 나무하러 갈 때는 뭐 여유있는 사람은 짚신 한 짝?

˝ 달아 가지고 한, 한 켤레를 달아서 가야 된다니까.

한 켤레를 달아 가지고 가야 되네요?

˝ 그렇지, 지게 제일 꼭대기에 달아서 가야 된다니까.

그러면 저는 아, 이 짚신을 한 며칠씩 신는 줄 알았는데.

˝ 아니야, 하루만에 다 떨어져.

˝ 하루도 못 견디는데, 날이 바싹 가물고 하면 한 나절에 금방 다 떨어져버려.

다니기를, 평지에 다녀도 그렇다, 그렇지요?

˝ 그렇지.

˝ 평지를 다니면 겨우 하루 신거나 말거나.

˝ 다 떨어져.

그래 예전에는 바깥양반들이 짚신을 삼는 것도 이게 보통 일이 아니네요.

˝ 큰 문제지.

˜ 크음, 그그 삼끼가 나안 머 시르서 머 주글 지겨~이지.

˜ 그때너.

˜ 안 살무믄111) 맴발로 뎅기야 데고.

˜ 그허 누가 사머 줄 사라미 인나, 대로112) 사머 준, 지가 안 사무며는 맴발로 뎅기에 데이.

걷또 애들도 이꼬 하니까, 그지예?

˜ 그르치.

˜ 아들'도 또 사머113) 싱기야 데지.

또 여, 아녀자도 이꼬.

˜ 글찌.

˜ 그르이 맨날사114), 신 삼따 볼릴 다 바써.

그느이 신 사물라 거면 짐마 함마 뎀미까?

˜ 음, 짐마 하며 데지.

다릉 거너 피로업슴미까, 신에늗?

˜ 그르치.

˜ 지115) 까주고 하녀, 여울에116) 삼마 삼도 가 상꼬, 미트리하마 삼도 상 꼬 그래찌만스.

사므로 하능 걸 미투리라 함미까?

˜ 미트리117).

아, 미트리, 예.

야따, 그 참, 거 애를 참, 그때느 마이 드르따, 그지?

˜ 만::, 그때느 그검 머 사람 사능 거또 아이고 그거 머 짐승 사능 거또 아이고, 머 그그는 머.

그 데에메 어르신 그엄 머 어 이렁 그엄 머 물건 이릉 거 담는 거 이러거 울 러매는 그릉 거또 지브로 만듬미까?

˜ 그 둥구매기, 둥구매기도 지브로 맹글고.

⎺ 그럼, 그거 삼기가 나는 뭐 싫어서 뭐 죽을 지경이지.

⎺ 그때는.

⎺ 안 삼으면 맨발로 다녀야 되고.

⎺ 그거 누가 삼아 줄 사람이 있나, 대신 삼아 주는, 자기가 안 삼으면은 맨발로 다녀야 되니.

그것도 애들도 있고 하니까, 그렇지요?

⎺ 그렇지.

⎺ 아이들도 또 삼아 신겨야 되지.

또, 여기 아녀자도 있고.

⎺ 그렇지.

⎺ 그러니까 만날, 신을 삼다가 볼일 다 봤어.

그러니까 신을 삼으려 하면 짚만 있으면 됩니까?

⎺ 응, 짚만 있으면 되지.

다른 것은 필요가 없습니까, 신에는?

⎺ 그렇지.

⎺ 짚 가지고 하고, 야물게 삼으면 삼도 가지고 삼고, 미투리를 하면 삼도 삼고 그랬지.

삼으로 하는 걸 미투리라 합니까?

⎺ 미투리.

아, 미투리, 예.

아따, 그 참, 그 애를 참, 그때는 많이 들었다, 그렇지요?

⎺ 많이, 그때는 그거 뭐 사람 사는 것도 아니고, 그거 뭐 짐승 사는 것도 아니고, 뭐 그거는 뭐.

그 다음에 어르신 그럼 뭐 이런 그럼 뭐 물건 이런 것을 담는 것, 이렇게 둘러매는 그런 것도 짚으로 만듭니까?

⎺ 그 멱둥구미, 멱둥구미도 짚으로 만들고.

지브로 다?

⁻ 올치.

⁻ 저 치능 그똔 지브로 맹글고, 점부 어 지불, 점 지불 다 맹그러.

그래 머 그때느 집하고 새끼가 엄청나게 피료해따, 그지예?

⁻ 음, 그거 엄시만118) 머 사르 나가지를 몬 해.

혹시 어르신 거 대나무하고 싸리나무 까주고도 머 만드러씀미까, 갈, 가실하고119)너?

⁻ 그르치.

머 어뜽 거 만듬미가, 대나무하고?

⁻ 바지게도 맹글고, 소구르도120) 맹글고.

주로 머 까 만등거?

싸리까 함미까?

⁻ 싸리 가주고.

싸리 까주고요?

⁻ 응, 으.

바지게, 소구리 이릉 거예?

⁻ 응, 응.

대나무 가지곤 또 머 어뜽 거 만듬미까?

⁻ 대나무도 은자 바지게도 맹글고, 소구리도 맹글고, 다 여러 가지로 맹글지.

⁻ 둥구매기도 맹글고 여러 가지.

⁻ 둥굴데이로121) 멍꼬 맹글고.

그엄며느 그 가실하고느 사네 사리나무 이릉 근하고 대나무 꺼끄러도 마이 가껜네?

⁻ 마:이 가찌.

⁻ 그어122) 찌러 머 여은 사방 뎅기찌.

짚으로 다?

― 옳지.

― 재를 치는 것도 짚으로 만들고, 전부 짚으로, 전부 짚으로 다 만들어.

그래 뭐, 그때는 짚하고 새끼가 엄청나게 필요했다, 그렇지요?

― 응, 그것 없으면 뭐 살아 나가지를 못해.

혹시 어르신 그 대나무와 싸리나무 가지고도 무엇을 만들었습니까, 가을걷이, 가을걷이하고는?

― 그렇지.

뭐 어떤 것을 만듭니까, 대나무는.

― 바지게도 만드고, 소쿠리도 만들고.

주로 뭐 가지고 만듭니까?

싸리를 가지고 합니까?

― 싸리 가지고.

싸리 가지고요?

― 응, 응.

발채, 소쿠리 이런 것이요?

― 응, 응.

대나무 가지고는 또 뭐 어떤 것을 만듭니까?

― 대나무도 인제 발채도 만들고, 소쿠리도 만들고, 다 여러 가지로 만들지.

― 떡둥구미도 만들고 여러 가지.

― 둥근 대나무로 엮고 만들고.

그러면은 그 가을하고는 산에 싸리나무 이런 것하고 대나무 꺾으로도 많이 가겠네요?

― 많이 갔지.

― 그거를 찌러 뭐 여러 사방을 다녔지.

여기느 싸리, 사리나무하고 대나무가 만씀미까?

 ⎺ 대나무느 빌로 엉꼬123) 싸리나무가 만치.

 ⎺ 대나무느 여 빌로 마이 업써.

그어므 싸리나무느 그냥 쩌가 오가주고 그냥 하마 뎀미까, 앙 가믕 그그또 어뜨께 가조 오가 머 무레 어뜨게 해애 뎀미까?

 ⎺ 에를 드 고분 소구리 맹글라 그르만 껍띠이를 삐끼야24) 데고, 기양 이른 은잔 막 소구리125) 할라 가만 카마 기양 막 여꺼 가주고 소구리 맹글고.

바지게나 이렁 거느 그냥 함미까?

 ⎺ 음.

$ 이야기

어데 어러신 그라며 인제 그릉 어 대충 영에나 머 지붕 일 꺼라든지, 그 다으메 머 이런 멍서기나 또 삼테이나 이렁 거 쫌 대충 만드러 노코 나며 인자 나무하러 감니까?

 ⎺ 그르치.

 ⎺ 인자 나무하러 가마 신 이늠 상끼가 마 제::일 가따 먹 크니리라 그런기.

 ⎺ 하루 쩌엉126) 무꼬 나은 매인 맨날 멀 이른 데 맬간127) 데더 엉꼬 맨날 뿍띠기128) 바~이지.

 ⎺ 신 사므야 데지, 셰끼 꼬이 데지 그르이께네 머.

 ⎺ 맨날 방은 전부 뿍띠기가 수북하이 뿍띠기 셰129) 거 누부 자고.

그엄 밤 밤 머꺼느 저넝 머꺼느 새끼 꼬고.

 ⎺ 신 상꼬 그기.

신 삼꼬?

 ⎺ 어, 그기 저엉 무꼬 나머 이리라카이끼네.

그어면 인제 그래 해 가주고느 나무하러 간다 아임미까, 그지예?

그어므 겨우레 나무하러 감 주로 어뜬 나무함미까, 가며너?

여기는 싸리, 싸리나무하고 대나무가 많습니까?

¯ 대나무는 별로 없고, 싸리나무가 많지.

¯ 대나무는 여기 별로 많이 없어.

그러면 싸리나무는 그냥 구해 와가지고 그냥 쓰면 됩니까, 안 그러면 그것도 어떻게 가져 와서 뭐 물에 어떻게 해야 됩니까?

¯ 예를 들어, 고운 소쿠리를 만들려고 그러면 껍질을 벗겨야 되고, 그냥 이런 인제 막소쿠리를 하려고 하면 그냥 막 엮어 가지고 소쿠리를 만들고.

발채나 이런 것은 그냥 합니까?

¯ 응.

$ 이야기

어디 어르신 그러면 이제 그런 어 대충 이엉이나 뭐 지붕을 일 것이라든지, 그 다음에 뭐 이런 멍석이나 삼태기나 이런 것을 좀 대충 만들어 놓고 나면 이제 나무하러 갑니까?

¯ 그렇지.

¯ 이제 나무하러 가면 신 이 놈을 삼기가 그냥 제일 갖다가 뭐 큰일이라고 그런 거지.

¯ 하루 저녁 먹고 나면 늘 만날 뭐 이런 데 말간 데도 없고 만날 북데기 방이지.

¯ 신을 삼아야 되지, 새끼를 꼬아야 되지 그러니까 뭐.

¯ 만날 방은 전부 북데기가 수북한 게, 북데기 사이 거기에서 누워 자고. 그럼 밥, 밥을 먹고는, 저녁 먹고는 새끼 꼬고.

¯ 신 삼고 그게.

신 삼고?

¯ 응, 그게 저녁 먹고 나면 일이라고 하니까.

그러면 인제 그래 해 가지고는 나무하러 간다 아닙니까, 그렇지요?

그러면 겨울에 나무하러 가면 주로 어떤 나무를 합니까, 그러면은?

- 깔비130)도 끙코, 삭다지독131) 갈기고.

깔비느 그암며느 그.

- 깔빈 솔리피 그기 깔비.

예, 깔빈데, 솔립 그거 깔비 모아나 거 그으느 어디에 다마 옴미까, 거음 다음?

- 그거 인자 새끼르 나아 가주고, 이래 장으로 아너 가주고 인제 무까 가주고예 질므지고 오는데.

그아머 그게 안 흐름미까?

- 아, 겐차네.

- 미테 삭다지로 가따알 전치132)로 노크덩133).

- 전치르 노꾸 우에도 전치 나가 인자 그능캉 그능카 이래 매이께넹 앙아 겐찬타가이께.

그냥 무꾸능 게 아이고.

- 그르치.

미테 삭따리 이래 깔고?

- 오침, 메끼르에 시 개 인자 죽 피노코, 여따아드 미테 인자 삭다 이거능 갈기 나 가주고 전치르 나 가주고, 그래 은자 한 장, 한 장 까꾸르로134) 가조 꺼므135) 가 재 가주고 수북하이 오마 우에도 은자 전치르 나 가주고, 그르 가 무까 가이고여, 동우로136) 무까 가 오마, 그기 인자 깔비똥이지, 깔비똥.

깔비똥?

- 으.

그 다메 또 어뜽 거 함미까, 그아머?

깔비또오 말고너?

- 풀똥도 이꼬, 엄 머.

￾ 솔가리도 끌고, 삭정이도 갈기고.

솔가리는 그러면은 그.

￾ 솔가리는 솔잎이 그게 솔가리.

예, 솔가린데, 솔잎 그거 솔가리를 모아놓은 것 그것은 어디에 담아 옵니까, 그건 담아?

￾ 그것은 인제 새끼를 놓아 가지고, 이래 장(張)으로 안아 가지고 인제 묶어 가지고요, 짊어지고 오는데.

그러면 그게 안 흐릅니까?

￾ 응, 괜찮아.

￾ 밑에 삭정이를 갖다가 전치(前置)로 놓거든.

￾ 전치(前置)를 놓고 위에도 전치(前置)를 놓아서 이제 그 놈하고 그 놈하고 이래 매니까 괜찮다니까.

그냥 묶는 것이 아니고.

￾ 그렇지.

밑에 삭정이를 이래 깔고?

￾ 옳지, 매끼를, 세 개를 인제 쭉 펴놓고, 여기에다가 밑에 인제 삭정이 이놈을 갈겨 놓아가지고 전치(前置)를 놓아 가지고, 그래 인제 한 장, 한 장, 갈퀴로 가지고 검어 가지고 인제 재어 가지고 수북하게 되면 위에도 인제 전치(前置)를 놓아 가지고, 그걸 가지고 묶어 가지고, 동이 크기로 묶어 가지고 오면, 그게 인제 솔가리동이지, 솔가리동.

솔가리동?

￾ 응.

그 다음에 또 어떤 것을 합니까, 그러면?

솔가리동 말고는?

￾ 검불동도 있고, 그 뭐.

풀똥예?

﹣어.

﹣풀 뜨더가 말랴 가조 인자 그근 풀똥137)이고.

﹣거울똥으, 거울또~이라 카지.

﹣거울똥.

거울똥?

﹣으.

그엄 풀리나 머 잡푸리나 이렁 걸 쪼끔 잠나무 이렁 거 그 막오 나스로 추리가 애 말랴가 그래?

﹣그르치, 말랴 가주고 인제, 올치, 비 가아 말랴 가주고 이녀 동으로 무까 가주오 은자.

그게 거울똥임미까?

﹣거울똥이지.

그대임 또 거울똥 말고 먼 삭썽이도 함미까?

삭따리?

﹣삭따일, 삭따지도 동 무까고.

삭다리늠 머 어뜨겐 뜨 함미까?

﹣솔라무 인잔 가지가 오래 데 가주고 이퍼리가 떠러지마 이래 말라가 주끼가 덴다꼬.

﹣그글 인자 갈기가 오능 기라.

그으까 머까 갈김미까, 그어느?

﹣근 데 올러가선 나 까주오 쪼스 가주 갈기야 데.

나스로 쪼스가예?

﹣이.

어 그러며 그게 인젠 쪼서 주며느 소나무도 잘 크게따, 그지예?

﹣그르치.

검불동요?

－ 응.

－ 풀을 뜯어서 말려서 인제 그건 검불동이고.

－ 검불동은, 검불동이라고 하지.

－ 검불동.

검불동?

－ 응.

그러면 풀이나 뭐 잡풀이나 이런 것을 조금 잡나무 이런 거 그 막 낫으로 추려서 말려서 그래?

－ 그렇지, 말려 가지고 인제, 옳지, 베어 가지고 말려 가지고 이제 동으로 묶어 가지고 인제.

그게 검불동입니까?

－ 검불동이지.

그 다음에 또 검불동 말고 뭐 삭정이도 합니까?

삭정이?

－ 삭정이, 삭정이도 동으로 묶고.

삭정이는 뭐 어떻게 또 합니까?

－ 소나무 인제 가지가 오래 되어 가지고 이파리가 떨어지면 이래 말라서 죽게 된다고.

－ 그걸 인제 갈겨서 오는 거야.

그것 가지고, 무엇으로 갈깁니까, 그것은?

－ 그런 데 올라가서는 낫을 가지고 쪼아 가지고 갈겨야 돼.

낫으로 쪼아서요?

－ 응.

응, 그러면 그게 인제 쪼아 주면 소나무도 잘 크겠다, 그렇지요?

－ 그렇지.

⁻ 가제~이르138), 가제~이르 처 주마 소나무가 잘 크 크지.

거느 요즈믄 잘 안?

⁻ 앙 갈기 주지.

⁻ 그대로 머 삭까디고 그대로 머 까악 차가 이찌 머.

욘 옌날 가틈 점부 다 해가 가씀?

⁻ 그르치, 싹: 다 해가 가고 아무꼬또 업찌 머.

삭다리 그릉그또 한다, 그지예?

⁻ 음.

그야메 또 머 삭다리말고는 또 어떵 거 함미까?

⁻ 뭅 풀도 뜨다가 하고.

에, 이 가꼬 그느 검불똥이고.

⁻ 어, 그그또 뜨더 가주고 떼에고.

그 댐 머 장작또 함미까?

⁻ 장자근 인자 그 저네 왜넘드리139) 인자 낭글140) 몸 비구로 항게 장자 글 가따 비이가141) 어룹찌.

⁻ 함 두들리마142) 벌금해야 데고.

끄러므 장작가느 거느 그 여 거 쪼갠능 걸 장자기라 하지예?

⁻ 그르치.

그엄 비오는 그거는 머라 함미까, 그거너?

⁻ 그 솔라무143) 비 오능 거지.

그 그릉 으?

⁻ 인저 둥구리144) 비가 오지.

아 그를 둥구리 비 온다 함미까?

⁻ 으.

어 둥구리느 거 함 며깨씩 지머지고 옴미까, 그암며느, 보통?

⁻ 머 장 거느 쫌 마이 지고 오고, 굴근 거는 마 항 개도 지고 오고, 두 개도 지고 오고, 그근 짜 몽꼬145).

˗ 가지를, 가지를 쳐 주면 소나무가 잘 크, 크지.

그건 요즘은 잘 안 하지요?

˗ 안 갈겨 주지.

˗ 그대로 뭐 삭정이고 그대로 뭐 꽉 차 있지 뭐.

이건 옛날 같으면 전부 다 해 가지고 갔습니까?

˗ 그렇지, 싹 다 해서 가고 아무 것도 없지 뭐.

삭정이 그런 것도 한다 그렇지요?

˗ 음.

그다음에 또 뭐 삭정이 말고는 또 어떤 걸 합니까?

˗ 뭐 풀도 뜯어다가 하고.

예, 아까 그건 검불동이고.

˗ 응, 그것도 뜯어 가지고 때고.

그 다음에 뭐 장작도 합니까?

˗ 장작은 인제 그 전에 왜놈들이 인제 나무를 못 베게 해서 장작을 갖다 베기가 어렵지.

˗ 한 번 붙잡히면 벌금을 내야 되고.

그러면 장작이라고 하는 것은 쪼갠 걸 장작이라 하지요?

˗ 그렇지.

그럼 베어 오는 그건 뭐라 합니까, 그건?

˗ 그건 소나무를 베어 오는 거지.

그런 걸?

˗ 인제 통나무를 베어서 오지.

아, 그걸 통나무를 베어 온다고 합니까?

˗ 응.

통나무는 한 몇 개씩 짊어지고 옵니까, 그러면은, 보통?

˗ 뭐 잔 것은 좀 많이 지고 오고, 굵은 것은 그냥 한 개도 지고 오고, 두 개도 지고 오고, 그것은 정해진 것이 없고.

검 그어또 가저 와가, 둥구리 가저 옴며느 또 이래.

－ 은젠 써리 가주고.

바로 썸미까, 앙 가면 쫌 나까뚜 나따가 함미까?

－ 토 깐, 또146) 까 써리 가주고, 뚱굴러147) 가주오 인자 도치로 갇 따게148) 가주고 그래 둥그래.

둥구리 해가 인지 장작 그 한다, 그지예?

－ 으.

으아따 그 참 이리 보통 이리 아이네, 그게, 실질저그로.

－ 으음, 이부로 케서 그르치 그 말도 모에.

어 그 가면 혹시 그거 멈미까, 스근 나무가트?

－ 고두배기149).

머가예 고예?

－ 고두배기.

고두배기가틍 거또 그암 함미까?

－ 아, 하지.

－ 고두배기 막 도치로 가주고 사네 올러가서 고두배이 이시만 뚜디르배, 빼 가주고 인자 으늠 또 바지게 가 가주 탁트 다므가 질므지고 가서 그눔 떼고.

어 바지겔 으 해가주오, 함 바지 해가 그래 오네예?

－ 그르치.

그 그음 그그느 별로 어 써근 거라서 타지든, 그 오래읍?

－ 그그또 빠짝 말라 노마 달150) 탄다 카이.

어 부리, 불심도 조쓰?

－ 조, 불심도151) 조코.

그래데 자아, 그또 마이 하러 가게따, 그지예?

－ 그르치.

그럼 그것도 가져 와서, 통나무를 가져 오면은 또 이래.

ᐨ 인제 썰어 가지고.

바로 썹니까, 안 그러면 좀 놔 두었다가 합니까?

ᐨ 톱 가지고, 톱 가지고 썰어 가지고, 동강이 내어 가지고 인제 도끼를 가지고 쪼개어 가지고 그래 재지.

통나무를 해서 인제 장작을 그 만든다, 그렇지요?

ᐨ 응.

아따 그 참 일이, 보통일이 아니네, 그게, 실질적으로.

ᐨ 응, 입으로 말해서 그렇지 그 말도 못해.

그러면 혹시 그거 뭡니까, 썩은 나무 같은?

ᐨ 썩은 그루터기.

머라고요?

ᐨ 썩은 그루터기.

고두배기같은 것도 그럼 합니까?

ᐨ 응, 하지.

ᐨ 고두배기를 막 도끼를 가지고 산에 올라가서 고두배기 있으면 두드려 빼, 빼 가지고 인제 그 놈 또 발채에 갖고 가서 탁탁 담아서 짊어지고 가서 그 놈을 때고.

발채에 해가지고, 한 발채 해서 그래 오네요?

ᐨ 그렇지.

그럼 그건 별로 어 썩은 것이라서 타지는, 오래는?

ᐨ 그것도 바짝 마르면 잘 탄다니까.

으, 불이, 불의 힘도 좋습니까?

ᐨ 좋지, 불의 힘도 좋고.

그래서 인제, 그것도 많이 하러 가겠다, 그렇지요?

ᐨ 그렇지.

끄 다메 어르신 그 겨우레느 인제 가실하고 나며너 먿 채소나 이렁 걸 키울 수가 업따 아임미까, 그지예?

⎯ 업찌.

⎯ 그을 쩨 아무 거또 업서찌.

거므 겨우레 그거 머글려고 어 먿 채소나 이렁 거또 어 그어 그 갈무리함미까?

⎯ 저을152) 데 뿌마 아무 그또 몬 숭구지153).

그름 모 하는데 그엄며느 갈물, 겨울레 머글려고 어데 다른?

⎯ 침, 김치르 담찌.

갈무리하능 거 어떵 거 이씀미까?

김치 말고, 김장김치 말고.

⎯ 김장김치 망꼬 머 고빼껜 엄찌.

⎯ 김장김치 그거뿌~이지.

⎯ 겨으레야 뭉다154) 케야 아무 끄떠 업써 머.

무시가틍 걸?

⎯ 무시가틍 거느 혹∷ 인잔 끄느155) 가주고 인자 땅 미테 파무찌.

아 그 그 그릉 파무더 논 그걸 머라 함미꺼?

⎯ 고늘 자 무시꾸디~이156).

아, 거 무시꾸디이느.

⎯ 무시꾸디~이다, 무시 인잔 무더 나따가.

⎯ 항 그쓰 내 가주고 인자 국또 끼르아157) 써르가 무꼬.

무시꾸디~이느 고 너나멈 무시 얼고 머 그러진 안 씀?

⎯ 그르치여, 따~으 파다은 보께, 땅을 파 미테다, 땅 파가주 미테다 봉께 네 아 얼지.

그냐 쫌 깁께 파겐네예?

⎯ 그르치.

그 다음에 어르신 그 겨울에는 인제 가을걷이를 하고 나면은 뭐 채소나 이런 걸 키울 수가 없다 아닙니까, 그렇지요?

‑ 없지.

‑ 그럴 적에는 아무 것도 없었지.

그럼 겨울에 그거 먹으려고 뭐 채소나 이런 것도 어 그 갈무리합니까?

‑ 겨울이 돼 버리면 아무 것도 못 심지.

그런 것은 못 하는데 그러면은 갈무리, 겨울에 먹으려고 어디 다른?

‑ 김치를 담지.

갈무리하는 것은 어떤 것이 있습니까?

김치 말고, 김장김치 말고.

‑ 김장김치가 많고 뭐 고것밖에는 없지.

‑ 김장김치 그것뿐이지.

‑ 겨울에야 먹는다고 해야 아무 것도 없어 뭐.

무같은 걸?

‑ 무같은 것은 혹 인제 무청을 잘라 가지고 인제 땅 밑에 파묻지.

아, 그 그런 파묻어 놓은 그것을 뭐라고 합니까?

‑ 그것을 인제 무구덩이.

아, 그 무구덩이는.

‑ 무구덩이다, 무 인제 묻어 났다가.

‑ 한 개씩 꺼내 가지고 이제 국도 끓여서 썰어서 먹고.

무구덩이는 거기 넣어두면 무가 얼거나 그러지는 않습니까?

‑ 그렇지요, 땅을 파다 보니까, 땅을 파 밑에다, 땅을 파 가지고 밑이다 보니까 안 얼지.

그냥 좀 깊게 파겠네요?

‑ 그렇지.

깊께 파가주고 인자 안 얼도로 그래 한다, 그지예?
‑ 음.
그암 머 무시 말고너 배추나 이렁 거너 안.
‑ 배추는 멀 따오가 짐치 담 뿌마.
업씀메?
‑ 올치.
‑ 무드 끄또 어꼬.
그아머 거이 머 어 그릉 거느 짐장?
‑ 어 김치, 놀치.
‑ 짐치158) 담:마 그걸로 시마이라159).
검 짐치 다믄머는 배추는 그걸로 끄치고, 그야엄 머 어 무 고구마가틍 거또
함미까?
‑ 고구마가틍 거또 음 머 가시레 케 가주고 와서 은자 다므 나따가 인제.
거너 어더 함미까?
‑ 고오는 방아네 가따가 여, 안 얼구로 여야 데지.
‑ 그래 가주오 하나 쓰, 하나 쓰 내 가주오 인자 무꼬.
바께 나 뚜마 안 뎀미까, 거는?
‑ 보끄, 망 떠 어러뿌마 써거 뿌거더.
그 다으메 그 인저 여름, 감자느 여르메 케지예?
‑ 그르치.
감자느 그어므 어 해 가주 어이닥으 너 노씀미까?
‑ 감자도 감자꾸디~이라꼬 이써.
‑ 감자도 땅 미테 가따 홍 무더 노치.
아, 그어또 땅 소에 무더 나야 뎀미까?
‑ 으, 음.
그으느 여름처리니까 땅 소에 무드 나도 덴?

깊게 파 가지고 인제 안 얼도록 그래 한다 그렇지요?

˗ 응.

그럼 뭐 무 말고는 배추나 이런 것은 안 합니까?

˗ 배추는 뭐 따와서 김치를 담아 버리면.

없습니까?

˗ 옳지.

˗ 묻을 것도 없고.

그러면 그 뭐 그런 것은 김장?

˗ 응 김치, 옳지.

˗ 김치 담으면 그걸로 끝이야.

그럼 김치 담으면 배추는 그걸로 끝이고, 그러면 뭐 고구마같은 것도 합니까?

˗ 고구마 같은 것도 뭐 가을에 케 가지고 와서 인제 담아 놨다가 인제.

그건 어디에 합니까?

˗ 고것은 방 안에 갖다가 넣어, 안 얼도록 넣어야 되지.

˗ 그래 가지고 하나 씩, 하나 씩 꺼내 가지고 인제 먹고.

밖에 놓아 두면 안 됩니까, 그건?

˗ 밖에, 막 다 얼어버리면 썩어 버리거든.

그 다음에 인제 여름, 감자는 여름에 케지요?

˗ 그렇지.

감자는 그럼 어떻게 해 가지고 어디다가 넣어 놓습니까?

˗ 감자도 감자구덩이라고 있어.

˗ 감자도 땅 밑에 갖다 혹 묻어 놓지.

아, 그것도 땅 속에 묻어 놔야 됩니까?

˗ 응, 응.

그건 여름철이니까 땅 속에 묻어 놔도 되겠네요?

- 아, 겨으레도 은자 무더 나도 데.

아, 무더 나따가 겨울까지도 머꼬 함미꺼?

- 올치여.

- 그으또 무꼬 하지.

그아므 어르신 그기 제사지낼 때 그 밤은 빼마 안 데지예?

- 밤, 올치.

거므 그그느 어떠케 함미까?

- 바문160) 저장을 가따가 은잗 바~아다가161) 인잔 띠는 두루미로 가따 노코 인자 흑 쏘게다 가따 여 가주고, 앙으로 그래 해도 인자, 벌거지가 마이 무162) 싸서 그그또 마 하이가 어룹따.

아, 그어또 땅, 땅을 파가지고?

- 올163) 바~아다가 인자.

방 아네?

- 방 아네다가 인자 이른 저 저능 거, 저늠 항아리 그틍 거 저릉 걸 가따 노꼬 거 은자 밤 미테 노코 인자 흐클164) 가따 우에 더퍼 가주고, 그래 인자 방꾸서게 내 뚜머 아 얼지.

아 널고 그냥 어 쫌 제사지낼 때 쓸 수 이따, 그지예?

- 올치, 올치, 이찌 그래.

긍데 그으또 벌게이 무웅 게 마나가, 벌게이 마이 묵씀미까?

- 음, 다 버리고, 벌게이165) 무머너.

끔 머 호박가틍 건 또 에저네 해씀미까?

- 올찌.

- 호박가틍 거또 인자 해 가주오 바~아다 안자 차옥차옥166) 재 노치.

- 실강에다 언지 노코.

호박또 바가테 나뚜며느 어러뿌?

- 얼지, 얼지, 어르마 써그뿌고.

ᐨ 아, 겨울에도 이제 묻어 놔도 돼.

아, 묻어 놨다가 겨울까지도 먹고 합니까?

ᐨ 옳지요.

ᐨ 그것도 먹고 하지.

그러면 어르신 거기 제사지낼 때 밤은 빼면 안 되지요?

ᐨ 밤, 옳지.

그러면 그것은 어떻게 합니까?

ᐨ 밤은 저장을 갖다가 인제 방에다가 인제 이런 두루미를 갖다 놓고 인제 흙 속에다 갖다 넣어 가지고, 안으로 그래 해도 인제, 벌레가 많이 먹어 쌓아서 그것도 많이 하기가 어려워.

아, 그것도 땅, 땅을 파가지고?

ᐨ 옳지 방에다가 이제.

방 안에?

ᐨ 방 안에다가 인제 이런 저 저런 것, 저 놈 항아리 같은 것 저런 걸 갖다 놓고 인제 밤은 미테 놓고 인제 흙을 갖다가 위에 덮어 가지고, 그래 인제 방구석에 놔두면 안 얼지.

안 얼고 그냥 좀 제사지낼 때 쓸 수 있다, 그렇지요?

ᐨ 옳지, 옳지, 있지 그래.

그런데 그것도 벌레가 먹은 것이 많아서, 벌레 많이 먹습니까?

ᐨ 응, 다 버리고, 벌레 먹으면.

그럼 뭐 호박같은 건 또 예전엔 했습니까?

ᐨ 옳지.

ᐨ 호박 같은 것도 인제 해 가지고 방에다 인제 차곡차곡 재 놓지.

ᐨ 시렁에다 얹어 놓고.

호박도 바깥에 놔두면 얼어버리고?

ᐨ 얼지, 얼지, 얼면 썩어버리고.

그엄므 하이튼 고롱 고느 따뜯한 데 해 나야 덴다, 그지예?

‾ 올치, 바~에 가따 들나 나야지.

검 어르신 하나만 더 여쭈어 보게씀미다.

그 바메 그 불, 요즈믄 정기 뿔, 이으가 앙 켬미까?

형광드이, 이렁 걸 켜는데, 예저네느 불 켜는데 어뜽 거 사용해씀미까?

‾ 등뿔.

‾ 호롱뿔.

‾ 접씨불.

‾ 그르치.

거운 등뿌른 어떵?

‾ 등뿌르 은자 낭글167) 짜 가주고, 가시168) 문쪼~우로169) 발라 가주고, 고 아넨 다 여 호롱을 가따 여 가주고, 그래 인짣 저 바께 갈 쩨게 들고 뎅기고.

그어며 이 그거느 지베서는 잘 안, 방아네슨 안 쓴다, 그지예?

‾ 그르치, 안 쓰지, 인자.

‾ 바께 나갈 쩨에 등뿌르라꼬 인 들고 뎅기능 기 이써.

아, 어두울 때 인제 그대 바껜.

‾ 올치, 어두울 쩨, 올치.

바까테 나갈 때?

‾ 어, 그르치.

그 다으메 에 호롱뿌른?

‾ 호롱뿌른 인제 방 아네 쓰고.

‾ 방아네 호롱 통을 요래 언는 데르 딱 따드머 가주 고 인제 언즈 가이 쓰고.

거 머 그 먼 무슨 기름 씀미까, 거느?

무슨 지름 씀미까?

그러면 하여간 그런 것은 따뜻한 데 해 놔야 된다, 그렇지요?

⎯ 옳지, 방에 갖다 들여 놓아야지.

그럼 어르신 하나만 더 여쭈어 보겠습니다.

그 밤에 그 불, 요즘은 전기 불, 이것으로 안 켭니까?

형광등, 이런 걸 켜는데, 예전에는 불 켜는데 어떤 것을 사용했습니까?

⎯ 등불.

⎯ 호롱불.

⎯ 접시불.

⎯ 그렇지.

그럼 등불은 어떤?

⎯ 등불은 인제 나무를 짜 가지고, 가에 문종이를 발라 가지고, 그 안에
다가 넣어, 호롱을 갖다 넣어 가지고, 그래 인제 저 밖에 갈 적에 들고 다
니고.

그러면 이것, 그것은 집에서는 잘 안, 방 안에서는 안 쓴다, 그렇지요?

⎯ 그렇지, 안 쓰지, 인제.

⎯ 밖에 나갈 적에 등불이라고 인제 들고 다니는 게 있어.

아, 어두울 때 인제 그때 밖에는.

⎯ 옳지, 어두울 제, 옳지.

바깥에 나갈 때?

⎯ 응, 그렇지.

그 다음에 호롱불은?

⎯ 호롱불은 인제 방 안에서 켜고.

⎯ 방안에 호롱 통을 요래 얹는 대를 딱 다듬어 가지고 고기 인제 얹어서
쓰고.

거기는 뭔, 무슨 기름을 씁니까, 거기는?

무슨 기름 씁니까?

˗ 서규.

서규예?

˗ 으.

그 엔나레도 서규 써씀미까?

˗ 우리 알170) 쯔엔 쓰고 옌나레는 접씨뿔.

접시뿌른 어떵 검미까?

˗ 접씨뿌르 은자 저렁 거 은자, 참지름도 접씨뿔 쓰고, 미영씨171) 지름도 쓰고, 산초지름도 쓰고, 어 나무 지름 은자 짜 가주고 인자 씸지르 비비 가주고 우따 당그 가주고 어 불 쓰노마 고놈 빠라 무가여 부리 쓰이지.

아주까리가틍 거또?

˗ 아주까리도 써고.

그엄 그 등뿌 어 그 접씨뿔가틍 경우너 에저네 점부 다 그 기르믈 다 짜가 해따, 그지예?

˗ 그르치, 점부 쩌 기름 짜 가이 해찌.

명씨도 기르미 나옴미까?

˗ 명씨도 나와.

그엄므 거머 명씨 그어또 만냐게 그 소케 빼낼 때, 미영 자슬 때, 그거 아네씨 나오면 그그또 암 버리껜네예?

˗ 그르치.

˗ 암 버리찌.

˗ 그넘 명씨 지름 싸가172) 얼매나 썬는데.

아, 저느 그 그 소케맘 빼내 쓰고 명씨는 버리나 해떠니.

˗ 메에173), 엔나레느 점부 그을로 해어든 미영씨 지르므 라꼬, 명씨 지름 그글 젤 마이 가 쓰찌.

˗ 불 써는데.

˅ 석유.

석유요?

˅ 응.

그 옛날에도 석유를 썼습니까?

˅ 우리 아이일 적에는 쓰고, 옛날에는 접시불.

접시불은 어떤 겁니까?

˅ 접시불은 인제 저런 거 인제, 참기름도 접시불에 쓰고, 목화씨 기름도 쓰고, 분디 기름도 쓰고, 어 아무 기름이나 인제 짜 가지고 인제 심지를 비벼 가지고 위에다 담궈 가지고 불을 켜 놓으면 그놈이 빨아 먹어서 불이 켜지지.

아주까리 같은 것도?

˅ 아주까리도 쓰고.

그럼 그 등불, 그 접시불 같은 경우는 예전에 전부 다 그 기름을 다 짜서 했다, 그렇지요?

˅ 그렇지, 전부 기름을 짜서 했지.

목화씨도 기름이 나옵니까?

˅ 목화씨도 나와.

그러면 그럼 목화씨 그것도 만약에 그 솜 빼낼 때 무명실을 자을 때, 그거 안에 씨가 나오면 그것도 안 버렸겠네요?

˅ 그렇지.

˅ 안 버렸지.

˅ 그 놈 목화씨 기름을 짜서 얼마나 썼는데.

아, 저는 그 솜만 빼내 쓰고 목화씨는 버리나 했더니.

˅ 맨, 옛날에는 전부 그걸로 해서 목화씨 기름을 가지고, 목화씨 기름 그걸 제일 많이 썼지.

˅ 불 켜는데.

아, 그게 제일 그 불 쓰는 데는 그글 제일 마이 써따, 그지예?

⌐ 우리는 막 그늠 접씨뿌르 크기 마이 쓰진 아 해꼬, 인자 우리 클 때 가 주오는 점부 인제 지름 나오 호롱뿔 마이 써지.

⌐ 호롱뿌른 상당히 마이 써써.

예, 그암 어르신 인제 어 부모니미나 이를 때느 접씨부를?

⌐ 글 쩬 점부 접씨뿔 썬.

마이 써따, 그지예?

⌐ 그르치.

그러머 으르신 검 초뿌른 언제 쓰?

⌐ 초뿔도 나온 지 얼매 안 데써.

⌐ 그때 머 그때느 네저넨 초뿔도 업써.

⌐ 업써찌.

⌐ 업써찌.

⌐ 인는 걸 뚱도 모르고.

거이 머 겐자~이 그렁 거느 똠 머.

⌐ 원시시덴데 그때는.

구할 수가 업따, 그지예?

⌐ 아무 그또 구할 꺼 엄메, 요 산다케야 소그미나 사고 머.

⌐ 소그므 옌날부터 이써써.

⌐ 소금 엄씨는 몬 사니까.

⌐ 그거느 우쩨 개발 해떤지 소그믄 이스뜨라 카이.

아, 그게 제일 그 불 켜는 데는 그걸 제일 많이 썼다, 그렇지요?

⎺ 우리는 막 그놈 접시불을 크게 많이 쓰지는 안 했고, 인제 우리 클 때에는 전부 인제 기름 나오고는 호롱불 많이 썼지.

⎺ 호롱불은 상당히 많이 썼어.

예, 그럼 어르신 인제 부모님이나 이럴 때는 접시불을?

⎺ 그럴 땐 전부 접시불을 썼지.

많이 썼다, 그렇지요?

⎺ 그렇지.

그러면 어르신 그럼 촛불은 언제 쓰셨습니까?

⎺ 촛불도 나온 지 얼마 안 됐어.

⎺ 그때 뭐 그때는 예전에는 촛불도 없어.

⎺ 없었지.

⎺ 없었지.

⎺ 있는 것인 줄도 모르고.

거의 뭐 굉장히 그런 것은 또 뭐.

⎺ 원시시대인데 그때는.

구할 수가 없다, 그렇지요?

⎺ 아무 것도 구할 것이 없어, 요기 산다고 해 봐야 소금이나 사고 뭐.

⎺ 소금은 옛날부터 있었어.

⎺ 소금 없이는 못 사니까.

⎺ 그건 어떻게 개발을 했던지 소금은 있었다고 하니까.

예저네느 혹시 여기 소를 쫌 어 마니 머겨씀미까, 예저네도?

⁻ 예저'네는 글'치 소를 마~이 미'이지는174) 모 해찌.

⁻ 쫌 이래:: 농사 쫌 마~'이 진는 사람, 부자, 그때는 부자라 그래진.

⁻ 머심175) 딜꼬 살다 봉'께네 그'는 사람마 소 좀 미'이찌.

⁻ 이능 가나한 사람 소'는 몬 미이써, 그때는.

아, 소를 그럼며느 쫌:: 농사를 나아'께' 지꺼나 그른 사람만 머길 수 이꼬.

⁻ 그러치.

거면.

⁻ 가나난 사람 소 사'지도 몬 해꼬.

거므 소, 농'사르 지어야 델 꺼 아임미까?

⁻ 고 모' 내나'176) 고 인잘 인는 사람들한테 인자 먹 거어' 농사도 업서꼬.

⁻ 가나니 데서177), 가나너178) 노니까.

⁻ 농사도 머 인는 사람한테 다 몰리'지.

⁻ 가나난 사라믄 너'무 지베나 살고.

⁻ 그'랜는데.

⁻ 지금맹'크로179) 막 이래 골고리180) 이래 퍼지181) 가주고 안 데가 이끄'덩, 그때는.

⁻ 인는 사라'믄 농사를 마이 지꼬, 엄는 사라므 거 가섬 품파르나182) 하고 먿 너무 지베나 살고 이래따 카이께네.

예전에는 혹시 여기에서 소를 좀 음, 많이 먹였습니까, 예전에도?

˝ 예전에는 그렇게 소를 많이 먹이지는 못 했지.

˝ 좀 이렇게 농사를 좀 많이 짓는 사람, 부자, 그 때는 부자라 그랬지.

˝ 머슴을 데리고 살다 보니 그런 사람만 소를 좀 먹였지.

˝ 이런 가난한 사람은 소는 못 먹였어, 그때는.

아, 소를 그러면 조금 농사를 낫게 짓거나 그런 사람만 먹일 수 있고.

˝ 그렇지.

그러면.

˝ 가난한 사람은 소를 사지도 못 했고.

그러면 소, 농사를 지어야 될 것 아닙니까?

˝ 고기 뭐 역시 고기 인제 있는 사람들한테, 인제 뭐 그 농사도 없었고.

˝ 가난하게 되어서, 가난하여 놓으니까.

˝ 농사도 뭐 있는 사람한테 다 몰리지.

˝ 가난한 사람은 남의 집에나 살고[183].

˝ 그랬는데.

˝ 지금만큼 막 이래 골고루 이래 농토가 퍼져 가지고 안 되어서 있거든, 그때는.

˝ 있는 사람은 농사를 많이 짓고, 없는 사람은 거기에 가서 품팔이나 하고 뭐, 남의 집에서나 살고 이랬다고 하니까요.

그엄며 인제 아무래도 그 소오'는 머 예저네느, 요즈'믄 주'로 소를 키'울 때 머 마구'에 너어가 키웁미까?

˗ 그치, 오전네느 소를 마구이 여 가주고, 기'양 여 사'루마 주고, 기'양 인자 짐마 주고, 물 조 뿌머 그걸로 끄치라.

˗ 그 저네는 막 끼'르서 써'리서 나무 해다가 만::날 끼르 가주고, 삼시르 때 끼르 가주고 조찌마느184) 지끄므 인자 버내 가주고 인자 끼'르가 주질 안치.

예에.

˗ 사루185) 조 뿌'고.

˗ 집' 조뿌'고 머 그래머 그걸로 끄'치라.

머 예저네느 그런 어르신 머 어리스, 어르신 쫌 절머쓸 때나, 어려쓸 때느 소를 키울 때, 주글 주로 끄리가?

˗ 그르치예.

머 또 호씨 다른 데 소를 머 바까테 몰고 어데 소 머기러도 가고 그럼미까?

˗ 소 미'이로186) 마:'이 가찌.

˗ 그때는 머, 아'치말로도187) 소 미이로 가고, 저역' 때를돋 머 소 미이로 가고.

˗ 맨::날 미기로 인자 저얼 디사느 골짜기로 인자 사느로 가따 후두채188) 여 나따가 인자 해가 거룸:하마189) 인자 후'떤가 니'르오고.

˗ 맨날 그래 그이190) 밤복해찌.

그러마 아치메.

˗ 매:일가치 해찌, 그어느.

거마 인제 아치메 소를 가지고, 데리고 인자.

˗ 음, 아치메느 인자 몰꼬 은자 이까르191) 은자, 물꼬 은자 뎅기미 미이고, 지역'192) 땔러는 자193) 기양 가따 머 모가지가194) 겡'기195) 가주고 소

그러면 이제 아무래도 그 소는 뭐 예전에는, 요즘은 주로 소를 키울 때 뭐 외양간에 넣어서 키웁니까?

⎯ 그렇지, 요즘에는 소를 외양간에 넣어 가지고, 그냥 여기에 사료만 주고, 그냥 인제 짚만 주고, 물을 줘 버리면 그것으로 끝이라.

⎯ 그 전에는 막 쇠죽을 끓여서 짚을 썰어서 나무를 해서 가져다가 만날 끓여 가지고, 세끼 때에 끓여 가지고 주었지마는 인제는 변해 가지고 인제 끓여서 주지를 않지.

예::

⎯ 사료를 줘 버리고.

⎯ 짚을 줘 버리고 뭐 그러면 그것으로 끝이라.

뭐 예전에는 그런 어르신 뭐 어려서, 어르신 좀 젊었을 때나 어렸을 때는 소를 키울 때, 죽을 주로 끓여 가지고?

⎯ 그렇지요.

뭐, 또 혹시 다른 데에 소를 뭐 바깥에 몰고 어디에 소를 먹이러도 가고 그럽니까?

⎯ 소를 먹이러 많이 갔지.

⎯ 그 때는 뭐, 아침 전에도 소를 먹이러 가고, 저녁 때도 뭐 소를 먹이러 가고.

⎯ 만날 먹이러 인제 저 뒷산의 골짜기로 인제 산으로 가서 내몰아 넣어 놓았다가 인제 해가 지려고하면 인제 내몰아 내려오고.

⎯ 만날 그래 그일 반복했지.

그러면 아침에.

⎯ 매일 같이 했지, 그것은.

그러면 인제 아침에 소를 가지고, 데리고 인제.

⎯ 음, 아침에는 인제 소를 몰고 인제 고삐줄을 인제, 몰고 인제 다니면서 먹이고, 저녁 때로는 인제 그냥 가져다가 뭐 모가지에 고삐줄이 감겨 가지

가 사으로 홀들쳐 올리뿌고.

  ̄ 그'래 미기따 카이, 소럴.

  그르며느 소가 그르케 하며느 소 그그느 안 함미까?

  소, 저기 머야.

  그람메 예저네는 소를 점부 다 아치멤 그음 몰고 가 가주고, 머기 가주고, 미기 가주고, 다 너어 나따가 그엄 저너게 인자 데리고 옴미까?

  ̄ 그르찌.

  ̄ 어어, 아치마'랜 데리 가 오는 사암드 이'꼬, 아치마'래 끌러 가주곰 하루 점드르196) 사네 내뿌는 사암드 이꼬, 또 모197) 아치마래 미이가 지베 모르다198) 나따가, 또 지너199) 때 가선 또 소를 미기고, 이래 핸.

  그아므 그'때느 소 주로 미'기'로 가는 사람 누구, 어'르'니 데리고 감미까, 누가 가주 감미까?

  ̄ 애'드리 보통 마이 가찌.

  ̄ 소 미인다꼬 인자 소머심도 디리고, 애드리 마~이 가찌.

  그때는 머 혼자 그 가지를 앙코, 여러 명 가치 미기러 감미까?

  ̄ 그르치, 동네 사람 인자 우:: 가치 갇.

  ̄ 동네 소 인는 사람 은자, 부자찌이200) 점부 소 인는 사라민데 자은머시미라꺼201) 이스써.

  ̄ 그 사암드리 주로 인자 꼴도 뜨'꼬 소 미이로 마이 가찌.

  ̄ 그때늠 주'장202) 꼴로 뜨'더가 미이찌.

  ̄ 지끔 머 지비릉 거또 안 주고 순:: 꼴: 뜨'드가 미이찌.

  ̄ 비가 와도 꼴 뜨'드야 데고, 머 암만, 나리 암만 꾸저도203) 꼴 뜨더아 써리 가주오, 써리 가주고 소죽 끼'르 가지 그래 미이.

  ̄ 그때느.

  아, 그때는 머 지비나 이릉 거또 잘 안 주고?

  ̄ 그르치.

고 소를 산으로 내몰아 올려버리고.

￢ 그래 먹였다고 하니, 소를.

그러면은 소가 그렇게 하면 소 그것은 안 합니까?

소, 저기 뭐야.

그러면, 예전에는 소를 전부 다 아침에 그 몰고 가 가지고, 먹여 가지고, 먹여 가지고, 다 산 속에 넣어 놓았다가 그럼 저녁에 이제 데리고 옵니까?

￢ 그렇지.

￢ 아니, 아침 전에 데리고 가서 돌아오는 사람도 있고, 아침 전에 끌고 가서 하루가 저물도록 산에 내어버리는 사람도 있고, 또 뭐 아침 전에 먹여서 집에 몰아서 놓았다가, 또 저녁 때 가서 또 소를 먹이고, 이렇게 했어.

그러면 그때는 소를 주로 먹이러 가는 사람은 누구, 어른이 데리고 갑니까, 누가 가지고 갑니까?

￢ 애들이 보통 많이 갔지.

￢ 소를 먹인다고 인제 소머슴도 데리고, 애들이 많이 갔지.

그때는 뭐 혼자 그 가지를 않고 여러 명이 같이 먹이러 갑니까?

￢ 그렇지, 동네 사람 인제 모여 같이 갔지.

￢ 동네 소가 있는 사람 인제, 부자집이 전부 소가 있는 사람인데 곁머슴이라고 있었어.

￢ 그 사람들이 주로 이제 꼴도 뜯고 소를 먹이러 많이 갔지.

￢ 그때는 주로 꼴을 뜯어서 먹였지.

￢ 지금 뭐 짚 이런 것도 안 주고 순 꼴만 뜯어서 먹였지.

￢ 비가 와도 꼴을 뜯어야 되고, 뭐 암만, 날이 암만 궂어도 꼴을 뜯어서 썰어 가지고, 썰어 가지고 쇠죽을 끊여 가지고 그렇게 먹였지.

￢ 그때는.

아, 그때는 뭐 짚이나 이런 것도 잘 안 주고?

￢ 그렇지.

주로 이 소꼴 해 가주고?

￢ 어, 소꼴로 비 가주고 머.

￢ 맬:가이204) 투름도205) 맬가코, 그땐 다 뜨드 미이써.

￢ 끄땐 순:: 마 비 가주 미기따 카이.

그때는 머, 요'즈'믄 이 워낭 머, 꼴 비는 사람 업찌예?

￢ 업찌.

￢ 지끄므 인자 꼴 하'나도 안 비.

그러이까 온 동네 머 우거저 이꼬.

￢ 그리치206).

￢ 마 전:치 꼬리 다 우거저찌.

￢ 지그믄 순: 자 집' 끄'느207) 미'이고, 왜국 수 인자 왜국 수 사다 미이고.

￢ 왜국 풀 가따아, 소 마이 미이는 사람 첨부 왜국 풀 사다 미이그던.

그음 머 어르신 그러며너 인제 소, 예저너 점부 소 키울려며느 인젼 꼴 베 가주고, 그르가 인자 써리 가주고 주루고 해따, 그지예?

￢ 그르치 에.

￢ 순:: 꼴 비 가 해찌.

거며 인제 예전에엔느 여기 머 소 키우는 데는 주로 머 머머 이씀미까, 머 마구?

￢ 마'아'구?

예.

￢ 마구깐 여 은자 쪼매나이208), 그때는 머 함 마리, 삼 마리썩209) 고래 빼께 암 미이써.

￢ 마이느 이 집딴 열, 지끄믄 머 열 마리도 미이고 수무 마리도 미오210), 빽 빠리도 미이고 애르지 마능, 그때늠 함 바리썩 요른 농가아서르 함 바

주로 이 꼴을 해 가지고?

- 응, 꼴로 베어 가지고 뭐.

- 말갛게 두렁도 말갛고, 그때는 다 뜯어 먹였어.

- 그때는 순 그냥 꼴을 베 가지고 먹였다고 하지.

그때는 뭐, 요즘은 이 워낙 뭐, 꼴을 베는 사람이 업지요?

- 없지.

- 지금은 인제 꼴을 하나도 안 베지.

그러니까 온 동네에 뭐 우거져 있고.

- 그렇지.

- 그냥, 전체가 꼴이 다 우거졌지.

- 지금은 순 인제 짚을 끊어 먹이고, 외국 소 인제 외국 소를 사다가 먹이고.

- 외국 풀 가져다가, 소를 많이 먹이는 사람 전부 외국 풀을 사다가 먹이거든.

그럼 뭐 어르신, 그러면은 이제 소, 예전에는 전부 소를 키울려며는 이제 꼴을 베어 가지고, 그래서 이제 썰어 가지고 주려고 했다, 그렇지요?

- 그렇지요.

- 순 꼴을 베서 했지.

그러면 이제 예전에는 여기 뭐 소를 키우는 데는 주로 무엇, 무엇 있습니까, 무엇 외양간?

- 외양간?

예.

- 외양간, 여기 인제 조그만 하게, 그때는 뭐 한 마리, 한 마리씩 그렇게밖에 안 먹였어.

- 많이는 이 집단 열, 지금은 뭐 열 마리도 먹이고 수무 마리도 먹이고, 백 마리도 먹이고 이랬지마는, 그때는 한 마리씩 이런 농가에서는 한 마리

르썩 고래 미이찌.

검 주로 마구까네 그 이꼬, 그 마구깐네느 또 머 어뜽게 이씀미까?

소르, 소를 위한 그렁 거느 마구깐 아네 머 또 다릉게 이시면?

ㅡ 마구가네는 머 장치해나믄 마구 머 그대로 해 노코, 소마 장치해 노코, 소, 소마 여 노코, 머 큰 마굳 장치느 어써써.

그아머 소이 그 인자 스 그 멈미까, 지비나211) 꼴가틍 거 써리나 가주 주로 그 여무리라 함미까?

ㅡ 염'물'.

그어므 여물 주는 통 그거는 머으?

ㅡ 구'시'이통.

ㅡ 구시통이라고 낭글 이래 큰' 통'낭그를 파 가주고, 가분데를212) 막 도치르 쪼서213) 가주고, 크다:'나이 파 가지고, 이저 구시르 맹그러 가 해찌.

ㅡ 지끄믄 머 세맨도 하고 이래지마느 그저네 점부 나무꾸'시르 해 가죠, 거러 가주고 그래 살고 ***.

구시 가틍 거느 함 만드러 남 오래 감미까?

ㅡ 머 그으또 머 수차~214) 오래 가지.

ㅡ 잘 안 써'니까.

ㅡ 그으또 머 미'씸'년 머 가지.

요 요즈믄 나무구시는 잘 업찌예?

ㅡ 업찌, 그리.

ㅡ 점:부' 세매늘 가주고 그대:로 가따 햄뿌고.

그엄며느 소구시 가틍 거는 즉쩝 사네 가서 해 가주 와서, 나무 해 가주 와서 만드심?

ㅡ 큰:: 낭글 가따 비 가주고 그래 맹그러써 해야데.

ㅡ 양쭈215) 은자 따드므 가주고.

ㅡ 그:는 데도 맹'글고 가분뎁 한216) 바가치로 한 너덛빠가치, 서너바가지

씩 그렇게 먹였지.

그럼 주로 외양간에 그 있고, 그 외양간에는 또 뭐 어떤 게 있습니까?

소를, 소를 위한 그런 것은 외양간 안에 뭐 또 다른 것이 있으면?

﹣외양간에는 뭐 장치를 해놓은 것은 외양간 뭐 그대로 해 놓고, 소만 장치해 놓고, 소, 소만 넣어 놓고, 뭐 큰 외양간 장치는 없었어.

그러면 소가 그 이제 그 뭡니까, 짚이나 꼴같은 것을 썰어 놓아가지고 주로 그 여물이라 합니까?

﹣여물.

그러면 여물을 주는 통 그것은 뭐?

﹣구유통.

﹣구유통이라고 나무를 이렇게 큰 통나무를 파 가지고, 가운데를 막 도끼로 쪼아 가지고, 커다랗게 파 가지고, 이렇게 구유를 만들어 가지고 했지.

﹣지금은 뭐 시멘트도 하고 이랬지마는 그 전에는 전부 나무구유로 해 가지고, 그래 가지고 그래 살고 ***.

구유 같은 것은 한 번 만들어 놓으면 오래 갑니까?

﹣뭐 그것도 뭐 제법 오래 가지.

﹣잘 안 썩으니까.

﹣그것도 뭐 몇 십 년 뭐 가지.

요, 요즘은 나무 구유는 잘 업지요?

﹣없지, 그렇게.

﹣전부 시멘트를 가지고 그대로 가져다 해버리고.

그러면은 소구유 같은 것은 직접 산에 가서 해 가지고 와서, 나무를 해 가지고 와서 만드십니까?

﹣큰 나무를 가져다 베어 가지고 그렇게 만들어서 해야 되지.

﹣양쪽에 인제 다듬어 가지고.

﹣거는 데도 만들고 가운데 대략 바가지로 대략 네댓 바가지, 서너 바가

들도록 쿵 걸 가지오 그래 구셀 해찌.

　그어믄 그기 소구시가틍 거느 인제 예를 드어서 어르신 만드시고 그래 함며 너 호씨나으 소우가틍 경우는 머 암소는 쫌 순하지만 황소가튼 노믄 또 또 쫌 거센 놈도 아 이씀미까?

　ᅳ 으르치치.

　그른 놈어 뿔로 얻 뜨르바꼬 이러면느?

　ᅳ 혹 뜰바들217) 수도 인는뎀, 장치르 가따가 여물겐 딱 해노키 때미로 크기 먼 뜰바다 넝가고 그래친 아 해써.

　검 술 그 다메너 이 구시이꼬, 거머 여무른 주로 머 까죽 어뜨케 하이씀미까?

　ᅳ 발로 디디 가주고 하나느 인자 미기고 하나는 자 발로 인냐 푹떡 디디 가주고.

　머 그 짝뚜미까?

　ᅳ 짝또218).

　ᅳ 짝또로.

　ᅳ 짝뚜로 미이고, 지끄므 인자 한쭈 손인 느질러219) 가주고 써리지마느 그 젠너 사래미 하나는 미이고 하나는 발브 가주고, 발 발브 가주 그래.

　짝뚜 발꼬?

　ᅳ 올치.

　한 사아므 은저 지비나 머 이름.

　ᅳ 미이고.

　미기고?

　ᅳ 올치.

　ᅳ 그래 가 싸르220) 가이 미.

　ᅳ 꼴도 그래 점부 다 그래써.

　그암며느 예저네느 점부 주글 끄려 주씀미까, 여물주글?

지가 들도록 큰 것을 가지고 그렇게 구유를 만들었지.

그러면 거기 소구유 같은 것은 인제 예를 들어서 어르신께서 만드시고 그래 하면 혹시나 소 같은 경우는 뭐 암소는 좀 순하지만 황소 같은 놈은 또, 또 좀 거센 놈도 안 있습니까?

⁻ 그렇지.

그런 놈은 뿔로 어, 들이받고 이러면은?

⁻ 혹 들이받을 수도 있는데, 장치를 가져다가 여물게 딱 해 놓기 때문에 크게 뭐, 들이받아 넘기고 그렇지는 안 했어.

그럼 소를, 그 다음에는 이 구유가 있고, 그러면 여물은 주로 무엇을 가지고 어떻게 하였습니까?

⁻ 발로 디뎌 가지고 한 사람은 인제 먹이고[221] 한 사람은 인제 발로 인제 푹 디뎌 가지고.

뭐 그 작두입니까?

⁻ 작두.

⁻ 작두로.

⁻ 작두로 먹이고, 지금은 인제 한 쪽 손은 눌러 가지고 썰지만은 그 전에는 사람이 한 사람은 먹이고 한 사람은 밟아 가지고 발로 밟아서 그래.

작두를 밟고?

⁻ 옳지.

한 사람은 이제 짚이나 뭐 이런.

⁻ 먹이고.

먹이고?

⁻ 옳지.

⁻ 그래 가지고 썰어 가지고 먹여.

⁻ 꼴도 그렇게 전부 다 그랬어.

그러면은 예전에는 전부 죽을 끓여 주었습니까, 여물죽을?

― 첨:부222) 끄르 조찌.

여물주근 머 보통 머 어떤 시그로 끄림미까? 그람며느.

특별히 쫌 다름미꺼?

― 꼴 써'어리 가주고 꼴' 여'코, 은저223) 딩'기' 그그 쪼꼼224) 여'코 그르가 끼리 가서.

무레다가?

― 은.

딩게는 머 어드엔 보리띵게 씀미?

― 띵기느 버'리'띠'기 여 뚜꼬 나락떵'기도225) 여코.

― 그땐 딩'기도 마이도 업써지, 인녀 그 저네는 자 소 은자, 쭈우 그넌 소 가주오 농사 지꼬 무꼬 사라끄덩, 끄때너.

― 점:부 머 쪼꼼 항 거또 소 가주 다 해찌.

― 이릉 기게가 업짜나, 고 헹녀네226).

― 그르 가조는 소 가주고 순: 머 콩'도 파래 미이고, 죽 잘 암 머어, 술'도 해 미기고, 소를 가따, 그때느 소 함 발쓰227) 미이는 사람 일단 정시느 거 다 데리쓰228).

― 소 때'무 무'꼬 사니까.

그엄 쫌 소가 머 쫌 주글 잘 암 머꾸 이럼 콩, 콩도 해 가 머기고 하네예?

― 그르치, 양 머 개도 자아229) 미기고 마 이래이.

아, 검 소가 개도 잠 먹씀미까?

― 엄, 개, 개 무어.

― 소가 개는 무거.

가믄 대개 은자 병 나따 시프며느 그르도 한다, 그지예?

― 그르치, 응.

― 그검 머 그거느 그때는 땅 한 골베다도230) 점부 저저 소가 다 이'바껴 찌231), 사라므로는 머 모 하그더.

˚ 전부 끓여 주었지.

여물죽은 뭐 보통 뭐 어떤 식으로 끓입니까? 그러면은.

특별히 좀 다릅니까?

˚ 꼴을 썰어 가지고 꼴을 넣고 인제 등겨 그것을 조금 넣고 그래서 끓여 가서.

물에다가?

˚ 응.

등겨는 뭐 어떻게 보리등겨를 씁니까?

˚ 등겨는 보리등겨 넣어 두고 왕겨도 넣고.

˚ 그때는 등겨도 많이도 없었지, 인제 그 전에는 소, 인제 쭉 그런 소를 가지고 농사를 짓고 먹고 살았거든, 그때는.

˚ 전부 뭐 조금 한 것도 소를 가지고 다 했지.

˚ 이런 기계가 없잖아, 그 당시에는.

˚ 그래 가지고는 소에게 순 뭐 콩도 팔아 먹이고, 죽을 잘 안 먹으면 술도 해서 먹이고, 소를 가져다 그때는 소 한 마리씩 먹이는 사람 일단 정신을 거기에 다 들였어.

˚ 소 때문에 먹고 사니까.

그럼 좀 소가 뭐 좀 죽을 잘 안 먹고 이러면 콩, 콩도 해 가지고 먹이고 하네요.

˚ 그렇지, 음 뭐 개도 잡아 먹이고 막 이랬지.

아, 그럼 소가 개도 잘 먹습니까?

˚ 음, 개, 개는 먹어.

˚ 소가 개는 먹어.

그럼 대개 이제 병이 났다 싶으면 그렇게도 한다, 그렇지요?

˚ 그렇지, 응.

˚ 그것은 뭐 그것은 그때는 땅 한 고랑이라도 전부 저 소가 다 일으켰지, 사람으로는 뭐 못 하거든.

⌐ 지금 기게도 그때 아::무 기게도 업써꼬, 점:: 순 소 가주고 인자 일바시 가주고, 논 갈고 바 깔고, 어 써:리고, 저: 어데 사네서 나무해가 오는 데도 여르 치물 가따가 맨:날 실꼬 뎅기거더, 소에다가.

소에다 실꼬, 인제 앙 그럼며는 소가 소 으스며는 머 일 자체가 안 덴다, 그지예?

⌐ 안 데지.

⌐ 소 엄시만 아마무 꺼또 모테.

나락가틍 거또 머 씰꼬 올 수도 이씀미까?

⌐ 그르치, 나락또 실코 보'리도 실코 머 전:.

⌐ 시장가서 쌀랠때 볼 찌 실꼭 고령장거저232) 시, 임심 니, 삼심 니 실꼬 가고 맨날 그래찌.

⌐ 그이 밤복해찌233).

그암 머 그때느 거이 이 머 소'가 점'부다 그제?

⌐ 응.

⌐ 소'로 가주 다 해'따카이.

소는 어르신 왜 아까 그 머 개는 이래가 쫌 아프고 이라면 소가 아프먼 개 자바 머기기도 하는데, 수른 왜 머기미까?

⌐ 수'른 무'마 인자 여리 인자 도끼 때미네.

⌐ 소가.

⌐ 거 여리 이르가234) 도끄'랄라고235) 막 수를 가주고 큰:: 바가치, 함:: 바가치 그랜 퍼 미이따 카이끼네.

⌐ 멀한 소는, 장 묵뜬' 소는 그늠 지절로236) 무꼬, 멀한 소는 망 미이고 해따꼬.

아, 인자 머, 쫌 머글 쭐 아는 소는 그냥 부 주며너 그 구시에 부우 노멈 먹응꼬, 인저 첨 멍는 소는 머기 조여 데네.

‑ 지금 기계도 그때는 아무런 기계도 없었고, 전부 순 소를 가지고 이제 일어켜 가지고 논을 갈고 밭을 갈고, 어 써레질을 하고, 저 어디 산에서 나무를 해서 오는 데도 여러 짐을 가져다가 만날 싣고 다니거든, 소에다가.

소에다 싣고, 이제 안 그러면은 소가, 소가 없으면은 뭐 일 자체가 안 된다, 그렇지요?

‑ 안 되지.

‑ 소가 없으면 아무 것도 못해.

벼 같은 것도 뭐 싣고 올 수도 있습니까?

‑ 그렇지, 벼도 싣고 보리도 싣고 뭐 저.

‑ 시장에 가서 쌀을 낼 때 볼 적에 싣고 고령시장까지 십, 이십 리, 삼십 리를 싣고 가고 만날 그랬지.

‑ 거의 반복했지.

그럼 뭐 그때는 거의 이 뭐 소가 전부다 그지요?

‑ 응.

‑ 소를 가지고 다 했다고 하니까.

소는 어르신, 왜 아까 그 뭐 개는, 이렇게 좀 아프고 이렇게 되면 소가 아프면 개를 잡아 먹이기도 하는데, 술은 왜 먹입니까?

‑ 술은 먹으면 인제 열이 인제 돋기 때문에.

‑ 소가.

‑ 그 열이, 이래서 돋우려고 막 술을 가지고 큰 바가지, 한 바가지를 그래 퍼 먹였다고 하니까.

‑ 무엇한 소는, 늘 먹던 소는 그 놈 스스로 먹고, 무엇한 소는 막 먹이고 했다고.

아, 이제 뭐, 좀 먹을 줄을 아는 소는 그냥 부어 주면은 그 구유에 부어 놓으면 먹었고, 이제 처음 먹는 소는 먹여 주어야 되네.

- 아, 어, 올치, 막 둘러마시237) 뿌리, 음, 미기드, 미 조야 데고, 그애찌. 그검 머 미기므 어데 소 아플 때 미김미까, 앙 그아몀 머 어떠?
- 금 맏 소가 느리하'이 올키 몬 뗑'게고 이랠 쩨게.
- 그른너 한 잔 미기 느마 누니 좀 거스하그, 알콩 성지리 드가 노이께 네 소가 인자 기구~이238) 좀 발딸하는 모야~이라.
- 그르 소름 상다이 미이 나.

소가 그러며는.

- 글 땐 지 밥또 한 그르스 가따 부스 조따 카이께네.
- 사람 바블.
- 소 그눔, 소'로 위주루가 삼:따 보~이께네 머 이 지 구문뽀다239) 소갇 무'그야만 또 이를 하고 사램 무꼬 사니까.
- 그만치 그때 그 소갇 중:해따 카이께.

그이까 머 그때느, 이 요즘도 소가 머 중요하긴 하지마너, 에 그때느 정말 머 중요해따, 그지예?

- 응, 지끄믄 머, 그르치.
- 그때능 그 아주 머 소를 가따가 참 먿 엄:청'시리240) 가따 중하게 여기 써.
- 응, 지끄믄 사람 크끼 주하게 안 데고, 지그믄 인자 춘241) 고기 그그뻬 께 암, 그그 물라242) 카지 머 이른 아 항그더.
- 매앤'날 당그르243) 매나따, 인자.
- 파능 그거 머 뻬께244) 아 해찌.

그르이까 그때느 소가 쪼끔 머 고대고 이럴 때도 수를 쩌 한 대식 이르케 머 기는 모야~이지예?

- 음, 미기찌.

그라면 사람 그 머 피곤할 때 수 무면 쪼끔 글트시 소두 쫌 나따, 그지예?

- 올치, 올티, 그런 모애~'이지245).

⁻ 아, 어 옳지. 막 들이마셔 버리지, 음 먹여도 먹여 줘야 되고 그랬지.

그것은 뭐 먹이면 어디 소가 아플 때 먹입니까, 안 그러면 뭐 어떻게?

⁻ 그 막 소가 느릿하게 옳게 못 다니고 이럴 적에.

⁻ 그렇게 놓아두고 한 잔 먹여 놓으면 눈이 좀 그윽하고 알콜 성질이 들어가 놓으니까 소가 이제 기운이 좀 발달하는 모양이라.

⁻ 그런 소는 상당히 먹여 놓아.

소가 그러면.

⁻ 그럴 때는 자기 밥도 한 그릇을 가져다 부어 주었다고 하니까.

⁻ 사람 밥을.

⁻ 소 그 놈, 소'를 위주로 삼다 보니까, 뭐 이 자기 입보다 소가 먹어야만 또 일을 하고 사람도 먹고 사니까.

⁻ 그만치 그때 그 소가 중했다고 하니까.

그러니까 뭐 그때는, 이 요즘도 소가 뭐 중요하긴 하지만은, 그때는 정말 뭐 중요했다 그렇지요?

⁻ 응, 지금은 뭐 그렇지.

⁻ 그때는 그 아주 뭐 소를 가져다가 정말 뭐 엄청스레 가져다 중하게 여겼어.

⁻ 응, 지금은 사람에게 크게 중하게 안 되고, 지금은 인제 순 고기 그것밖에 암, 그것을 먹으려고 하지 뭐, 일은 안 하거든.

⁻ 만날 달아 매어 놓았다 인제.

⁻ 파는 뭐 그것밖에 안 했지.

그러니까 그때는 소가 조금 뭐 고되고 이럴 때도 술을 한 되식 이렇게 먹이는 모양이지요?

⁻ 음, 먹였지.

그러면 사람 그 뭐 피곤할 때 먹으면 조금 그렇듯이 소도 좀 낫다 그렇지요?

⁻ 옳지, 옳지, 그런 모양이지.

￣ 그이 야긴 모얘~이라 그기.

￣ 그리가 미기사따꼬.

소는 그럼 머 인제 주로 어 마구에느 구시하고 소 마구깐하고 검 머 혹시 소는 그 겨우레는 추꼬 이러면 머 위에?

￣ 삼'저~'이라꼬 이써, 삼'정'.

￣ 삼'저~'을 지'까 맹'그러 가주 툭툭하이 인자.

￣ 아네 삼녕[246] 또 하나 임피꼬 인자 가세 인자 이피고.

￣ 춥따꼬.

￣ 겨을레는 또 마~이[247] 추부쓰[248], 그때, 에저네느.

￣ 지끄믄 글쿰[249] 안 춥찌마는.

￣ 그르 가주고 그르 맨날 이피따 카이께네.

￣ 밤마중[250] 이피고.

￣ 나줄로도[251] 이피 내 뚜고, 바마중 그래 이피 나따가.

거믄 소삼정은 검 지브로 인자 만드러가 두.

￣ 지브로 맹그러 가이가, 그르치여.

그르 가 머 새끼나 이렁 걸로 묵씀미까?

￣ 음, 그건 북'띠[252]라꼬 이써.

￣ 까꾸래이[253] 해 가조고 막 졸라 능기이써.

아, 북띠예?

￣ 어.

거는 머로 만듬미까?

￣ 그그또 지프로 맹그러 가주 하지.

￣ 따~'아 가지고 인자 이 꼬재일 항 갵 가지를 이르이래 여 가지고, 여따 내 거러 가지오 시 도러갇 매능 이 이찌.

￣ 북띠라꼬.

검 북띠 까 인제 안 버껴지도로 그르케 해 논는다, 그지예?

ᵁ 그게 약인 모양이라 그게.

ᵁ 그래서 먹였다고.

소는 그럼 뭐 이제 주로 외양간에는 구유하고 소 외양간하고 그럼 뭐 혹시 그 겨울에는 춥고 이러면 뭐 위에?

ᵁ 덕석이라고 있어, 덕석.

ᵁ 덕석을 짚 가지고 만들어 가지고 툭툭하게 이제.

ᵁ 안에 덕석을 또 하나 입히고 인제 바깥에 이제 입히고.

ᵁ 춥다고.

ᵁ 겨울에는 또 매우 추웠어, 그때, 예전에는.

ᵁ 지금은 그렇게 안 춥지만.

ᵁ 그래 가지고 그래 만날 입혔다고 하니까.

ᵁ 밤마다 입히고.

ᵁ 낮으로도 입혀 놓아 두고, 밤마다 그렇게 입혀 놓았다가.

그러면 소 덕석은 그럼 짚으로 이제 만들어 가지고.

ᵁ 짚으로 만들어 가지고 그렇지.

그래 가 뭐 새끼나 이런 걸로 묶씁니까?

ᵁ 음, 그것은 복띠(腹-)라고 있었어.

ᵁ 갈고리를 해 가지고 막 당겨서 넘겨(매었어.).

아, 복띠요?

ᵁ 응.

그것은 무엇으로 만듭니까?

ᵁ 그것도 짚으로 만들어 가지고 하지.

ᵁ 땋아 가지고 인제 이 나무가지를 한 개 가지고 이래이래 넣어 가지고, 여기에 내어 걸어 가지고 쉽게 돌아가 매는 것이 있지.

ᵁ 복띠라고.

그럼 복띠 가지고 이제 안 벗겨지도록 그렇게 해 놓는다, 그렇지요?

￣ 으, 그르치.

그때느 어째뜬 머 소:한테 지극정성이어따, 그지예?

￣ 적:끅 정성해찌.

요즘믐 소삼정가틍 거 함미까?

￣ 아네.

￣ 지끄므 아 이피께 그때로 서라릉254) 내삐 도뿌리.

그 그르도 옌날하고 요즘하고는 쫌 소 어 그 쫌 차이가 만타, 그지예?

￣ 그르치, 지끄믄 순:: 머 고기 애주로 하지.

￣ 머 엄 머 파르 가주 인자 돈 그어 미입255) 하넌 거 그 제미로 하지 머,
다릉 거 머 이른 머 하내이달 보태주능 거도 어꼬, 아무끄또 업써.

그 다메 예저네 아까 어르신 그 인제 머 쪼금, 요즈믄 집찜마다 소를 머기고
또 어떤 지븐 소 마니 머기기도 하지마는 예저네는 소를 그러면 그 다른 사람
집 소를 머기는 경우도 이서씀미까?

￣ 이서쩌.

￣ 배내, 배내~'이라꼬.

￣ 배냉'이.

￣ 엄는 사라믄 자 인는 사람 인자 배내~'이로 가따 미이마 송안치르256)
가따 인자 미기마, 그눔 소르 은잔 키야 가주고 송안치 노마 인자 송안치
하고 큰 소는 인자 주인 조 뿌고.

아, 그암 암소 그거 키어 주고?

￣ 올치, 암소도, 배내'기라, 그게, 배내'기라꼬 저네, 옌나레.

￣ 인자 배내이로 인자 몰꼬 와가주고 그누물 키야 가주고, 자 큰 소 맹
그러 가 송아치르 노차너.

￣ 인자 송아'치노 송안치는 그 지비 하고 인자 큰 소는 따부 뻔지브로
조' 뿌고.

아, 월래 인자 쪼마난 송아지르 한, 암소 송아지 하날 키어 가주고 큰 소

˗ 응, 그렇지.

그때는 어쨌든 뭐 소한테 지극정성이었다, 그지요?

˗ 적극 정성으로 했지.

요즘은 소 덕석 같은 것을 합니까?

˗ 안 해.

˗ 지금은 안 입히니까 그대로 겨우내 내버려 두어버리지.

그, 그래도 옛날하고 요즘하고는 조금 소는 그 좀 차이가 많다, 그지요?

˗ 그렇지, 지금은 순 뭐 고기 위주로 하지.

˗ 뭐 음, 뭐 팔아서 인제 돈 그 몇 닢 하는 것 그 재미로 하지 뭐, 다른 것 뭐 일은 뭐 하나도 보태어 주는 것도 없고, 아무 것도 없어.

그 다음에 예전에 아까 어르신 그 이제 뭐 조금, 요즘은 집집마다 소를 먹이고 또 어떤 집은 소를 많이 먹이기도 하지마는 예전에는 소를 그러면 그 다른 사람 집의 소를 먹이는 경우도 있었습니까?

˗ 있었지.

˗ 배내, 배내라고.

˗ 배내.

˗ 없는 사람은 인제 있는 사람 인제 배내로 가져다 먹이면 송아지를 가져다 인제 먹이면, 그놈 소를 인제 키워 가지고 송아지를 낳으면 인제 송아지를 하고 큰 소는 인제 주인에게 주어 버리고.

아, 그럼 암소 그것을 키워 주고?

˗ 옳지, 암소도 배내소라, 그게 배내소라고 전에, 옛날에.

˗ 이제 배내로 이제 몰고 와 가지고 그놈을 키워 가지고, 인제 큰 소를 만들어서 송아지를 낳잖아.

˗ 인제 송아지는, 송아지는 그 집에서 하고 인제 큰 소는 도로 본집으로 주어 버리고.

아, 원래 이제 조그만 송아지를 한, 암소 송아지 하나를 키워 가지고 큰 소를 만드러 가주고 인자 그르가 새끼 나으며느 인잡.

　- 올치, 쪼매난 송안치르 가 키아가이, 응, 그르치, 응, 올치.

　- 새끼는 은자 하고 큰 소느 인자 주고.

　그글 인자 배낵'?

　- 배내, 배내'기.

　그 보통 소 머기는 거는 주록 그런 방시기 만심미꺼, 나무:?

　- 어엄'는 사라믄 인자 소끌띠~'이257) 한 장만할'라머 그래야머 소끄띠을 장만 돈, 소 살 도~'이 엄씨니까.

　- 그저네느 우케258) 양시이 엄서 가주 내가 한 데르 가따가 꾸 무며는 두우' 디'259) 조야 데능기라.

　- 꼽짱니로 조애 데능 기야.

　- 지'끄믐 머 동 그트여 머 미 푸로, 미 푸로 카지만 그젠는 내가 쌀 항 디 가따가 인는 사람 지고 한 디 가따 무'으'며는 두 디르 조'애 데잉게 라.

　- 배'를'.

　- 함 말 무만 두 말.

　- 한 섬 무우마 두 섬.

　- 그만치썽 머.

　- 배:'르' 조애 데, 엄청나게 조애 데.

　- 그래 놓께 그저네, 에저네느 엄:는 사라믄 자꾸 더 업, 업'서'지고, 인 는 사라믄 그래도 쫌 모이고.

　- 지끔도 그러치마는.

　- 지금도 항가지 아이가, 엄는 사라믄 마 당260) 응꼬, 돔 마~이 인는 노 믄 멀 해가주고도 머 큼 부자가 데고, 엔나레느 지끼이나 항가지라 카이 께.

　옌나른 더 심해따, 그지예?

만들어 가지고 이제 그래서 새끼를 낳으면은 인제.

⎺ 옳지, 조그마한 송아지를 가지고 키워서, 응, 그렇지, 응, 옳지.

⎺ 새끼는 인제 하고 큰 소는 인제 주고.

그것을 이제 배내?

⎺ 배내, 배내소지.

그 보통 소를 먹이는 것은 주로 그런 방식이 많습니까, 남의?

⎺ 없는 사람은 이제 소 그루터기 하나 장만하려면 그래야만 소 그루터기를 장만할 돈, 소 살 돈이 없으니까.

⎺ 그 전에는 워낙 양식이 없어 가지고 내가 한 되를 가져다가 꾸어 먹으면은 두 되를 주어야 되는 것이라.

⎺ 곱장리로 주어야 되는 것이야.

⎺ 지금은 뭐 돈 같은 것 뭐 몇 퍼센트, 몇 퍼센트라고 하지만 그 전에는 내가 쌀 한 되를 가져다가 있는 사람을 의지하고 한 되를 가져다 먹으면은 두 되를 주어야 되는 것이라.

⎺ 배를.

⎺ 한 말 먹으면 두 말.

⎺ 한 섬을 먹으면 두 섬.

⎺ 그 만치씩 뭐.

⎺ 배를 주어야 돼, 엄청나게 주어야 되지.

⎺ 그래 놓으니까 그 전에, 예전에는 없는 사람은 자꾸 더 없, 없어지고, 있는 사람은 그래도 좀 모이고.

⎺ 지금도 그렇지마는.

⎺ 지금도 한 가지 아니가, 없는 사람은 그냥 늘 없고, 돈 많이 있는 놈은 무엇을 해 가지고도 무엇만큼 부자가 되고, 옛날에는 지금이나 한 가지라고 하니까.

옛날은 더 심했다, 그렇지요.

- 더 심해찌.

이자가 그지예?

- 그르치.

머 배를 바드쓰이께네.

- 머, 어.

- 꼽짱니라 캉게, 이기 인자 꼽장닌데.

아, 그 그글?

- 꼽짱니~이.

야

- 꼽쭌다꼬 인자.

- 한 디 무므 두 디 주능께 꼽짱니라 그래이.

그 은제 장니라고 이, 장니싸리라 함미까?

- 그르치, 꼽'짱'니~이 살.

그르이까 소도 인제 주로 은제 키울 때는 배내기소 키우고나, 앙 그엄 머 그냥 일반 소, 나믄 소 키우능, 그르능 그는 잘 아 하는 모애지예?

- 그르치.

- 인잔 너무261) 소 키아진 아느지.

- 여이 그기 인자 주로 마네찌262).

그 배내기소는 그르가 인제, 그르며 그 월래 소 마는 사아믄 그르 가 송아지 이래가 하여 가주 또 소를 자꾼 널린다, 그리예?

- 그르치 머, 두 바르서, 시 바리선 널리지, 그래.

그 배내기소는 보통 그럼면 한 키우고 하, 새끼 빼고 할려면 한 한 이삼년 키워야 데겐네예?

- 일'련', 이'티263).

- 한 이'티' 데야 일 인자 송안치로 보지.

- 이티 미기야.

˗ 더 심했지.

이자가 그렇지요?

˗ 그렇지.

뭐 배를 받았으니까.

˗ 뭐, 응.

˗ 곱장리라고 하니까, 이게 이제 곱장리인데.

아, 그 그것을?

˗ 곱장리.

야.

˗ 곱을 준다고 인제.

˗ 한 되를 먹으면 두 되를 주니까 곱장리라 그래.

그 이제 장리라고 이, 장리쌀이라 합니까?

˗ 그렇지, 곱장리 쌀.

그러니까 소도 인제 주로 인제 키울 때는 배내 소를 키우거나, 안 그러면 뭐 그냥 일반 소, 남의 소를 키우는, 그러는 것은 잘 안하는 모양이지요?

˗ 그렇지.

˗ 인제 남의 소를 키우지는 않지.

˗ 여기에는 그게 인제 주로 많았지.

그 배내 소는 그래서 인제, 그러면 그 원래 소가 많은 사람은 그래 가지고 송아지를 이래서 하여 가지고 또 소를 자꾸 늘린다, 그렇게요.

˗ 그렇지 뭐, 두 마리씩, 시 마리씩 늘리지, 그렇게.

그 배내 소는 보통 그러면 한 번 키우고, 새끼를 빼고 하려면 한 한 이삼년은 키워야 되겠네요.

˗ 일년, 이태.

˗ 한 이태가 되어야 인제 송아지를 보지.

˗ 이태 먹여야.

송아치도 그럼며느 암소 송아지 나으면 더 조케따, 그지예?

‑ 음, 그르치예.

‑ 그땜 항소가 일 잘한'다꼬 항소도 갠차네써.

아, 이른 항소가 잘하니까?

‑ 올치, 잘 하지.

‑ 암소보다 히미 시다264) 카이께네, 항소가.

‑ 옌나르너 그르고 또 항소갇 버르시 상그로움265) 마네서 사라믈 뜰바
미길 더라 이서따 카이께네.

검 인제 황소나 이렁 거 배내기소 인제 해가조오 큰 소는 가따 주고 송아지를
인자 다시 키울 꺼 아임미까?

‑ 그르치.

그아믕 그기 키우가?

‑ 키아마 인자 그근 지거 데지.

그어므 키오 가주 인제 자기 꺼 데는데, 그을려며느 보통 그냥 소, 송아지 인
제 쪼끔 크며는 어떠케 기를 자바야 뎀미까?

‑ 그 만날 인자 길드래애 데지.

검 어뜨게, 그거느 어째서 그런데예?

‑ 바테 은자 이래 막 멀 끌'꼬도 뎅기'고.

‑ 한 사람 이'끌고 훌치~'이로 막 비훌치너266) 다러 가주오 뎅기'민서 은
자 농 가능 거 저능 걸 연스블 씨'낀'는 기라.

어 일단 머 머 비 빈 훌찌이더 해 가주고도?

‑ 그르치.

‑ 여 머 큰' 막때'기나 그능 걸 가따가 질까'도267) 인 데도 끌꼬 뎅기고
인자, 질268) 드'릴'라고.

‑ 그래야 은자 노네 가머269) 고:를' 인자 바로 갈 수 이꼬.

‑ 그르가 인자 질' 뜨'르지마 지 헌차270) 가고 인자 그 당시에는 막 자

송아지도 그러며는 암송아지를 낳으면 더 좋겠다, 그렇지요?

￣ 음, 그렇지요.

￣ 그때는 황소가 일을 잘 한다고 황소도 괜찮았어.

아, 일은 황소가 잘 합니까?

￣ 옳지, 잘 하지.

￣ 암소보다 힘이 세다고 하니까, 황소가.

￣ 옛날에는 그리고 또 황소가 버릇이 상그러움이 많아서 사람을 들이받기를 더러 있었다고 하니까.

그럼 인제 황소나 이런 것, 배내소 인제 해가지고 큰 소는 가져다 주고 송아지를 이제 다시 키울 것 아닙니까?

￣ 그렇지.

그러면 그걸 키워가지고?

￣ 키우면 인제 그것은 자기 것이 되지.

그러면 키워 가지고 인제 자기 것 되는데, 그러려면 보통 그냥 소, 송아지가 이제 조금 크면은 어떻게 길을 잡아야 됩니까?

￣ 그 만날 인제 길들여야 되지.

그럼 어떻게, 그것은 어찌하여 그런데요?

￣ 밭에 인제 이래 막 무엇을 끌고도 다니고.

￣ 한 사람이 이끌고 극젱이를, 막 빈 극젱이를 달아 가지고 다니면서 인제 논 가는 것, 저런 것 연습을 시키는 것이라.

어, 일단 뭐, 뭐 빈, 빈 극젱이도 해 가지고도?

￣ 그렇지.

￣ 여기에 뭐 큰 막대기나 그런 것을 가져다가 길가에도 이런 데도 끌고 다니고 인제, 길을 들이려고.

￣ 그래야 인제 논에 가면 골을 인제 바로 갈 수가 있고.

￣ 그래서 인제 길을 들였으면 제271) 혼자 가고 인제 그 당시에는 막 자

꾸 이'끄지272), 사래미 한 사래미.

⁻ 디엔 따르가고.

그 소 처으메 보통 그엄 소 키울 때, 송아지는 쪼마할 때느 어떠케 코 여 뚤꼬 그러켄 안 하지예?

⁻ 그 움마아'나먼273) 송아지 한, 한 사 을, 사 안, 사 한 오개월 데만 먹 쿡, 쿡 찌.

⁻ 지끄믄 저르274) 크:도 코 앙 께지만 옌나르는 그마나머 여 코를 끼 야275) 인자 사름 맘데로 하지, 코 앙 끼머 맘데로 모 하자너.

⁻ 그른데 머 코를 가따 어이끼276), 그때 항소고 암소고 다 끼따 카이께, 엔나레느.

⁻ 지끄문 머 첨 머 백 빠리277), 이뱅 마리 미이는 사람, 코 하나도 앙 끼. 아, 그냥 둠미까?

⁻ 그대르 냅뚜.

잘 크라고 그람미까?

⁻ 그르케'찌.

⁻ 지그므 머 그영278) 방마다 봉 코도 앙 끼고, 매더 앙 카고 큰 우사르 지노콤 막 저그 마음대로 막 뎅기자너.

그엄 코, 그 코, 이 콘, 이 그 뚤릉 거 그걸 머 하, 그검 머 한다함미?

⁻ 코낀다 카지.

그 코낄 때는 머?

⁻ 코낄 때느 은짠 낭글 빼:'쪽'하이 따드머 가주고 소르 인자 먹 송안치 를 무까가 노코, 코꾸여~을279) 인짠 찔러 가주고.

⁻ 어 낭글 인제 요롱280) 걸 옌나레 노숭나무라꼬 이써.

⁻ 노숭나무 고누믈 가주 요래 오쿠라 나따 고눔 가 이 요 코를 인자 끼 지.

꾸 이끌지, 사람이, 한 사람이.

⎺ 뒤에는 따라가고.

그 소 처음에 보통 그런 소를 키울 때, 송아지는 조그만 할 때는 어떻게 코, 여기에 뚫고 그렇게는 안 하지요?

⎺ 그 웬만하면 송아지 한, 한 삼 사, 한 사, 한 오개월이 되면 뭐 쿡, 쿡 찌르지.

⎺ 지금은 저래 커도 코를 안 꿰지만 옛날에는 그만하면 여기 코를 꿰어야 인제 사람 마음대로 하지, 코를 안 꿰면 마음대로 못 하잖아.

⎺ 그런데 뭐 코를 가져다 어렵게 그때 황소고 암소고 다 꿰었다고 하니까, 옛날에는.

⎺ 지금은 뭐 처음 뭐 백 마리, 이백 마리 먹이는 사람도 코를 하나도 안 꿰어.

아, 그냥 둡니까?

⎺ 그대로 놓아두지.

잘 크라고 그럽니까?

⎺ 그렇겠지.

⎺ 지금은 뭐 그냥 방마다 보니 코도 안 꿰고, 매지도 안 하고 큰 우사를 지어 놓고 막 저희 마음대로 막 다니잖아.

그럼 코, 그 코, 이 코, 이 그것을 뚫는 것 그걸 뭐, 그걸 머 한다고 하지요?

⎺ 코 꿴다고 하지.

그 코를 꿸 때는 뭐?

⎺ 코를 꿸 때는 인제 나무를 빼족하게 다듬어 가지고 소를 인제 뭐 송아지를 묶어서 놓고, 콧구멍을 인제 찔러 가지고.

⎺ 어, 나무를 인제 요런 것을 옛날에 노숭나무라고 있어.

⎺ 노숭나무 고놈을 가지고 요래 오그려 놓았다가 고놈을 가지고 이 여기에 코를 인제 꿰지.

노숭나무 카능 그어느 여물미까?

- 아, 고기 인자 이랜 부라281) 꾸버만 요래 오구닥하이282) 잘 꾸핀다 카이께네.

- 올케.

잘 부러지지지도 앙코예?

- 음, 암 뿌리고283).

- 고 우에 아주 헤짱헤짱하이284) 쪼꿈마.

근데 그 코 이래 가 뚜르 노며느 므 피 안남미까?

- 웨 안나, 피나는 거또 이써.

- 삐 먼 마~'이느 안 나고.

- 그르가주 멀 딘'장'도285) 발라주고.

- 엔나레 영감들 그래써.

아, 그암 머 그냥 그르 노으며느?

- 은, 그래가 미칠 아~이시믄 고머 나서뿌.

- 마 하이뜬286) 잘 나사.

- 쏘가.

그라면 인제 코 인제 이 코 끼 가주고 인제 여기 인제 묵씀니까?

- 그르치.

- 당그르매 가주고 인자 요요 뿔떼기287) 제우288) 쪼매 날라 카맘 골로 해 딱 끼가이 당그르 매 나치, 저저 어 끼가조.

그 인제 그르가 인제 고삐줄 해가주고 은제 그랙 질드린다, 그지예?

- 그르치.

거어 어르신 거 은자 아까 머 질 드리기 위해서느 먼 길 다닐 때도 그르케 하고 빈 홀찌~이도 하고 이런다 아 해씀미까, 그지예?

글도 머 잘 안데는 소느 이 소 사라미 아페서 이끌?

- 자꾸 이끌지.

노숭나무라고 하는 그것은 단단합니까?

ⁿ 아, 고게 인제 이래 불에 굽으면 요래 오목하게 잘 굽힌다고 하니까.

ⁿ 옳게.

잘 부러지지도 않고요?

ⁿ 응, 안 부러지고.

ⁿ 고 위에 아주 휘청휘청하게 조금만.

그런데 그 코 이렇게 뚫어 놓으면은 뭐 피가 안 납니까?

ⁿ 왜 안 나와, 피가 나는 것도 있어.

ⁿ 피 뭐 많이는 안 나고.

ⁿ 그래서 뭐 된장도 발라 주고.

ⁿ 옛날에 영감들이 그랬어.

아, 그럼 뭐 그냥 그렇게 해 놓으면은?

ⁿ 응, 그래서 며칠 안 있으면 그만 나아버려.

ⁿ 그냥 하여튼 잘 나아.

ⁿ 소가.

그러면 인제 코, 인제 이 코를 꿰 가지고 인제 여기에 인제 묶습니까?

ⁿ 그렇지.

ⁿ 달아매어 가지고 인제 여기 뿔에 겨우 조금 나려고 하면 그것으로 해서 알맞게 꿰어 달아매어 놓지, 저 저 꿰서.

그 인제 그래 가지고 인제 고삐줄을 해 가지고 인제 그래서 길을 들인다, 그렇지요?

ⁿ 그렇지.

그 어르신 그 인제 아까 뭐 길을 들이기 위해서는 뭐 길을 다닐 때도 그렇게 하고 빈 극젱이도 하고 이런다고 안 했습니까, 그렇지요?

그래도 뭐 잘 안 되는 소는 이 소를 사람이 앞에서 이끄나요?

ⁿ 자꾸 이끌지.

ˉ 그를 때도 이끄러.

ˉ 사래미 끌'꼬 뎅'기야 데.

ˉ 사람 하나는 꼭' 갈, 디에 하남 부뜰'고 하나는 꼭 끌'꼬 뎅이에데, 소를.

그어면 소 머 그으 일할 때, 소 부릴 때느 어뜨게 소리가틍 거 이씀미꺼, 소리 내기도 함미까?

ˉ 극찌, 이라이라, 자라자라 인자.

ˉ 이'쭈로289) 가자카마 자라'자라', 이주로 가모 우로우로 이카고 야, 아프로 가자마 아프로 은자 가자 카고.

ˉ 그럼 마를 잘: 아'라드찌 인자 소도.

인제 며 처음 그래 며뿐 인제 기를 자버 노으먼 인젇 길 잘드린 소는 말하는데로 인제 머 다 따라하?

ˉ 그르치.

ˉ 자라 카마 이리 가고 자러 카머 저리 가고 인자.

그람 어'디 인제 여기서.

ˉ 여 뺑:: 가시290) 가믄 자 또 도'르에291) 데그더.

그때는 머라 함미까?

ˉ 글째 인자 사라'미 인자인자 도라 카민선 돌만, 사라'미 돌:마 인자 소가 지절로292) 다부로293) 돈다 카이.

가다가 머 세울 때느 그람 머?

ˉ 워: 카지.

ˉ 워어.

ˉ 워 카믄 서.

ˉ 세을 째는 머 떡' 걸리'마 하마 워 카만 소가 선다카이끼네.

ˉ 워 카믄 머더 안서는 뽑떠 데바시 서뿌리.

소가 그 말 잘 든는 소는 머 아주 잘 든는다, 그지예?

ᵕ 그럴 때도 이끌어.

ᵕ 사람이 끌고 다녀야 되어.

ᵕ 사람 하나는 꼭 뒤에 하나는 붙들고 하나는 끌고 다녀야 돼, 소를.

그러면 소 뭐 그래 일할 때, 소를 부릴 때는 어떻게 소리 같은 것이 있습니까, 소리를 내기도 합니까?

ᵕ 그렇지, "이라이라, 자라자라" 인제.

ᵕ 이 쪽으로 가자고 하면 "자라자라", 이 쪽으로 가면 "우로우로" 이렇게 말하고, 앞으로 가려면 앞으로 인제 가자고 말하고.

ᵕ 그럼 말을 잘 알아듣지, 인제 소도.

인제 몇, 처음 그래 몇 번 인제 길을 잡아 놓으면 인제 길을 잘 들인 소는 말 하는 대로 인제 뭐 다 따라합니까?

ᵕ 그렇지.

ᵕ "자라"고 말하면 이리로 가고 "자라"고 말하면 저리로 가고 인제.

그러면 어디 인제 여기서.

ᵕ 여기에 뱅그르 가에 가면 인제 또 돌아야 되거던.

그때는 뭐라고 합니까?

ᵕ 그때 인제 사람이 인제 인제 "돌아"라고 하면서 돌면, 사람이 돌면 인 제 소가 저절로 도로 돈다고 하니까.

가다가 뭐 세울 때는 그러면 뭐?

ᵕ "워"라고 말하지.

ᵕ 워어.

ᵕ "워"라고 말하면 서.

ᵕ 세울 적에는 극젱이에 뭐가 떡 걸리면 벌써 "워"라고 말하면 소가 선 다고 하니까.

ᵕ "워"라고 말하면 모두 안서는 법도 대번에 서버려.

소가 그 말을 잘 듣는 소는 뭐 아주 잘 듣는다, 그렇지요?

￣ 드러, 마이 잘 드러.

￣ 소돋 마를 잘 드러.

그러면 그으또 질 잠능 그또, 소 질 잠능 거또 기술이겐네예?

￣ 그르치, 우시294) 그르돈 잘 치는 사라미 더 잘 데리고, 모 보통 머 질 드리마 데.

머 질 잘 못뜨리감며느 다른 사람한테 부탁또 하고 그람미까?

￣ 그르치.

￣ 마저, 우리 소 질 좀 드리도 케사코 그라지.

￣ 너 질 잘 드린다.

￣ 우리 소 질 좀 데리295) 도 이라지.

잘 들을 분드리 쯤 계션는 모야이다, 그지예?

￣ 얼치, 얼지, 이써, 마저 마저.

그다메 어르신 혹시 그 소:오가 새까리나 소 모양에 따라서 이르미 쯤 다릉 거또 이씀미까?

￣ 속 꺼문소도 이꼬 어 노란소도 이꼬 그저 이 저미 이래 퍼뜩퍼뜨한 소도 이꼬.

그른 소는 이르미 멈미까?

￣ 거 인자 얼루기소고, 꺼무 꺼뭉건 은자 꺼뭉소.

아, 꺼문소?

￣ 올티.

￣ 인자 노라, 지끔 보통 소느 은쟌 노란소, 소 은쟌 껍띠이가 그래 구분데가 이찌.

그럼며느 요즈믄 주로 머 꺼믄스?

￣ 버므능 어 그릉 거는 빌'로 업써.

￣ 조부네는 고배'로 가따가 수종을 가따가 인쟌 종 고마296) 빼가주오 인자 수정을 씨기다 보니께네 그릉 거느 하네도 업써.

˜ 들어, 많이 잘 들어.

˜ 소도 말을 잘 들어.

그러면 그 또 길을 잡는 것도, 소 길을 잡는 것도 기술이겠네요?

˜ 그렇지, 매우 그래도 잘 치는 사람이 더 잘 데리고, 뭐 보통 뭐 길을 들이면 돼.

뭐, 길을 잘 못 들이면은 다른 사람한테 부탁도 하고 그럽니까?

˜ 그렇지.

˜ 맞아, "우리 소 길을 좀 들여 다오"라고 말하고 그러지.

˜ 너 길을 잘 들인다.

˜ "우리 소 길을 좀 들여 다오" 이러지.

잘 들이는 분들이 좀 계신 모양이다, 그렇지요?

˜ 옳지, 옳지, 있어, 맞아 맞아.

그 다음에 어르신 혹시 그 소가 색깔이나 소의 모양에 따라서 이름이 좀 다른 것도 있습니까?

˜ 혹 검은 소도 있고 어 노란 소도 있고, 그저 이 점이 이렇게 퍼뜩퍼뜩 한 소도 있고.

그런 소는 이름이 뭡니까?

˜ 그 인제 얼룩이 소고, 검은, 검은 것은 인제 검은 소.

아, 검은 소?

˜ 옳지.

˜ 이제 노란, 지금 보통 소는 이제 노란 소, 소가 이제 껍질이 그렇게 구분이 되어서 있지.

그러면은 요즘은 주로 뭐 검은?

˜ 보면은 어, 그런 것은 별로 없어.

˜ 전번에는 교배를 갖다가 수정을 갖다가, 인제 좋은 것만 빼 가지고 인제 수정을 시키다 보니까 그런 것은 하나도 없어.

⁻ 점'부 노랑 거뿌~'이고[297].

요즈믄 꺼믄 소나 이렁 거느 얼룩소느 업따 그지예?

⁻ 응, 그릉 거느 자[298] 잘 안나, 잘 안나와.

⁻ 요 주디도[299] 머 까문 거또 엄는데.

⁻ 똑: 가틍 거 가따 인자 순.

⁻ 저어 자 정애글 삘 쩌게 장 여 조은 소만 인잔 빼 가주고 하다 보이게네 그릉 기 업서져써.

예저네는 머 그냥 자연 교미를 하니까.

⁻ 올치, 자영교배르[300] 항께 인자 멀 아무 소나 그대로 하이께네 그를 째엔 인자 얼룩소도 나오고, 꺼문소도 나오고 그래찌.

이른 감 어떵 게 잘 함미까?

⁻ 머 꺼문소돈 잘 해, 꺼문소가.

⁻ 껌디이라꼬[301] 껌두소느[302] 참 잘하는 모애이라[303].

아, 그 이 꺼문소가 히믄 조, 이른 잘 핸는 모애이다, 그지예?

⁻ 잘 해써.

누룬소나 이릉 거뽀다느 그지예?

⁻ 마저, 잘 해써, 마저.

그른데 인제 요즈믄 머 점부 단 누룬소를 조아하니까 온통 머 누룬소 머 한다, 그지예?

⁻ 그르치.

⁻ 오세[304]는 그그 내 카잉끼네.

⁻ 정애글 가따간 저 인자 수정소서 뽀버 올 째게는 조은 소만 자꾸 노랑소 그렁 거 뽀보 오고 이 때미러 지꾸믕 그릉 게 안 나온다카이.

요즈믄 그러므 거이 머 어 소 부부는 머 누룬소 정애, 그릉 걸로 해가 교미를 한?

˝ 전부 노랑 것뿐이고.

요즘은 검은 소나 이런 것은 얼룩소는 없다 그렇지요?

˝ 응, 그런 것은 인제 잘 안 나와, 잘 안 나와.

˝ 요기 주둥이도 뭐 검은 것도 없는데.

˝ 똑 같은 것을 가져다 인제 수놈.

˝ 저기 인제 정액을 뺄 적에 늘 여기에 좋은 소만 인제 빼어 가지고 하다 보니까 그런 게 없어졌어.

예전에는 뭐 그냥 자연 교미를 하니까.

˝ 옳지, 자연교배를 하니까 인제 뭐 아무 소나 그대로 하니까 그럴 적엔 인제 얼룩소도 나오고, 검은 소도 나오고 그랬지.

일은 그럼 어떤 것이 잘 합니까?

˝ 뭐 검은 소도 잘 해, 검은 소가.

˝ 검둥이라고 검둥소는 참 잘 하는 모양이라.

아, 그 이 검은소가 힘은 좋아, 일은 잘 했는 모양이다, 그렇지요?

˝ 잘 했어.

누런 소나 이런 것보다는 그렇지요?

˝ 맞아, 잘 했어, 맞아.

그런데 인제 요즘은 뭐 전부 다 누런 소를 좋아하니까 온통 뭐 누런 소를 뭐 한다, 그렇지요?

˝ 그렇지.

˝ 요새는 그것 내가 말하니까.

˝ 정액을 가져다가 저 이제 수정소에서 뽑아 올 적에는 좋은 소만 자꾸 노랑 소 그런 것 뽑아 오고 이 때문에 지금은 그런 것이 안 나온다고 말하지.

요즘은 그러면 거의 뭐 이 소 부분은 뭐 누런 소 정액, 그런 걸로 해서 교미를 한다?

─ 그, 그릏, 그르치.

─ 마 점부 그기지 머.

─ 지그므 소랑 그저네 고배305) 씨기가 그릉 건 업꺼덩.

그담 혹씨 머 어르신 거 소뿌리, 뿔 모양에 따라서 소가 쫌 다릉 거또 이씀미까?

─ 음, 그르치.

─ 초가 인자 천장뿔도306) 이꼬.

─ 천장으로 이래 입 찝뻬캉307) 거또 이꼬, 이래 아프로 우구덩항308) 거또 이꼬, 꼬꾸랑하이 해가 막 사를 파고드가능 거또, 오 여러:: 부부~이 이따 카이께네.

아, 그라머 잍 천장소는 머 이르케 완?

─ 올치, 천장 천장 막 바룬 뿍 찌뻬다~이309) 이래 크능 거또 이꼬, 이래 크능 거또 이꼬, 이래 오구러져 가주고 사를 뜬는 거또 이꼬 그래.

검 주로 그아므 그 뿔 중에서는 조은 소늗 멉 천장뿔 그게 조치요?

─ 그르치, 이기 인자 아프로 인자 이리 뿍수구리하이310), 어 여 지꿈 우리소 채르보머 이래가 인나.

─ 그~이 소가 갠찬치.

요즘 머 검 마나게 인자 소가 그럼, 그아머 이귿 올르간느 이렁 걸 천장뿌리라 하고, 그 담메 이그 구븐거름 머슨 뿌리라 함미까, 거릉거?

─ 구붕 거는 누우져따 이래 하고.

─ 구북, 꾸거전, 구부정뿌리다311) 이카아지.

─ 머 거 큰:: 머 뿌 리르믄 다릉 건 어꼬.

거며 인제 그름 뿔 가틍 경우 만나게 아까 은제 어르신 이야길 하션는데, 아느로 이러케?

구버 드르가능 거는?

─ 그거는, 고오느 인자 글 푸리 자꾸 크니까 인자 쏘브로312) 가지오 인

ˉ 그, 그렇, 그렇지.

ˉ 그냥 전부 그것이지 뭐.

ˉ 지금은 소랑 그 전에 교배 시켜서 그런 것은 없거든.

그 다음에 혹시 뭐 어르신 그 소뿔이, 뿔 모양에 따라서 소가 좀 다른 것도 있습니까?

ˉ 음, 그렇지.

ˉ 소가 인제 천장뿔도 있고.

ˉ 천장으로 이래 이, 뾰족한 것도 있고, 이래 앞으로 오그라진 것도 있고, 꼬부랑하게 해 가지고 막 살을 파고들어 가는 것도, 으 여러 부분이 있다고 하니까.

아, 그러면 이 천장소는 이렇게?

ˉ 옳지, 천장 천장 막 바로 퍽 뾰족하게 이렇게 크는 것도 있고, 이렇게 큰 것도 있고, 이렇게 오그라져 가지고 살을 뜯는 것도 있고 그래.

그럼, 주로 그러면 그 뿔 중에서는 좋은 소는 뭐 천장뿔 그것이 좋지요?

ˉ 그렇지, 이게 인제 앞으로 인제 이래 두툼하게, 어 여기 지금 우리소 쳐다보면 이래 서 있나.

ˉ 그러니 소가 괜찮지.

요즘 뭐 그럼 만약에 인제 소가 그럼, 그러면 이 것 올라 간 이런 걸 천장뿔이라고 하고, 그 다음에 이 것 굽은 것은 무슨 뿔이라고 합니까, 그런 것?

ˉ 굽은 것은 누워졌다고 이렇게 하고.

ˉ 굽어, 구겨진, 구부정한 뿔이라고 이렇게 말하지.

ˉ 뭐 그 큰 뭐 뿔 이름은 다른 것은 없고.

그러면 인제 그러면 뿔같은 경우 만약에 아까 인제 어르신께서 이야기를 하셨는데 안으로 이렇게?

굽어 들어갔는 것은?

ˉ 그것은, 고것은 인제 그 뿔이 자꾸 크니까 인제 톱을 가지고 인제 썰어

잔 써 조애데.

˗ 토브로.

˗ 앙 그라면 자꾸 인자 살 이리 파구 드가서 아프니까, 이래 꾸꾸렁하이
해 가지고, 그래 인자 막 토브로 가조 막 끄너 준다카이, 끈티~이로.

˗ 그은 소돈 상, 그양 쌍다이 마네써.

혹씨 어르신 그 소가 키움며는 소 나이에 따라서 이름도 다릉 게 이씀미까?
다르게 부름미까?

˗ 소이 인자 나이 가따313) 인잖 송안치 미빼 난능 거또 인자 뿔 보고 안
다 이카는데, 뿔리 인자 알, 알테기314) 고게 인자 항 게 노만 뿔, 송아지
함 마리 나따, 두 개 노마 두 바리 나따, 고 보마 알고.

아 고롱 게 뿌레 보면 대충 표시가 난다, 그지예?

˗ 올티, 송아지, 송아지 미빼나따 가능걸 대충 아라.

˗ 뿌레서.

근데 소 머 혹시 그 머 소 일련 덴, 한 살 머근 소는 머 이름 따로 부르고 그
렁 건 업서씀미까?

˗ 머 이동내기315), 늑따리, 인자 그른 인자 구부늘 드가찌.

외동내기는 멈미까?

˗ 외돈내~이가 은자 아주 인자 어링 거.

˗ 한 일련 새끼 함 마리 난능 거, 고능 거 인자 외동내~이라고 해.

그 다으메 또 아까 머라고?

˗ 그 다으메 쫌 새끼 여러 벌 뺀능 거 인자 늑따리.

˗ 늑따리.

인제 머 거이 인제 느 늘거 가주고 인제 어 며빼 모뺄?

˗ 열 빠리 여, 열 빠리까지 노꼬316) 열따서 빠리 까진 논 소도 이따 카
이께네.

주어야 돼.

  ‑ 톱을.

  ‑ 안 그러면 자꾸 인제 살을 이래 파고 들어가서 아프니까, 이래 꾸부렁하게 해 가지고, 그렇게 인제 막 톱을 가지고 막 끊어 준다고 하니, 끝을.

  ‑ 그런 소도 상, 그냥 상당히 많았어.

  혹시 어르신 그 소를 키우면은 소 나이에 따라서 이름도 다른 것이 있습니까? 다르게 부릅니까?

  ‑ 소가 인제 나이가 인제 송아지 몇 배 낳는 것도 인제 뿔을 보고 안다고 이렇게 말하는데, 뿔이 인제 알테기, 알테기 그것이 인제 한 개 놓으면 뿔, 송아지 한 마리 낳았다, 두 개 낳으면 두 마리를 낳았다, 그렇게 보면 알고.

  아, 그런 것이 뿔에 보면 대충 표시가 난다, 그렇지요.

  ‑ 옳지, 송아지, 송아지를 몇 배 낳았다고 하는 걸 대충 알아.

  ‑ 뿔에서.

  그런데 소 뭐 혹시 그 뭐 소가 일 년 된, 한 살 먹은 소는 뭐 이름을 따로 부르고 그런 것은 없습니까?

  ‑ 뭐 외동내기, 늙다리, 인제 그런 인제 구분을 들어갔지.

  외동내기는 무엇입니까?

  ‑ 외동내기가 인제 아주 이제 어린 것.

  ‑ 한 일 년, 새끼 한 마리를 낳은 것, 그런 것을 인제 외동내기라고 해.

  그 다음에 또 아까 뭐라고요?

  ‑ 그 다음에 좀 새끼를 여러 벌 낳은 것은 이제 늙다리.

  ‑ 늙다리.

  인제 뭐 거의 인제 늙, 늙어 가지고 인제, 몇 배 못 낳을?

  ‑ 열 마리, 여, 열 마리까지 낳고 열다섯 마리까지 낳은 소도 있다고 하니까.

￣ 함 마리가.

￣ 어 마~이 노는 소드리 이써.

￣ 그르 노마 인자 그일 소로 원츰 마이 빼마 난제317) 가서 은자 새끼르 몽 가자.

￣ 애기르 마이 배서.

검 셰끼 모 까지는 그른 소는 머 이름미 따로 부름미까, 그냥 늑따리라?

￣ 나주 늑'따리.

￣ 으, 아주 늑'따리.

￣ 늑'따리라꼬.

늑따리가틍 경우는 인저 머 더 인제 새끼르 모 까진다, 그지예?

￣ 그'르치.

혹시 어르신도 예저네 소 인제 그 머 그르케 키우시고 하다 보며너 소 지베서 암소 가주오 새끼를 나키도 하지마너, 빼기도 하지마느 그냥 소 사르도 감미까?

￣ 그르치.

￣ 고라318) 자~에 소 사러, 송안지319) 사러 마~이 가지.

꺼 고령장에도 소가 마이 나와씀미까, 예저네?

￣ 마~이 나오찌.

￣ 지끔도320) 마이 나오지마는 그 저넨 참: 마~이 나와써꺼등.

고령장에 그아면 소가틍 건 마이 나옴며느 소걷 조은 소같 이꼬 나쁜 소가 이쓸 꺼 아임미까?

￣ 이찌.

검 그 어뜨에 고름미까?

￣ 조은 소, 나쁜 소?

￣ 그검 머 사람 누느로 보막 머 조은 소, 나쁜 소 구버리321) 다: 덴다 카이끼네.

¯ 한 마리가.

¯ 으, 많이 낳는 소들이 있어.

¯ 그래 낳으면 인제 그 소로 원체 많이 빼면 나중에 가서 인제 새끼를 못 갖어.

¯ 애기를 많이 베어서.

그럼 새끼 못 가지는 그런 소는 뭐 이름을 따로 부릅니까, 그냥 늙다리라?

¯ 아주 늙다리.

¯ 으, 아주 늙다리.

¯ 늙다리라고.

늙다리 같은 경우는 인제 뭐 더 이제 새끼를 못 가진다, 그렇지요?

¯ 그렇지.

혹시 어르신도 예전에 소 이제 그 뭐 그렇게 키우시고 하다 보면은 소를 집에서 암소를 가지고 새끼를 낳기도 하지마는, 빼기도 하지마는 그냥 소를 사러도 갑니까?

¯ 그렇지.

¯ 고령 장에 소를 사러, 송아지 사러 많이 갔지.

그 고령시장에도 소가 많이 나왔습니까, 예전에?

¯ 많이 나왔지.

¯ 지금도 많이 나오지마는 그 전엔 참 많이 나왔었거던.

고령시장에 그러면 소 같은 것은 많이 나오면은 소가 좋은 소가 있고 나쁜 소가 있을 것 아닙니까?

¯ 있지.

그럼 그 어떻게 고릅니까?

¯ 좋은 소와 나쁜 소를?

¯ 그건 뭐 사람 눈으로 보면 뭐 좋은 소, 나쁜 소 구별이 다 된다고 하니까.

그도 어뜬 머 모양이라든지, 모양이 이쓸 거 아임미까?

⎯ 모양이 잘, 그르치, 모양이 잘 생기곤 머'찌'기[322] 생긴 소는 조은 소고, 그이 복, 보머 요라건 잘 몬 생긴 소는 아주 이래 보기가 안 데꼬 그래.

거면 이지 조은 소, 나쁜 소에 따라서 금도 달라지겐네요?

⎯ 달러지지.

⎯ 영 차이가 만치.

그른데 그기 머 에를 드러서 머 뿌리라든지 머.

⎯ 음, 뿔 다 보고, 생기긴 다 보고, 등도 이래 쪽' 곤'는' 그또 이꼬, 등이 이래: 구분는 거또 이꼬, 그 소를 생기기 이래 모양이 여러: 가지라 카이끼네.

검 머리느 어떵 걸 조, 조은 소라 함미까?

⎯ 음, 머르돋[323], 머르도 잘 생기에 데고, 머르돋 우리 누네 보기 잘 생긴 거또 이꼬, 머리 잘 몬 새인 거또 이꼬, 소가 여러 가지 그어또, 사람도 잘 생긴 사람, 몬 생긴 사람 이뜨시 소도 머 구부니 만타 카니께.

검 어떵 걸 머리 조은 소라 함, 잘생긴 소라 함미까, 쫌?

⎯ 그 인자 우리 누느로, 유가느로 바 가주고.

보며는?

⎯ 우리돈 보마 은자 판단한다 카이끼네.

소 머리 머 크기나 이렁 게 문제가 아니고?

⎯ 그르치.

딱 보며느 인제 이거늘 잘 생기꼬 머.

⎯ 올치.

⎯ 우리, 우리 여 저 사람보고 아 저 사람 잘 생기따 카드시 사람 유까믈 보마 소 잘 생기스 **** 안저흐이[324] 꾸부이[325] 생기따 카이.

아까 컫 등이라든지 머 다리 이렁 거느 어떠케 조오, 조?

그것도 어떤 뭐 모양이라든지, 모양이 있을 것 아닙니까?

― 모양이 잘, 그렇지, 모양이 잘 생기고 멋지게 생긴 소는 좋은 소고, 거의 보, 보면 요런 것은 잘 못 생긴 소는 아주 이렇게 보기가 안 되었고 그래.

그러면 이제 좋은 소, 나쁜 소에 따라서 금도 달라지겠네요?

― 달라지지.

― 영 차이가 많지.

그런데 거기 뭐 예를 들어서 뭐 뿔이라든지 뭐.

― 음, 뿔 다 보고, 생긴 것 다 보고, 등도 이래 쪽 곧은 것도 있고, 등이 이래 굽은 것도 있고, 그 소가 생긴 것이 이렇게 모양이 여러 가지라고 하니까.

그럼 머리는 어떤 걸 좋은, 좋은 소라고 합니까?

― 음, 머리도, 머리도 잘 생겨야 되고, 머리도 우리 눈에 보기가 잘 생긴 것도 있고, 머리가 잘 못 생긴 것도 있고, 소가 여러 가지 그것도, 사람도 잘 생긴 사람, 못 생긴 사람이 있듯이 소도 뭐 구분이 많다고 하니까.

그럼 어떤 것을 머리가 좋은 소라고 하고, 잘 생긴 소라고 합니까, 좀?

― 그 인제 우리 눈으로, 육안으로 봐 가지고.

보면은?

― 우리도 보면 인제 판단한다고 하니까.

소머리 뭐 크기나 이런 것이 문제가 아니고?

― 그렇지.

딱 보면 인제 이것은 잘 생겼고 뭐.

― 옳지.

― 우리, 우리 여기 저기 사람을 보고 아 저 사람은 잘 생겼다고 말하듯이 사람 육감을 보면 소가 잘 생겨서 **** 완전하게 구분이 생긴다고 말하니까.

아까 그 등이라든지 뭐 다리 이런 것은 어떻게 좋은, 좋은 것은?

⎯ 다리'도 마이 구붕 기 이꼬 쪽' 고'등 기 이꼬 소도 여러:: 가지가 마네.

검 어떵 걸 조은 소로 침미까?

⎯ 쪽 고드에 데지.

⎯ 다리도 쪽 고꼬 등도 쪽 국, 그른 소가 인쟌 조은 소지.

그암 등도 이러케 구부면 안 데고 그냥 똑 바르고?

⎯ 올치, 쪽, 쭉, 에 똑바드야데.

아, 그얌 다리 인제 고꼬?

⎯ 그리치.

그엄 머 등 이응 이 기리도 킹 게 조응 검미까?

⎯ 응, 그르치, 기리도 좀 기르야 데지.

⎯ 똥짤마하뭉 고오는 똥똥하양 기고.

아, 그래서 그릉 거 보고 인제.

⎯ 올치.

⎯ 그을 인자 보고 인자 조은 소다, 나쁜 소다 구분한다 카이께.

⎯ 사래미 판장해야지.

거므 소 가틍 거 혹씨 인제 보통 거 사러 가쓸 때, 또는 팔러 가며는 누가 소를?

⎯ 초, 인자 구정꾸니라꼬326) 이써.

⎯ 거서 은자 구정꾸~이327) 나오 가주 구정꾸~이 인냐 점부 인자 이 소느 얼매가 다르, 자르 덴다, 산다, 그래가주 그 사래미328) 마~이 인자 소개르 부치주지.

⎯ 소개꾸~이지.

아, 흥정을 인제 서로 머 마차줌미까?

⎯ 음, 마차주지.

그암무 그렁 경우에 인제 그 사람머 소에 대해 잘 알겐네예?

˝ 다리도 많이 굽은 것이 있고 쪽 곧은 것이 있고, 소도 여러 가지가 많아.

그럼 어떤 것을 좋은 소로 칩니까?

˝ 쪽 곧아야 되지.

˝ 다리도 쪽 곧고 등도 쪽 곧고, 그런 소가 인제 좋은 소지.

그럼 등도 이렇게 굽으면 안 되고, 그냥 똑 바르고?

˝ 옳지, 쪽, 쪽 으 똑발라야 되지.

아, 그냥 다리도 인제 곧고?

˝ 그렇지.

그럼 뭐 등 이런 이 길이도 긴 것이 좋은 겁니까?

˝ 응, 그렇지, 길이도 좀 길어야 되지.

˝ 똥짤막하면 고것은 똥똥한 게고.

아, 그래서 그런 것 보고 인제.

˝ 옳지.

˝ 그것을 인제 보고 인제 좋은 소다, 나쁜 소다라고 구분한다고 말하니까.

˝ 사람이 판정해야지.

그럼 소 같은 것 혹시 보통 거기 사러 갔을 때, 또는 팔러 가면은 누가 소를?

˝ 소, 인제 거간꾼이라고 있어.

˝ 거기서 인제 거간꾼이 나와서 거간꾼이 인제 전부 인제 이 소는 얼마가 되고, 얼마짜리가 된다, 산다, 그래서 그 사람이 많이 인제 소개를 붙여 주지.

˝ 소개꾼이지.

아, 흥정을 인제 서로 뭐 맞추어 줍니까?

˝ 음, 맞추어 주지.

그러면 그런 경우에 이제 그 사람은 소에 대해 잘 알겠네요?

- 잘 알지.
- 소로 인잖 여'러 수'우'십'년 해따 보'니께, 으 머 자~아서.
- 그 인자 소'도 인자 상:당'이 인자 가치가329) 만치.
- 처는 짜리도 이꼬, 배건 짜리도 이꼬, 마년 짜리도 이꼬, 심만 짜리도 이꼬, 여러:: 구'부~이 가따, 상다이 만타캉게네.
- 생깅 건 잘 생기만330) 도~'이 망코, 몬 생기먼 도~'이 어꼬' 그래.
가면331) 인제 소도 일: 잘 하게 생겨꼬 힘 조케 생긴 이런 소는 비싸고?
- 그르치, 비싸지.
쪼금 머 땅딸막하이 모 쌩긴 소는 쪽.
- 헐코.
검 소 구정꾼 가틍 경우느 보통 그르게 소 소개시켜 주고 이럼며느 어트게 자기가 쫌 이유늘 랑김미까?
- 그르케찌.
- 그 구정꾸니라꼬 미주 띠능 기 이써.
- 소개 씨기 주고.
그 사라믄 그게 지거비다, 그지예?
- 지거비지.
거며 주로 장에서만?
- 머 매:일 장날 건 나오니까.
그람무 소'느 주로 예저네 가무 자~'에 가서 파르씀미까, 앙 그암 머 동네에서도?
- 자~'에 가서 마~'이 파르찌.
- 동네 여서늠 머 거이 인자 금도 모리고 그래 노~ 몸 팔고, 점부 장을 내주애찌.
일딴 소 그믈 잘 정확카게 알 수 업쓰니까.
- 자~'에 가서 인자 구'정꾸~이 판당해 가주고 인 얼매 짜리 덴다, 그'래

￣ 잘 알지.

￣ 소를 인제 여러 수십 년을 했다고 보니까, 으 뭐 장에서.

￣ 그 인제 소도 인제 상당히 인제 값어치가 다양하지.

￣ 천원짜리도 있고, 백원짜리도 있고, 만원짜리도 있고, 십만원짜리도 있고, 여러 가지 구분이 갔고 상당히 그 종류가 많다고 말하네.

￣ 생긴 것은 잘 생겼으면 돈이 많고, 못 생겼으면 돈이 없고 그래.

그러면 이제 소도 일을 잘 하게 생겼고 힘도 좋게 생긴 이런 소는 비싸고?

￣ 그렇지, 비싸지.

조금 뭐 땅딸막하게 못 생긴 소는 좀.

￣ 헐하고.

그럼 소 거간꾼 같은 경우는 보통 그렇게 소를 소개시켜 주고 이러면 어떻게 자기가 좀 이윤을 남깁니까?

￣ 그렇겠지.

￣ 그 거간꾼이라고 매주 떼는 게 있어.

￣ 소개를 시켜 주고.

그 사람은 그것이 직업이다, 그렇지요.

￣ 직업이지.

그러면 주로 장에서만?

￣ 뭐 매일 장날에는 거의 나오니까.

그러면 소는 주로 예전에 그럼 장에 가서 팔았습니까, 안 그러면 뭐 동네에서도?

￣ 장에 가서 많이 팔았지.

￣ 동네 여기서는 뭐 거의 인제 값도 모르고 그러니까 못 팔고, 전부 장에 내주었지.

일단 소 값을 잘 정확하게 알 수 없으니까.

￣ 장에 가서 인제 거간꾼이 판단해 가지고 이것은 얼마짜리 된다, 그래

마~'이 파'러써.

예저네느 어르신 그 이쭈게 머슴도 만초?

⁻ 마네찌.

마나찌요?

⁻ 마네찌.

그 머슴사리도 어뜨에 종뉴가 쫌 다름미까?

⁻ 머시'머 인쟌 이일' 잘하고 은쟌 하는 사라므 상:머'슴, 꼴머'슴, 꼴머'스므 은자 애들 인자 꼬르나 뜨더 나리고, 상:머'시미라 카마 저른 소 가주오 논도 갈고, 오:망 거 인쟌 다 이 머 후::지 이리라 카능 건 다 잘한 사라미라야 상'머스미지.

꼴머'스믄 주로 쫌 어린?

⁻ 올'치, 꼬리나 뜨더 나리구'로 아들 인자.

검 인저 상머슴가틍 경우느 인제 주로 머 이를 아주 잘 하고, 모든 이를 거이 다 잘해애덴다, 그죠?

⁻ 잘' 해'애'지.

⁻ 으치, 머 매키능332) 거 업시 다 잘 해애 데지.

보통 그엄 머슴사리는 그래하며느 한 머 그 지베 가서 삼미까?

⁻ 그 지'베' 가 일련 내 인자 사'러야 데지.

⁻ 일'련 내 인제.

⁻ 일'련 사는 사람도 이꼬 그 지벤 더 서로 주인 주가 마:으'미 마즈머 이'년도 살고 삼년도 살고 머 고는 자 짜'미333) 업꼬.

그러며 그러 하며는 보통 애저네너 일려니나 이년할 때 게야글 함미까, 우째 함미까?

⁻ 그르치, 일련 인쟌 나락 석 섬.

⁻ 상:머'슴 그 저네 석 섬 켄능 게 인자 한 서메다 얼메쓰 인제 열땀말쓰 연는 기라.

많이 팔았어.

예전에는 어르신 그 이 쪽에 머슴도 많죠?

‾ 많았지.

많았지요?

‾ 많았지.

그 머슴살이도 어떻게 종류가 좀 다릅니까?

‾ 머슴은 인제 일을 잘 하고 인제 하는 사람은 상머슴이고, 꼴머슴, 꼴머슴은 인제 꼴이나 뜯어 나르고, 상머슴이라고 하면 저런 소를 가지고 논도 갈고, 여러 가지 것 인제 다 이 뭐 극젱이 일이라고 하는 것은 다 잘하는 사람이라야 상머슴이지.

꼴머슴은 주로 좀 어린?

‾ 옳지, 꼴이나 뜯어 나르려고 아이들 인제.

그럼 인제 상머슴 같은 경우는 인제 주로 뭐 일을 아주 잘 하고, 모든 일을 거의 다 잘 해야 된다 그렇죠?

‾ 잘 해야지.

‾ 옳지, 뭐 막히는 것 없이 다 잘 해야 되지.

보통 그럼 머슴살이는 그래 하면은 한 뭐 그 집에 가서 삽니까?

‾ 그 집에 가서 일 년 내내 인제 살아야 되지.

‾ 일 년 내내 인제.

‾ 일 년 사는 사람도 있고, 그 집에는 더 주인과 서로 마음이 맞으면 이 년도 살고, 삼 년도 살고 뭐 고것은 인제 일정함이 없고.

그러면 그래 하면은 보통 예전에는 일 년이나 이 년 할 때 계약을 합니까, 어떻게 합니까?

‾ 그렇지, 일 년에 인제 벼 석 섬.

‾ 상머슴은 그 전에 석 섬이라고 한 것이 인제 한 섬에 얼마씩 인제 열다섯 말씩 넣는 것이라.

아, 한 서메 열따'섬'말 드가이.

⁻ 열따섬말 드르간데, 석 써미마 마은담마리네.

⁻ 나 꺼이 상:머'스미라.

⁻ 세'궁'이라334).

⁻ 일런 내:: 버리야 인냐 꼬빼'기' 모뼈러.

세경을 그래 준다, 그지예?

⁻ 그르치.

그엄 그기서 머꼬 자고느 거기서 함미까?

머슴찌베서?

⁻ 그르치.

⁻ 마 즈그 지브 와서도 자고.

⁻ 고는 자는 거는 머.

검 인제 머, 머겨 주고?

⁻ 음, 머기 주고.

⁻ 온 인자 일려네 시: 불쏙 해주고.

음 머, 석 서믈 준다, 그지예?

⁻ 올티.

그럼 꼴:머'스믄?

⁻ 꼴'머스믄 머 바비나 무꼬 고래 가주얼 나락 마르나 주든지 머 안 주든지 가네 이비나 무꼬 사능 기라.

⁻ 기냥.

머 머겨준는 대충 머 그른 정도다, 그지예?

⁻ 그르치, 어, 어, 어.

쪼금 머 주든지 말든지 하고, 그지예?

⁻ 고 은짢 조은 지'베 만내만335) 나락', 싸르나 함 말 주고, 앙 그래마 임'만 무꼬 그대로 살고 이래따.

아, 한 섬에 열다섯 말 들어가니까.

˗ 열다섯 말 들어갔는데, 석 섬이면 마흔다섯 말이네.

˗ 나 그게 상머슴이라.

˗ 세경이라.

˗ 일 년 내내 벌어야 인제 고것밖에 못 벌어.

세경을 그렇게 준다, 그렇지요?

˗ 그렇지.

그럼 거기서 먹고 자고는 거기서 합니까?

머슴집에서?

˗ 그렇지.

˗ 그냥 저희 집에 와서도 자고.

˗ 고것은 자는 것은 뭐.

그럼 인제 먹, 먹여 주고?

˗ 음, 먹여 주고.

˗ 옷을 인제 일 년에 세 벌씩 해주고.

음 뭐, 석 섬을 준다, 그렇지요?

˗ 옳지.

그럼 꼴머슴은?

˗ 꼴머슴은 뭐 밥이나 먹고, 고래 가지고 벼 한 말이나 주든지 뭐 안 주
든지 간에 입이나 먹고 사는 것이라.

˗ 그냥.

뭐 먹여주는 대충 뭐 그런 정도다, 그렇지요?

˗ 그렇지, 응.

조금 뭐 주든지 말든지 하고, 그렇지요?

˗ 그 인제 좋은 집을 만나면 벼, 쌀이나 한 말 주고, 안 그러면 입만 먹
고 그대로 살고 이렇게 했다.

˘ 옌나레는 무울336) 깨 업써 가주 점부 다 그래따 카이.

거므 주로 인제 그어 머슴 드'리는 지븐 어트게이 이ː리 마는, 농사가 마너서 그러씀미까?

˘ 농사가 이녀337) 쫌 마내서 인자 주이는 이리 하기 실코 인자 농사가 안 지'아노이 점ː부' 머심 소느로 다 해찌.

인제 그러면 머슴가틍 경우에 보통 머 집밤마다 쪼끔씩 글 더 나께 줄 수도 이꼬, 모타게 줄 수도 이꼬 그러씀미까?

˘ 그르치.

앙 그암 석 섬 그게 머 고 거이 머.

˘ 어, 주이늘 잘 만내마 그 고상핸'는데 함 말, 나락 함 말 더 조라, 더 조라 인자 이그또 이꼬.

˘ 고고는 머 주인 만내'기테엔 달래찌.

인제 그르가 인제 머 하이튼 정ː한'다, 그지예?

˘ 음.

머 예저네느 머 우리 살던 동네 거기도 그러씀미다마느 땅잉을 마니 가진 사암 마니 가주 이끼 때무네 머 머슴말고 나믄 땅 부치능 경우도 이찌예?

˘ 그르치, 이찌.

˘ 그기 마네찌.

˘ 옌나레는 저'어' 대구 이언데338) 부자드리 노늘 첨부 자우 다 해끄던.

˘ 다ː 사'뿌느까.

아 이런 동네 껄예?

˘ 얼치.

˘ 다 상아주고 인자 그 사'암드리 인자 국쑤'루339) 바꼬 인자 음 몬사는 사'암한테 노늘 주능기라.

˘ 그래면 인자 대구 인잗 그때 ***라 카는 사람 부잔데 인 느렌340) 드레 거 *** 노~이라.

˘ 옛날에는 먹을 게 없어 가지고 전부 다 그랬다고 하니까.

그럼 주로 인제 그 머슴을 들이는 집은 어떻게 일이 많은, 농사 일이 많아서 그렇습니까?

˘ 농사가 인제 좀 많아서 인제 주인은 일이 하기 싫고 이제 농사를 안 지어 놓으니까 전부 머슴 손으로 다 했지.

인제 그러면 머슴 같은 경우에 보통 뭐 집안마다 조금씩 그 더 낫게 줄 수도 있고, 못 하게 줄 수도 있고 그렇습니까?

˘ 그렇지.

안 그러면 석 섬 그것이 뭐 그 것이 뭐.

˘ 응, 주인을 잘 만나면 그 고생했는데 "한 말, 벼 한 말 더 주어라, 더 주어라" 인제 이것도 있고.

˘ 고것은 뭐 주인을 만나기에 달렸지.

인제 그래 가지고 인제 뭐 하여튼 정한다, 그렇지요?

˘ 응.

뭐 예전에는 뭐 우리가 살던 동네 거기도 그렇습니다마는 땅을 많이 가진 사람은 많이 가지고 있기 때문에 뭐 머슴은 말고, 남의 땅을 붙이는 경우도 있지요?

˘ 그렇지, 있지.

˘ 그게 많았지.

˘ 옛날에는 저기 대구 이런 곳의 부자들이 논을 전부 좌우를 다 했거든.

˘ 논을 다 사버렸으니까.

아, 이런 동네 것을요?

˘ 옳지.

˘ 다 사 가지고 인제 그 사람들이 인제 세를 받고 인제 음 못 사는 사람한테 논을 주는 것이라.

˘ 그러면 인제 대구 인제 그 때 "***"341)라고 하는 사람이 부자인데 이 넓은 들의 것이 *** 논이라.

 그 은자 그 사암드르 나와가주 인자 소342) 매가, 수 매 가주고, 나락 농사 지마 요고는 얼매 내라, 요곤 얼매 내라, 인제 딱 매기 주능 기라.

 매기 주마 인자 우운느 뚜드르 가주고 그 인녀 곡서루 인자 가따가 인자 조애 데능 기라.

거므 그걸 어 추수하, 보메 정함미까, 으 얼마 내라.

 나라기, 나'래'기 인자 느르수리::하머 인자 나와서 인자 정하지.

아, 그러며는 보메 그 땅 크기에 따라 정하능 게 아니고?

 음, 여 나락 인자 와서 보고.

워, 나락.

 땅은 머 언'제나 머 이'백' 펴~'이 한 마지기가 통상이고.

 그릉께 인자 나락 인자 잘 덴'나, 모: 뗀'나, 잘 데'시'마343) 수를 더 매고, 모 떼시마 수를 좀 덜 매고.

 그르 인자 고분제'344) 나똔.

그엄 주로 그어 보통 함마지기가틍 경우느 한 얼마식 어 내줌미까?

 함 마지기 그때 석 섬 무'우마 한 열' 말.

 열, 나뿐' 노'믄' 수'르 마'이 매'고, 또 인자 조은 사'라믄 수를 좀 덜 매고 그래찌.

그엄며느 그르케 인제 보통 그럼며느 함 마지기 하면 한 몃 얼마 정도 나오는데 함 반정도느 가주 감미까, 그러며느?

 반: 정'도'느' 가주 가는 테'기지.

보통 함 마지기 지으면녜?

 음, 음.

검 밤반 정도 데는 세밈미까?

 그르치.

그 그거또 머 사람 어 이 동네늠 머 예저네이 ***스라는 그 부니 주로 해으

˚ 그 인제 그 사람들은 나와서 인제 세를 매겨서, 세를 매겨 가지고 벼 농사를 지으면 요것은 얼마를 내라, 요것은 얼마를 내라, 인제 바로 매겨 주는 것이라.

˚ 매겨 주면 인제 우리는 탈곡하여 가지고 그 인제 곡식을 인제 가져다가 인제 주어야 되는 것이라.

그러면 그것을 으 추수한 다음에 또는, 봄에 정합니까, 으 얼마를 내라.

˚ 벼가, 벼가 인제 누르스름하면 인제 나와서 인제 정하지.

아, 그러면은 봄에 그 땅의 크기에 따라 정하는 것이 아니고?

˚ 음, 여기 벼를 인제 와서 보고.

으, 벼.

˚ 땅은 뭐 언제나 뭐 이백 평이 한 마지기가 통상이고.

˚ 그러니까 인제 벼 인제 잘 되었나, 못 되었나, 잘 되었으면 세를 더 매기고, 못 되었으면 세를 좀 덜 매기고.

˚ 그래 인제 구분지어 놓았다.

그럼 주로 그 보통 한 마지기같은 경우는 한 얼마씩을 내어 줍니까?

˚ 한 마지기 그때 석 섬을 먹으면 한 열 말.

˚ 열, 나쁜 사람은 세를 많이 매기고, 또 인제 좋은 사람은 세를 좀 덜 매기고 그랬지.

그러면은 그렇게 인제 보통 그러면 한 마지기 농사를 지으면 한 몇, 얼마 정도 나오는데 한 반 정도는 가지고 갑니까, 그러면은?

˚ 반 정도는 가지고 가는 턱이지.

보통 한 마지기를 지으면요?

˚ 응. 응.

그럼 반반 정도 되는 셈입니까?

˚ 그렇지.

그 그것도 뭐 사람 어 이 동네는 뭐 예전에 *** 씨라는 그 분이 주로 해, 많은

마니 땅을 가주 이슨는데, 혹시 머 사라메 따라서 그거또 쪼금씩 그거 나노 간
는 게 다름미까?

⁻ 그르치.

⁻ 인제 수' 매로 온' 사래미 인자 쫌 이래 사'래미 좀 조으마: 쪼끔 헐'끼
해'주고, 앙 그른 노믄 찌'락바시345) 가따읍 내가지고 농사진는 사람 골'탕
을 미'기고, 그른 수가 이써.

그 사라메 따라 다르다, 그지예?

⁻ 다'르'지.

그 주로 인제.

⁻ 그리 오마 나락 함 말 덜 매라꼬 막 닥뚜 다부지고 오망 거 다 해써.

⁻ 흠, 옌'나레 사릉 거 참.

그엄며느 그럼머느 주로 인저 으 그 나락 그거 얼마 매기능 거느 가으레 매긴
다. 그지예?

⁻ 그르치.

⁻ 가레 나락 인잔 누루꾸리:하마 인자 와서 인자 매'기지.

예저네 어르신 그거 이를 하다 보며너 혼자 일 다 모하니까 서로 일 도와주고
하느 이 푸마시?

⁻ 푸'마'시가 이서찌.

푸마시 하지예?

⁻ 푸마시도 해.

⁻ 일'꾼들 끼'리도 푸마시 해'가주 놈' 매'고 다 해짜'나.

그람 푸마시는 주로 언 어떨 때 함미까?

⁻ 그'건' 놈'346) 맬 째게가347) 인자 푸마시 제일 마~'이 하지.

놈 맬 때 인제 푸마시?

⁻ 음.

땅을 가지고 있었는데 혹시 뭐 사람에 따라서 그것도 조금씩 그것을 나눠 갖는 것이 다릅니까?

⁻ 그렇지.

⁻ 인제 세를 매기러 온 사람이 인제 좀 이렇게 사람이 좀 좋으면 조금 헐하게 해주고, 안 그런 사람은 지독하게 가져다 내어 가지고 농사를 짓는 사람에게 골탕을 먹이고 그런 수가 있었어.

그 사람에 따라 다르다, 그렇지요?

⁻ 다르지.

그 주로 인제.

⁻ 그래 오면 벼 한 말을 덜 매기게 하려고 막 닭도 잡아 주고 오만 것을 다 했어.

⁻ 흠, 옛날에 산 것 참.

그러면은 그러면은 주로 인제 으 그 벼 그것 얼마를 매기는 것은 가을에 매긴다, 그렇지요?

⁻ 그렇지.

⁻ 가을에 벼가 인제 누르스름하면 인제 와서 인제 매기지.

예전에 어르신 그것 일을 하다 보면은 혼자 일을 다 못 하니까 서로 일을 도와주고 하는 이 품앗이?

⁻ 품앗이가 있었지.

품앗이 하지요?

⁻ 품앗이도 해.

⁻ 일꾼들 끼리도 품앗이를 해서 논을 매고 다 했잖아.

그럼 품앗이는 주로 엇, 어떨 때 합니까?

⁻ 그것은 논을 맬 적에 인제 품앗이를 제일 많이 하지.

논 맬 때 인제 품앗이?

⁻ 응.

⌐ 저:: 여 그 저네 버리르 숭구348) 때앤 버'리'놈 맬 찌에도349) 푸마시 마~이 해꼬, 모 숭'굴' 때에도 푸마시 해가.

⌐ 푸마시르 상350), 그 여네부텀 푸마시르 마이 해찌.

⌐ 서로 인자 모이 가주우 또 이 지빈 노, 하룬 이 짐 눈 숭구고, 하룬 저 집 논 숭구고 근 거시 마네쩌.

그아며는 머 무니, 모싱끼 할 때나 그 다메 보르놈 매기 할 때나 머.

⌐ 버르놈 맬 찌게나 머.

보리놈 맬 때.

⌐ 어, 올치.

⌐ 그느 머 이 삼무 푸마시를 해가이 해찌.

금 머 주로 타작하고 이럴 때도 함미까?

푸어시?

그를 땐 잘 안 함미까?

⌐ 멀 타작할 찌에는 머 크'르'콤 마이 안 하찌.

⌐ 주로 인자 그릉 거 할 찌에 마이 해찌.

혹시 머 예저네 지붕 이'고 할 때, 이럴 때도 푸마시 함미까?

⌐ 그를 째에도 머 푸마시 쫌 하지.

거면 제일 마니 하능 거는 머 놈매기나 보리놈매기나 이럴 모심?

⌐ 모 수, 모 숨굴' 때 하고, 고를 째가 젤 마이 하지.

⌐ 그느 혼'차 항 께 능'겨리 아 올라가니께 인자 소늘 모다가.

그암 푸마시하며느 보통 머 어뜨에 스 여러 명 함며느 순서으가 어뜨게 순섭 또 정해야 델 꺼 아임미까?

⌐ 그거'는 인쟐 일꾸늘 건 가떤 사래미 끼리끼리 인자 해 가잉'고'오, 정' 하지도 앙코 인자 푸마신 이 자꼬351) 일 이 지꺼 하로 해주마 또 이지 꺼 또 하로 여 가지고 우: 가서 하고, 또 저 집 꺼 하고, 저 집 꺼 하고.

거늠 머 일 그때 그판 데로 함미까?

⁻ 저 여기, 그 전에 보리를 심을 때엔 보리논을 맬 적에도 품앗이를 많이 했고, 모를 심을 때에도 품앗이를 해 가지고.

⁻ 품앗이를 늘, 그 전에부터 품앗이를 많이 했지.

⁻ 서로 인제 모여 가지고 또 이 집의 논, 하루는 이 집 논 심고, 하루는 저 집 논을 심고 그 것이 많았지.

그러면은 뭐 물이, 모심기 할 때나 그 다음에 보리논 매기 할 때나 뭐.

⁻ 보리논 맬 적에나 뭐.

보리논 맬 때.

⁻ 응, 옳지.

⁻ 그건 뭐 이 사뭇 품앗이를 해서 했지.

그럼 뭐 주로 타작하고 이럴 때도 합니까?

품앗이?

그럴 때는 잘 안 합니까?

⁻ 뭐 타작할 적에는 뭐 그렇게 많이 안 하지.

⁻ 주로 인제 그런 것 할 적에 많이 했지.

혹시 뭐 예전에 지붕을 이고 할 때, 이럴 때도 품앗이를 합니까?

⁻ 그럴 적에도 뭐 품앗이를 좀 하지.

그러면, 제일 많이 하는 것은 뭐 논매기나 보리논매기나 이런 모심기?

⁻ 모 심을, 모 심을 때하고 그럴 적이 제일 많이 하지.

⁻ 그건 혼자 하니까 능률이 안 올라가니까 인자 손을 모아서.

그럼 품앗이를 하면은 보통 뭐 어떻게 여러 명이 하면은 순서가 어떻게, 순서도 정해야 될 것 아닙니까?

⁻ 그것은 인제 일꾼을 그 같은 사람이 끼리끼리 인제 해 가지고, 정하지도 않고 인제 품앗이, 이 자꾸 이, 이 집 것 하루 해주면 또 이 집 것도 하루 넣어 가지고 여럿이 가서 하고, 또 저 집 것 하고, 저 집 것 하고.

그럼 뭐 일은 그때 급한 대로 합니까?

 그르치.

 연 내가 먼저 하고 점마352) 오'을353) 우리 거 하'자, 이래가주 하고.

 또 근 그 다으메 나른 또 저 사람과 하자, 그래 인자 그래 나가찌.

 그 수'이데로354) 인자 나'가지.

그때늠 머 어째뜬 푸마시 안 하며느 일 능류리 영 아 오른다, 그지예?

 음, 그르치, 그르치.

 헌'찬355) 지'여브서356) 머 하지도 몬 하고, 모 거'틍 거 혼자 숭굴'라 카모 그 숭굴 수도 엉꼬, 농 거틍 걸 매능 거또 혼'치 맬'라 카마 까부지도357) 안 하고 그래서 푸마시아 해찌.

푸마시하며느 훨씬 빠르기도 빠름미까, 혼자서 하능 거뽀다?

 그르치, 여러시 함 뽀 시알끼도358) 덜하고, 앙 그러켄능가?

 혼'차 하'능 뽀'다 푸마씨하능 게 영: 덜' 지'엽찌.

혹씨 그 머 푸'마씨느 인제 주로 그거 스로 일 도와주고 또 도와, 바드는 망큼 또 해주고 이릉 거 아임미까, 그지예?

 그리치.

근데 가끔 머 푸마씨늡 하기도 하지마느.

 말고 싸꾼'도 이찌.

사'꾼'도 함미까?

 그르치.

사꾼 가틍 경우느?

 인자 돈 주'고, 으, 한, 하루 인자 얼매 쓰 주고, 앙 그래며 인자 하루 인자 쌀 한디~ 주든디 곡서글 인자 주기야 할, 딜'꼬 올' 수도 이꼬.

예저네 그아며 사꾼도 마니 그 하고 해씀미까?

 그르치.

인제 이리 여유이쓰, 이리 여유, 다 여유이께 핸느느 사암들 인제 삭 바드

˘ 그렇지.

˘ 음, 내가 먼저 하고 싶으면 오늘 우리 것 하자, 이래서 하고.

˘ 또, 그, 그 다음 날은 또 저 사람 것 하자, 그래 인제 그래 나가지.

˘ 그 의논대로 인제 나가지.

그때는 뭐 어쨌든 품앗이를 안 하면은 일 능률이 영 안 오른다, 그렇지요?

˘ 음, 그렇지, 그렇지.

˘ 혼자는 지겨워서 뭐 하지도 못 하고, 모 같은 것 혼자 심으려고 하면 그 심을 수도 없고, 논 같은 것을 매는 것도 혼자 매려고 하면 줄어들지도 않고 그래서 품앗이를 했지.

품앗이를 하면은 훨씬 빠르기도 빠릅니까, 혼자서 하는 것보다?

˘ 그렇지, 여럿이 하면 또 헤아리기도 덜 하고, 안 그렇겠는가?

˘ 혼자 하는 것보다 품앗이하는 것이 영 덜 지겹지.

혹시 그 뭐 품앗이는 인제 주로 그것을 서로 일을 도와주고 또 도와, 받은 만큼 또 해주고 이런 것 아닙니까, 그렇지요?

˘ 그렇지.

그런데 가끔 뭐 품앗이는 하기도 하지마는.

˘ 말고 삯꾼도 있지.

삯꾼도 합니까?

˘ 그렇지.

삯꾼 같은 경우는?

˘ 인제 돈을 주고, 으 한, 하루 인제 얼마씩 주고, 안 그러면 인제 하루에 인제 쌀을 한 되를 주든지 곡식을 인제 주어야 할 수도 있고, 데리고 올 수도 있고.

예전에 그러면 삯꾼도 많이 그렇게 하고 했습니까?

˘ 그렇지.

인제 일이 여유가 있어서, 일이 여유, 다 여유 있게 했는 사람들이 인제 삯을

러 그래 할 하며느, 예.

⁻ 그르치, 싹'또 하고, 푸'마시도 하고.

예저네 그암 주'로 곡'서'그로 해'씀미까?

⁻ 그리운 뭉'능' 기 급 제에'일' 문'제다 보'잉께네 곡'서'그로 마이 해찌.

⁻ 우리들도 하루 점:두'루'359) 가서 버리타자기라꼬 해주'마 버리 함 말 바다 오고.

⁻ 나락 페 지믄 나락 함 말 바다 오고, 그래 마~:이 해따 카이.

어, 하루 종일 해 주고예?

⁻ 음, 으.

그은데 인제 이 보토 머 푸마시나 떠느 노부 그 일꾼 안 씀미까, 노부, 놉 한 다 함미까?

⁻ 으.

놉?

⁻ 얼치, 넙'한다 카지.

놉 하며너 어 보통 아침 며씨에 시작함미까, 이른?

머 모내기가틍 거 여름가틀 때 보며느?

⁻ 그'를 찌게 보:통 지끄므로 바서느 아치마래 한 농사처'레 가마 지끔 한 여'서'씨부터 시작지.

거 노꾼도 그때 옴미까?

⁻ 그르치.

아, 그암 그때부터 해가.

⁻ 음, 어두어둡하만 나온다 카이.

어두울 때까지.

거며 여서씨 데가 오며느 아치'믄' 어뜨에 보'니니 지베서 머'꼬 옴미까, 앙 감 며느 일 하는 지베서 줌미까?

⁻ 일: 한 지'베서 주, 해 조.

받으러 그래 할, 하면은, 예.

ⁿ 그렇지, 삯도 하고, 품앗이도 하고.

예전에 그럼 주로 곡식으로 했습니까?

ⁿ 그리고 먹는 게 급하고, 제일 문제다 보니까 곡식으로 많이 했지.

ⁿ 우리도 하루가 저물도록 가서 보리타작이라고 해주면 보리 한 말을 받아 오고.

ⁿ 벼를 패서 주면 벼를 한 말을 받아 오고, 그렇게 많이 했다고 하니까.

어, 하루 종일 해 주고도요?

ⁿ 음, 응.

그런데 인제 이 보통 뭐 품앗이나 또는 놉, 그 일꾼을 안 씁니까, 놉, 놉한다고 합니까?

ⁿ 응.

놉?

ⁿ 옳지, 놉한다고 하지.

놉을 하면은 어 보통 몇 시에 시작합니까, 일은?

뭐 모내기같은 것 여름같을 때 보면은?

ⁿ 그럴 적에 보통 지금으로 봐서는 아침 전에 한 농사철에 가면 지금 한 여섯시부터 시작하지.

그 놉꾼도 그때 옵니까?

ⁿ 그렇지.

아, 그럼 그때부터 해서.

ⁿ 음, 어둑어둑하면 나온다고 하니까.

어두울 때까지.

그러면 여섯시가 되어서 오면 아침은 어떻게 본인이 집에서 먹고 옵니까, 안 그러면은 일을 하는 집에서 줍니까?

ⁿ 일을 하는 집에서 주지, 해 주지.

아침도예?

⎺ 예.

⎺ 아'침도 해'주고 저'역또 해'주고.

저느, 아침 가먿 전심.

⎺ 저녁.

저녁.

⎺ 시 끼 다: 해'조야 데.

시 때 다 해주고.

⎺ 새:참또 해조에 데고.

참도 해줌미까?

⎺ 음.

거 새차믄 주로 머 어떠케 언제 언제 해줌미까?

⎺ 머 가, 감자'나 쌀'마360) 주고, 새차믄.

⎺ 인젇 아침 쩌'레너361) 한 열시 닝'기362) 데'마 새참 무꼬, 지늑363) 땐 한 세시나 네시나 데가 인제 새참 무꼬.

검 버 그럼며느 아침, 전심, 저녀기 셈 뜨 시 싣 띠 시 끼 주고.

⎺ 두 새참 두 분 주고.

새참 두 분 주고 그래 한다, 그지예?

⎺ 음.

새차믄 주오 머 감자나 머 남자들 가튼?

⎺ 그르치, 어, 머 감자나 곡시'기'나364) 머 그으늠 머 그르키 끼리 데고.

머 국쉬나 이릉그또?

⎺ 그르치, 국시도 해조이 데고.

앙 그암 머 술도 줌미까?

⎺ 음, 술도 한 잔슥, 인자 여 지베서 마껄리 해가주 한 잔스 ***.

검 남자들가틍 남자들 놉하며느 마껄리도 마이 다머야 데게따, 그지예?

아침도요.

‾ 예.

‾ 아침도 해주고 저녁도 해주고.

저녁, 아침 그러면 점심.

‾ 저녁.

저녁.

‾ 세 끼 다 해주어야 돼.

세 때를 다 해주고.

‾ 겻두리도 해줘야 되고.

겻두리도 해줍니까?

‾ 응.

그 겻두리는 주로 뭐 어떻게 언제, 언제 해줍니까?

‾ 뭐 감자, 감자나 삶아 주고, 새참은.

‾ 인제 오전 나절에는 한 열시 넘게 되면 겻두리를 먹고, 오후에는 한 세시나 네시나 되어서 인제 새참을 먹고.

그럼, 그러면은 아침, 점심, 저녁이 셋, 세 때, 세 끼를 주고.

‾ 두 겻두리, 두 번을 주고.

겻두리를 두 번을 주고 그렇게 한다, 그렇지요?

‾ 응.

겻두리는 주로 뭐 감자나 뭐 남자들 같은?

‾ 그렇지, 어, 뭐 감자나 국수나 그런 뭐, 그렇게 끓여 주고.

뭐, 국수나 이런 것도?

‾ 그렇지, 국수도 해주어야 되고.

안 그럼 뭐 술도 줍니까?

‾ 음, 술도 한 잔씩 인제 여기 집에서 막걸리를 해 가지고 한 잔씩 ***.

그럼 남자들 같은 남자들 놉을 하면은 막걸리도 많이 담아야 되겠다, 그렇지요?

⌐ 그르치.

농사철 데며느 그지예?

⌐ 마자, 마이 다므야 데지.

그거 다머 가주고는 머 거이 해나 나코 그래 해야?

⌐ 그르치.

그라며 주로 이 동네느 그거 새차믄 국시나 머 감자나 그러슴니까?

⌐ 감자나.

그러씀미까?

⌐ 으에.

⌐ 수 린자야:: 쭈는 사라므 술도 주고.

술도 주고예?

⌐ 응.

ˉ 그렇지.

농사철이 되면 그렇지요?

ˉ 맞아, 많이 담아야 되지.

그것을 담아 가지고는 뭐 거의 해 놓고 그래 해야?

ˉ 그렇지.

그러면 주로 이 동네는 그것 겻두리는 국수나 뭐 감자나,

ˉ 감자나.

그렇습니까?

ˉ 응.

ˉ 술 인제:: 주는 사람은 술도 주고.

술도 주고요?

ˉ 응.

■ 주석

1) 이 부분부터 주제보자인 박만수 님이 주로 구술한 내용이며 그의 부인인 이
   영희 님이 보조적으로 참여하기도 했다.
2) 이는 '어떤 +-게'형에서 연구개음화가 일어나서 실현된 형이다.
3) 이는 이 지역어에서 실현되는 특징으로 목적격 조사가 '-로' 실현된 경우이
   며, 이는 경북방언에서 일반적인 현상이다.
4) 이는 '디딜방아 → 디들방아(이화) → 디들빵아(경음화) → 디들빠아(비음탈
   락)'의 과정을 거친 예이다.
5) 이것은 원동기에 벨트를 이용해서 방아를 돌리게 하는 새로운 방식의 '기계
   식 방아'를 말한다.
6) 여기서 '물레방아는'으로 표현해야 할 부분이지만 보조조사가 잘못 실현된
   경우이다.
7) 이는 '놓아버리면'에 대응되는 이 지역어형이며 '놓아버리면 → 노아버리면
   (ㅎ 탈락) → 나버리면(축약) → 나뻐리면(경음화) → 나뿌면(축약) → 나뿌며
   (ㄴ 탈락) → 나뿌머(이중모음 실현 제약)'의 과정을 거친 예이다.
8) 이는 '씰다(쓸다) + 옇다(넣다)'의 결합으로 이루어진 합성어이다.
9) 이는 '호박에'로 실현되어야 할 부분이지만 제보자가 잘못 실현한 부분이다.
10) 이는 '세(三) → 시(고모음화)의 과정을 거친 어형으로 이 지역어에서 실현
    되는 일반적인 형이다.
11) 이는 '없(無)- + -(으)니 → 업쓰니(경음화) → 업쓰이(ㄴ 탈락) → 업씨(축
    약)'의 과정을 거친 실현형이다.
12) 이는 한자어 '이전(以前)'과는 무관한 어휘다. 즉, '예전에 → 이저네(이중모
    음실현 제약)'의 과정을 거쳐 실현된 어휘로서 일종의 동음이의어 관계이다.
13) 이는 "아, 지금도 있습니까?"의 뜻으로 표현된 예이다.
14) 이는 문법적으로는 목적어로 실현되어야 할 부분이지만 주격조사가 연결
    된 형태이다. 이는 표면적으로 격 실현이 잘못된 경우이며 여기서는 목적어
    가 강조된 표현 형태로 판단할 수 있다.
15) 이는 '찧(搗)- + -고 → 찌꼬(경음화) → 쯔꼬(후설모음화)'의 과정을 거친
    예이다.

16) 이는 의태어로 '콕콕'에 대응되는 이 지역어형이다.

17) 이는 '한 쪽'에 대응되는 이 지역어형으로서 '쭈'는 '쪽 → 쪼(ㄱ 탈락) → 쭈 (고모음화)'의 과정을 거쳐 실현된 예이다.

18) 이는 '방망이'의 이 지역어형으로서, '방망이 → 방맹이(움라우트) → 방멩 이(모음중화에 따른 고모음화)'의 과정을 거쳐 실현된 예이다. 또, '방멩이로' 의 '-로'는 도구격조사가 아니라 이 지역어에서 일반화된 격조사인 목적격조 사이다.

19) 이는 '작은 → 자긍(연구개음화) → 자응(ㄱ 탈락)'의 과정을 거친 이 지역어 형이다.

20) 이는 '찧(搗)- + -지'의 구성으로 이 지역어에서는 '찧다'형이 '찧다, 찍다' 형 태로 소급할 수 있는데 이는 수의적으로 후행하는 음이 경음화 또는 융합에 의해 유기음으로 실현되기 때문이다.

21) 이는 '여기'에 대응되는 이 지역어형으로서 경남 방언에 실현되는 것으로 보고되어 있지만 실제로 경북 방언에도 널리 실현되는 양상을 보인다.

22) 이는 '고런'에 대응되는 이 지역어형이며 '고런 → 고론(모음동화) → 고롱 (연구개음화)'의 과정을 거친 어형이다.

23) 이는 부사 '그냥'을 뜻하는 이 지역어형이다.

24) 이는 '사뭇'에 대응되는 이 지역어형이며 이는 충남방언에 실현되는 것으로 보고되어 있지만 이 지역어에서도 실현됨을 확인할 수 있다.

25) 이는 '클 때까지'로 대역되며 '크(大)- + -ㄹ(관형사형어미) # 딴(의존명사) + -은(보조사) + -까지(보조사)'의 구성이며 '딴은까지 → 따느까지(ㄴ 탈락)'의 과정을 거친 예이다.

26) 이는 '내려가고'로 대역되며 '니르'는 '내리다'의 이 지역어형인 '니리(降)- + -어 → 니려(축약) → 니러(이중모음실현 제약) → 니르(모음중화)'의 과정을 거친 형이다.

27) 이는 '물레방아'의 이 지역어형으로 '물레방아 → 물레바아(연구개비음 탈 락) → 물레바(축약)'의 과정을 거친 예이다.

28) 원래 '방아호박 또는 호박'으로 표현해야 할 부분이지만 제보자의 발화에 영향을 주지 않기 위해 앞에서 발화한 제보자의 어형을 그대로 발화한 것이다.

29) 이는 '연자방아'의 이 지역어형이다.

30) 이는 '말(斗) + -이(서술격조사) + -마(연결형어미)'의 구성으로 이루어진 이 지역어형이다.

31) 이는 '두디석'의 어절말음이 탈락된 예이다.

32) 이 지역어의 제보자 발화에서는 어휘 형태가 각각 다른 이형태로 실현되기
도 하는데, 이 지역어에서 '되'는 주로 '디'로 실현되는 것이 일반적이지만 개
신형으로 '되'의 이 지역어발화형인 '데'로 실현되기도 했다.

33) 이는 '빨다'의 이 지역어형으로 기본형이 '빠삸다'형이다.

34) 여기서 화통방아는 원동기 장치의 동력을 이용해서 방아를 찧는 장치를 말
하며 60년대 이후 마을의 정미소는 대부분 이 형식의 장치를 이용한 방앗간
이었다.

35) 이는 '알맹이'에 대응되는 이 지역어형이다.

36) 이는 '나중에'에 대응되는 이 지역어형이며 '난제, 나중, 나제' 등으로 실현
되기도 한다.

37) 이는 '나락(稻)방아 + -는'의 구성이며 '나락방아는 → 나락바아는(비자음탈
락) → 나락바는(동일모음탈락) → 나락반(축약)'의 과정을 거친 예이다.

38) 이는 '껍질'의 의미를 가진 이 지역어이며 '껍데기 → 껍떼기(경음화) → 껍
띠기(고모음화) → 껍띠이(ㄱ 탈락)'의 과정을 거친 이 지역어의 실현형이다.

39) 이는 '확 또는 방아확'에 대응되는 이 지역어형이며, 이는 이 지역 외에도
강원도, 함경도방언에 분포됨이 보고되어 있다.

40) 이는 부사 '그냥'에 대응되는 이 지역어형이며 이 지역어 외에도 이미 전남
과 함경남도 방언에 분포됨이 보고되어 있다. 이는 '그냥 → 기냥(전설모음
화) → 기양(ㄴ 탈락)'의 과정을 거친 실현형이다.

41) 이는 '찧(搗)- + -어가지고(연결형어미) + -ㄴ(보조사)'의 구성으로 이루어진
형이며 '찧어가지곤 → 찌어가지곤(ㅎ 탈락) → 찌어거지곤(모음동화) → 찌
거진(축약)'의 과정을 통해 실현된 어형이다.

42) 이는 '어지간히'로 대응되는 이 지역어형이며 '어지간히 → 언지간히(ㄴ 첨
가) → 언간히(축약) → 엉간히(연구개음화) → 엉간이(ㅎ 탈락) → 엉간~이
(비모음화) → 엉가~이(ㄴ 탈락) → 응가~이(모음중화)'의 과정을 통해 실현된
어형이다. 이와 관련된 어휘로 경남방언에 '언간이'형이 실현되는 것으로 보
고되어 있으며 이 지역어에도 수의적으로 이 어형이 실현되며 '엉가~이, 엉가
이' 형으로 수의적으로 실현되기도 한다.

43) 이는 '키'의 이 지역어형으로서 이 지역어형처럼 '치~이'처럼 비모음화가 실
현되어 나타나기도 한다.

44) 이는 '까불- + -어'의 구성으로 모음중화에 따라 '까부르'로 실현된 예이다.

45) 이는 어절 경계를 사이에 두고 양순음화가 일어난 예이다.

46) 이는 '붓다'에 대응되는 이 지역어형으로서 이 구술발화만을 본다면 이 지역어에서 이 동사의 어간은 '붛다'가 기본형으로 대응된다.

47) 이는 '찧어야'에 대응되는 이 지역어형으로서 '찧(搗)- + -어야 → 찌어야(ㅎ탈락) → 쪄야(축약) → 쩌야(이중모음 실현제약에 따른 단모음화)'의 과정을 거친 예이다.

48) 이는 부사 '그냥'에 대응되는 이 지역어형으로서 경구개반모음 앞에서 'ㄴ'음이 탈락되어 형성된 경우이며 '기양'으로도 실현된다.

49) 이는 '부수다'에 대응되는 이 지역어형으로서 이 발화를 통해 볼 때 동사의 기본형은 '뿌숳다'로 설정할 수 있는 예이다.

50) 이는 앞의 주에서 살펴보았듯이 '그양'으로도 실현되는데 이는 '그냥 → 그양(ㄴ탈락) → 기양(전설모음화)'의 과정을 거친 예이다.

51) 이는 '때리다'의 활용형으로서 '때려 → 때러(이중모음 실현제약에 따른 단모음화) → 때로(발화실수)'의 과정을 거친 예이다.

52) 이는 '껍질'의 이 지역어형으로 '껍질'과 '껍데기'형이 의미상으로 뒤섞여 사용됨을 알 수 있는 예로서 '껍데기 → 껍디기(고모음화) → 껍띠기(경음화)'의 과정을 거친 예이다.

53) 이는 '고것은'에 대응되는 이 지역어형으로서 축약의 과정을 거친 예이다.

54) 이는 '밀기울'에 대응되는 이 지역어형이다.

55) 이는 '끓이다'에 대응되는 이 지역어형으로서 'ㅣ모음동화'에 따른 실현형이다.

56) 이는 '밀가루'의 이 지역어형이며 이 어형은 이 지역어를 포함하여 경상방언에 광범하게 분포하는 어휘이다. 이 어형은 15세기국어형인 'ᄀᆞᄅᆞ'형에 소급되며 'ᄀᆞᄅᆞ + 이 → ᄀᆞᆯ이 → ᄀᆞᆯ리(중가형) 〉 갈리'의 과정을 통해 소급된다. 이 구술발화 자료에는 이 어형에 대한 개신형인 '가루'형도 분포함을 알 수 있다.

57) 이는 '수제비'에 대응되는 이 지역어형으로 '수제비 〉 수지비(고모음화)'의 과정을 거친 실현형으로 이 지역어를 비롯하여 '경남, 전남, 충청방언'에 이르기까지 광범위하게 분포하는 예이다.

58) 이는 '가지고'에 대응되는 이 지역어형이며 '가지고 → 가지오(ㄱ탈락) → 가주오(원순모음화)'의 과정을 거친 예이다.

59) 이는 '키(箕)'에 대응되는 이 지역어형으로 구개음화가 일어난 것이다.

60) 이는 '넣다'에 대응되는 이 지역어형으로 '옇- + -가(부사형어미)'의 구성이다.

61) 이는 ‘찧(搗)- + -고 → 찍고(자음동화)’의 과정을 거친 예이다. 이 지역어에서 ‘찧다’는 ‘찢다’로 소급될 가능성도 있지만 ‘찧다’로 소급한다.

62) 이는 ‘나중’에 대응되는 이 지역어형이다.

63) 이는 ‘끓이다’의 이 지역어형인 ‘끼리다’의 활용형으로 ‘끓이다 → 끼리다(전설모음화 및 ㅎ탈락)’의 과정을 거친 예이다. ‘끼리- + -어 → 끼려(축약) → 끼러(이중모음 실현제약) → 끼르(모음중화)’의 과정을 거친 이 지역어형이다.

64) 이는 ‘이런’의 축약형이며 이 지역어에서는 축약현상이 일반화되어 있다.

65) 이는 ‘디디- + 어 → 디디이(모음동화) → 디디(축약)’의 과정을 통해 실현된 형이다.

66) 이 지역어에서 ‘보드랍다’는 ‘ㅂ 불규칙용언’이 아니라 규칙활용을 하는 예이다.

67) 이는 ‘등겨’에 대응되는 이 지역어형으로 ‘등겨 → 등기(이중모음 실현제약에 따른 단모음화) → 딩기(ㅣ모음동화)’의 과정을 거친 예이다.

68) 이는 ‘곱- + -은(관형사형 어미) → 고븐 → 고분(원순모음화)’의 과정을 거친 이 지역어형이며 장음이 과도하게 표시된 예이다.

69) 이는 ‘옛날 + -에(처소격) + -는(보조사) → 옛날에는(단모음화) → 엔나레는(비음동화) → 엔나레느(어절말자음 탈락) → 엔나레너(모음중화)’의 과정을 거친 예이다.

70) 이는 ‘가지- + -고 → 가지구(고모음화) → 가주구(모음동화) → 까주구(어두 경음화)’의 과정을 거친 이 지역어형이다.

71) 이 지역어에서 모음 ‘ㅡ’와 ‘ㅓ’는 중화되어 실현되므로 수의적으로 실현된다.

72) 이 지역어에서 ‘세다 → 시다(고모음화)’의 과정을 거쳐 발화된 것으로 ‘쉬다’는 ‘ㅣ’모음과 ‘ㅟ’모음의 중화에 따른 과도교정형이다.

73) 이는 ‘길삼’에 경구개음화가 실현된 이 지역어형이다.

74) 이는 ‘베(布)’에 대응되는 이 지역어형이며 ‘베 → 비(고모음화)’의 과정을 거친 예이다.

75) 이는 ‘적 + -에 → 쩌게(어두경음화) → 쩨게(모음동화)’의 과정을 거친 이 지역어형이다.

76) 이는 ‘말류- + -고 → 말류고 → 말랴고(모음동화)’의 과정을 거친 이 지역어형이다.

77) 이는 ‘나락 + -도 → 나락또(경음화) → 나라또(음절말자음 탈락)’의 과정을 거친 예이다.

78) 이는 ‘그건’의 발화실수형이다.

79) 이는 '보드라운 겨'에 대응되는 이 지역어형이며 '단가루등겨'의 구성이다. 경북지역어에서는 이 어형과 어원이 같은 '당가리딩게 ~ 당가리딩기'형도 존재하며 이를 통해 볼 때 이 지역어에서는 '단갈리딩기 → 당갈리딩기(연구개음화) → 당갈딩기(축약) → 당갈띵기(경음화)'의 과정을 거친 이 지역어형이다. 여기서 '단갈리'는 '단 가루'의 이 지역어형이다.

80) '두지'는 표준어 '뒤주'에 대응되기도 하지만 이 지역어를 비롯하여 경북지역어에서는 '곳간'의 의미로도 사용된다.

81) 이는 먹동구미를 뜻하는 이 지역어형이다.

82) 이는 의존명사 '-지'형이 경음화되어 실현된 이 지역어형이다.

83) 이는 이 지역어를 비롯한 경북방언에서 일반적으로 실현되는 목적격조사 형태이다.

84) 이는 이 지역어에서 실현되는 담화표지 형태로서 '인자, 인제, 이제' 등과 함께 실현되는 어형이다.

85) 이는 '달- + -어'와 '내다'의 합성에 의한 합성어로서 모음조화 현상이 파괴된 형태의 실현형으로 '달어내다 → 다르내다(모음중화)'의 과정을 거친 예이다.

86) 이는 '문 + -이'의 결합형으로서 비자음에 의한 비모음화와 그에 이은 비자음 탈락이 이어진 어형이다.

87) 이는 '송판(松板)'의 이 지역어형이다.

88) 이 제보자의 발화에서는 수의적인 변이형이 많이 보인다. '만들다'에 대응되는 어형으로 '맹글다, 망글다'가 실현되며 이들 활용형에서 '맹그러'형과 '망그라'형으로 실현되는 수의적 변이형이 많이 등장한다.

89) 이는 '요만큼씩'으로 대역되며 '요 + -만(보조사) + -사(보조사)'의 구성으로 이루어진 어형이다.

90) 이는 '차오르면'으로 대역이 되며 '차오르- + -면'의 구성이지만 이 지역어에서는 기본형이 '차올르다'로 소급이 가능하다. 이는 '차올믄'형과 수의적 변이형도 나타난다.

91) 이는 '조그마하다'에 대응되는 이 지역어형이며 '쪼맨하다 → 쪼매나다(ㅎ탈락)'의 과정을 거친 예이다.

92) 이는 어절 경계 사이에 후행하는 비음의 영향으로 비음화가 일어난 예이다.

93) 이는 이 지역어를 비롯하여 경상도, 강원, 전북, 충청, 평남방언에도 실현되는 어휘이다.

94) 이는 일정시대(日政時代)의 발화실수형이며 일제강점기를 뜻하는 말로, 왜

정시대(倭政時代)로 실현되기도 했다.

95) 이는 '필요하다'의 활용형의 실현형으로서 '필요하기 → 피로하기(이중모음 실현제약에 따른 단모음화)'의 과정을 겪은 것으로서 이 제보자의 발화에서는 이중모음 제약이 많이 일어나고 있음을 알 수 있다.

96) 이는 '나왔을'로 대역되는 표현으로 '나왔을 → 나아쓸(이중모음 실현제약에 따른 단모음화) → 나아슬(자음중화) → 나아실(전설모음화)'의 과정을 거친 예이다.

97) 이는 '저희가'로 대역되는 이 지역어형이며 '저거가 → 저어가(ㄱ탈락)'의 과정을 거친 예이다.

98) 이는 '저희가'로 대역되는 이 지역어형이며 '저거가 → 저어가(ㄱ탈락) → 즈으가(모음중화)'의 과정을 거친 예이다.

99) 이는 '쓰다'의 활용형으로서 '쓰고'로 대역되는 이 지역어형이다. '쓰고 → 씨고(전설모음화)'의 과정을 거친 예이다.

100) 이는 담화표지 '어디'의 발화실수형이다.

101) 이는 주어 '가마니가' 형태가 생략된 표현으로 구술발화의 성격상 논리적으로 모순된 표현 부분이다.

102) 이는 '만날'에 대응되는 이 지역어형인 '맨날, 멘날'형의 수의적 발화형이다.

103) 이는 '켤레씩'으로 대역되며 이 지역어형인 '커리'형과 수의적으로 실현되는 형인 '크르'형이다.

104) 이는 '이런 데'의 축약형이다.

105) 이는 '꼬- + -아이(연결형어미)'의 구성으로 '꼬아야'로 대역되는 이 지역어형이다.

106) 이는 '지게 → 지기(고모음화)'의 과정을 거친 예이다.

107) 이는 '꼭대기'를 뜻하는 이 지역어형이다.

108) 이는 '달아가다'의 이 지역어형으로서 '달아가- + -아(연결형어미) → 다라가(축약) → 다르가(이화작용)'에 의한 실현형이다.

109) 이는 '견디면'으로 대역되는 이 지역어형이며 '견디면 → 전디면(경구개음화) → 전뎀(축약)'의 과정을 거쳐 실현된 예이다.

110) 이는 '평지(平地)'의 이 지역어형이며 이중모음 실현제약에 의해 단모음화와 고모음화가 함께 일어난 예이다.

111) 이는 '삶다'의 어형에 유추되어 잘못 실현된 어형으로 판단된다.

112) 이는 '대(代) + -로(도구격조사)'의 구성으로 이루어진 형태이다.

113) 이 지역어에서 용언의 활용 때에는 모음조화가 거의 지켜지지 않음을 볼 수 있다.

114) 이는 ‘만날’의 이 지역어형인 ‘맨날’에 보조사 ‘-사’가 결합된 구성이다.

115) 이는 ‘집’으로 실현되어야 할 어형이지만 어간말자음이 탈락된 예로서 ‘짚’의 수의적 실현형이다.

116) 이는 ‘야물게’로 대역되는 이 지역어형이다. ‘야물게 → 야물게(ㄱ 탈락) → 야울게(원순성 충돌에 따른 순자음탈락) → 여울게(모음동화)’의 과정을 거친 예이다.

117) 이는 ‘미투리’의 이 지역어형으로서 이 지역어를 비롯하여 경상도방언과 전북방언에서 실현됨이 보고되어 있다. 미투리는 짚 대신에 삼으로 만든 신을 말하며 짚신에 비해 더 단단하고 질기다.

118) 이 지역어에서 ‘없다’의 기본형은 ‘없다’이며 ‘없- + -으며 → 엄시며(전설모음화)’의 과정을 통해 실현된 이 지역어형이다.

119) 이 지역어를 비롯하여 경상방언에서는 ‘가실하다’는 ‘가을걷이하다’의 뜻이다.

120) 이는 ‘소쿠리’형에 대응되는 이 지역어형이며 ‘소쿠리 → 소구리(평음화) → 소구르(과도교정에 따른 후설음화)’의 과정을 거친 예이다. 다만, ‘소구르’는 수의적인 발화실수형으로도 해석할 수 있는 요소이다.

121) 이는 ‘둥근 대나무’로 대역할 수 밖에 없는데 이 지역어형에 대응되는 표준어형을 찾기가 힘들기 때문이다.

122) 이는 ‘그거 → 그어(ㄱ 탈락)’의 과정을 거친 이 지역어형이다.

123) 이는 수의적인 자음동화현상이 일어난 것으로 기본형이 ‘엄다’로 생각하고 발음한 예이다. 즉, ‘엄고 → 엉꼬(연구개음화)’의 과정을 거쳤으며 이 지역어에서는 ‘업다’로 실현된다.

124) 이는 ‘벗겨야’에 대응되는 이 지역어형이며 ‘벗기다 → 버끼다(경음화) → 비끼다(모음동화현상) → 삐끼다(어두경음화)’의 과정을 거친 예이다.

125) 이는 ‘막 쓰는 소쿠리’의 뜻이지만 표준어형이 없으므로 그냥 ‘막소쿠리’로 대역했다.

126) 이는 ‘저녁’에 대응되는 이 지역어형이며 ‘저녁 → 저역(ㄴ 탈락) → 저역(이중모음 실현제약에 따른 단모음화) → 저엉(비자음화)’의 과정을 거친 예이다.

127) 이는 ‘맑갛다’에 대응되는 이 지역어형인 ‘맬갛다’이다. 기존의 논의에서는

경남방언형으로 알려져 있지만 이 지역어를 비롯한 경북남부 방언에서도 실현됨을 확인할 수 있는 예이다.

128) 이는 '북데기 → 뿍떼기(어두 및 어중 경음화) → 뿍띠기(고모음화)'의 과정을 거친 예이다.

129) 이는 '새'에 대응되는 이 지역어형이다.

130) 이는 '솔가리'로 대역되는 이 지역어형이며 소나무 잎이 떨어져서 마른 것을 모아서 불을 지피는데 사용한 땔감을 말한다.

131) 이는 '삭정이'에 대응되는 이 지역어형이며 '삭다지 + -독(보조사: 보조사 '도'에 말음이 첨가된 형태이며 이 제보자에서 발견되는 특징임.)'의 구성이다.

132) 이는 한자어인 '전치(前置)'를 나타내는 말이다.

133) 이는 '놓(置)- + -거등(연결형어미) → 노커등(융합) → 노커덩(모음중화)'의 과정을 거친 예이다.

134) 이는 '갈퀴를'로 대역되는 이 지역어형이며 주로 이 지역을 비롯한 경상도 방언에서는 '까꾸리'로 실현된다. 이 어형은 '까꾸리 + -로(도구격조사)'의 구성이며 '까꾸리 → 까꾸르(전설모음화에 따른 과도교정형)'의 과정을 거쳐 실현된 것이다.

135) 이는 '검어'로 대역되는 이 지역어형이며 '검(輯)- + -어(연결형어미) → 꺼머(어두경음화) → 꺼므(모음중화)'의 과정을 거친 실현형이다.

136) 이는 '동'에 대응되는 이 지역어형이며 이는 '동이'의 뜻으로도 사용되기도 한다.

137) 이는 '풀 + 동'의 구성이며 이 지역어의 다른 실현형인 '거울똥'도 확인된다. 이는 '검불 + 동'의 결합형으로서 '검불 → 거울(자음탈락)'의 과정을 거친 형이다.

138) 이는 '가지'에 대응되는 이 지역어형으로서 '가쟁이 → 가젱이(모음중화) → 가젱~이(비모음화) → 가제~이(비자음탈락)'의 과정을 거친 실현형이다.

139) 이는 '왜놈들이'로 대역되는데 '왜놈들이 → 왜늠드리(모음동화) → 왜넘드리(모음중화)'의 과정을 거쳐 실현된 예이다.

140) 이는 15세기 중엽의 '나모'형의 곡용형과 같이 실현된 예로서 이 지역어에서는 구술발화에서는 이렇게 곡용형에서 'ㄱ'음이 실현됨을 볼 수 있다.

141) 이는 '베기가'로 대역되며 '베다 → 비다(고모음화) : 비- + -기(명사형어미) + -가 → 비이가(ㄱ탈락)'의 과정을 거친 예이다.

142) 이는 '붙잡히면'으로 대역되는 어형인데, '두들리- + -마(연결형어미)'의 구

성이다.

143) 이는 합성어의 형성 과정에서 '르 탈락현상'이 일어난 중부방언과 달리 이
지역어에서는 '솔 + 나무 → 솔라무(유음화)'의 과정을 거친 실현형이다.

144) 이는 일반적으로 표준어의 '그루터기'나 '등걸'로 대역하고 있지만 여기서
는 이런 뜻이 아니라 소나무의 줄기 부분인 '통나무'를 의미한다. 이 지역어
를 비롯하여 경북방언에서는 '통나무'의 의미로 많이 사용되고 있다.

145) 이는 '짬 # 엄(無)- + -고'의 구성이며 여기서 '짬'은 '정해진 규율이나 법칙'
을 뜻한다. 이 실현형은 '짬 # 엄고 → 짜멈고(어절 간 연음화) → 짜몸고(원
순모음화) → 짜몸꼬(경음화) → 짜몽꼬(연구개음화)'의 과정을 거쳐 실현된
것이다.

146) 이는 '톱'의 어말자음이 탈락된 형태인 '토'의 수의적인 변이형으로 '또'가
실현된 경우이다.

147) 이는 '동강이를 내다'로 대역되는 이 지역어형이며 이는 그 기본형이 '뚱구
르다'이다.

148) 이는 '쪼개다'로 대역되는 이 지역어형이며 이는 '따개다 → 따게다(모음
중화)'의 과정을 거친 형태이다. 이 어형은 경북방언과 충북방언에 분포하는
것으로 보고되어 있다.

149) 이는 모음중화에 따라 '고두베기'로도 실현되는데 일반적으로 '그루터기'의
뜻으로 사용되는 경북방언의 어휘이다. 이 지역어에서는 나무를 벤 지가 오
래 되어서 썩어버린 그루터기를 가리키는 말로 사용된 경우이다.

150) 이는 '잘'의 수의적 발화실수형이다.

151) 이는 '불 힘'에 대응되는 이 지역어형이며 '힘'이 '심'으로 바뀐 예이다.

152) 이는 '겨울'에 대응되는 이 지역어형이며 이는 경상도, 전라, 강원도방언에
도 실현됨이 보고되어 있다.

153) 이 어형은 이 지역어를 비롯한 경상도, 전라도, 강원도, 함경도방언에 실
현되는 것으로 보고되어 있다. 다만 이 지역어를 비롯한 경북방언에서 '숭'구
다'형은 심다의 의미이며 '숭구'다'형은 '숨기다'의 의미로 사용되며 이 두 어
형은 성조에 따라 그 뜻이 다르다.

154) 이는 '묵는다'로 대역되는 이 지역어형이며 '묵는다 → 뭉는다(비음화) →
뭉다(축약)'의 과정을 거쳐 실현된 예이다.

155) 이는 '무청을 끊는다'는 의미이며 '끊어 → 끄너(ㅎ 탈락) → 끄느(모음중
화)'의 과정을 거쳐 실현된 예이다.

156) 이는 '무구덩이'로 대역되는 어휘이며 '무시 + 구덩이 → 무시꾸덩이(경음화) → 무시꾸뎅이(움라우트 현상) → 무시꾸딩이(고모음화) → 무시꾸딩~이(비모음화) → 무시꾸디~이(음절말비음 탈락)'의 과정을 거친 예이다.

157) 이는 '끓여서'로 대역되는데 '끓이다'형에서 전설모음화가 이루어져 형성된 '끼리다'가 기본형이며 '끼리- + -어가(연결형어미) → 끼려가(축약) → 끼러가(이중모음실현제약) → 끼르가(모음중화) → 끼르아(ㄱ탈락)'의 과정을 거친 예이다.

158) 이 제보자의 발화에서는 경구개음화된 형인 '짐치'형과 '김치'형이 공존하며 구술발화에서는 '짐치'형으로도 많이 실현됨을 볼 수 있다.

159) 여기서 '시마이(shimai : 仕舞)'는 일본계 외래어이다.

160) 이는 '밤 + -은(보조사) → 바문(원순모음화)'의 과정을 거쳐 실현된 어형이다.

161) 이는 '방(房) + -아(처소격조사) + -다가(보조사) → 방~아다가(비모음화) → 바~아다가(음절말비음탈락)'의 과정을 거친 예이다.

162) 이는 '묵(喫)- + -어(연결형어미) → 무어(ㄱ탈락) → 무우(모음동화) → 무(축약)'의 과정을 거친 예이다.

163) 이는 '올치'로 실현되어야 할 부분이 생략되어 '올'만 실현된 경우이다.

164) 이는 기원적으로 15세기국어의 'ㅎ 말음명사'와 관련된 성격을 지니는 어휘이며 이로 인해 위의 어형이 실현되었다.

165) 이는 '벌레'로 대역되는데 앞의 어형 '벌거지'와 함께 등장하는 이 지역어의 어휘이다.

166) 이는 '차곡차곡'으로 대역되는 이 지역어의 실현형이며 모음 사이에서 'ㄱ'음이 탈락된 경우이다.

167) 이처럼 구술발화에서는 '나무'의 목적격형이 '낭글'로 실현되지만 어휘조사에서는 다소 그 실현형을 확인하는데 어려움이 있었다.

168) 이는 '가시 ~ 가세'로 실현되는 이 지역어를 비롯한 경북방언에서 실현되는 어형이며 '가(邊)'를 뜻한다.

169) 이는 '문종이로'로 대역되며 '문종이 + -로(도구격조사) → 문종우로(원순모음동화) → 문쫑우로(경음화) → 문쫑~우로(비모음화) → 문쪼~우로(비모음화에 따른 비자음 탈락)'의 과정을 거친 실현형이다. 기존에는 '조우 ~ 조~우'형이 경남방언에만 실현되는 것으로 보고되어 있었지만 경북방언에도 널리 실현되는 어형이다.

170) 이는 '아(童) + -이(서술격조사) + -ㄹ(관형사형어미)'의 구성이며 축약으로 인해 '알'형으로 실현되었다.

171) 이는 '목화씨'로 대역되며 이 어형은 이 지역어를 비롯한 경상도방언과 전라도방언에서 실현되는 것으로 보고되어 있다.

172) 이는 '짜가'의 발화실수형이다.

173) 이는 '맨, 늘 언제나'의 의미로 쓰인 이 지역어형이다.

174) 이는 '먹이지는' 형으로 대역되며 '먹이지는 → 메기지는(움라우트 현상) → 미기지는(고모음화) → 미이지는(ㄱ 탈락 현상)'의 과정을 거쳐 실현된 어형이다.

175) 이는 '머슴'으로 대역되며 남부 및 중부방언에 걸쳐 실현되는 것으로 보고되어 있다.

176) 이는 '역시'로 대역되는 이 지역어형이며 기존에는 경남방언에만 분포하는 것으로 보고되어 있지만 경북남부방언에 광범하게 분포하는 어형이다.

177) 발화상으로는 '가난 + -이(주격조사)'의 구성이지만 대역은 직역을 하게 되면 비문법적인 문장이 되므로 의역을 했다.

178) 이는 '가난하- + -어 → 가나나어(ㅎ 탈락) → 가나너(축약)'의 과정을 거친 어형이다.

179) 이는 '지금 + -맨크로(보조사)'의 구성이며 '맨크로'는 경남방언에 실현됨이 보고되어 있지만 이 지역어를 비롯하여 경북의 남부방언에도 실현되고 있다.

180) 이는 '골고루'에 대응되는 이 지역어형이며 경상도방언에 일반적으로 분포하는 어형이다.

181) 이는 '퍼지(擴散)- + 어 → 퍼져(축약) → 퍼지(이중모음 실현제약)'의 과정을 거친 이 지역어형이다.

182) 이는 '품팔이'의 이 지역어형이며 과도교정에 의한 후설모음화가 이루어져 실현된 예이다.

183) 이는 '남의 집에서 머슴이나 살고'의 뜻이다.

184) 이는 '주다(與)'의 이 지역어형은 '조다'임을 알 수 있으며 '조- + -었-(과거시상) + -지만(연결형어미) + -은(보조사)'의 구성으로 이루어진 어형이며 축약으로 위의 어형으로 실현되었다.

185) 이는 '사료 → 사로(이중모음 실현제약) → 사루(고모음화)'의 과정을 거쳐 실현된 이 지역어형이다.

186) 이는 '먹이러'로 대역되며 '먹이- → 메기-(움라우트 현상) → 미기-(고모음

화)'의 과정을 거쳐서 '미기- + -로(연결형어미 -러) → 미이러(ㄱ 탈락)'의 과정을 거친 예이다.

187) 이는 '아침 전에도'로 대역되는데 '아침 + 알('아래 또는 앞'의 의미) + -로(도구격조사) + -도(보조사)'의 구성이다.

188) 이는 '내몰다'로 대역되는 어휘이며, '훑- + -어(연결형어미) # 치-'의 구성으로 이루어진 어형이다. 이는 축약과 동화로 인해 '후두채'형이 실현되었다.

189) 이는 '(해)거름하- + -마(연결형어미) → 거름하마(원순모음화)'의 과정으로 실현된 어형이며 이는 표준어에 대응되는 어형이 없어서 의역을 했다.

190) 이는 '그일'에서 음절말자음이 수의적으로 탈락된 예이다.

191) 이는 경상도방언에서 일반적으로 실현되는 어형인 '이까리'의 수의적 발화형이다. 이는 '이까리 → 이까르(과도교정에 따른 후설모음화)'의 과정을 거친 예이며 '고삐 또는 고삐줄'로 대역할 수 있다.

192) 이는 '저녁 → 제녁(움라우트 현상) → 지녁(고모음화) → 지역(ㄴ 탈락)'의 과정을 거쳐 실현된 이 지역어형이다.

193) 이는 담화표지 '인자'의 준말이다.

194) 이는 '목아지 + -가(주격조사)'의 구성이지만 여기서 '-가'는 '-에'로 실현되어야 할 경우지만 수의적 발화실수로 실현된 경우이다.

195) 이는 '감기다'로 대응되는 어형이며 '감기다 → 강기다(비음동화) → 갱기다(움라우트 현상) → 갱기다(모음중화) : 갱기- + -어(연결형어미) → 갱겨(축약) → 갱기(이중모음 실현제약)'의 과정을 거친 예이다.

196) 이는 '저물도록'으로 대역되며 '저물- + -드록(연결형어미 -도록) → 점드록(축약) → 점드로(어절말자음 탈락)'의 과정을 거친 예이다.

197) 이는 담화표지 '뭐'에 대응되는 이 지역어형이며 '뭐 → 머(이중모음 실현제약) → 모(원순모음화)'의 과정을 밟은 예이다.

198) 이는 '몰- + -어다(연결형어미) → 모르다(모음중화)'의 과정을 거친 이 지역어형이다.

199) 이는 '저녁'에 대응되는 이 지역어형으로서 '저녁 → 제녁(움라우트 현상) → 지녁(고모음화) → 지녁(이중모음 실현제약) → 지녀(음절말자음 탈락)'의 과정을 거친 예이다.

200) 이는 '부자 + 집 → 부자찌비(경음화) → 부자찌이(자음탈락)'의 과정을 거친 예이다.

201) '자근머심 → 자은머심(ㄱ 탈락)'은 '곁머슴'으로 대응되는 이 지역어형이며

기존에는 경남방언에만 분포하는 것으로 보고되어 있었지만 이 지역어를 비롯하여 경북방언에도 광범하게 실현되는 어휘이다.

202) 이는 '주로'로 대역되는 어형이며 이 지역어를 비롯하여 경북방언에서 일반적으로 분포하는 어형이다.

203) 이는 '궂어도'에 대응되는 이 지역어형이며 어두경음화가 실현된 예이다.

204) 이는 '말갛- + -이 → 말가이(ㅎ 탈락 현상) → 맬가이(ㅣ 모음역행동화)'의 과정을 거친 실현형이다.

205) 이는 '두둑'에 대응되는 어형이며 '두름'의 수의적 발화실수형이다.

206) 이는 '그렇- + -지(부사형어미) → 그러치(융합) → 그르치(모음중화) → 그리치(전설모음화)'의 과정을 통해 실현된 예이다.

207) 이는 '끊(切)- +-어(연결형어미) → 끄녀(ㅎ 탈락 현상) → 끄느(모음중화 현상)'의 과정을 거친 실현형이다.

208) 이는 '조그만 하게'로 대역되며 '쪼맨하이 → 쪼매나이(ㅎ 탈락현상)'의 과정을 거친 예이다.

209) 이는 '한 마리씩 → 함 마리씩(양순음화 규칙) → 삼 마리씩(수위적 발화실수형) → 삼 마리쓱(과도교정에 의한 후설모음화) → 삼 마리썩(모음중화)'의 과정을 거친 예이다.

210) 이는 '먹이고'로 대역되며 '미기- + -고 → 미이고(ㄱ 탈락 현상) → 미고(축약) → 미오(ㄱ 탈락 현상)'의 과정을 거친 실현형이다.

211) 이는 '짚이나'로 대역되지만 '지비나'로 실현되어 모음 간에서 유기음이 유성음화된 예이다. 물론 이 지역어에서도 '지피나'와 '지비나'는 수의적으로 실현되는데 이 환경에서 유성화가 일어난 경우는 국어음운론적 측면에서 매우 특이한 경우에 해당한다.

212) 이는 '가운데'의 이 지역어형이며 이 지역어를 포함하여 '경상도, 함경도 방언'에서 실현됨이 보고되어 있다.

213) 이는 '쪼다'의 이 지역어형이며 그 기본형은 '쫏다'로 소급할 수 있으며 이 지역어가 포함된 경상도방언과 북부방언에서 실현되는 어휘이다. 또 이 지역어에서는 연결형어미 '-아/어'의 교체가 이루어지지 않음을 볼 수 있다.

214) 이는 '제법'으로 대역되는데 '수월찮 + -이 → 술찬히(축약) → 수찬이(자음탈락) → 수찬~이(비모음화) → 수차~이(비자음탈락)'의 과정을 거친 예이다.

215) 이는 '양쪽'에 대응되는 이 지역어형이며 '양쪽 → 양쭉(고모음화) → 양쭈(음절말자음 탈락)'의 과정을 거친 예이다.

216) 이는 ‘대략’의 의미로 대역될 수 있는 이 지역어형이다.

217) 이는 그 기본형이 ‘뜰받다’이며 ‘들이받다’에 대응되는 이 지역어형으로 어
두경음화가 이루어진 예이다.

218) 이 지역어에서는 ‘짝또 또는 짝뚜’형으로 수의적으로 변이가 일어나며 ‘작
두’에서 어두 및 어중 경음화가 실현된 어형이다.

219) 이는 ‘누르다’의 수의적 발화형으로서 이 지역어에서는 ‘누지르다’로 대응
된다.~

220) 이는 ‘썰다’의 이 지역어형인 ‘쌀다’의 활용형으로 ‘쌀- + -어(연결형어미)
→ 싸르(모음중화)’의 과정을 거친 예이다.

221) 여기서 성분이 생략되어 있는데 생략된 성분은 ‘짚이나 꼴을 작두에’를 가
정할 수 있다.

222) 이는 ‘전부’의 이 지역어형으로서 어두 유기음으로 바뀐 것은 수의적인 변
동으로 인한 실현형이다.

223) 이는 담화표지인 ‘인제’의 이 지역어형이다.

224) 이는 ‘조금’에 대응되는 이 지역어형이며 이 어형은 평북방언에서도 실현
되고 있음이 보고된 바 있다.

225) 이는 ‘볏겨, 왕겨’에 대응되는 이 지역어형이며 ‘나락딩기 → 나락떵기(경
음화 현상)’의 과정을 거쳐 실현된 어형이다.

226) 원래 행년(行年)은 ‘지금의 나이나 그때까지 먹은 나이’를 뜻하지만 여기
서는 ‘그 당시 또는 그 때’라는 뜻으로 사용된 예이다.

227) 이는 ‘마리’에 대응되는 이 지역어의 단위명사는 ‘바리’이며 ‘한 + 바리 +
씩 → 한발씩(축약) → 함발씩(양순음화) → 함발쓱(과도교정에 의한 후설모
음화)’의 과정을 거친 실현형이다.

228) 이는 ‘들이- + -었- + -어 → 더리었으(모음중화) → 데리었으(움라우트 현
상) → 데리쓰(축약)’의 과정을 거쳐 실현된 어형이다.

229) 이는 ‘잡아’형에서 어중간의 양순음이 수의적으로 탈락된 예이다.

230) 이는 ‘고랑’에 대응되는 이 지역어형이며 ‘고랭’형으로 실현되기도 한다.
이는 ‘골베라도 또는 골이라도’처럼 실현되어야 할 어형으로 판단된다.

231) 이는 그 기본형이 ‘일밧기다’이며 그 의미는 ‘일으키다’와 같다. 위의 실현
형은 음절말자음 ‘ㄹ’이 수의적으로 탈락되고 축약이 일어난 형이다. 이와 수
의적으로 실현되는 어형으로는 ‘일바시다’형이 있으며 이는 이 지역어에서도
확인이 될 뿐만 아니라 경북 및 경남방언에도 실현되는 예이다.

232) 이는 '고령장 + -거저(보조사 -까지)'의 구성이며 이 지역어를 비롯한 경상
도방언에서는 '-꺼정'으로 실현되기도 한다. 이 어형은 '-꺼정'과 수의적 변이
형의 관계에 있으며 '-꺼정'형은 '경상도, 충북, 함경도 방언'에도 실현되는 것
으로 보고되어 있다.

233) 이 지역을 비롯한 경상도방언에서는 치조음과 양순음이 인접했을 때는 양
순음화가 일반적으로 실현되는 양상을 보인다.

234) 이는 '이리 + -가(연결형어미) → 이르가(과도교정에 의한 후설모음화)'의
구성으로 '이래서'로 대역할 수 있다.

235) 이는 '돋우려고'로 대역되며 '돋구- + -랄라고(의도형어미) → 도꾸랄라고
(경음화 및 자음탈락) → 도끄랄라고(이화)'의 과정을 거쳐 실현된 이 지역어
형이다.

236) 이는 '저절로'에 대응되는 이 지역어형이며 '저절로 → 즈절로(모음중화)
→ 지절로(고모음화)'의 과정을 거친 예이다.

237) 이는 '들이마시다'에 대응되는 이 지역어형이다.

238) 이는 어휘 '기운'에 대응되는 이 지역어형이다.

239) 이는 15세기국어형인 '구무'에 기원하는 것으로서 이 지역어를 비롯한 경
북방언에서는 '구무 ~ 구뭉 ~ 구문'형이 수의적인 변이형으로 등장하고 있다.

240) 이는 '엄청스레'로 대응되는 부사이며 '엄청스레 → 엄청스리(고모음화)'의
과정을 거친 이 지역어형이다.

241) 이는 '순'의 발화실수형이다.

242) 이는 '먹으려고'로 대역되는 이 지역어형이며 '묵(喫)- + -르라고(의도형어
미) → 무글라고 → 물라고(축약)'의 과정을 거친 예이다.

243) 이는 '당겨'로 대역했지만 이는 '당걸다 : 당걸- + -어(연결형어미) → 당그
러(모음중화)'의 과정을 거쳐 실현된 예이다. 이 어휘는 '당(幢) + 걸다'의 합
성어이다.

244) 이는 구술발화의 자연성 때문에 순간적인 발화실수로 인해 어순이 뒤틀린
예이다. 즉, '머 그거뻬께'로 실현되어야 할 부분이며 '-뻬께'는 보조사 '-밖에'
에 대응되는 이 지역어형이다.

245) 이는 '모양(模樣) + -이(서술격조사) + -지(종결어미) → 모양이지(움라우
트 현상) → 모앵~이지(비모음화) → 모애~'이지(비자음탈락)'의 과정을 거쳐
실현된 예이다.

246) 이는 '덕석'에 대응되는 이 지역어형인 '삼정'의 수의적인 발화실수형이다.

247) 이 때 '많이'는 중부방언에서의 수량의 정도성을 나타내는 것이 아니라 '매우'라는 의미를 나타내는 이 지역어형이다.

248) 이 지역어에서는 '춥다'가 중부방언과 달리 'ㅂ 불규칙동사'가 아니다. '춥(寒)- + -었-(과거시상) + -어(종결형어미) → 추부써(원순모음화) → 추부쓰(모음중화)'의 과정을 통해 실현된 어형이다.

249) 이는 '그렇게나'의 뜻을 지닌 이 지역어형이며 '그렇게곰 → 글콤(축약 및 음운탈락) → 글쿰(고모음화)'의 과정을 거친 예이다.

250) 보조사 '-마중'형은 경기도방언형으로 보고되어 있지만 이 지역어에도 실현됨을 확인할 수 있다.

251) '낮(畫) + -으로(도구격) + -도(보조사) → 나주로도(원순모음화) → 나줄로도(양음절화)'의 과정을 거친 예이다.

252) '북띠'에 대한 표준어 대역형이 없어서 그냥 '북띠'로 해두었다. 이것은 겨울에 소의 추위를 막기 위해 짚으로 만든 것이 덕석인데 덕석을 소에게 고정시키기 위해 덕석 위에 매는 끈을 북띠라고 한다.

253) 이는 '갈고리'에 대응되는 경상도지역어형이며 '깔꾸랭이 → 깔꾸래이(비음탈락)'의 과정을 거쳐 실현된 형이며 수의적으로 '깔꾸래~이'형으로 실현되기도 한다.

254) 이는 이 지역어를 포함하여 경북방언에서 '겨우내'의 뜻으로 '설아래'라는 어휘가 사용되며 원래 이는 '설날까지'의 뜻이었지만 '겨우내'의 뜻으로도 사용되었다. 옛 우리 선인들은 태음력을 사용했으며 음력으로 봄은 정월 초하룻날부터 삼월 말까지므로 봄의 시작이 곧 설날이었으며 이런 이유로 '설아래'란 낱말은 '겨우내'의 뜻으로도 사용될 수 있었다. 여기서 '서라른'형은 '설아래 + -는 → 서라른(탈락 및 축약)'의 과정을 통해 실현된 어형이다.

255) 이는 '몇 닢'으로 대역되며 '몇 닢 → 멛 닢(이중모음 실현제약) → 믿 닢(고모음화) → 미 입(자음탈락)'의 과정을 거친 예이다.

256) 이는 '송아지'에 대한 이 지역어형이며 경남방언에도 이 분포형이 실현되는 것으로 보고된 바 있다.

257) 이는 비유적 표현으로 소가 없으므로 소의 일부분이라는 의미로 '소 그루터기'식의 표현을 한 것이다.

258) 이는 '워낙, 원체'의 뜻으로 사용된 이 지역어형이다.

259) 이 제보자의 경우, 단위명사 '되'에 대해 그 실현형이 '데, 디'형이 공존함을 볼 수 있다. 즉, '되 → 데(모음중화) → 디(고모음화)'의 과정을 거친 예이다.

260) 이는 '늘'이라는 의미의 '장'의 수의적 발화실수로 인한 실현형이다.

261) 이는 '남의'로 대역되며 '넘(他) + -의(관형격조사) → 너므(이중모음 실현
제약) → 너무(원순모음화)'의 과정을 거쳐 실현된 예이다.

262) 이는 '많(多)- + -았(과거시상)- + -지(종결어미) → 마낟지(ㅎ 탈락) → 마나
찌(경음화 현상) → 마내찌(움라우트 현상) → 마네찌(모음중화)'의 과정을
거친 예이다.

263) 이는 '이태'의 이 지역어형이며 '이태 → 이테(모음중화) → 이티(고모음
화)'의 과정을 거친 예이다.

264) 이는 '세다'의 이 지역어형이며 고모음화가 실현된 어형이다.

265) 이는 '상그럽다'에 대응되는 이 지역어로서 주로 이 지역어에서는 '모양이
보기에 성긴듯하다, 못 생겼다, 사납다'의 뜻으로 사용된다. 여기서는 '사납다,
다루기가 힘들다'의 뜻으로 사용되었다.

266) 이는 '빈극쟁이를'으로 대역되며 '빈 # 훌치 + -너(목적격조사) → 비훌치
너(음절말자음 탈락)'의 과정을 거친 예이며 '-너'는 목적격조사 '-로'의 수의적
변이형이다.

267) 이는 '길가에도'로 대역되며 '길'의 경구개음화형인 '질 + 가(邊)'의 합성어
이다.

268) 이 제보자의 발화에서는 연구개음에서 경구개음화된 어형과 그렇지 않은
형이 수의적으로 발화되고 있음을 볼 수 있다.

269) 이는 '가면'으로 대역되며 '가(去)- + -머(연결형어미 : 면 → 먼(이중모음
실현제약) → 머(음절말자음 탈락))'의 구성이다.

270) 이는 '혼자'의 수의적 변이형이다.

271) 이는 '소'를 의인화하여 표현한 것이다.

272) 이는 '이끌- + -지 → 이끄지(ㄹ 탈락)'의 과정을 거쳐 실현된 예이다.

273) 이는 '웬만하면'으로 대역되며 '웬만하면 → 운만하면(이중모음 실현제약)
→ 움만하면(비음동화) → 움마나면(ㅎ 탈락)'의 과정을 거쳐 실현된 이 지역
어형이다.

274) 이는 '저래'로 대역되며 '저래 → 저러(모음동화) → 저르(모음중화)'의 과
정을 거친 예이다.

275) 이는 '꿰다(貫)'로 대응되는 이 지역어형이며 '꿰다 → 께다(이중모음 실현
제약) → 끼다(고모음화)'의 과정을 거친 실현형이다.

276) 이는 '어렵기'로 대역되며 '어렵기 → 어려끼(경음화 현상) → 어리끼(고모

음화) → 어이끼(ㄹ탈락)'의 과정을 거쳐 실현된 어형이다.

277) 이는 '마리'의 대역어형이며 '바리 → 빠리(경음화 현상)'의 과정을 거친 예이다.

278) 이는 '그냥'에 대응되는 이 지역어형이며 '그냥 → 그양(ㄴ탈락) → 그영(모음중화)'의 과정을 거친 실현형이다.

279) '구멍'에 대응되는 '구영'형은 이 지역어를 비롯하여 경상도, 강원도, 함경도방언에서 실현되는 것으로 보고되어 있다.

280) 이는 '요런'에 대응되는 이 지역어형이며 '요런 → 요론(모음동화) → 요롱(후행 어절에 따른 연구개음화)'의 과정을 거친 예이다.

281) 이는 '불에'로 대역되며 '불 + -아(처소격조사)'의 구성이다.

282) 이는 '오목하게'에 대응되는 이 지역 어휘이다. 이는 '불에 굽으면 오목하게 휘어지는 상태'를 가리킨다.

283) 이는 '안 뿌러지고'의 축약형으로 과도하게 축약된 경우이다.

284) 이는 '휘청휘청하게'에 대응되는 이 지역어형으로 '가늘고 긴 것이 탄력 있게 휘어지며 느리게 자꾸 흔들리는 모양'을 뜻하는 말이다.

285) 이는 '된장 → 덴장(모음중화) → 딘장(고모음화)'의 과정을 거친 어형으로 '된장'에 대응되는 이 지역어형이다.

286) 이는 '하여튼'에 대응되는 이 지역어형이다.

287) 이는 '뿔'의 이 지역어형이며 '뿔따귀 → 뿔따기(모음중화) → 뿔때기(움라우트 현상) → 뿔떼기(모음중화)'의 과정을 거친 예이다.

288) 이는 '겨우'에 대응되는 이 지역어형으로서 이 어형은 이 지역어를 포함한 경상도, 전라도, 강원도, 충청도, 함경도방언에 걸쳐 실현됨이 보고되어 있다.

289) 이는 '이쪽으로'와 같이 대역되며 '이쪽으로 → 이쪼로(음절탈락) → 이쭈로(모음상승)'의 과정을 거친 실현형이며 이는 '이주로'와 같은 형으로도 실현되고 있다.

290) 이는 '가(邊)'에 대응되는 이 지역어형으로서 경상도, 전북, 충남방언에 분포하는 것으로 알려져 있으며 '가세'형으로 실현되기도 한다.

291) 이는 '돌아야'로 대역되며 '돌(回)- + -어(연결형어미) + -에(보조사) → 도르에(모음중화)'의 과정을 거친 예이다.

292) 이는 '저절로'에 대응되는 이 지역어 어휘이며 경상도방언에 두루 분포하는 어휘이다.

293) 이는 '도로'에 대응되는 이 지역어형이며 '다부'형으로 실현되기도 한다.

294) 이는 '매우'에 대응되는 이 지역어형이며 '어시, 으시'로도 실현된다.

295) 이는 '들이- + -어(연결형어미) → 드려(축약) → 드리(이중모음 실현제약
에 따른 고모음화) → 더리(모음중화) → 데리(움라우트 현상)'의 과정을 거
친 예이다.

296) 이는 '좋은 것만'으로 대역되며 '좋은 것만 → 존 것만(축약) → 존 거마
(음절말자음 탈락) → 존 고마(원순모음화) → 종 고만(연구개음화)'의 과정
을 거친 예이다.

297) 이는 '것뿐이고'로 대역되며 '것뿐이고 → 거뿐이고(음절말자음 탈락) →
거뿐~이고(비모음화) → 거뿐~이고(비모음화) → 거뿌~이고(ㄴ 탈락)'의 과정
을 거친 예이다.

298) 이는 담화표지인 '인자'의 준말이며 이 지역어에서는 '인제, 이제, 인자, 자,
잔' 등과 같은 다양한 형태의 담화표지가 등장한다.

299) 이는 '주둥이'에 대응되는 이 지역어이며 주로 경상도방언에 분포하는 예
이다. 이는 '주둥이 → 주둥이 → 주디이(모음변이) → 주디(축약)'의 과정을
거친 예이다.

300) 이는 '자연교배(自然交配) + -르(목적격조사)'의 구성이며 연구개음화가 실
현된 예이다.

301) 이는 '검둥이라고'로 대역되며 '검둥이라고 → 껌둥이라꼬(경음화) → 껌
뒹이라꼬(움라우트 현상) → 껌딩이라꼬(단모음화) → 껌디이라꼬(음절말비
음 탈락)'의 과정을 거친 예이다.

302) 이는 '검둥 + 소'의 구성으로 이루어진 어휘이며 소의 피부에 난 털이 검
은 색으로 덮여있는 소를 말하며 '검둥소 → 껌둥소(경음화) → 껌두소(음절
말비음 탈락)'의 과정을 거쳐 실현된 예이다.

303) 이는 '모양이라'로 대역되며 '모양(模樣) + -이라(서술격조사) → 모영이라
(움라우트 현상) → 모애이라(음절말비음 탈락)'의 과정을 거쳐 실현된 예이다.

304) 이는 '요사이'의 준말인 '요새'로 대응되는 이 지역어형이며 이중모음 실현
제약과 모음중화로 인해 '오새, 오세'형으로 실현된다. '오새'는 이 지역어 외
에도 경남방언에도 분포하는 것으로 보고되어 있다.

305) 이는 '교배(交配)'로 대역되며 '교배 → 고배(이중모음 실현제약에 의한 단
모음화)'의 실현과정을 거친 예이다.

306) 이는 '천장(天障) + 뿔'의 구성으로 이루어진 합성어이며 표준어에 없는 어
휘이다. 이는 천장 즉, '하늘로 뾰족하게 쏟은 뿔'을 가리킨다.

307) 이는 '찌삐하다'형이며 '뾰족하다'의 뜻을 나타내는 이 지역어형이다.

308) 이는 기본형이 '우구덩하다'이며 '오그라들다'의 뜻을 지닌 어휘이다.

309) 이는 '뾰족하게'로 대역되는데 '찌삐하- + -이 → 찌삐다이(ㅎ 탈락)'의 과정을 거쳐 실현된 예이다.

310) 이는 정확하게 표준어로 대역하기가 힘들지만 비슷한 의미로 '두툼하고 넉넉하게'를 가리킨다. 여기서는 비슷한 의미로 '두툼하게'로 대역했다.

311) 이 지역어에서는 소의 뿔 모양이 굽어서 감겨진 뿔을 '구부정뿔'이라는 이름으로 부르지만 표준어에서는 이에 대응되는 어휘가 없으므로 '구부정한 뿔'로 대역했다.

312) 이는 '토브로'의 발화실수형이며 이는 목적격조사가 연결된 어형이다.

313) 이는 담화표지의 한 형태이다.

314) 이는 소의 뿔에 나무의 나이테처럼 새겨진 표시로서 소가 송아지를 낳는 횟수에 따라 표시 형태가 달라짐을 나타내는 것이다. 이에 대응되는 표준어의 어휘가 없어서 그냥 이 지역어를 그대로 표시했다.

315) 이는 소가 아직 송아지를 한 번 출산한 경우를 가리키며 '외동내기 → 에동내기(이중모음 실현제약에 따른 단모음화) → 이동내기(고모음화)'의 과정을 거친 예다. 이밖에도 이 어형은 '외돈내~이, 외동내~이'와 같은 수의적 변이형으로도 실현된다.

316) 이 어형의 실현형을 볼 때, 그 기본형은 '놓다'로 가정할 수 있지만 후행하는 구술발화에서는 모두 '놓다'로 설정하는 것이 합리적으로 해석할 수 있다. 아무튼 이 지역어에서는 이 어휘와 관련된 실현형을 고려한다면 '놓다'로 설정하는 것이 더 합리적이며 이는 '낳다(産)'의 의미이다.

317) 이는 '나중에'에 대응되는 이 지역어형이다.

318) 이는 '경상북도 고령군'의 '고령'이 이중모음 실현제약에 따른 우발적으로 발화된 예이다.

319) 이는 '송아지'에 'ㄴ'음이 첨가된 형태의 수의적 발화형이다.

320) 이는 '지금(只今) + -도'의 구성으로 경음화가 일어난 예로서 이는 이 지역어 외에도 평안북도 방언에 실현되는 것으로 보고되어 있다.

321) 이는 '구별(區別) + -이'의 구성으로 이중모음 실현제약에 따라 실현된 어형이다.

322) 이는 '멋지게'에 대응되는 이 지역어형이며 '멋지- + -게(연결형어미) → 머찌게(경음화) → 머찌기(고모음화)'의 과정을 거친 예이다.

323) 이는 '머리'에 대응되는 이 지역어형이며 이 지역어에서 많이 실현되는 음
운현상인 전설모음화에 대한 과도교정형으로 실현된 예이다.

324) 이는 '완전하게'로 대역되며 '완전하- + -이(부사화접사) → 안전하이(이중
모음 실현제약에 따른 단모음화) → 안전허이(모음동화) → 안전흐이(모음중
화) → 안저흐이(음절말자음 ㄴ 탈락)'의 과정을 거쳐 실현된 예이다.

325) 이는 '구분(區分) + -이(주격조사) → 꾸부니(경음화) → 꾸부이(어중자음
탈락)'의 과정을 거친 예이다.

326) 이는 소를 사고파는 우시장에서 흥정을 할 때 중개를 하는 사람을 말하는
데 '거간꾼'으로 대응된다.

327) 이는 '구정꾼 + -이(주격조사) → 구정꾸~니(비모음화) → 구정꾸~이(비자
음탈락)'의 과정을 거쳐 실현된 예이다.

328) 이는 '사람 + -이(주격조사)'의 구성으로 움라우트 현상이 실현된 예이다.

329) 이는 '값어치의 종류가'의 뜻으로 사용된 표현이다.

330) 이는 '생기- + -만(연결형어미)'의 구성으로 '생기면'으로 대역이 된다. 여기
서 연결형어미 '-면'에 대응되는 이 지역어형은 '-만 ~ -면'형으로 수의적으로
교체되는 것으로 판단된다.

331) 이는 '그러면'에 대응되는 이 지역어형이며 '그라면 → 가면(축약)'의 과정
을 거친 예이다.

332) 이는 '막히- + -는 → 마키는(융합) → 매키는(움라우트 현상) → 매키능
(후행음에 의한 연구개음화)'의 과정을 거쳐 실현된 예이다.

333) 여기서 '짬'은 '겨를'의 뜻이 아니라 '일정함'의 뜻을 나타내는 어휘이며 이
는 이 지역어를 비롯해 경북방언에서 실현된다.

334) 이는 '세경'에 대응되는 이 지역어형이며 '세경 → 세경(이중모음 실현제
약에 따른 단모음화) → 세궁(모음중화)'의 과정을 거쳐 실현된 예이다.

335) 이는 '만나다'에 대응되는 이 지역어형이며 이 어형은 이 지역어를 비롯하
여 경북방언에도 분포하고 있을 뿐만 아니라 경남방언에서도 분포됨이 보고
된 바 있다.

336) 이는 '먹다'의 이 지역어형인 '묵다'의 활용형이며 '묵- + -을 → 무굴(모음
동화) → 무울(ㄱ탈락 현상)'의 과정을 거친 예이다.

337) 이는 담화표지 '인제'의 수의적 변이형이다.

338) 이는 '이런데'에서 어중의 유음이 탈락되어 실현된 예이다.

339) 이는 한자어 국수(國收)이며 '국가에서 거두어들이는 세'라는 뜻이지만 여

기서는 지주가 거두어들이는 세를 말한다. 이는 '국수를 → 국쑤를(경음화) → 국쑤룰(모음동화) → 국쑤루'의 과정을 거쳐 실현된 어형이다.

340) 이는 '너리(廣)- + -었(과거시상)- + -ㄴ(관형사형어미)'의 구성에서 축약이 되면서 관형사형 어미가 탈락된 예이다.

341) 이는 그 당시 이 지역 논의 실제 지주의 이름이 등장하므로 이를 삭제한 부분이다.

342) 이는 '수(收)'로 실현되어야 할 예지만 발화실수로 잘못 실현된 예다.

343) 이는 '되었으면'으로 대역되며 '되어쓰마 → 돼쓰마(축약) → 데쓰마(이중모음 실현제약에 따른 단모음화) → 데시마(전설모음화)'의 과정을 거쳐 실현된 어형이다.

344) 이는 '구분(區分)지어'로 대역되며 '구분지어 → 구분제(축약) → 고분제(이화에 의한 수의적 변이형)'의 과정을 거친 실현형이다.

345) 이는 '지독하게'로 대역되는 이 지역어 어형이며 경북방언에 일반적으로 분포한다.

346) 이는 어절 경계를 지나서 후행하는 양순음에 의한 양순음 동화가 이루어진 어형이다.

347) 이는 '적 + -에(처소격조사) + -가(보조사) → 쩌게가(경음화) → 쩨게가(모음동화) → 째게가(모음중화)'의 과정을 거쳐 실현된 어형이다.

348) 이는 '심다'에 대응되는 이 지역어형이며 '숭구- + -르(관형사형어미) → 숭구(르 탈락)'의 과정을 거쳐 실현된 예이며 탈락은 수의적 현상이다.

349) 이는 '적에도'로 대역되며 '적 + -에(처소격) + -도(보조사) → 즈게도(모음중화) → 지게도(전설모음화) → 찌게도(경음화) → 찌에도(자음탈락)'의 과정을 거쳐 실현된 예이다.

350) 이는 '늘, 항상'의 의미로 사용된 한자어 '상(常)'을 뜻하는 이 지역어형이다.

351) 이는 '자꾸'에 대응되는 이 지역어형이다.

352) 이는 '싫다'에 대응되는 이 지역어형으로서 그 기본형은 '접다'이다. 이는 '접- + -마(면) → 점마(비자음화)'의 과정을 거쳐 실현된 어형이다. 이 어형은 경남방언에서 실현되는 것으로만 보고되어 있지만 이 지역어에서도 확인이 되었다.

353) 이는 'ㄴ 탈락' 현상이 일어난 예이며 이 지역어에서는 자음 탈락 현상이 매우 빈번하다.

354) 이는 '수이 + -대로(보조사) → 수이데로(모음중화)'의 과정을 거친 실현형

이며 여기서 '수이'는 '서로 의논하는 것'을 뜻한다.

355) 이는 '혼자는'으로 대역되며 '혼자'의 수의적 변이형이며 이밖에도 수의적 변이형으로 '혼치'형도 보인다. 따라서 이 지역어형은 '혼차'형으로 판단된다.

356) 이는 '지겁다'의 활용형이며 기본형이 '지엽다'이다. '지엽- + -어서 → 지여브서(모음중화)'의 과정을 통해 실현된 예이다. '지엽다'형은 경남방언에서 실현되는 것으로 보고되어 있지만 경북 남부방언에서도 실현된다.

357) 이는 '갚(報)- + -아지다'의 구성으로 이 지역어에서는 '까바지다 ~ 까부지다 ~ 까브(버)지다' 등으로 수의적으로 실현된다. '가버지다 → 까버지다(경음화 현상) → 까브지다(모음중화) → 까부지다(원순모음화)'의 과정을 거쳐 실현된 어형이다.

358) 이는 '헤아리기도'로 대역되는 어형이며 기본형은 '시아리(算)- + -기 → 시알기(축약) → 시알끼(경음화 현상)'의 과정을 거친 예이다. 여기서 '헤아리기도'는 직역된 의미이며 '이는 지겨워서 남은 부분이 얼마나 남았나 하고 헤아린다.'는 의미로 사용된 표현이다. '시아리다'형은 이 지역어를 비롯한 경상도 방언과 전남, 충청방언에서 실현되는 것으로 보고되어 있다.

359) 이는 '저물도록'의 준말인 '점도록'에 대응되는 이 지역어형이며 '저물도록 → 저물도로(어절말자음탈락) → 저물두로(모음동화) → 저물두루(모음동화) → 점두루(축약)'의 과정을 거쳐 실현되었다.

360) 이는 기본형이 '삶다(烝)'이며 이 지역어에서는 어두 위치에서 경음화가 실현된 예이다.

361) 이는 선행하는 어절인 '아침'에 이어 발음됨으로써 '나절'의 준말인 '절'이 경음화가 된 예이다. 이는 '쩔(나절) + -에(처소격 조사) + -어(보조사 '-은'이 모음중화에 따라 '-언'으로 다시 음절말자음 'ㄴ'음이 탈락되어 실현된 결과임.)'의 구성이다. 이 지역어에서는 '아침 나절'로 표현되지만 표준어에서는 '오전 나절'로 표현된다.

362) 이는 '넘게'로 대역되는 이 지역어형이며 이는 '넘(越)- + -게(연결형어미) → 늠게(모음중화) → 님게(전설모음화) → 닝게(연구개음화) → 닝기(모음동화)'의 과정을 거쳐 실현된 예이다.

363) 이는 '저녁'에 대응되는 이 지역어형이며 정확히 표현하려면 '오후'가 맞겠지만 이 제보자의 경우 '오전, 오후'에 대응되는 개념으로 각각 '아침, 저녁'형으로 표현한 경우이다. 이 지역어에서 오후의 개념이 있지만 '아침, 저녁'의 시간 개념이 확대된 것으로 파악할 수 있는 부분이다. 이 어형은 '저녁 → 저

넉(이중모음 실현제약에 따른 단모음화) → 즈늑(모음중화와 동화) → 지늑
(전설모음화)'의 과정을 거쳐 실현된 예이다.
364) 이는 '국수'에 대한 이 지역어형으로서 주로 이 지역어에서는 '국시' 또는
'국시기'로 실현된다.

의생활

목화, 삼, 모시의 재배와 길쌈
누에치기와 비단 짜기
옷 만들기

요즈미야 주로 오슨 주로 사' 아 닙슴미까?

￣ 그르'치'이'.

끌치예?

에저네느 온 해이블러러 며늘느 점부 사다 이번 능 거뽀다느 지베서?

￣ 지'비서1) 맹'그'라가 이버찌.

그르치예?

￣ 으.

그엄 보통 지베서 맹'그러 임는데, 주'로 머 어'떵 거' 마이' 함미까?

￣ 모카.

모카예?

￣ 어, 며영'이라 카지 명:.

거믄 이 명은 보통: 그그 재배하미까?

￣ 바테 가서 숭'고 가주고, 바테 재배하지.

그암 명은 보통 어, 언제 보통 머 거 씨'뿌'림미까, 머:함'미까?

￣ 씨'를 뿌'리지.

￣ 노'늘 가랃, 바틀 가라 다라2) 가주고 인자 씨'를 뿌'리마 고이3) 올라와 가주 인자 다래가 여러 가주고 다래꼬치 피' 가주고 그래 인쟌 다래가 데 가주고 고 누미 인자 이'그마 요레 딱: 바르지지.

￣ 바르지마 인자 아네 이제 보:항4) 기 인자 막 볼머 급 바찌?

예예.

목화, 삼, 모시의 재배와 길쌈

요즘이야 주로 옷은 주로 사서 안 입습니까?

﹣ 그렇지.

그렇지요?

예전에는 옷 해 입으려면은 전부 사다 입는 것보다는 집에서?

﹣ 집에서 만들어서 입었지.

그렇지요?

﹣ 응.

그럼 보통 집에서 만들어 입는데, 주로 뭐 어떤 것을 많이 합니까?

﹣ 목화.

목화요?

﹣ 응, 목화라고 말하지, 목화.

그러면 이 목화는 보통 그것은 재배합니까?

﹣ 밭에 가서 심어 가지고, 밭에서 재배하지.

그럼 목화는 보통 어, 언제 보통 뭐 그것은 씨를 뿌립니까, 무엇을 합니까?

﹣ 씨를 뿌리지.

﹣ 논을 갈아, 밭을 갈아서 갈아 가지고 인제 씨를 뿌리면 고게 올라 와서 인제 다래가 열어 가지고 목화 꽃이 피어 가지고 그래서 인제 다래가 되어 가지고 고 놈이 인제 익으면 요래 딱 벌어지지.

﹣ 벌어지면 인제 안에 이제 뽀얀 게 인제 막 보면, 그것 봤지?

예, 예.

- 이, 고'래 나오지.
- 고'룽 그 가따 인잗 따'다가 인자 씨에'기5) 인자 아서 가주고 또 인잗 타'알'로6) 가주고 막 타그던, 그 노믈.
- 미영을, 미영소믈 막 타마 인자 그 느미 막 첨부 모가네 으시 타 푸러진다 카이끼네.
- 할로 가주 이 타'아며느.
- 그래가주 인잗 아네 인낟 수지깨~'이가7) 여 가주고 인자 마라 가주고 그래 인잗 여 만슥 마러 가주고 인자 그르 물리다8) 데고 인자 미영을 인잗 자찌.
- 자스머 인자 시'이'리 인자 뽀'피9) 나온다 카이께네.
아, 미엉시리.
- 올치.
- 뽀'피 나오만 또 뽀'브10) 가주고 그늠 마이 가주고 인자 오'슬 인자.
아, 짬미까?
- 올치.
- 그르 인녀 비'를 나러 가주고, 그그또 가정이 여'럳 수::시 까'지라 카이께네.
그어며느 이으 인제 명은 인제 아까 이야'기 하신데, 명은 검 언제쯤, 미영씨느 언제 뿌림미까?
- 보메.
한 지금쯤 뿌림미까?
- 어, 지'끔.
- 지금 안주 쪼'미 더 일'쪽찌11).
- 안주 인제 안주가 한 한 달보 이따가 인자 한 사월' 마리나 오월 초'나 인제 이래 뿌리지.
검 미영시도 어 쫌 마니 그'라'야 뎀미까, 앙 그럼며느?

˹ 이, 고래 나오지.

˹ 고런 것을 가져다가 인제 따다가 인제 씨아에 인제 앗아 가지고 또 인제 활로 가지고 막 타거든, 그 놈을.

˹ 목화를, 목화솜을 그냥 타면 인제 그 놈이 그냥 전부 망울 없이 다 풀어진다고 하니까.

˹ 활을 가지고 이것을 타면은.

˹ 그래서 인제 안에, 인제 수수깡을 넣어 가지고 인제 말아 가지고 그래 인제 이만큼 말아 가지고 인제 그것을 물레에다 대고 인제 목화를 인제 잣지.

˹ 자으면 인제 실이 인제 뽑혀 나온다고 하니까.

아, 명실이.

˹ 옳지.

˹ 뽑혀 나오면 또 뽑아 가지고 그것을 많이 가지고 인제 옷을 인제.

아, 짭니까?

˹ 옳지.

˹ 그래 인제 베를 날아 가지고, 그것도 과정이 여러 수십 가지라고 말하니까.

그러면은 이 인제 목화는 인제 아까 이야기를 하셨는데, 목화는 그럼 언제쯤에 면화씨는 언제 뿌립니까?

˹ 봄에.

한 지금쯤 뿌립니까?

˹ 응, 지금.

˹ 지금 아직 조금 더 이르지.

˹ 아직 인제 아직까지 한, 한 달포 있다가 인제 한 사월 말이나 오월 초나 인제 이렇게 뿌리지.

그럼, 면화씨도 어 좀 많이 가꾸어야 됩니까, 안 그러면은?

- 그'라'애지.

- 마~'이 그 테비루 마'이 해'야데.

아, 그냠 마 시 뿌르노머 데능'게' 아이고예?

- 아:이지.

- 거 막 거르'믈 씨'르 내 가주고 마'이 거'라'야 덴다 카이께네.

거며 예저네 어르신 명은 마니 하셔씀미까?

- 마'이 해'찌, 그'야.

재배를?

- 마'이 해 가주고 인자 일번 놈드리 와 가주고 미영 그 노믈 또 멜카[12] 은자 공출, 빼'뜨러 가뿌고, 우리드른 막 그 누무 쪼맨쓱' 숭케' 가주고 하마 그 넘들 와서 물리도 빼서 가 다러나뿌고, 고통을 마:이 당해찌.

검 아까 인제 어르신 대충 이야기 해주션는데 다래' 그 인자 안 생'김미까, 그지예?

- 이래 거 처메 인자 꼬치 피 가주고 꼬치 지만 다래가 생기 가주고.

- 다래 고서 인자 다, 다래가 이그마 인자 고에 딱: 바레'지마[13] 인자 고서 인자 미영이 인자 고 인자 나온다 카이, 쏘미 나온다 카이께네.

고 씨 빼능 그어늠?

- 셰'에'기.

쌔기라 그러심미까?

- 쌔기가[14] 인자 이래: 해:가주고 미'[15] 꼬타'리 고'누믈 가 여'마 인자 고거스근 나가뿌고 인자 씨느 인자 아프로 헐려뿌고, 명은 저쫀 나아 씨로 한데.

아, 고 세'기' 고'오는 딱 하며느 잘 빠짐미까?

- 올치, 예.

- 씨느 아프로 빠지고 인자 고는 디에 나오고.

˜ 걸워야지.

˜ 많이 그 퇴비를 많이 해야 되지.

아, 그냥 막 씨를 뿌려 놓으면 되는 것이 아니고요?

˜ 아니지.

˜ 거 막 거름을, 실어 내어 가지고 많이 가꾸어야 된다고 하니까.

그러면 예전에 어르신께서 목화는 많이 하셨습니까?

˜ 많이 했지, 그것이야.

재배를?

˜ 많이 해 가지고 인제 일본 놈들이 와 가지고 목화, 그것을 또 말끔히 인제 공출하여, 빼앗아 가버리고, 우리들은 그냥 그것을 조금씩 숨겨 가지고 하면, 그 놈들이 와서 물레도 빼앗아 달아나 버리고, 고통을 많이 당했지.

그럼 아까 인제 어르신께서 대충 이야기를 해주셨는데 다래, 그것이 인제 안 생깁니까. 그렇지요.

˜ 이래 그 처음에 인제 꽃이 피어 가지고 꽃이 지면 다래가 생겨 가지고.

˜ 다래 고기서 인제 다, 다래가 익으면 인제 고것이 딱 벌어지면 인제 고기서 인제 목화가 인제 거기서 인자 나온다고 하니까, 솜이 나온다고 하니까.

그 씨를 빼는 것은?

˜ 씨아.

씨아라고 그랬습니까?

˜ 씨아가 인제 이래 해 가지고 몇 꼬투리 고것을 가지고 넣으면 인제 고것은 나가 버리고 인제 씨는 인제 앞으로 흘러 버리고, 명은 저 쪽으로 나가 씨를 한 곳에.

아, 그 씨아 고것은 그냥 하면 잘 빠집니까?

˜ 옳지, 예.

˜ 씨는 앞으로 빠지고 인제 고것은 뒤에서 나오고.

어 그르가 인자 아까 할 가주고?

‾ 올치, 할 가주 인자 그래 가주곤 노카 가주고 막 할 가주고 타:'며는 고누미 첨::부 인자 이래 잔잔::하~'이 인자 부서져 가이고 망 그지 생겨따 카이끄네.

그'르가 인'자 아까 물레'로?

‾ 올'치.

으 자서 가주고?

‾ 자서가주 시를 뽀'부16) 가주고 또 그 먼.

그엄 베틀에 올리야 뎀미까?

‾ 그뜨, 그끄정17) 올'라'갈라 카만 이 안주 여러:: 경노'르 걸:쳐야 데지.

아 그암므 실.

‾ 그래 가주곤 또 인쟌 돌구'세18) 해 가주고 그 노믈 또 비'에다가 인자 비를 나라 가주고, 시:를, 푸'를 인자 솔로 가주고 풀' 매' 가주고 그르 도투마'리다 인자 가머 가주고, 그리 비틀' 우'에 언'저 가주고 인자 이~'에때 라꼬 인능 거 그골 가주고 인자 잉'에때 해 가주고 곧 바'디꾸영19) 잔잔:한 구여~'이 인데 그 따다 인제 끼이 가주고 그래 인자 비를 짜는데.

‾ 금 머 가정이야 음 수:수'하지.

그담 민제 물레'에서 처으메 인자 그거 시를 가'마 가주고 거기서 또 베, 시를 난'다고 해씀미까?

‾ 그르치.

나는 것, 그으느 어떠케 함미까?

‾ 건 저::어 먼데서 인자 이래 인자 죽:: 인자 뽀'브 가주고, 또 날::고, 또 날고 이래 가주고 인자.

거 그람 길따:라이 마당이나 이런데서 하겠네예?

‾ 올치, 올치, 너린20) 데서, 진:21) 데'서 해야 데지.

‾ 그래 가주고 인자 그으또' 암 피'구로 인자 막 풀 미'22) 가주고 그래

어, 그래서 인제 아까 활을 가지고?

⎯ 옳지, 활을 가지고 인제 그래 가지고 녹여 가지고 막 활을 가지고 타
면은 고것이 전부 인제 이래 잔잔하게 인제 부서져 가지고 망 같이 생겼
다고 하니까.

그래서 인제 아까 물레로?

⎯ 옳지.

으, 잣아 가지고?

⎯ 잣아서 씨를 뽑아 가지고 또 그 뭐.

그럼 베틀에 올려야 됩니까?

⎯ 그것도 거기까지 올라가려고 하면 이 아직 여러 경로를 거쳐야 되지.

아, 그러면 실.

⎯ 그래 가지고 또 인제 돌꼇에 해 가지고 그 놈을 또 베에다가 인제 베
를 날아 가지고, 실을, 풀을 인제 솔을 가지고 풀을 먹여 가지고 그래서
도투마리에 인제 감아 가지고, 그렇게 베틀 위에 얹어 가지고 인제 잉앗대
라고 있는 것, 그것을 가지고 인제 잉앗대를 해 가지고 그 바디 구멍, 자
잘한 구멍이 있는데 그 곳에 인제 꿰어 가지고 그렇게 인제 베를 짜는데.

⎯ 음, 뭐 과정이야 음, 수많지.

그 다음에 인제 물레에서 처음에 인제 그것 실을 감아 가지고 거기서 또 베,
실을 난다고 했습니까?

⎯ 그렇지.

나는 것은 어떻게 합니까?

⎯ 그건 저기 먼 데에서 인제 이래 인제 쭈욱 인제 뽑아 가지고, 또 날고,
또 날고 이래 가지고 인제.

그, 그럼 기다랗게 마당이나 이런 곳에서 하겠네요?

⎯ 옳지, 옳지, 넓은 곳에서, 긴 곳에서 해야 되지.

⎯ 그래 가지고 인제 그 또 안 피게 인제 막 풀을 먹여 가지고 그래 인제

인자 불 피'아 가주고 말랴가미서 도투마리 인자 감능 기라꼬.

　푸릉 그암 머 어떰 풀?

　˜ 머 이름 머 버'리푸르나 아무 끼나 가지고 인제 맹그러 가주고 삐끼 가주고 그 인제 보풀'보풀'항 거 그기 업써지고 매딱하라고 인자 미'기능 기라.

　아, 풀 인제 그르나며 시리 피능 게 어꼬 그냥 매끈하겐네예?

　˜ 그르치.

　˜ 그래 가주고 인자 도투마리 가므 가주고 거 인잖 바디라 카능 기 이'써.

　˜ 바디 고 잔잔:한 고따'다가 인자 올 하나은 다 끼'야 데.

　어 실 그검 실뭉치에 여러' 개 이'쓰야 데겐네예?

　˜ 거'어'는 인자 다 인제 이래 나'라노'마 인자 여'러 개 이짜나, 시'리, 그르치?

　˜ 그래 인자 고'노무 가 끼 가주고 인자 인자 또 그거 인자 바디핸는 북빠'디가23) 이써, 북빠디.

　˜ 북빠'디 그따'다 여'어 가지고 이자 이래 인자 이래 여어 부'글 인제 이리 여'가 툭 타고, 이히히 하마 둑 짜고, 한 올 한 올 그래 모이 가주고 인자 이른 은자 비가 데능 기라고.

　명비가 덴다 그지예?

　˜ 으.

　아 검 그르가 인젬 명'비가틍 경우 인제 그래 해노으며느 어 한 아까 실 나'를 때는, 나능 거또 마니 걸림미까, 시가니?

　실 랄 때도?

　˜ 그르치.

　˜ 나'러 가주고.

　그으또 함 머 메칠 걸림미까?

불을 피워 가지고 말려가면서 도투마리에 인제 감는 것이라고.

풀은 그럼 뭐 어떤 풀?

⁻ 뭐 이런 뭐 보리풀이나 아무 것이나 가지고 인제 만들어 가지고 벗겨 가지고 그 인제 보풀보풀한 것, 그게 없어지고 매끈하게 하려고 인제 먹이는 것이라.

아, 풀을 인제 그렇게 해 놓으면 실이 피는 것이 없고 그냥 매끈거리겠네요?

⁻ 그렇지.

⁻ 그래 가지고 인제 도투마리에 감아 가지고 그 인제 바디라고 하는 게 있어.

⁻ 바디 고기 자잘한 고기에다가 인제 올 하나를 다 꿰어야 돼.

어, 실 그것은 실뭉치가 여러 개가 있어야 되겠네요?

⁻ 그것은 인제 다 인제 이래 날아 놓으면 인제 여러 개 있잖아, 실이 그렇지?

⁻ 그래 인제 고것을 가지고 꿰어 가지고 인제, 인제 또 그것 인제 바디를 만든 북이 있어, 북이.

⁻ 북 거기에 넣어 가지고 이제 이래 인제 이래 넣어서 북을 인제 넣어서 툭 짜고, 이렇게 하면 툭 짜고, 한 올 한 올 그래 모여 가지고 인제 이런 인제 베가 되는 것이라고.

무명이 된다, 그렇지요?

⁻ 응.

아, 그럼 그래서 인제 무명 같은 경우 인제 그래 해 놓으면 어 한, 아까 실 나를 때는, 나는 것도 많이 걸립니까, 시간이?

실을 날 때도?

⁻ 그렇지.

⁻ 날아 가지고.

그것도 한 뭐, 며칠이나 걸립니까?

- 비 메' 가주고 하마 그그또 인자 세워리 마'이 걸리'지.

그엄 비 맬' 때느 베틀 그르가 인제 짤 때늡 보통 주로 누가 여자드리 짬미?

- 여:자'드리 짜애지.

- 보토 인'자 여:자'드리 마이 짜지.

- 남자드른 비거틍어 짜지도 앙코, 그릉 건, 남자드르 옌나레 채'려볼 여'어도24) 업서꼬, 나무하고 다릉 거 허기 때미노 그늠 머 채리 보도 모대.

검 여자드른 그 주로 겨'우레 짬미까?

- 겨'으레도 짜고 그으늠 머 수시'로 그으늠 머 **** 어.

그럼 주로 바'메 짜'겐네예?

- 그르치, 바'물로도 짜고 머 그으는25) 머 시가~'이 업찌.

그어므 그릉 거 잘 짜는 사라믄 얼므 머 짜며느 얼'마나 짬'미까, 하루에?

- 잘 짠 사람 하루 열 짜.

- 열 짜라 카능 기 요만한데,

- 하루에 열 짜를 짠다 카이께네.

- 웨 한 올 띠도오, 한 올 뜨디리 가주고 이래 일짜로26) 카마 송당'히27) 만타 카'이께네.

그어므 예저네느 시꾸가 마느니까 그그또.

- 마~'이 해'애'데지.

마이 해야덴다, 그지예?

- 그르치.

명도 마이 시머야 델 뿜만 아니라 그거 베짜능 건.

- 고구느 인자 미영'비'라꼬28) 인자 예를 끼'얼레도29) 해 이꼬 인자 삼비라 카능 기 또 이짜나, 삼비.

삼비느 머, 그도 심슴미?

ᐨ 베를 매어 가지고 벌써 그것도 인제 시간이 많이 걸리지.

그럼 베를 맬 때는 베틀에 걸어서 인제 짤 때는 보통 주로 누가, 여자들이 짭니까?

ᐨ 여자들이 짜야지.

ᐨ 보통 인제 여자들이 많이 짜지.

ᐨ 남자들은 베 같은 것 짜지도 않고, 그런 것은 남자들은 옛날에 차려서 볼 여가도 없었고 나무를 하고 다른 것을 하기 때문에 그것은 뭐 차려 보지도 못해.

그럼 여자들은 그 주로 겨울에 짭니까?

ᐨ 겨울에도 짜고 그것은 뭐 수시로 그것을 뭐 **** 어.

그럼 주로 밤에 짜겠네요?

ᐨ 그렇지, 밤에도 짜고 뭐 그것은 뭐 시간이 따로 없지.

그럼 그런 것을 잘 짜는 사람은 얼마 뭐 짜면은, 얼마나 짭니까, 하루에?

ᐨ 잘 짜는 사람은 하루에 열 자.

ᐨ 열 자라고 하는 게 요만한데,

ᐨ 하루에 열 자를 짠다고 하니까.

ᐨ 어 한 올을 떼도 한 올 두드려 가지고 이래 열 자라고 하면 상당히 많다고 하니까.

그럼 예전에는 식구가 많으니까 그것도.

ᐨ 많이 해야 되지.

많이 해야 된다, 그렇지요?

ᐨ 그렇지.

목화도 많이 심어야 될 뿐만 아니라 그것 베를 짜는 것도.

ᐨ 고것은 인제 무명이라고 인제 이것을 겨울에도 했고 인제 삼베라고 하는 것이 또 있잖아, 삼베.

삼베는 뭐, 그것도 심습니까?

- 삼비느 인자 사므 사믈 인자, 사믈 은자30) 노'네다 시'머 가주고.

그도 심승미까?

- 그르치.

- 씨'를 인자 뿌'르가, 소부룸:하이31) 뿌리 노마 그 누미 인쟌 지'그메 대마초라 카능 그기데, 사'미라 카이께네.

- 우리 손'지피32) 한:: 집슥 크'그더, 그이.

- 뿌'리 노고 인저 마:이' 거러 노마.

- 그 누믈 자 키야 가주고 이퍼리 그 누믈 가따 은쟌 이른 대나무 가주 곧, 대나물 카를 맹그러 가주고 매카33) 추 내삐리고.

아, 이파'리를 쓰능 게 아이고?

- 올치, 추' 내삐'리뿌고.

- 그래 인쟌 비 가주고 인쟌 이래 한::단쏙34) 무까 가지고, 상꼬시라35) 카는 데가 이써, 상꼳.

그'는 머 함?

- 삼: 쌈:는 데.

- 사믈 인자 그어 인쟌 구'디~'이르 이래 파가주고 그따아다가 막 자갈 로 가따가 소복::하~'이36) 해노코 인냐37) 이른 상꼬 돌르 가따 인데 엉글 엉글하~'이38) 해노코, 미'테다 인쟌 부'를 가따가 사'흘 승, 나을 덕, 하루 빰, 한 나즈로 인자 부를 떼'에 데.

- 부'를 때'마 인자 그 누미 자:꾸 때다 보며 자가리 인자 벌:거~'이 달차 나.

- 다르며는 그 인 자가를 미'야고 디에 인자 이래: 해가주 삼 재'앤 데가 또 따로 이써.

- 이르메꼬39) 요'게느 은자 그 자갈 다릉 게 이꼬.

- 이래가주 요'기다 그 누믈 소복::하~'이 재노'코 그따다가 인자 무를 가 따 드르분'느 기라고.

¯ 삼베는 인제 삼을, 삼을 인제 삼을 인제 논에다 심어 가지고.

그것도 심습니까?

¯ 그렇지.

¯ 씨를 인제 뿌려서, 수북하게 뿌려 놓으면 그것이 인제 지금의 대마초라고 하는 그것인데, 삼이라고 하니까.

¯ 우리 삼대가 한정 없이 크거든, 그것이.

¯ 씨를 뿌려 놓고 인제 많이 걸우어 놓으면.

¯ 그 놈을 잘 키워 가지고 이파리 그 놈을 가져다 인제 이런 대나무 가지고 대나무로 칼을 만들어 가지고 말끔히 추려 내버리고.

아, 잎을 쓰는 것이 아니고?

¯ 옳지, 추려 내버리고.

¯ 그래 인제 베어 가지고 인제 이래 한 단씩 묶어 가지고, '삼곳'이라고 하는 곳이 있어, 삼곳.

그것은 뭐 하는 곳?

¯ 삼을 삶는데.

¯ 삼을 인제 거기에 인제 구덩이를 이래 파 가지고 거기에다가 막 자갈을 가져다가 수복하게 해 놓고 인제 이런 삼곳 돌을 가져다 이런 곳에 엉글엉글하게 해 놓고, 밑에 다 인제 불을 가져다가 사흘씩, 나흘씩, 하룻밤, 한 나절로 인제 불을 때야 돼.

¯ 불을 때면 인제 그것이 계속 때다 보면 자갈이 인제 벌겋게 달아오르잖아.

¯ 자갈이 달아오르면 그 이 자갈을 흙으로 메우고 뒤에 인제 이래 해서 삼을 재는 곳이 또 따로 있어.

¯ 이처럼 요기는 인제 그 자갈이 달아오른 것이 있고.

¯ 이래서 요기에다 그 놈을 수북하게 재어 놓고 거기에다가 인제 물을 가져다 들어붓는 것이라고.

사 뮈에다가예?

- 아니야.

아, 그 돌?

- 올치.

- 돌 인 데다 물 여'머 그 눔 지:미 얼'매나 마이 나노?

으 다'라 이스이께네예?

- 그얼치.

- 막 우'에다 더퍼 가주고 인자 구영'을 뚤부40) 가주고 그어따 무를 주우마, 그 은자 당꾸'여~'어41) 디에 응글헝글한42) 드로 지:미43) 막 나가그'등.

- 지미 나가주고 인자 거 지:메 인자 디에 덴'는 사미 인자 이'그 뿌'능 기라.

- 이 누::러이 이로.

- 자:꾸' 인녀44) 부'르 원'청 마~이 때 농께네.

- 이만치 너른 데다가 마 자:꾸' 물 주마 난제45) 가선 지미 막 둥'실'리46) 거치 나가이께네.

- 으 나가주 인자 그래 응갸::이47) 인자 바가지오 인자 이'그따 시푸면 사물 은저 ㄲ자버 내자나.

- ㄲ자바 내' 가주고 그 인자 이그시마48) 인쟎 활딱 활따 인자 껍디'이'가 비끼진다 아이가.

그 소느로 비낌미까?

- 그르치.

앙 감머 그거또 머 도구가 이심미까?

- 그 인자 씨'그야, 소느로 삐끼야지49).

점부 다 소느로 다 비껴냄미까?

- 올치, 으.

삼 위에다가요?

⎯ 아니야.

아, 그 돌?

⎯ 옳지.

⎯ 돌이 있는 데에다 물을 넣으면 그 놈 김이 얼마나 많이 나니?

으, 달아올라 있으니까요?

⎯ 그렇지.

⎯ 막 위에다 덮어 가지고 인제 구멍을 뚫어 가지고 거기에 물을 주면, 그 인제 담 구멍 뒤에 숭굴숭굴한 데로 김이 막 나가거든.

⎯ 김이 나가지고 인제 그 김에 인제 뒤에 재어둔 삼이 인제 익어버리는 것이라.

⎯ 이 누렇게 이래.

⎯ 자꾸 인제 불을 엄청 많이 때어 놓았으니까.

⎯ 이만큼 넓은 곳에다가 그냥 자주 물을 주면 나중에 가서는 김이 막 독 시루 같이 나가니까.

⎯ 으 김이 나서 인제 그렇게 어지간히 인제 봐 가지고 인제 익었다 싶으면 삼을 인제 끄잡아 내잖아.

⎯ 끄잡아 내어 가지고 그 인제 익었으면 인제 홀라당 홀라당 인제 껍질이 벗겨지지 않겠니?

그것은 손으로 벗깁니까?

⎯ 그렇지.

안 그러면 그것도 뭐 도구가 있습니까?

⎯ 그 인제 식어야 손으로 벗겨야지.

전부 다 손으로 다 벗깁니까?

⎯ 옳지, 응.

˗ 소느로 삐끼 가주고 인자 그어는 한[50] 거느 인자 찌'르피라 그래지,
지'릅.

한 지름녜?

˗ 지'릅.

˗ 지'르비고[51].

˗ 껍띠'기느, 삼껍띠기 그 누무[52] 가주고 인자 너'르 말랴가주고 고느
하, 하눌 하'눌 요래 소느로 째:가지고.

아, 그.

˗ 째애데지, 그케.

˗ 째: 가주고 인잗 다리'다'가 인자 그 눔 이'서야[53] 데거든 또, 동가리[54]
동가리.

아, 찌전능 거또 이래 부치애?

˗ 그래야 이제 시, 그르치, 시리 데지.

˗ 그르 가주고 인저 고 노믈 가따가 그거또 내나[55] 인자 해가주고 인자
물레'에'다가 막 자스며는 고게 인자 뺑끄뺑 틀리'니까 시리 덴다 아이가.

˗ 시:레 데능 그 누문도[56] 은잗[57] 돌고 물리'어[58] 인잗 이래 해가주고
그른 비를 나라가주고 고 또 인자 해.

˗ 그르 그름는도[59] 아까 고맹크로[60] 비를 매가주고, 글 그그또 막 푸를
가따가 망 미'기 가주고, 미테느 싱:딩'기불[61] 내갇 피아노코 인자 말랴 가
민서 또 강꼬, 말랴 가민성 감능기라.

˗ 그래 가주구 음, 음 다 저 가정이[62] 한:정도[63] 엄찌.

삼베, 삼베 그거느 그럼며느 그 다 껍떼기 버낌며느 그걸 굉자이 고께 짜?

˗ 그르치, 인자 고껩, 잘기[64] 째면 비가 고꼬, 인자 좀 뚜그끼[65] 째며는
비가 인제 굴꼬.

˗ 그느 인자 그기 인자 새가 이써서 열'쎄비니 머 여'서'세비니, 다서세
비니 인제 그 이 세'가 이따 카이께네.

￣ 손으로 벗겨 가지고 인제 그것은 한 것은 인제 겨릅이라 그랬지, 겨릅.

한 겨릅요?

￣ 겨릅.

￣ 겨릅이고.

￣ 껍질은, 삼 껍질은 그 놈을 가지고 인제 널어 말려 가지고 고것은 하, 한 올 한 올 이렇게 손으로 찢어가지고.

아, 그.

￣ 찢어야 되지, 그렇게.

￣ 찢어 가지고 인제 다리에다가 인제 그 놈을 이어야 되거든 또, 동강이, 동강이를.

아, 찢은 것도 이렇게 붙여야?

￣ 그래야 이제 실, 그렇지 실이 되지.

￣ 그래 가지고 인제 고것을 가져다가 그것도 또한 인제 해 가지고 인제 물레에다가 막 자으면 고것이 인제 뱅글뱅글 틀어지니까 실이 되지 않니?

￣ 실에 대어둔 그것도 인제 돌고 물레에 인제 이래 해 가지고 그런 베를 날아 가지고 그 또 인자 해

￣ 그런, 그런 것도 아까 고것처럼 베를 매어 가지고 그것을, 그것도 막 풀을 가져다가 막 먹여 가지고, 밑에는 센 등겨불을 내어서 피워놓고 인제 말리어 가면서 또 감고 말리면서 감는 것이라.

￣ 그래 가지고 음, 음 다 저기 과정이 끝이 없지.

삼베, 삼베 그것은 그러면은 그 다 껍질을 벗기면 그것을 굉장히 곱게 찢어야?

￣ 그렇지, 인제 곱게 잘게 찢으면 베가 곱고, 인제 좀 두껍게 찢으면은 베가 인제 굵고.

￣ 그것은 인제 그게 인제 새가 있어서 열 새 베니, 여섯 새 베니 인제 그 이 새가 있다고 하니까.

￢ 그 인저 굴:끼 쨈능 거는 새'가 이그는 다아쌔다, 한 열쌔 데능 거느 아주 고끼 쨈능 거느 한 열 새 데고, 칸조로마~'이66) 이능 고는 열새고.

그르이까, 아, 인제 새으 수짜가 노플수로 더 가늘게?

￢ 그르치.

￢ 고보우 오시 고바'지지.

삼베도 이 시리 가느니까?

￢ 올치, 음.

￢ 넙'뚜넙'뚜항67) 거느 막 넙'뜨넙'뜨하이 우예68) 해핵69) 포가70) 나고 그 래치.

거먼 인제 쫌 고급 쫌 조은 삼벤 그글 짤려며는 아주 고께 해애 덴다, 그지 예?

￢ 고::께 해'애 데, 그르치.

그러고 삼 그그또 그르케 마 마니 재배해께씀미다, 예저네?

￢ 마~'이 해'찌.

￢ 금 머 금방 떠'러져뿐다 카'이께네.

￢ 그눔 멀 땀나고 여 등지게71) 해가주고 저어'72) 사:네 가서 풀 가따앝 지고 오멈 머 금방 머 떠러저뿌.

아 삼베가 쫌 야'캄미까?

￢ 야카지.

그러며 삼베가틍 경우 아까 인제 명을 거르가 실 만들드시 가믄73) 삼베 인제 점부 더 여기서 인제 하 놀 하 놀.

￢ 파 레서 인자 이시, 이시야74) 데'지지.

￢ 이기75) 가이고 고 테.

거 이슬 때 우째 이기슴미까?

￢ 요래 또개'76) 가주고.

아감 무꿈미까?

￢ 그 인제 굵게 찢은 것은 새가 이것은 다섯 새다, 한 열 새 되는 것은 아주 곱게 찢은 것은 한 열 새가 되고, 가지런하게 있는 것은 열 새고.

그러니까, 아, 인제 새의 숫자가 높을수록 더 가늘게?

￢ 그렇지.

￢ 고운 옷이 고와지지.

삼베도 이 실이 가느니까?

￢ 옳지, 음.

￢ 넓적넓적한 것은 막 넓적넓적하게 위에 확 표시가 나고 그렇지.

그러면 인제 좀 고급 좀 좋은 삼베 그것을 짜려면 아주 곱게 해야 된다, 그렇지요?

￢ 곱게 해야 되지, 그렇지.

그리고 삼 그것도 그렇게 많이 재배를 했겠습니다, 예전에?

￢ 많이 했지.

￢ 그 뭐 금방 떨어져 버린다고 하니까.

￢ 그것 뭐 땀이 나고 여기 등거리를 해 가지고 저기 산에 가서 풀을 가져다 지고 오면 뭐 금방 뭐 떨어져 버려.

아, 삼베가 좀 약합니까?

￢ 약하지.

그러면 삼베같은 경우는 아까 인제 명을 그렇게 해서 실을 만들 듯이 그러면 삼베를 인제 전부 더 여기서 인제 한 올, 한 올.

￢ 팔에서 인제 이어, 이어야 되지.

￢ 이어 가지고 그 때.

그 이을 때는 어떻게 이었습니까?

￢ 이렇게 쪼개어 가지고.

아 그러면 묶습니까?

- 이'브로 또개' 가주고 그르가 은자 요고 찡'가[77] 가주고 싹[78] 이래 비비마 고 누미 이스진다 카이께네.

비'벼가주고.

- 올치.

- 사르[79] 데가 이리 막 이래 비비, 여 싸'리 막 불:그이 다르쓰 이래따카이.

아 여[80] 먹 게속 이을라 그러며 여 먹.

- 그띠[81], 어.

- 머 사르다[82] 할'라카이 한:정'업찌.

아, 사레 안 하고 안 함.

- 사'르, 사'레 해애 데지.

안 하며 그이[83] 또 잘 안 이서'짐미꺼?

- 안 데에'지.

아따 그엄 무 옌나레 그어 여자 어름[84] 머 어머님들 이르케 하고 나머 삼 함므 상꼬 나면 머.

- 여겜 머 다 머 우독빠가지가[85] 데고 머.

삼 삼능 그이 대단한 이리:네?

- 대단한 이리지.

- 찹: 머 말 모단 이리지.

- 그그를 가따 어떼다[86] 가따 예'에'기라꼬 할라 카마 자꾸 하~'이 엄능 기지.

- 그만침 고상[87] 마~이 해따 카이.

사믕 그암 주로 여르메 그래 해씀미까?

- 그르치.

- 여르메 인자 모 숭'고 노코 나마 인자 삼 무지 핼라고.

한참 자라쓸 때 인자 짤라 와가주고.

￣ 입으로 쪼개어 가지고 그래서 인제 요것을 끼워 가지고 싹 이래 비비
면 고것이 이어진다고 하니까.

비벼 가지고.

￣ 옳지.

￣ 살에다 대어 가지고 이래 막 이래 비벼, 여기 살이 막 불그스름하게
달아서 이랬다고 하니까.

아, 여기 뭐 계속 이으려고 그러면 여기 뭐.

￣ 그러치, 응.

￣ 뭐 살에다 하려고 하니 끝이 없지.

아, 살에 안 하고 안 하면.

￣ 살에, 살에 해야 되지.

안 하면 그것이 또 잘 안 이어집니까?

￣ 안 되지.

아, 그럼 뭐 옛날에 그 여자 어른 뭐 어머님들 이렇게 하고 나면 삼을 한 번
삼고 나면 뭐.

￣ 여기 뭐 다 머 우독(愚禿)바가지가 되고 뭐.

삼을 삼는 것이 대단한 일이네?

￣ 대단한 일이지.

￣ 참, 뭐 말을 못할 일이지.

￣ 그것을 가져다 어디다 가져다 얘기라고 하려고 하면 자꾸 한정이 없
는 것이지.

￣ 그만큼 고생을 많이 했다고 하니까.

삼은 그럼 주로 여름에 그렇게 했습니까?

￣ 그렇지.

￣ 여름에 인제 모를 심어 놓고 나면 인제 삼을 많이 하려고.

한참 자랐을 때 인제 잘라 와 가지고.

‑ 그르치.

‑ 으어 그 저네 내 창꼬시라[88) 카능 거 그긴'데, 큼 머이 자갈르 가따가 그랜 너 함분 해 노마 또 은좐 끄자브 내'가주고 인자 자갈마 여'야 데그더.

‑ 허'키[89) 마~'이 드가마 부리 안 달:기 때미네, 또 자갈마 여'어 가주고 또 이트르나 사흐르나 또 불 떼 가지고 이카[90) 가주고, 또 그래 이카고 이카고 그래찌.

검 사'믈 그어므 여르메 마니 그글 이 사'믄는 모'야이지예?

‑ 그르치, 마~'이 해야 데지.

‑ 그'얼무 가주고 주'우로 오슬 해 가 이꼬 사르씨니까.

‑ 여르물로느 그누무 가주고 이꼬 사라시이께네.

검 어딛 그 삼 아까 삼 삼능 고 상'꼬시라 그래씀미까?

‑ 음.

‑ 삼 삼는 데.

그렁 그 삼'꼬승[91) 그라믄 집찜마다 하나씩 다 이써?

‑ 아:이, 그거느 이 동네 빌'로[92).

‑ 이냐 꺼르 마::'이 데그드, 수북:하이 혼차 고래 하능 게 아이고.

‑ 동네 사래미 다 한 테[93) 한다 카이께네.

자기 삼 쩌가 와가주고?

‑ 음, 음.

그람 머 삼 그걷 쩌가주고 삼 사믈 때느 또 머 함 메칠 삼께따, 그지예?

‑ 음.

‑ 마저, 미'칠'스[94) 삼마.

거므 그 사므가 아 나또 나며느 금방 삼 이어야 뎀미까, 찌즈가즈고?

‑ 그거는 남[95) 멀 찬차이 인자 이 이찌.

나: 나도.

ⁿ 그렇지.

ⁿ 어, 그 전에 내가 삼곳이라고 말한 것 그것인데, 그 뭐 자갈을 가져다가 그렇게 넣어 한 번 해 놓으면 또 인제 끄집어내어 가지고 인제 자갈만 넣어야 되거든.

ⁿ 흙이 많이 들어가면 불이 안 달기 때문에 또 자갈만 넣어 가지고 또 이틀이나 사흘로나 또 불을 때어 가지고 익혀 가지고, 또 그래 익히고 익히고 그랬지.

그럼 삼을 그러면 여름에 많이 그걸 이 삶은 모양이지요?

ⁿ 그렇지, 많이 해야 되지.

ⁿ 그것을 가지고 주로 옷을 해 가지고 입고 살았으니까.

ⁿ 여름으로는 그것을 가지고 입고 살았으니까.

그럼 어디 그 삼 아까 삼을 삼는 곳 "삼곳"이라 그랬습니까?

ⁿ 응.

ⁿ 삼을 삶는 데.

그럼 그 "삼곳"은 그러면 집집마다 하나씩 다 있습니까?

ⁿ 아니, 그것은 이 동네 별로.

ⁿ 인제 그러면 많이 되거든, 수북하게 혼자 그래 하는 것이 아니고.

ⁿ 동네 사람이 다 한 데에 한다고 하니까.

자기 삼을 쪄서 가지고 와 가지고?

ⁿ 음, 응.

그러면 뭐 삼 그것을 쪄 가지고 삼을 삶을 때는 또 뭐 한 며칠 삶겠다, 그렇지요?

ⁿ 응.

ⁿ 맞아, 며칠씩 삶아.

그럼 그 삶아서 아, 놓아 두면은 금방 삼을 이어야 됩니까, 찢어가지고?

ⁿ 그것은 놓아두었다가 뭐 천천히 인제 잇지, 잇지.

놓아 놓아두어도.

⁻ 머 일련 내 하능 기고 머.

나: 나도.

그냐~ 나나도 살머 노으며느 머 변하고 그러진 안하늠 모야이네예?

⁻ 으, 그근 엄찌96), 마랴 나뿐찌.

⁻ 말랴가 뚬97) 무'리 추께'98) 가주고 또 하고 또 하고 그래.

아, 함 부 살마 노은 거느 인자 무'레 또 다시 추게'며느 또.

⁻ 또 부'르지고99) 인제.

거며 그 삼 인자 아까 삼 이래가 이'어가'주고 그거늠 아까 명?

⁻ 예 그 이어가주고 그거또 인자 물:리'로100) 인잗 도:능 기 이:시'가 인자 도리101) 도르마102) 요기 인자 갱기'지자네103) 요래.

⁻ 이래 도르마.

⁻ 갱기'지마 그글 시를 맹'그능 기라고.

그으또 머 아까 명실 날 드시 이어또 날미까?

⁻ 나'르야지.

이어느104) 어뜬 시그로 나름미까, 이어느?

⁻ 그으또105) 내나106) 명시캉107) 가치 인자 쭈욱 나르가주고 지단::하'이108) 나라 가주고 그르 도투'마리다 올'리 가주고.

그그또 풀 함미까109)?

⁻ 그그또 풀 해애110).

⁻ 그음 풀 더 마~'이 해애 데.

삼베느예?

⁻ 음.

아, 거'치러서 그러씀미까?

⁻ 그르치.

⁻ 머 암 피'구로111) 매:뜩하~'이112) 데따 카이.

그람 풀 머길 때느 보통 머 보리푸리나 이렁 그까 한다 하셔씀미까?

ᐨ 뭐 일 년 내내 하는 것이고 뭐.

놓아, 놓아두어도.

그냥 놓아두어도 삶아 놓으면은 뭐 변하고 그러지는 않는 모양이네요?

ᐨ 응, 그것은 없지, 말려 놓아 버리지.

ᐨ 말려서 또 물에 축여 가지고 또 하고 또 하고 그렇지.

아, 한 번 삶아 놓은 것은 인제 물에 또 다시 축이면은 또.

ᐨ 또 붇게 되고 인제.

그러면 그 삼을 인제 아까 삼을 이래 가지고 이어 가지고 그것은 아까 명 짜듯이?

ᐨ 예, 그것 이어 가지고 그것도 인제 물레로 인제 도는 게 있어서 인제 도로 돌면 요게 인제 감겨지잖아, 요래.

ᐨ 이래 돌면.

ᐨ 감기면 그것을 실을 만드는 것이라고.

그것도 뭐 아까 명실을 날듯이 이것도 나는가요?

ᐨ 날아야지.

이거는 어떤 식으로 날립니까, 이거는?

ᐨ 그것도 또 무명실과 같이 인제 쭉 날아 가지고 기다랗게 날아 가지고 그걸 도투마리에 올려 가지고.

그것도 풀을 합니까?

ᐨ 그것도 풀을 해야.

ᐨ 그럼 풀을 더 많이 해야 돼.

삼베는요?

ᐨ 응.

아, 거칠어서 그렇습니까?

ᐨ 그렇지.

ᐨ 뭐 안 피게 말끔하게 되었다고 하니까.

그럼 풀을 먹일 때는 보통 뭐 보리풀이나 이런 것으로 한다고 하셨습니까?

‐ 그르치.

그암 이래가 머기 노’으며느 또 막.

‐ 그 소'오'리라꼬 이써, 소'올'.

‐ 솔 그때 쟁피'로113) 가주고 햄는데 소리 가지 인자 삐'끼지.

‐ 고 인 삐'끼간 풀 바리고 똘 바리고 하마 인자 미테 지풀114), 그 신:딩' 기 뿔' 피아 노마 인자 뜨뜯::하~'이 해가 마 마리마 인자 도투마'리 데가 여여 강꼬, 또 머슬 이래 한서 데 가주고 또 강꼬, 이거 어데 감는데.

아, 그암 미테 이거 그 멈미까, 풀 잘 암 마리니까 마리도록 미테 실 나르난는 데다가 부를 쫌 딩기뿔를 해나안다?

‐ 으, 부'를 가딴, 그'르치, 딩기'뿔'를 가따 해나이 데.

‐ 그래양 뜨뜯:하~'이 마리지.

검 풀 그어느 함 분마 매기마 뎀미까?

‐ 멀 함 붐 미'기' 가주고 그래.

그래가 인자 또 다시 아까 인제 그거 명비 짜드시 이그또?

‐ 음, 그 도투마'리 비트'레 올'리 가주고 인자 고르익, 고고또 인자 끼'이' 가주고 그래 툭딱 차고 이리 여가 요 툭 차고, 또 이쭈리 여간 이쭈르 소 늘 바꼬 툭 차고, 이쭈서는 여래가 또 잎 여를 툭 차고 이래지.

그 인제 짜능 거는 명비 짜능 거나 그거 짜능 거 거이 가따, 그지예?

‐ 그르치, 짜능 거나 항 가지지.

그른데 그 음, 아까 인제 그 어르신 그 삼 아니씀미까, 그지예?

‐ 음.

삼베 짤 때, 어 삼 그거 머 째:고, 또 삼 베고, 삼 이거 훌'꼬 할 때느 도구늠 머 다른 도군 업씀미까?

토'비나?

‐ 송:고'시라꼬 이써써.

˗ 그렇지.

그럼 이래서 풀을 먹여 놓으면 또 막.

˗ 그 솔이라고 있어, 솔.

˗ 솔은 그때 창포를 가지고 했는데 소나무를 가지고 인제 벗기지.

˗ 그 인제 벗겨서 풀을 바르고 또 바르고 하면 인제 밑에 짚을, 그 센 등겨 불을 피워 놓으면 인제 따뜻하게 해서 그냥 마르면 인제 도투마리를 대어서 여기에 감고, 또 무엇을 이래 하나씩 대어 가지고 또 감고, 이것을 어디에 감는데.

아, 그럼 밑에 이 것 그 무엇입니까, 풀이 잘 안 마르니까 마르도록 밑에 실 날아서 놓은 데에다가 불을 좀, 등겨불을 해 놓았다?

˗ 으, 불을 가져다, 그렇지, 등겻불을 가져다 해 놓아야 돼.

˗ 그래야 따뜻하게 마르지.

그럼 풀 그것은 한 번만 먹이면 됩니까?

˗ 뭘 한 번 먹여 가지고 그래.

그래서 인제 또 다시 아까 인제 그것도 명베를 짜듯이 이것도?

˗ 음, 그 도투마리 베틀에 올려 가지고 인제 고래, 고것도 인제 꿰어 가지고 그래 뚝딱 차고, 이리로 넣어서 여기에 툭 차고, 또 이쪽으로 넣어서 이쪽으로 손을 받고 툭 차고, 이쪽에서는 이래서 또 여기를 툭 차고 이랬지.

그 인제 짜는 것은 명 베를 짜는 것이나 그것 짜는 것이 거의 같다, 그렇지요?

˗ 그렇지, 짜는 것은 한 가지지.

그런데 그 음, 아까 인제 그 어르신 그 삼 안 있습니까, 그렇지요?

˗ 응.

삼베를 짤 때, 어 삼 그것을 뭐 찢고, 또 삼을 베고, 삼 이것을 훑고 할 때는 도구는 뭐 다른 도구는 없습니까?

톱이나?

˗ 송곳이라고 있었어.

─ 어 이'래이'래 가주온 씨르115) 가주 바아116) 가주고, 그 인잔 후'울'터
야 인자 가:지가 버르지거덩.

─ 그기' 이'써써.

혹심 토비나 이릉 거늠 머 씀미까?

이르 먹 이레 소네 지고 톱하느 그어늠 머 하능 검미까?

─ 토비 그이 내:나 그 하능 기라 캉'께네.

─ 삼.

아, 삼 훌릉 검미까?

─ 올'치, 삼 이래 데'고, 낭'게117) 데고 인자 이래 훌'꼬 훌룽118) 기 인자.
그 그 어'떠케 훌'른지 함 이야기 하 쫌' 해주'이'소 거.

─ 사'물119) 무'레 추'까 가주고 이랟 그 인잔 삼 훌른 거기 머신 딩기리
라120) 카나 머 그글 가주고 인자 훌'투마, 사'미 인자 가재~'이가121) 잔잔::
하~이 난다 카이끼네.

─ 고오 까'주고 인자' 가쟁'이으 째 가주고 요'쪼'꺼 이스가주고 비비 가
주고 인자 그래 한다 카이.

─ 이래 지니라꼬122) 이쓰.

─ 이래 상' 끄'너 가주고 양쪼'게 거'러 논능 기 또 이'따 카이께네.

─ 이래 낭글 따드머 가주고 이래가 여 걸고 여 거러 가주고 고'래 하낙
스 하나 스 인자 빼 가주고 다리:다 비'비고, 또 비'비고 이래.

─ 진'지'라 카능 긴데, 진'지:.

진지느 멈미까, 거느?

─ 진'지'가 내:나 상 거능 거 거이 진지때'라꼬 이써.

아, 진지때 해나 나코 이래 가 계속 이래 감슴미까?

─ 거'러노'코.

─ 사'므로 가따가 인제 이래 거러노코.

─ 하낙'스 상'거르 빼:가주고 인자 하능기라고.

⎺ 응, 이래이래 가지고 쇠를 가지고 박아 가지고, 그 인제 훑어야 인제 가지가 벌어지거든.

⎺ 그것이 있었어.

혹시 톱이나 이런 것은 뭐 씁니까?

이래 뭐 이래 손에 쥐고 톱으로 하는 그것은 뭐 하는 겁니까?

⎺ 톱이 그게 마찬가지로 그 하는 것이라고 하니까.

⎺ 삼.

아, 삼을 훑는 겁니까?

⎺ 옳지, 삼을 이래 대고 나무에 대고 인제 이렇게 훑고 훑는 것이 인제.

그, 그 어떻게 훑는지 한 번 이야기를 한 번 좀 해주십시오, 그것.

⎺ 삼을 물에 축여 가지고 이래 그 인제 삼을 훑는 것이 무슨 톱이라고 하나 뭐 그것을 가지고 인제 훑으면, 삼이 인제 가지가 자잘하게 난다고 하니까.

⎺ 고것 가지고 인제 가지를 찢어 가지고 요쪽 것을 이어 가지고 비벼 가지고 인제 그렇게 한다고 하니까.

⎺ 이래 "진지"라고 있어.

⎺ 이래 삼을 끊어 가지고 양 쪽에 걸어 놓는 게 또 있다고 하니까.

⎺ 이래 나무를 다듬어 가지고 이래서 여기에 걸고 여기에 걸어 가지고 고래 하나씩 하나씩 인제 빼 가지고 다리에다 비비고, 또 비비고 이래.

⎺ 진지라고 하는 것인데, 진지.

진지는 무엇입니까, 그것은?

⎺ 진지가 마찬가지로 삼을 거는 것 그것이 진짓대라고 있어.

아, 진짓대를 해 놓고 이렇게 계속 이렇게 감습니까?

⎺ 걸어 놓고.

⎺ 삼으로 가져다가 인제 이래 걸어놓고.

⎺ 하나씩 삼 그것을 빼어 가지고 인제 하는 것이라고.

￣ 글 빼'가주오 인자 인'는다 카이께네.

아, 진지때 거러나 나나코예?

음.

그 그러며 그 지'릅때 그어늠 머 인자 내삐'림'미까?

￣ 지'릅때 그어르123) 그어뜨 까주오 장바으또124) 하고, 그 내나 니비125) 미기는 데, 장바해가지고 써.

그거 머 여꺼 가주고.

￣ 올치.

￣ 거 여'꺼 가주고 인자 그거 장바또 하고.

￣ 자리도 맹글고, 그 노므 가주고.

￣ 여르메 저거 바다아126) 피' 놀 자리또 맹글고 그래따 카이.

아, 그 또 버껴가 해나나머 맨질맨질해가 겐찬타, 그지예?

￣ 음, 으.

￣ 지'꿍 거트머127) 베긴'다꼬 가지도128) 아늘낀데, 그때느 그 누무 가주고 깔고 누부129) 자고 이래따 카이, 새벽까지.

그 해나 마~이 베기'미'까?

￣ 베기'이'지.

￣ 그 낭'긴데 그 암 베길 테가 인는가.

이런 대자리하고 어 하고느 영: 다름미'까?

￣ 그르치'이.

￣ 동굴동굴하~이 이런데.

거므 애들 머 그른데 잘 안, 아는 누께씀데이?

￣ 엔:나'레는 머 그래도 누'피찌 머.

￣ 누움'머130) 머 우얄 수 엄능 기지.

그 아까 인제 그 삼'물 그 고께 째'는냐, 쯤' 굴'께 째'느냐에 따라서 제일 구'웅' 거 다서쎄라 해씀미까?

˜ 그것을 빼 가지고 인제 잇는다고 하니까.

아, 진짓대에 걸어서 놓고요?

응.

그, 그러면 그 겨릅 그것은 뭐 인제 내어버립니까?

˜ 겨릅 그것을 그것도 가지고 누에반자도 하고, 그 마찬가지로 누에를 치는 데, 누에반자를 해가지고 써.

그것을 뭐 엮어 가지고.

˜ 옳지.

˜ 거 엮어 가지고 인제 그것은 누에반자도 하고.

˜ 자리도 만들고, 그것을 가지고.

˜ 여름에 저 것을 바닥에 펴 놓을 자리도 만들고 그랬다고 하니까.

아, 그 또 벗겨서 해서 놓으면 매끄러워서 괜찮다, 그렇지요?

˜ 음, 응.

˜ 지금 같으면 배긴다고 자지도 않을 것인데, 그 때는 그것을 가지고 깔고 누워 자고, 이랬다고 하니까 새벽까지.

그것을 해 놓으면 많이 배깁니까?

˜ 배기이지.

˜ 그 나무인데 그 안 배길 턱이 있겠는가.

이런 대자리하고 어, 그것하고는 영 다릅니까?

˜ 그렇지.

˜ 동글동글하게 이런데.

그럼 애들 뭐 그런 곳에 잘 안, 안 눕겠습니다.

˜ 옛날에는 뭐 그래도 눕혔지 뭐.

˜ 눕히면 뭐 어쩔 수 없는 것이지.

그 아까 인제 그 삼을 그 곱게 찢었느냐, 좀 굵게 찢었느냐에 따라서 제일 굵은 것은 다섯 새라 했습니까?

― 다서쎄.

― 닉, 닉:세도 이서꼬.

아, 너어, 넉세도 이꼬, 다스세도 이꼬?

― 여'어세도 이꼬.

여'어세도 이꼬.

― 일'곱'세도 이꼬.

― 고'오'는 인잗 잘기 데이서 인자 미쎄미쎄[131] 인자 구'부~이 덴다 카이 께네.

검 제일 머 고께 하능 거느?

― 한 여'덜세나 아'옵세나, 아 그래 데고.

그아무[132] 그러케 하, 여더세, 아홉세 해어 가주고 고운 삼베 나오느 그른 주로 어떤 때, 누가 입슴미까?

― 고고느 은자 고:붕' 거 고고느 은자 가격또 비싸고.

거 팜미까, 그아며.

― 어, 팔지.

― 옌나레느 질삼 매가주 얼'매나 파능 거 마이 파러찌.

그엄 고'고'느 주로 인제 그 고웅 거 거, 고웅 거느 해가주오 팔고, 인제 쪼:궁 굴근 오른 지비서 이꼬?

― 입, 이, 이꼬.

그 삼베도 마니 해가주오 파런네, 그지예?

― 파'러찌.

― 미영'도 해가 팔고 머 암 파능 거 업찌.

― 시장 가마 인제 거느 팔지.

― 함 피'레 얼매써, 함 피'레 그저네 수물, 수'무 자가 함 피린'데, 한 자가 지금 미'센찌데노? 요 정도 델끼라.

어, 그라므 함' 필' 그래 가주 가'며느 예저네 거 쫌 어뜨해[133] 싸리나 이레 마~이 줌'미까?

˗ 다섯 새.

˗ 넉, 넉 새도 있었고.

아, 넉, 넉 새도 있고, 다섯 새도 있고?

˗ 여섯 새도 있고.

여섯 새도 있고.

˗ 일곱 새도 있고.

˗ 고것은 인제 자잘하게 되어서 인제 몇 새, 몇 새 그 구분이 된다고 하니까.

그럼 제일 뭐 곱게 하는 것은?

˗ 한 여덟 새나 아홉 새나, 아 그래 되고.

그러면 그렇게 한, 여덟 새, 아홉 새를 해 가지고 고운 삼베가 나오는 것은 주로 어떤 때, 누가 입습니까?

˗ 고것은 인제 곱은 것 고것은 인제 가격도 비싸고.

그 팝니까, 그러면.

˗ 응, 팔지.

˗ 옛날에는 길삼을 매어서 얼마나 파는 것이, 많이 팔았지.

그럼 고것은 주로 인제 그 고운 것, 고운 것은 해 가지고 팔고, 인제 조금 굵은 올은 집에서 입고?

˗ 입, 입, 입고.

그 삼베도 많이 해 가지고 팔았네, 그러지요?

˗ 팔았지.

˗ 명도 해서 팔고 뭐 안 파는 것이 없지.

˗ 시장을 가면 인제 그것은 팔지.

˗ 한 필에 얼마씩, 한 필에 그 전에 스물, 스무 자가 한 필인데, 한 자가 지금 몇 센티 되지? 요 정도 될 것이라.

어, 그럼 한 필 그래 가지고 가면 예전에 그 좀 어떻게 쌀이나 이렇게 많이 줍니까?

ˉ 미입' 몸 빠다찌, 머.

이'를 하능 건 데:게' 마는데 그지예?

ˉ 그르치.

그움 여, 이' 동네 혹씨 그거 삼:' 말고 머 모시'나 이릉 거느 해씀미까?

ˉ 모시'느 안 해써.

ˉ 모신' 안동으로 저리 가만 모시 마이 해꼬.

ˉ 모시, 모신 안 해쓰.

여기는 모시는 전혀 아 핸네, 그지예?

ˉ 아 여, 아해, 아 모시느 안 해꼬.

주로 삼베마?

ˉ 그르치.

그 다메 어르신 머 어 삼베할 때느.

ˉ 모시도 내:나' 그으랑 항 가지라 카이께네.

거이 비슫하지예?

ˉ 예.

ˉ 모시도 내나' 그은 월'리라 카이.

ˉ 고 인자 고:바서 은자 모시고 그래서 그르치.

ˉ 월'리느 항 가지, 똑' 항 가지라 카이께.

모시가 영: 곱씀미까?

ˉ 곱:찌.

삼베뽀다느?

ˉ 으.

ˉ 삼베느 쫌 누리고, 모시느 쫌 히'고.

ˉ 고 인자 모시르 아 해' 바시니까네 거 때'를 가따 어:찌'기 생'기따 카능 걸, 에 모린다134) 카'이께네.

그어면 인제 어르신 그 인접 베틀', 비'틀 아 이씀미까?

⁻ 몇 잎 못 받았지, 뭐.

일을 하는 것은 아주 많은데 그렇지요?

⁻ 그렇지.

그럼 여기, 이 동네 혹시 그것 삼 말고 뭐 모시나 이런 것은 했습니까?

⁻ 모시는 안 했어.

⁻ 모시는 안동으로 저리로 가면 모시를 많이 했고.

⁻ 모시, 모시는 안 했어.

여기는 모시는 전혀 안 했네, 그렇지요?

⁻ 아, 여기 안 해, 아 모시는 안 했고.

주로 삼베만?

⁻ 그렇지.

그 다음에 어르신 뭐 어 삼베할 때는.

⁻ 모시도 마찬가지로 그것과 한 가지라고 하니까.

거의 비슷하지요?

⁻ 예.

⁻ 모시도 마찬가지로 그런 원리라고 하니까.

⁻ 그 인제 고워서 인제 모시고 그래서 그렇지.

⁻ 원리는 한 가지, 똑 한 가지라고 하니까.

모시가 영 곱습니까?

⁻ 곱지.

삼베보다는?

⁻ 응.

⁻ 삼베는 좀 누렇고, 모시는 좀 희고.

⁻ 고 인제 모시를 안 해 보았으니까 그 때를 가져다 어떻게 생겼다고 하는 걸을, 에 모른다고 하니까.

그러면 인제 어르신 그 인제 베틀, 베틀이 안 있습니까?

- 음.
어 이 이게 인제 네저네 우리 함 붐135).
- 물:리'고 이'그느 쎄'에'기고.
- 이기136) 인자 미영' 아'시마 요리 흐리'고.
- 고 데 나오고.
이 이게 인제 새애'기지예?
- 그르치.
이 세'기 가틍 경우에 이으또 이르미?
- 이래 돌리 가주고 인자.
이르미 쫌 이씀미까?
- 씨기, 쎄기라.
다 근냥 이제 세김미까?
- 올치.
- 요 총'이 쎄이고137), 요고는 세'기' 기'고, 이으너138) 손자'비고, 이그느
안질'께고139), 이느 몸토~'이고, 이거 꾸부~이 데는데, 요구 쎄기기'.
- 요'오 돌'리마 인제 요따'다 미엉'을140) 가따 미'기머는 씨'느 율로 흐르
고, 고 은자 시:른 율롬 나오.
소케141) 절로 흘러 가고예?
- 그르치.
- 쎅:쎅: 그르'미셔.
- 요 낭글 가따 이 기를 맹'그러 가주고 쓰.
- 이늠 물레고.
물레'지예?
이거느 이르미 쫌 이씀미까?
- 물레'라 카'잉께네.
예, 이 어 머, 아니 여 하나하나 이르미 이씀미까?

˚ 응.

어, 이, 이게 인제 예전에 우리 한 번.

˚ 물레고, 이것은 "씨아"이고.

˚ 이게 인제 명을 앗으면 요리로 흐르고.

˚ 고기 되어 나오고.

이, 이게 인제 "씨아"이지.

˚ 그렇지.

이 씨아 같은 경우에 이것도 이름이?

˚ 이래 돌려 가지고 인제.

이름이 좀 있습니까?

˚ 씨아, 씨아라.

다 그냥 이제 씨아입니까?

˚ 옳지.

˚ 요 총이 씨아고, 요것은 "씨아 귀"고, 이것은 손잡이고, 이것은 "앉을 깨"이고, 이것은 몸통이고, 이것이 구분이 되는데, 요것이 "씨아 귀".

˚ 요기를 돌리면 인제 요기에다 목화를 가져다 먹이면은 씨는 요기로 흐르고, 고 인제 실은 요기로 나오고.

솜은 절로 흘러 가고요?

˚ 그렇지.

˚ 색색 그러면서.

˚ 요 나무를 가져다가 이 귀를 만들어 가지고 써.

˚ 이것은 물레고.

물레지요?

이것은 이름이 좀 있습니까?

˚ 물레라고 하니까.

예, 이 어 뭐, 아니 여기 하나하나에 이름이 있습니까?

ㅡ 물레, 요고는 머신 *****.

ㅡ 이찌, 이거또.

이 요 요고 머 꼬 아주 쪼삗한 그거 머 세?

ㅡ 에에에, 요 욕 가락', 가라'글 쎄 인자 그 가라글 해가주고, 하능 긴데, 기'무리.

이 기무리?

ㅡ 욜치.

이느 가라기고?

ㅡ 어.

ㅡ 이그늠142) 물레'고.

물레 이렁 거또 주로 여자가 돌'려씀미까?

ㅡ 그르치.

음 머 혹씨 비트::른 머 이름 머 아시능 거 이씀미까?

ㅡ 비트른 인자 용에도143) 이꼬, 고 머 여러 가지 이찌, 비트리.

비틀도 종뉴가 머 만치에?

ㅡ 그르치, 이르미 만치.

이름 드러가능 게?

ㅡ 비틀까레 먼, 그 어디 비'든데.

그엄 비틀' 가틍 경우에 인저 어르신니 그 머 지, 비틀'도 저 지베서 만듬미까?

ㅡ 그르치.

아, 이기 인자 도투마리에 머 감는다고예?

ㅡ 여: 따'아'다가 인자 그얼, 시:를 감는다 그래이께네.

ㅡ 미'영시리나 삼'비나144) 멩주'나145) 이거 인자 다: 인자 미테 불 피아노 코, 꼬'재~이 그틍 이릏 어 항 개쓰 나아가미스 이제 불 라 가주고, 감능 기 이기 인자 도투마'리라 카이, 도투마리.

이 음뜬 지베서 만듬미까?

⁻ 물레, 이것은 무엇이 *****.

⁻ 있지, 이것도.

이 요, 요기 뭐 고것 아주 뾰족한 그것 뭐 쇠?

⁻ 에, 에, 에, 요 요것은 가락, 가락을 쇠로 인제 그 가락을 해 가지고 하는 것인데, 기물이.

이 기물이?

⁻ 옳지.

이것은 가락이고?

⁻ 응.

⁻ 이거는 물레고.

물레 이런 것도 주로 여자가 돌렸습니까?

⁻ 그렇지.

음, 뭐 혹시 베틀은 뭐 이름 뭐 아는 것 있습니까?

⁻ 베틀은 인제 "용두머리"도 있고, 그 뭐 여러 가지가 있지, 베틀이.

베틀도 종류가 뭐 많지요?

⁻ 그렇지, 이름이 많지.

이름이 들어가는 것이?

⁻ 베틀가로대 뭐, 그 어디에 보이던데.

그럼 베틀 같은 경우에 인제 어르신이 그 뭐지, 베틀도 저 집에서 만듭니까?

⁻ 그렇지.

아, 이게 인제 도투마리에 뭐 감는다고요.

⁻ 여기에다가 인제 그 실을 감는다고 그랬으니까.

⁻ 무명실이나 삼베나 명주나 이것 인제 다 인제 밑에 불을 피워 놓고, 꼬챙이 같은 이른 것 한 개씩 놓아가면서 이제 불을 놓아 가지고, 감는 게 이게 인제 도투마리라고 하니까, 도투마리.

이것도 집에서 만듭니까?

‐ 이 이또146) 지베서 맹글 수 이써.

이음 무슨 나무로 만듬미가, 쫌 스?

‐ 므 큰 나무만 다 데지.

소나무나 이릉 그까 만?

‐ 얼치, 에.

그 다음 이어147) 비틀' 아임미까, 그지예?

‐ 예.

비틀 인제.

‐ 이거느 처처 응, 이 응이, 이 응'에때148).

아, 응에떼.

‐ 예.

‐ 이기느 비틀가'래.

‐ 이그느 안질'깨149).

‐ 이근 인자 발로 거러가주고 한데 이기 이 잉어'때150).

어, 잉어때?

‐ 예.

‐ 이거느 베'틀'다리:151).

‐ 네 여여 바리 니: 개라꼬 비틀까'래 사형제는 카능긴데 여겔 노래 나와
이써.

검 머 이걸, 어 여느 인자 도툼마'리 언'저가.

‐ 그래, 여 도투마'리고.

‐ 이그늠 비틀' 인자 다리'.

‐ 두 개.

‐ 이거느 응'에때.

그아며느 인제 여기 인젇 양: 여프 부글 인제 지븐.

‐ 으, 여가 인제 안즐'께.

˚ 이, 이것도 집에서 만들 수 있어.

이것은 무슨 나무로 만듭니까, 좀?

˚ 뭐 큰 나무만 다 되지.

소나무나 이런 것 가지고만?

˚ 옳지, 응.

그 다음 이것이 베틀 아닙니까, 그렇지요?

˚ 예.

베틀 인제.

˚ 이것은 저저 잉, 이 잉, 잉앗대.

아, 잉앗대

˚ 예.

˚ 이것은 베틀가로대.

˚ 이것은 앉을깨.

˚ 이것은 인제 바로 걸어 가지고 하는데 이게, 이 신나무.

어, 신나무?

˚ 예.

˚ 이것은 베틀다리.

˚ 네, 여기 발이 네 개라고 베틀가로대 사형제라고 말하는 것인데, 여기에 노래가 나와 있어.

그럼, 뭐 이것을, 어 여기는 인제 도투마리에 얹어 가지고.

˚ 그래, 여기는 도투마리고.

˚ 이것은 베틀 인제 다리.

˚ 두 개.

˚ 이것은 잉앗대.

그러면 인제 여기 인제 양 옆으로 북을 인제 집어.

˚ 응, 여기가 인제 앉을깨.

- 요 저 이 부'글 인자 열 열'따가 이쭈152) 소느 여꼬 이 이쭈 소나고, 이쭈 손 여마 이쭈 소느 빼가이 또 역 또 역.

- 바다 함 분 놀'리야 인제 여서 버'러진다 카이께네.

- 응'에때가 여 드가가 이시~이께네.

거며 인저 시 베는' 어디 여기 머 어데 묵'찌예?

- 허리에?

- 그르치.

- 허'리에 여'게 인자.

- 무까 가주고 여게 인자 글 자꾸 똘 이기 질:마153) 똑 감'꼬154), 질:마 또 강'꼬 이랜다.

어 이 여자들 이어 베' 이 모짜느, 잘 모 짜은 사암도 이씀미까?

- 이찌.

- 그 모 짜는 사람도 마네.

검 비를, 비 짜는 방부, 비 짜능 거 이그또 기수리네, 그지예?

- 그르치.

머 그암 주로 시집 오며느 비 짜'능 기술도 배'우겐네예?

- 배'아지155).

- 아, 아무나 멈 모 한다카이, 이또.

그르가 예저네는 머 며느리가틍 경우느 업 비 짜능 기수른 쫌 배우느야.

- 음, 배'아야 데는데, 모 빼'아느 사암도 혹: 이'따카이.

금 머 이거 모 빼'우며느 쪼곰 어 시어머니한테 쫌 조은 소리를 모 뜨께따, 그지예?

- 게러, 게'럽찌156).

예?

- 게럽찌.

에이 이 이게 인자 잉'아땜미까?

⌐ 여기 저, 이 북을 인제 넣어, 넣었다가 이쪽 손은 넣고 이, 이쪽 손하고 이쪽 손을 넣으면 이쪽 손은 빼가지고 또 넣고, 또 넣고.

⌐ 받아서 한 번 놀려야 인제 여기서 벌어진다고 하니까.

⌐ 잉앗대가 여기에 들어가서 있으니까.

그러면 인제 실, 베는 어디 여기, 뭐 어디에 묶지요?

⌐ 허리에?

⌐ 그렇지.

⌐ 허리에 여기에 인제.

⌐ 묶어 가지고 여기에 인제 그걸 자꾸 또 이게 길면 또 감고, 길면 또 감고 이렇게 했다.

어, 이 여자들 이 베를 이 못 짜는, 잘 못 짜는 사람도 있습니까?

⌐ 있지.

⌐ 그 못 짜는 사람도 많아.

그럼 베틀, 베를 짜는 방법, 베를 짜는 것 이것도 기술이네, 그렇지요?

⌐ 그렇지.

뭐 그럼 주로 시집을 오면은 베를 짜는 기술도 배우겠네요?

⌐ 배우지.

⌐ 아, 아무나 뭐 못 한다고 하니까, 이것도.

그래서 예전에는 뭐 며느리 같은 경우는 음, 베를 짜는 기술은 좀 배워 놓아야.

⌐ 음, 배워야 되는데, 못 배았는 사람도 혹 있었다고 하니까.

그럼 뭐 이것을 못 배우면 조금 으, 시어머니한테 좀 좋은 소리를 못 듣겠다, 그렇지요?

⌐ 괴롭, 괴롭지.

예?

⌐ 괴롭지.

에, 이 이것이 인제 잉앗대입니까?

이기 잉어땜미까?

 ̄ 이건 잉언'때가 아인데.

그암면 혹씨 이 무명이나 어 이 또느 삼베나 모시 어, 모시느 안하셔꼬, 에여 이 이렁 경우너 보통 함 피른?

 ̄ 수무 자.

수무 잠미까?

 ̄ 으.

그머 하루에 한 짤 수 인능 게 아까 한 며 짜 뎀?

 ̄ 열 짜아 쭝도는157) 닝기158) 짜아.

열 짜 정도네예?

 ̄ 으, 열 짜.

 ̄ 거 은자 빨리 짜'마 좀' 마이 짜고, 머 지~::159) 먼 밥해 무'꼬 올'라가 따가 니르가따 케'사만 얼메' 몬 짜고, 그으느 교정'이' 데가 인능 기 아~이' 고.

머 이리 바쁨며는 또.

 ̄ 그르치.

 ̄ 참'시160) 올'라가따 따'만161) 민' 내끼162) 몬 짜고, 하루 점::드룩163) 짜 야 한 여남 자 따늠 모예~이드라164), 가마 보~이께네.

그 남자늠 베틀 베 짜고 그러지 안 슴미까?

 ̄ 그언치.

 ̄ 남자느 아이 그'런 닐 아~: 해'찌.

바깐니리 마느니까예?

 ̄ 그르치.

그음 머 여자드른 바깐닐 업씀며느 머 밤 머으면 그게 이리게따, 그지예?

 ̄ 맨::날 거, 그르치.

 ̄ 맨날 그거하고 바~아 찌'가주 밥 해무꼬 므엔날 그그마 해.

이게 잉앗대입니까?

˚ 이건 잉앗대가 아닌데.

그러면 혹시 이 무명이나 어 이 또는 삼베나 모시 어, 모시는 안 하셨고, 여기 이, 이런 경우는 보통 한 필은?

˚ 스무 자.

스무 잡니까?

˚ 응.

그러면 하루에 한 짤 수 있는 것이 아까 한 몇 자 됩니까?

˚ 열 자 정도는 넘게 짜지.

열 자 정도네요?

˚ 응, 열 자.

˚ 거 인제 빨리 짜면 좀 많이 짜고, 뭐 천천히 뭐 밥을 해 먹고 올라갔다가 내려갔다가 하면 얼마를 못 짜고, 그것은 고정이 되어 있는 것이 아니고.

뭐 일이 바쁘며는 또.

˚ 그렇지.

˚ 잠시 올라 갔다가 짜면 몇 낱을 못 짜고, 하루가 저물도록 짜야 한 여남은 자를 짜는 모양이더라, 가만히 보니까.

그 남자는 베틀에서 베를 짜고 그렇지는 않습니까?

˚ 그렇지.

˚ 남자는 아니 그런 일은 아니 했지.

바깥 일이 많으니까요?

˚ 그렇지.

그럼 뭐, 여자들은 바깥 일 없으면 뭐 밥을 먹으면 그것이 일이겠다, 그렇지요?

˚ 만날 거, 그렇지.

˚ 만날 그것하고 방아를 찌어서 밥을 해 먹고 만날 그것만 해.

어이 여자들도 이리 만타 그제?

‑ 얼라'르165), 얼라' 노만 또 얼라 키'아야 데이.

이리 만타, 그지예?

‑ 암, 무지'무지' 하지.

‑ 남'자느 아무끄'또 아이다 카~'이.

‑ 남자야 먼 저 사~에 가 나무나 해가 오고, 노네 가서 노~이나 갈고 하든 데지마느이, 여자드르 한 니는 옌나레늘 한:도 끄'또 업'써써.

아침 일찍 이르나서부터.

‑ 그르치, 얼라 키아야 데지, 바~아 찌가주오 바 헤 조에 데지, 새참 해 조에 데지, 또 질삼 해야 데지, 그엄 머 이르아 카능 거건 하:: 무진'장 이리 마네써.

‑ 여자가 이리.

그 새벽부터 머 밤 느께까지 그지예?

‑ 그르치', 머 머 잠도 자도 모 해고.

‑ 밤 세'드로166) 머 지영167) 무'168) 쪼'매이 시간 이씨만 또 미'영 자서야 데지.

‑ 삼, 삼베 거는 삼' 사'머야 데지.

‑ 그이169) 차.

그러 머 거이 놀 짜'미 업따, 그지예?

‑ 머, 그검170) 먼 이'애'기라꼬 다 모171) 한다 카이끼네.

‑ 어을마나 안딱172), 복짜반든지173), 그만치 여자드리 이리 마네써.

그엄며느 보토~ 예저네 머 어 요즘 그어엄 므 지곰174) 어르심 부인께서나 이릉 그엄뽀다 옌날 어르신 어머님메 비하며 헐씬 마.

‑ 오'셴'175), 오'셰'엔'너 머, 아, 아::무꾸떠176) 아~이다, 여아드름177) 머 그저 머 무'꼬 때~이지 머.

‑ 지끄미야 머엄 멈 므 여자드름 머, 지끄미야 여아드름 멈 어얼'매나 핀'는178) 지 말도 모데.

어, 이 여자들도 일이 많다 그렇죠?

⎺ 아기를, 아기를 낳으면 또 아기를 키워야 되니까.

일이 많다, 그렇죠?

⎺ 암, 무지무지 하지.

⎺ 남자는 아무 것도 아니다 하니까.

⎺ 남자야 뭐 저 산에 가서 나무나 해 가지고 오고, 논에 가서 논이나 갈고 하면 되지마는, 여자들이 한 일은 옛날에도 한도도 끝도 없었어.

아침 일찍 일어나서부터.

⎺ 그렇지, 아기를 키워야 되지, 방아를 찌어 가지고 밥을 해줘야 되지, 겻두리를 해줘야 되지, 또 길삼을 해야 되지, 그럼 뭐 일이라고 하는 것은 아주 무진장 일이 많았어.

⎺ 여자가 일이.

그 새벽부터 뭐 밤 늦게까지 그렇지요?

⎺ 그렇지, 뭐, 뭐 잠도 자지도 못 했고.

⎺ 밤이 새도록 뭐 저녁 먹고 조금 시간이 있으면 또 무명을 짜야 되지.

⎺ 삼베, 삼베 그것은 삼을 삶아야 되지.

⎺ 그러니, 참.

그럼 뭐 거의 놀 짬이 없었다, 그렇지요?

⎺ 뭐, 그것은 뭐 이야기라고 다 못 한다고 하니까.

⎺ 얼마나 안타깝고, 복잡하던지, 그만큼 여자들이 일이 많았어.

그러면은 보통 예전에 뭐 어 요즘 그러면 뭐 지금 어르신 부인께서나 이런 것보다 옛날 어르신 어머님에 비하면 훨씬 그냥.

⎺ 요샌, 요새는 뭐, 아, 아무 것도 아니다, 여자들은 뭐 그저 뭐 먹고 땡이지, 뭐.

⎺ 지금이야 뭐, 뭐 여자들은 뭐, 지금이야 여자들은 뭐 얼마나 편한지 말도 못해.

- 금 멀 여서 머또 하는 여자드른 너무 돈도 버러 뎅기러 하지마느 안 하는 사라믄 그접 박 꼬 함 때 서네 께 머 반찬 사가 와주고, 서네 껜 머시마~이[179)니까.

그엄 방아 가틍 경우도 예저네 찌을려며느 매일, 하루에 함 붐마 찍씀미까?

- 그으 으으, 그르치, 매:일 찌'야 데지 머.

하루 머글 망크믄 찌 나야 덴네.

- 그르치.

그르이 머 이리 끄닐 나리 업씀다, 그저.

- 크, 머 무:지하~'이[180) 마네찌[181).

그암 명, 아까 명주'도 그음며너 수무 자가 함 피림미까?

- 그르치.

- 삼비도 수무 자가 함 피리고.

그엄며느 명주나 또 무명이나 삼베나 이렁 거 어 그 짜능 거 보머 시가느 다 비스타이 걸림미까?

- 민'주' 고오'는[182) 더 자끼[183) 짜지.

- 더 가늘다 보이껜니.

- 밍주'느 아주 고부께네.

그는 더 하루에 짜는 냥이 더 저께따, 그지예?

- 그르치, 더 적찌.

- 곤 머 한 바다엔 자아 짜'만 짤라 케도 부지르이 짜에 데지.

그 그르감 머 주로 그아임며느 머 게속 인자 머 빋 짜능 거 배오가 잘 짜는 사암므 아주 잘 짜고.

- 그르치에.

- 하:로 미'짜 더 딴'[184) 사'라미 이꼬, 다 가치 짜는 사라미에도.

- 점 자:께 짜는 사람도 이꼬, 거 은좐 빨리 놀'리가 인좐 다 대찌 퍼뜩 머억 빨리 놀리마 은좐 마~이 짜고.

˝ 그럼 뭐 여기서 뭐도 하는 여자들은 남의 돈도 벌러 다니고 하지만은 안 하는 사람은 그저 밥 고것 할 때, 서너 끼 뭐 반찬을 사가지고 와주고, 서너 끼 하면 뭐 끝나니까.

그럼 방아 같은 경우도 예전에 찌으려면 매일, 하루에 한 번만 찍습니까?

˝ 그으, 그렇지, 매일 찌어야 되지 뭐.

하루 먹을 만큼은 찌어 놓아야 되었네.

˝ 그렇지.

그러니까 뭐 일이 끊일 날이 없었습니다, 그저.

˝ 그, 뭐 무지하게 많았지.

그럼 명주, 아까 명주도 그러면은 스무 자가 한 필입니까?

˝ 그렇지.

˝ 삼베도 스무 자가 한 필이고.

그러면 명주나 또 무명이나 삼베나 이런 것, 어 그것 짜는 것 보면 시간은 다 비슷하게 걸립니까?

˝ 명주 고거는 더 작게 짜지.

˝ 더 가늘다 보니까.

˝ 명주는 아주 곱으니까.

그것은 더 하루에 짜는 양이 더 적겠다, 그렇지요?

˝ 그러지, 더 적지.

˝ 고것은 뭐 한 바닥에 잘 짜면 짜려고 해도 부지런히 짜야 되지.

그 그래서 뭐 주로 그러면은 뭐 계속 인제 뭐 베를 짜는 것을 배워서 잘 짜는 사람은 아주 잘 짜고.

˝ 그렇지요.

˝ 하루 몇 자 더 짠 사람이 있고, 다 같이 짜는 사람이라도.

˝ 좀 작게 짜는 사람도 있고, 그 인제 빨리 움직여서 인제 다 되었지, 빨리 뭐 빨리 움직이면 인제 많이 짜고.

빠른 사암 머 이으 겡자이 빠름미까?

￣ 을치, 이래 톤 짝 히딱히딱185) 거텀 먼한 사라므 천처:이 이래 하머 거느, 요고느 한 올 드러가 가주고 하나 푸'꼬186), 하나 불'리니까네 그그늠 빨리 짜마 빨리 부'루뻬이께네.

￣ 그르이.

그에 그검 머, 그 다음 또 이거 이래 하고 또 이래 쪼'아주고 해야 데지예?

￣ 그르치.

바디 까주 그지예?

￣ 그르치.

￣ 발 가주오 인자 조지하능 기라.

아, 발 까즈 함미까?

￣ 아, 어, 발가 뗑'기뿌'마 찌'아때갇187) 또 버러'지고, 뗑'기만 또 버'러'지고, 나아뿌도 버러지고, 뗑'기도 버러지고 요래 데가이.

이럼 발뜨 하고 손하고 이거 머 다 잘 놀'리야건네?

￣ 올치, 어, 다 움'지기야 데지.

그'르이, 그'라뭄 벧, 베 짜면서도 머 노래 부르, 노래도 부르고 해껜네예?

￣ 비틀'로'래도 머 이스따 그르는데.

요즘 인제 그렁 꺼 알' 삼188) 잘 업찌예?

￣ 업찌, 그래.

예저네 암마 어르시네 모친이나.

￣ 아준 남만는, 맘마는189) 잔 여자드르나 이시마 몰라, 하능가 몰라도.

￣ 그래아190) 아까 내 카능으191) 비틀까레 사형제는 대대명상 썬'는갑따.

￣ 어, 그런 노래가 이서써.

그음 므 노래느 구절른 쫌 아심미까?

￣ 음 베틀'로'래지 머.

빠른 사람은 뭐 이 굉장히 빠릅니까?

ⁿ 옳지, 이래 톡 짝 후딱후딱 같은 뭐한 사람은 천천히 이래 하면 그것
은 이것은 한 올 들어가 가지고 하나가 붇고, 하나를 불리니까 그것은 빨
리 짜면 빨리 불을 수밖에.

ⁿ 그러니까.

그 그건 뭐, 그 다음 또 이것 이래 하고 또 이래 조여주고 해야 되지요?

ⁿ 그렇지.

바디 가지고 그렇지요?

ⁿ 그렇지.

ⁿ 발을 가지고 인제 조절하는 것이라.

아, 발을 가지고 합니까?

ⁿ 아, 응, 발을 가지고 당겨버리면 잉앗대가 또 벌어지고, 당기면 또 벌
어지고, 놓아 버려도 벌어지고, 당겨도 벌어지고 요래 되어가니까.

이러면 발도 하고 손과 이것 뭐 다 잘 움직여야겠네요?

ⁿ 옳지, 응, 다 움직여야 되지.

그러니까, 그라면 베, 베를 짜면서도 뭐 노래 부르고, 노래도 부르고 했겠네요.

ⁿ 베틀 노래도 뭐 있었다고 그러는데.

요즘 인제 그런 것 아는 사람 잘 없지요?

ⁿ 없지, 그래.

예전에 아마 어르신 모친이나.

ⁿ 아주 나이 많은, 나이 많은 인자 여자가 있으면 몰라, 하는지 몰라도.

ⁿ 그래서 아까 내가 말한 것, "베틀가로대의 사형제는 대대명산 썼는 갚
다."

ⁿ 응, 그런 노래가 있었어.

그럼 뭐 노래 구절은 좀 아십니까?

ⁿ 음, 베틀 노래지 뭐.

아니 그르잉까 근 노래 쪼옴 아심미까?

⁻ 음 머 잘 몰라.

⁻ 내가.

예 머 어떤 시그로 하능가 한 할 아시는 데로 마 함 부 이야기 한 해 보이소.

⁻ 그'케 내아 고오'빼'으192) 몰라.

⁻ 비틀까래 사형제는 대대명산 썬는갑따.

⁻ 대대르 사형지다.

⁻ 그은 비남엄'시193) 만날 비틀까래 너:이는 노이가 이따:: 이에.

⁻ 그른 은자 전서리 이스따 카이께네.

거므 예저네 어르신 어머니미나 이럼 분드른 노래 잘 불'르셔께따, 그지예?

⁻ 그'르치, 그르케'찌.

심 또 심심하고 이러니까 그지예?

⁻ 으.

아니, 그러니까 그 노래를 조금 아십니까?

⎯ 음, 뭐 잘 몰라.

⎯ 내가.

예, 뭐 어떤 식으로 하는가 한, 한 번 아시는 대로 한 번 이야기를 한 번 해 보십시오.

⎯ 그게 내가 고것밖에 몰라.

⎯ 베틀가로대의 사형제는 대대명산 썼는 갚다.

⎯ 대대로 사형제다.

⎯ 그것은 변함없이 만날 베틀가로대의 넷은 놓여 있다, 이에.

⎯ 그런 인제 전설이 있었다고 하니까.

그럼 예전에 어르신 어머님이나 이런 분들은 노래를 잘 부르셨겠다, 그렇지요?

⎯ 그렇지, 그랬겠지.

심심, 또 심심하고 이러니까 그렇지요?

⎯ 응.

- 밍주'도 그'래짜나, 맹'주'.
명주느 인제 그그 또 고치까 하능 거예, 그르치예?
- 올치.
- 밍주노194) 그 놈 니'비'간, 니'비' 거는 저 뽕나무 시머 가주고, 그 누'믈 인자 키'아 가주고, 인자 우시 한 집스 이래 크'머는 니비쎄'가195) 예저네선 은자 씨'가 나와써.
- 씨'가 잔잔::하~'이 요래 오세 한 장, 두 장 요래 나온는데, 고 누'믈 가 때 인 요래 내뚜'마 인자 따뜯한데 에뚜머196) 고느 기나온'다 카이께네.
- 고 아네 벌거지가.
예.
- 고래 기 나오므 고누'믈 인잗 요른 저 꽁터리기나197) 가주 사사 씨'르 모타' 가주고 뽕'니플 따다가 총'총' 싸'리198) 가주고 요래 주마 고 막까199), 새:카마~'이 다 기분는'다200) 카이.
- 고'루그로 인지 자꾸 키'아지.
- 키'아므 난제201) 가서는 이만:석202) 해지.
- 이만석 해가주 자:꾸' 인자 니비 난제' 가 싸'리 주다가 난주은 은자 기양 턱터 가따 막 저'프주고203).
어 뽕, 뽕닙?
- 어 뽕입, 뽕니플.
- 더퍼 주마 깍 자알' 깔가 뭉티처러204) 커'머.

- 명주도 그랬잖아, 명주.

명주는 인제 그것도 고치를 가지고 하는 것이요, 그렇지요?

- 옳지.

- 명주는 그 놈 누에가, 누에 그것은 저 뽕나무를 심어 가지고, 그 놈을 인제 키워 가지고, 인제 제법 한 집씩 이래 크면 누에 알이 예전에는 인제 알이 나왔어.

- 알이 자잘하게 요래 요즘 한 장, 두 장 요래 나오는데, 고 놈을 가져다 요래 놓아두면 인제 따뜻한 곳에 놓아 두면 고것이 기어 나온다고 하니까.

- 그 안에 벌레가.

예.

- 그래 기어 나오면 그 놈을 인제 요런 저 꿩의 깃털이나 가지고 살살 쓸어 모아 가지고 뽕잎을 따다가 총총 썰어 가지고 이렇게 주면 고 모두 새카맣게 다 기어 붙는다고 하니까.

- 고렇게 인제 자꾸 키워야지.

- 키우면 나중에 가서는 이만큼씩 해지지.

- 이만큼 해 가지고 자꾸 인제 누에가 나중에 가서 뽕잎을 썰어 주다가 나중에는 인제 그냥 턱턱 갖다 막 덮어주고.

어, 뽕, 뽕잎?

- 응, 뽕잎, 뽕잎을.

- 덮어 주면 꽉 잘 갉아먹어 뭉치처럼 크면.

- 그'래가주 인자 그 인냐 백차따205) 카으드, 맥.

- 인자 잉가~'이206) 무'뿌마 인자 여 누루이 매기 차능기라, 노비가.

- 매기 차마 그 누므 가따 인자' 그래' 마 인자 뽕'을 인자 뽕이 미'끼'207) 실타 이기라.

- 미'끼 시'르마 이자 저누 인자 집 쑤시미 전 데나 멀 해가주 인자 니 비르 그따'208) 올리마 인자 그리믄 도'르뎅'기다 인자 꼬'치르 진능' 기라 고.

- 꼬'치르 보:하~'이 지노마 그 누믈 자 함 미'칠간, 한 일쭈이리나 하 여 르르나209) 이시마 인자 고놈 다: 지'뿌그더.

- 실 다 뽀부내뿌210) 아네 인자 뻔'디기가 데 가주고 인제 그' 느물 인자 따 가주고 인자 물 끌'른 데다 인자 여뿌마 이자 신, 실 여 물릴 돌리 가주 옹 그 눔211) 인자 시르 빼'능 기라꼬.

- 고게 인자' 하나 하날 요리 데따므 그여212) 막 그이 풀리'그덩.

- 이에 돌려노면 그양 풀리고.

- 그르가 은잪 다 풀리만 뻔'디기가 나므따.

- 뻔디기 그 눔 우리가 마~'이 조213) 무'써.

- 어 지금 뻔'디기 이짜나.

예 요즘도 뻔데기 애들도 머 사무꼬 그.

- 그는 참 마시스 조타 카'이께네, 애, 옌나레.

- 지끔 이거는 정구서214) 나오능거 어'데 나옹 거 모리게꼬.

- 그그또 은자 내:나 똑' 절'차느 항 가지.

- 그 눔 다 인자 나라 가지고, 그 눔 실 뽀'부215) 가주고 저금 뽀'브 가 주고 그 눔 해 가주고 돌:구216) 물리 똠 돌'리 가지고 그 눔 뽀'브 가주고 나라 가주고 그르이 내나 인자.

- 고고또 인자 바디에 끼'이'217) 가주고, 고늠 머 한:저'어씨 붑218), 고 붑219) 바디지.

ˉ 그래서 인제 그 인제 멱찼다고 말하거든, 멱.

ˉ 인제 어지간히 먹어 버리면 인제 여기가 누렇게 멱이 차는 것이라, 누에가.

ˉ 멱이 차면 그 놈을 가져다 인제 그래 그냥 인제 뽕을, 인제 뽕이 먹기 싫다 이 것이라.

ˉ 먹기 싫으면 인제 저기는 인제 짚 수세미 저런 데나 무엇을 해 가지고 인제 누에를 거기에 올리면 인제 그러면 돌아다니다 인제 고치를 짓는 것이라고.

ˉ 고치를 뽀얗게 지어 놓으면 그 놈을 인제 한 며칠간, 한 일주일이나 한 열흘이나 있으면 인제 고것이 다 지어 버리거든.

ˉ 실을 모두 뽑아 내버리면 안에 인제 번데기가 되어 가지고 인제 그 놈을 인제 따 가지고 인제 물이 끓는 데에다 인제 넣어 버리면 인제 실, 실을 여기 물레에 돌려 가지고 그 놈이 인제 실을 빼는 것이라고.

ˉ 고게 인제 하나, 하나를 요래 되었다면 그냥 막 거의 풀리거든.

ˉ 이에 돌려놓으면 그냥 풀리고.

ˉ 그래서 인제 다 풀리면 번데기가 남았다.

ˉ 번데기 그 놈을 우리가 많이 집어 먹었어.

ˉ 어, 지금 번데기 있잖아.

예, 요즘도 번데기를 애들도 뭐 사서 먹고 그.

ˉ 그것은 참 맛있어, 좋다고 하니까, 옛, 옛날에.

ˉ 지금 이것은 중국서 나오는가 어디에서 나온 것인지 모르겠고.

ˉ 그것도 인제 마찬가지로 똑 절차는 한 가지라.

ˉ 그 놈 다 인제 날아 가지고, 그 놈 실을 뽑아 가지고 지금 뽑아 가지고 그 놈 해 가지고 확 물레에 또 돌려 가지고 그 놈을 뽑아 가지고 날아 가지고 그러니 마찬가지로 인제.

ˉ 고것도 인제 바디에 꿰어 가지고, 고것은 뭐 한정 없이 곱, 고운 바디지.

ㄱ 고래가 이 끼'가주오 내나 비트레 올'리 가주고 짜능 거느, 시근 아까 그 시기나 똑 항 가지라고이.

아, 그어며 인제 니비가틍 경우에 예저네 그거 니비 그거 알가틍 거느 어디서 가'져 옴'미까, 앙 가며느 여기 해 나'따가, 지베서 해나따가 그르케고예?

ㄱ 아아 아으, 저저 그 하는 데가 이'써.

하는 데가 이씀미꺼?

ㄱ 얼찌.

ㄱ 종자용 맹'꾸로 하는 데 이'꼬, 거서 인자 사' 가주고 와 가주고, 여'서 신'청을 해노머 인자 보굴해준다 카이께.

검 니비거틍 경우느 쫌 깨끄다가 해야 데지예?

ㄱ 그르치.

방안도?

ㄱ 음, 우리 바~'아 여돈 이쭈 방하고도 해 가주 여도 마~'이 미'기써.

쫌 니비 또 따뜯, 춤므느 안 데지미까?

ㄱ 금 머 여'르미다 보~'이께네 그'르콤 추분220) 업찌.

ㄱ 여르미 미다 보이께네.

여 니비를 그럼며느 보통 함 분 미'김미까?

일'려네?

ㄱ 두' 붐' 미'기지.

ㄱ 부메 봄니비, 가을리비, 두 어름, 두.

봄니비, 가을니비예?

ㄱ 두 부늘 해가주 미긴다 카이.

그암 니비느 보통, 그으고 아까 인제 어르신 그 어 알 깬다 아임미까, 그지예?

알 까고 나와서 인제 그때부터 함며는 한 얼마나, 꼬'치 만들' 때까지 한 얼마나 걸림미까?

ㄱ 한 두 달.

˦ 고래서 이래 꿰어 가지고 마찬가지로 베틀에 올려 가지고 짜는 것은, 방식은 아까 그 방식이나 똑 한 가지라고.

아, 그러면 인제 누에같은 경우에 예전에 그것 누에 그것 알 같은 것은 어디서 가져옵니까, 안 그러면 여기 해 놓았다가, 집에서 해 놓았다가 그렇게 하고요?

˦ 아아, 음, 저 저 그 하는 곳이 있어.

하는 데가 있습니까?

˦ 옳지.

˦ 종자용처럼 하는 데가 있고, 거기서 인제 사 가지고 와 가지고, 여기서 신청을 해놓으면 인제 보급해준다고 하니까.

그럼 누에 같은 경우는 좀 깨끗해야 되지요?

˦ 그렇지.

방안도?

˦ 음, 우리 방에 여기도 이쪽 방하고도 해 가지고 여기도 많이 먹였어.

좀 누에는 또 따뜻해야, 추우면 안 되지 않습니까?

˦ 그럼, 뭐 여름이다 보니까 그렇게 추위는 없지.

˦ 여름이다 보니까.

여기 누에를 그러면 보통 한 번 먹입니까?

일 년에?

˦ 두 번 먹이지.

˦ 봄에 봄누에, 가을누에, 두 번, 두 번.

봄누에, 가을누에요?

˦ 두 번을 해서 먹인다고 하니까.

그럼 누에는 보통 그리고 아까 인제 어르신 그 어 알을 깬다 아닙니까, 그렇지요?

알을 까고 나와서 인제 그때부터 하면은 한 얼마나, 고치 만들 때까지 한 얼마나 걸립니까?

˦ 한두 달.

두 다를 꼬빡 머기야 덴다, 그제?

⎯ 달' 반, 두 달 미'기야 데지.

그러며느 아까 그거 인제 머 매애'기' 찰' 때까지 머기야 데는데, 머끼시, 누러질 때까지, 그엄 보통 니비 머 니빔 미더221) 보며는 니비 그 잠도 잠미까?

⎯ 잠잘 때 이'써.

애 애 애기, 애기잠.

⎯ 두'잠, 삼'잠까지 자.

그암 처'메 자능 걸 애'기자'미라 하고?

⎯ 두째짬, 두째짬, 셰째짬.

아, 세째 잠 자며넌 자믄 다 자씀미까?

⎯ 은좐, 그르치.

⎯ 시, 시 분 자면 다 자찌.

그아고 그 함 분 자면는 보통 함 머 며칠 잠미까?

⎯ 그저 하루' 반 내지 하 이'틀.

검 하루, 하른, 하루 정도 잠며넏 또 메칠 머꼬 나면 또 잠, 또 잠미까?

⎯ 버 고오는 짬엄써.

⎯ 하 여일222) 부지러'니 잘 미'기마 쪼끔 빨리 자고, 느께' 잘 몬 미'이마223) 쫌 느께' 자고 고래.

⎯ 고또 은자 빨리 미'이마 빨리 자고.

⎯ 음, 고오느 일'쩡'항기 아이고 그래.

니비가 어느 정도 자'이'가 영양을 마니 머'건느냐에 따라 다르네, 그지예?

⎯ 응, 그르치, 으, 다르지.

⎯ 하루 아페 자는 사'암도' 이꼬224), 하루 디에 자는 사암도 이꼬, 이틀 디에 자는 사암도 이꼬 그래가.

그람 머 가치 해도 꼬치가 빨리 데는 집또 이꼬, 쫌 느께 데는 집또 이꼬 그'러케따이?

두 달을 꼬박 먹여야 된다, 그렇지요?

⁻ 달 반, 두 달 먹여야 되지.

그러면은 아까 그것 인제 뭐 멱이 찰 때까지 먹여야 되는데, 먹기 싫어, 누렇게 될 때까지, 그럼 보통 누에 뭐 누에를 먹이다 보면은 누에 그 잠도 잡니까?

⁻ 잠을 잘 때 있어.

애, 애, 애기, 애기잠.

⁻ 두 잠, 세 잠까지 자.

그럼 처음에 자는 것을 아기잠이라고 하고?

⁻ 둘째잠, 둘째잠, 셋째잠.

아, 셋째 잠을 자면은 잠은 다 잤습니까?

⁻ 인제 그렇지.

⁻ 세, 세 번 자면 다 잤지.

그리고 그 한 번 자면은 보통 한 뭐 며칠 잡니까?

⁻ 그저 하루 반 내지 한 이틀.

그럼 하루, 하루는, 하루 정도 자면 또 며칠을 먹고 나면 또 잠, 또 잡니까?

⁻ 뭐 고것은 대종이 없어.

⁻ 한 여샛 부지런이 잘 먹이면 조금 빨리 자고, 늦게 잘 못 먹이면 좀 늦게 자고 그렇지.

⁻ 고것도 인제 빨리 먹이면 빨리 자고.

⁻ 음, 고것은 일정한 게 아니고 그래.

누에가 어느 정도 자기가 영양을 많이 먹었느냐에 따라 다르네, 그렇지요?

⁻ 응, 그렇지, 응, 다르지.

⁻ 하루 앞에 자는 사람도 있고, 하루 뒤에 자는 누에도 있고, 이틀 뒤에 자는 누에도 있고 그래서.

그럼 뭐 가치 먹여도 고치가 빨리 되는 집도 있고, 좀 늦게 되는 집도 있고, 그렇게 했다.

˙ 그르치, 하하.

˙ 그르니 함 막 크'은' 차이느 으찌마느 한 이사밀 차인 나오지.

그아므 그 뽕거틍 경우에 뽕나무도 마니 시머께씀미다.

˙ 마이 숭거찌225).

˙ 여어: 바'테 머 뽕나무 마이 시'머써.

그 뽐나무 그거 뽕은 주로 머 따가주고 머김미까, 앙 그암 머 쪄가주고 와서 그래?

˙ 가 은저 그걸 치'가 와가조 인자 지베 가선 따가지고, 가지를 따가지고 그래 미기써.

그엄 어디 주로 재배'뽕'임미까, 앙 가므226) 먼 삼'뽕이나 이 돌', 삼'뽕도 머' 김미까?

˙ 재:배뽕'을, 우리는 재배뽕은 해찌.

˙ 그 저네는, 엔나레는 저: 돌'뽕' 가주고도 미이따 그러는데, 우린 은자 주로 인자 재배뽕어227) 가주오 미'기찌.

검 돌뽕보다는 재배뽕이 훨씬 조은 모야이지예?

˙ 머 조치.

˙ 돌뽕은 이퍼리가 짠짜:나이 고래, 고오는 밀'라228) 그롱229) 고오는 서느 개슥빼끼 몸 매기.

˙ 고 어데 와 사'네 가서 그은 뽕나무 거 따다 미'일라 카머 미'일 수가 인나 카니.

영냥까도 저꼬 그르타, 그지예?

˙ 그르치.

인자 먼 재배뽕 모지래고 하며너 돌뽕도 머길?

˙ 돌뽕 그너 거'이 암 미'이뜨.

˙ 엔나레'느 똘쫌230) 미'이따 카던데, 우리는 돌'뽕은 안 미기써.

그엄며느 니베 그른가 어 아까 인제 그르가 머 니'비 미'일 때 그검 머 이래 층게층게 논능 거 그거는 머라 그럼, 부름미까 그어느?

ˉ 그렇지, 하하.

ˉ 그러니 한 막 큰 차이는 없지마는 한 이삼일 차이는 나오지.

그러면 그 뽕 같은 경우에 뽕나무도 많이 심었겠습니다.

ˉ 많이 심었지.

ˉ 여기 밭에 뭐 뽕나무를 많이 심었어.

그 뽕나무 그것 뽕은 주로 무엇을 따 가지고 먹입니까, 안 그럼 무엇을 쳐 가지고 와서 그래?

ˉ 가서 인제 그걸 쳐서 와서 인제 집에 가서 따가지고, 가지를 따가지고 그래 먹였어.

그럼 어디 주로 재배뽕입니까, 안 그럼 뭐 산뽕이나 이 돌, 산뽕도 먹입니까?

ˉ 재배뽕을, 우리는 재배뽕을 했지.

ˉ 그 전에는, 옛날에는 저 산뽕을 가지고도 먹였다고 그러는데, 우리는 인제 주로 재배뽕을 가지고 먹였지.

그럼 산뽕보다는 재배뽕이 훨씬 좋은 모양이지요?

ˉ 뭐 좋지.

ˉ 산뽕은 이파리가 자잘하게 고래, 고것은 먹이려고 그럼 고것은 서너 개씩밖에 못 먹여.

ˉ 고 어디에 와 산에 가서 그런 뽕나무 그것을 따다 먹이려고 하면 먹일 수가 있나 라고 하니.

영양가도 적고 그렇다, 그렇지요?

ˉ 그렇지.

인제 뭐 재배뽕이 모자라고 하면은 돌뽕도 먹일 수가 있나요?

ˉ 산뽕 그것은 거의 안 먹였다.

ˉ 옛날에는 산뽕을 좀 먹였다고 하던데, 우리는 산뽕은 안 먹였어.

그러면 누에 그래서 어 아까 인제 그래서 뭐 누에 먹일 때 그것은 뭐 이렇게 층계 층계 놓는 것, 그것은 뭐라 그럼, 부릅니까, 그것은?

ᄀ 그르치.

ᄀ 그으는 자, 장박.

장방네?

ᄀ 장박 그 눔 막 지르 뜨가주 여'꼬, 그 눔 장방 지금까지 열라카머 여러 수:시 깨' 맹그러야 데그더.

장방, 그 다음 이 머 니비 올려난는 그 머 그그늠 머라고 부름미까, 그거너?

ᄀ 그르치, 장:가때.

장가때?

ᄀ 으.

그으 잠방 이래 올려 노으며너 방에 머 맵, 마니 드러 가겐네예?

ᄀ 그르치.

ᄀ 주레 중:: 매고 이리 매고 이리 매고 여 아네 요는 사람만냐 뎅기도로 해노코 사방 다 매뿌지.

니비가틍 경우에 그 똥돋 마이 누겐네예?

ᄀ 마::'이' 누지.

ᄀ 맨날 처'내야 데'지, 거는.

검머 어디 매일 함 분식 근?

ᄀ 그르치, 함 분석 드러내에 데지.

모아 가'르주고 이'래야 뎀미까?

ᄀ 음.

거라므 그으또 이리 만네예?

ᄀ 일 만치.

어 거 밥또 조에 데고.

ᄀ 한정, 한정 엄찌.

그럼 처으메는 주로 이래어 써리가 주고?

ᄀ 음, 난중에는 기양 가따 따가 주고.

ˉ 그렇지.

ˉ 그것은 자, 잠반(蠶板)231).

잠반요?

ˉ 잠반, 그것을 막 지레 떠 가지고 넣고, 그것 잠반을 지금까지 넣으려고 하면 여러 수십 개를 만들어야 되거든.

잠반, 그 다음 이 뭐 누에 올려놓는 그 뭐 그것은 무엇이라고 부릅니까, 그것은?

ˉ 그렇지, 장갓대232).

장갓대?

ˉ 응.

거기 잠반을 이렇게 올려 놓으면은 방에 뭐 몇 개, 많이 들어갔겠네요?

ˉ 그렇지.

ˉ 줄에 쭉 매고 이리 매고 이리 매고 여기 안에 요기는 사람만 다니도록 해놓고 사방에 다 매어 버렸지.

누에 같은 경우 그 똥도 많이 누겠네요?

ˉ 많이 누지.

ˉ 만날 쳐 내어야 되지, 그것은.

그럼 뭐 어디 매일 한 번씩 그렇게?

ˉ 그렇지, 한 번씩 들어내야 되지.

모아서 갈아주고 이렇게 해야 됩니까?

ˉ 응.

그러면 그것도 일이 많네요?

ˉ 일이 많지.

응, 거기 밥도 주어야 되고.

ˉ 한정, 한정이 없지.

그럼 처음에는 주로 이렇게 썰어 가지고 주고?

ˉ 음, 나중에는 그냥 가져다 따서 주고.

그게 한 머 언제쯤, 머 애기잠 자고 나면 그냥 줌미꺼?

⁻ 한 두째짬, 시째짬 자고 나야 *****.

그냥 줌미까?

⁻ 으.

거므 나중에 고때 데마 쪼금 나께따, 그지예?

⁻ 쫌' 써'르닝기 이꼬 안 불펴하지.

그 뽕:가틍 경우느 멉 여'름메 미'기며느 물, 비 오고 이럼며늡 우'짬미까?

⁻ 비 오고 나만 막 처'매233) 미'테 저언 데다 죽: 가따 거'러나야 데.

⁻ 물' 빠'이드로.

⁻ 그르 가주곤 뚭' 빨리 줄 때늠 막 걸'레 가주오 따까야 데'고.

무 리쓰마 안 데지예, 뽕으?

⁻ 안 데지, 안 데지.

무 리스면 머 병'듬'미까, 누'비가?

⁻ 누'비가, 누'비가 안 데.

그으가 어째뜸 머 무:른 업'또록 해야 덴다, 그지예?

⁻ 음.

검 에저네 머 니'비 미'길 때느 어르신니나 누우 머 어머님가틍 경우 예저네 머기실 때느 뽕 따고, 뽕' 쩌'가' 오능 거또 이리다, 그'지예?

⁻ 크으', 대:큰니'리지234), 그 머 말 모다지.

마니 머길려고 하며느 거이 에 상당히 그?

⁻ 상::당하지 머 이:리야, 한:정 엄찌.

⁻ 마~'이 미'기 가잠마.

그엄 주로 지'베서너 인제 그래가 니비 인제 꼬치 그 해가주고 꼬치 따'아'고 나며너 인제 그 아까 이야기 하신 데로 무'레다가, 소'테다가 함미까?

⁻ 음, 으, 끼르감235) 끼룩, 소테.

소'테다가 거 인젤.

그게 한 뭐 언제쯤, 뭐 애기잠을 자고 나면 그냥 줍니까?

⌐ 한 둘째 잠, 셋째 잠을 자고 나야 *****.

그냥 줍니까?

⌐ 응.

그럼 나중에 그 때 되면 조금 낫겠다, 그렇지요?

⌐ 좀 써는 것이 있고 안 불편하지.

그 뽕 같은 경우는 뭐 여름에 먹이면은 물, 비가 오고 이러면 어떻게 합니까?

⌐ 비가 오고 나면 막 처마 밑에 저런 데다 쭉 가져다 걸어놓아야 되지.

⌐ 물이 빠지도록.

⌐ 그래 가지고 또 빨리 줄 때는 막 걸레를 가지고 닦아야 되고.

물 있으면 안 되지요, 뽕은?

⌐ 안 되지, 안 되지.

물이 있으면 뭐 병이 듭니까, 누에가?

⌐ 누에가, 누에가 안 돼.

그래서 어쨌든 뭐 물은 없도록 해야 된다, 그렇지요?

⌐ 음.

그럼 예전에 뭐 누에 먹일 때는 어르신이나 누구 뭐 어머님 같은 경우 예전에 먹이실 때는 뽕을 따고, 뽕을 쩌 가지고 오는 것도 일이다, 그렇지요?

⌐ 큰, 아주 큰일이지, 그 뭐 말을 못 하지.

많이 먹이려고 하면은 거의 에, 상당히 그 일이?

⌐ 상당하지 뭐, 일이야, 한정이 없지.

⌐ 많이 먹이기를 하자면.

그럼 주로 집에서는 인제 그래 가지고 누에 인제 고치 그것을 해가지고 고치를 따고 나면은 인제 그 아까 이야기를 하신 대로 물에다가, 솥에다가 합니까?

⌐ 음, 으, 물을 끓여서 끓여, 솥에.

솥에다가 거 인제.

- 끄'러 가주고 인236) 무를 끄'르마 인자 그따 꼬치을 지버여마 이래: 일
저붕바치로237) 이래마 이 시리 주루루 나온다 카이께네.

머 까주고 한다고예?

- 저붕까'치 가주 이래마.

- 그'래마 주'리 나오므 고롱 거 가따 인자 물:례'에다가 인자 가라'기라
카능 게 이써, 가라'을 그따 자 인자 데가주오 인자 이래 자서가주 이래마
감키'지.

거'느 꼰치 하나가 실 마~'이 나옴'미까?

- 한 주서238) 나오~'이께네 인자 고 한: 주묵석 인자 와 상다이 마~'이
지버여'야 여러: 주리 인자 한떼239) 뭉치데지, 이제 고 항 개 가주온 안 데
그더.

아, 주를 메' 깨' 해아, 거 너무 가느니까, 그르가.

- 하 이래 한 두 주무, 서느 주무서 자꾸 지버여마 인자 그이 주리 인제
여러: 개 나오와.

- 이 한테 뭉:치'마 인제 시리 가느소롬하~이 데능기라.

거므 그 이 명주실도 그거 에를 드, 아까 머 실 란'다고 해씀미까?

- 음.

그 이으또 나'라야 뎀미'까?

- 나'라에 데지.

이으또 머 풀:도 미'기고 함미까?

- 그르치.

- 점'240) 또까따 카'이.

- 과정원.

검 이그또 머 풀: 매'기능 거늠 보리풀 쑤'어 가'주고 솔: 가'주고 그 다 미'기
야 덴다, 그지예?

￣ 끓어 가지고 인제 물이 끓으면 인제 거기에다 고치를 집어넣으면 이
래 이 젓가락으로 이러면 이 실이 주루룩 나온다고 하니까.

무엇 가지고 한다고요?

￣ 젓가락 가지고 이러면.

￣ 그러면 줄이 나오면 그런 것을 가져다 인제 물레에다가 인제 가락이
라고 하는 것이 있어서, 가락을 거기에다 인제, 인제 대어 가지고 인제 이
렇게 자아서 이러면 감기지.

그것은 고치 하나가 실이 많이 나옵니까?

￣ 한 줄씩 나오니까 인제 그 한 주먹씩 인제 왜, 상당히 많이 집어넣어
야 여러 줄이 인제 한 데에 뭉쳐야 되지, 이제 그 한 개를 가지고는 안 되
거든.

아, 줄을 몇 개 해야, 그것이 너무 가느니까, 그래서.

￣ 한 이렇게 한, 두 주먹, 서너 주먹씩 자꾸 집어넣으면 인제 거의 줄이
인제 여러 개가 나와.

￣ 이 한 데에 뭉치면 인제 실이 가느스름하게 되는 것이라.

그럼 그 이 명주실도 그것 예를 들어, 아까 뭐 실을 난다고 했습니까?

￣ 응.

그 이것도 날아야 됩니까?

￣ 날아야 되지.

이것도 뭐 풀도 먹이고 합니까?

￣ 그렇지.

￣ 전부 똑 같다고 하니까.

￣ 과정은.

그럼 이것도 뭐 풀을 먹이는 것은 보리풀을 쑤어 가지고 솔을 가지고 그 다
먹여야 된다, 그렇지요?

- 그르치.
그르가 다시 인자 어 베트레 인제 짜읍?
- 비트'레 올'리 가주고 인자 짜이 데지.

- 비트'레 올'리 가주고 인자 짜이 데지.

⁻ 그렇지.

그래서 다시 인제 어, 베틀에 인제 짭니까?

⁻ 베틀에 올려 가지고 인제 짜야 되지.

검 명주오까틍 경우느 지베서는 자알', 주로 파'라씀미까?

예저네느?

￣ 그그또 팔고 지비서드 해 이'꼬, 으 밍주오또 우루또 전 마이 이브써.

명주, 명주오슨 쫌 오래 감미까?

찔김미까?

￣ 그그또 짜'다라241) 안 찔기.

별로 안 찔겨예?

￣ 안 찔기지.

그 그르이 예저네는 므아 어 애들도 그'르이까 오 이불라 카에 뜨 머 애들도 망코 이르이까 또.

￣ 그니깐 엔나레느 월 그늠 해가주고 마 쏘'케'242) 나가 가주고 이지 이'피노마 그 눔뜯 씨'끄만 쏘'케' 그 넘 다 따가주곧 또 세로 가딸 또 끼 매야 데지, 그때늠 머 여자들 카머르 이리 머 어:마어마하'기 마네따 카 이.

그이치예?

￣ 으어.

￣ 여자드른 탕 그때늠 머 이 참 어 사람도 아이지.

어 어르신 그어 머야, 이 길삼하고 명주 짜고 머 베 짜릉 거 이릉 거느 잘 아 시지 마느 혹씨 그 멈미까, 옴 만들고 이렁 거는 어르신 잘 모르시지예?

그럼, 명주옷 같은 경우는 집에서는 잘 안 입고, 주로 팔았습니까?

예전에는?

˜ 그것도 팔고 집에서도 해 입고, 명주옷도 우리도 좀 많이 입었어.

명주, 명주옷은 좀 오래 갑니까?

질깁니까?

˜ 그것도 많이 안 질겨.

별로 안 질겨요?

˜ 안 질기지.

그래, 그러니 예전에는 뭐 어, 애들도 그러니까 옷을 입으려고 하니까 또 뭐 애들도 많고 이르니까 또.

˜ 그러니까 옛날에는 옷 그것을 해 가지고 그냥 솜을 놓아 가지고 입지, 입혀 놓으면 그것은 또 씻으면 솜 그것을 다 따 가지고 또 새로 가져다 또 꿰매야 되지, 그때는 뭐 여자들 하면은 일이 뭐 어마어마했기에 많았다고 하니까.

그렇지요?

˜ 응.

˜ 여자들은 다 그때는 뭐 이 참말로 사람도 아니었지.

어르신, 어르신 그거 뭐야, 이 길쌈을 하고 명주를 짜고, 뭐 베를 짜는 것 이런 것은 잘 아시지마는 혹시 그 뭡니까, 옷을 만들고 이런 것은 어르신께서 잘 모르시죠?

⁻ 그르치, 오슨 짜다랄 맹그능 걸 래가 암 바시니까, 여 여도 부인드른 멍그러 가 이버찌, 여서 비'이' 가주고.

그르이까 어르신 그 부인 오시야 이렁거는 잘 아시게따, 그지예?

⁻ 그르치.

￣ 그렇지, 옷은 만드는 것을 내가 별스럽게 안 보았으니까, 여기 여기도
부인들은 만들어 가지고 입었지, 여기서 베어 가지고.

그러니까 어르신 그 부인 옷이야 이런 것은 잘 아시겠다, 그렇지요?

￣ 그렇지.

1) 이는 '집 + -에서 → 지비서(고모음화)'의 과정을 거쳐 실현된 어형이다.

2) 이는 기본형이 '다라다'이며 '가다라다'의 뜻이다. 이 어형은 함북방언에서 실현되는 것으로 보고되어 있지만 이 지역어를 비롯하여 경북방언에서도 실현된다.

3) 이는 '고기에'에 대응되는 어형이며 '고기에 → 고게(축약) → 고기(고모음화) → 고이(ㄱ 탈락)'의 과정을 거쳐 실현된 어형이다.

4) 이는 '뽀얀'으로 대역되며 '보핳(素)- + -ㄴ(관형사형어미) → 보한(자음 탈락) → 보항(후행 어절에 의한 연구개음화)'의 과정을 거쳐 실현된 예다.

5) 이는 '씨아'의 이 지역어형이며 이중모음 실현제약에 따른 실현형이다.

6) 이는 '활로'의 발화실수형이다.

7) 이는 '수수깡을'형으로 대역되며 '수시깡 + -이가(조사) → 수시깽이가(움라우트 현상) → 수시깽~이가(비모음화) → 수시깨~이가(비자음 탈락) → 수지깨~이가(경구개음화)'의 과정을 거쳐 실현된 어형이다.

8) 이는 '물레에다'로 대역되며 '물리(물레) + -다(보조사)'의 구성이다. 이 어형은 경남방언에 분포하는 것으로 보고되어 있지만 이 지역어에서도 확인된다.

9) 이는 '뽑혀'로 대역되며 '뽑히- + -어(연결형 어미) → 뽀피어(유기음화) → 뽀피이(모음동화) → 뽀피(축약)'의 과정을 거쳐 실현된 어형이다.

10) 이 지역어에서는 일반적으로 모음조화가 실현되지 않는데 이는 '뽑- + -어(연결형어미) → 뽀브(모음중화)'의 과정을 거친 형이다.

11) 이 어형은 부사어 '일찍'형이 아니라 '이르다'에 대응되는 이 지역어형이다.

12) 이는 '말끔히'에 대응되는 이 지역어형이다.

13) 이는 '벌어지다'에 대응되는 이 지역어형이며 '발어지다(開) → 바레지다(움라우트 현상)'의 과정을 거쳐 실현된 어형이다.

14) 이는 '씨아'의 이 지역어형으로서 이 어형은 경상도 및 충북방언에서 실현되는 것으로 보고되어 있다. 이 어형은 모음중화에 따라 수의적으로 '쎄기'형으로도 실현된다.

15) 이는 '몇'에 대응되는 이 지역어형으로 '몇 → 멘(이중모음 실현제약에 따른 단모음화) → 민(고모음화) → 미(음절말자음 탈락)'의 과정을 거쳐 실현된 예이다.

16) 이는 '뽑- + -어'의 구성으로서 순자음 아래에서 원순모음화가 실현된 예이다.

17) 이는 '까지'에 대응되는 이 지역어형이며 '-꺼정'과 '-끄정'은 수의적으로 변동되는 지역어형이며 '-꺼정'은 경상도, 충북, 함경도방언에서 실현되는 것으로 보고되어 있다.

18) 이는 '돌껏'에 대응되는 이 지역어형이며 이 지역어를 비롯하여 경상도방언에 널리 분포하는 어형이다.

19) 이는 베틀의 한 도구인 바디의 구멍을 가리킨다. 여기서 꾸영은 '꾸영'형 외에도 '구영, 구녕, 구무' 등으로도 실현되는 이 지역어형이다.

20) 이는 '너르다'에 대응되는 이 지역어형이며 전설모음화가 실현된 예이다. 이 어형은 경상도와 강원도방언에 실현되는 것으로 보고되어 있다.

21) 이는 '길다'형에 경구개음화가 실현된 어형이다.

22) 이는 '먹여 → 메겨(움라우트현상) → 미겨(고모음화) → 미여(ㄱ탈락) → 미(축약)'의 과정을 거친 형이다.

23) 이 지역어에서도 '바디'와 '북'은 분명히 구분되는데 북을 '북빠디'라고도 표현하는 것으로 판단된다.

24) 이는 여가(餘暇)에 대응되는 이 지역어형으로서 지역에 따라 '여'로도 실현된다.

25) 이는 '그거 → 그어(ㄱ탈락) → 그으(모음동화)'의 과정을 거쳐 실현된 예이다.

26) 여기서 '일자'는 발화실수로 이루어진 어형이며 '열자'로 발음되어야 할 부분이다.

27) 이는 '상당히'로 발화되어야 할 부분으로 우발적인 발화실수가 이루어진 형이다.

28) 이는 '무명'에 대응되는 이 지역어형으로서 '미영 + 비(베)'의 구성으로 이루어진 어형이다.

29) 이는 '겨울에도'로 대응되는 이 지역어형이며 '겨울 → 겨얼(모음동화) → 기얼(전설모음화) → 끼얼(어두경음화)'의 과정을 거쳐 실현된 예이다.

30) 이는 '인제'형으로 대역되며 이 지역어의 담화표지 중의 하나이다.

31) 이는 '수북하게'라는 의미의 이 지역어형이다.

32) 이는 '삼지피'로 실현되어야 할 예이지만 수의적인 발화실수로 실현된 어형이다. 이는 삼의 줄기를 뜻하는 것이며 '삼 + 짚'의 구성이다.

33) 이는 '말끔히'라는 뜻의 부사에 대응되는 이 지역어형이며 이 밖에도 '말카, 맬카, 매까' 등으로 수의적 변동을 일으킨다.

34) 이는 '한 단씩'으로 대역되며 '쓱'은 '씩'에서 과도교정이 일어나서 실현된 이 지역어형이다.

35) 이는 '삼을 고는 곳 즉, 삼을 삶는 곳'이라는 뜻을 지닌 이 지역어형이다. 이런 뜻으로 볼 때, 이 어형은 '삼곳'으로 형태소를 잡을 수 있을 것이며 '삼곳 → 상곳(연구개음화) → 상꼿(경음화현상)'의 과정을 거쳐 실현된 예이다.

36) '소복하- + -이 → 소복하~이(비모음화)'의 과정을 거친 어형으로 접미사 '-이'가 연결된 어형인데도 불구하고 '하- + -니'의 구성에 유추되어 비모음화가 실현된 어형이다.

37) 이는 '인제'를 뜻하는 이 지역어의 담화표지이다.

38) 이는 '서로 틈이 지게 모양을 해 둔 것'을 나타내는 이 지역어의 의태어이다.

39) 이는 '이처럼'으로 대역되는데 '이러메꼬'는 하나의 부사로 처리하는 것이 바람직할 것으로 판단된다. 이는 '메꼬'를 만큼으로 해석해도 적확한 해석을 하기 어렵기 때문이다.

40) 이는 그 기본형이 '뚧다'이며 이는 이 지역어를 비롯하여 '강원, 충북, 함경, 제주방언'에도 실현되는 것으로 보고되어 있다.

41) 이는 '담 구멍에'로 대역되며 '당'은 후행하는 '구영'형에 의한 연구개음화가 실현된 예이다. 또, '꾸여~어'는 '구영 + -어(처소격조사) → 꾸영어(경음화 현상) → 꾸영~어(비모음화) → 꾸여~어(비음탈락)'의 과정을 통해 실현된 어형이다.

42) 이는 '숭굴숭굴하다'로 대역되며 '자갈 사이로 틈이 제법 드러난 형상'을 가리키는 이 지역어형이다.

43) 이는 '김(蒸氣)'이 경구개음화되어 실현된 어형이다.

44) 이는 담화표지 '인제'에 대응되는 이 지역어형이다.

45) 이는 '나중에'에 대응되는 이 지역어형이다.

46) 이는 '독실리'의 발화실수형이며 '독시루'에 대응되는 이 지역어형이다. '실리'는 '시루'에 대응되는 어휘인데 경상도방언에 널리 분포하는 일반적인 어형이다.

47) 이는 '어지간히'로 대역되는 이 지역어형이다. 이 어형은 '엉간히'로도 실현되는데 '엉간히 → 응간히(모음중화) → 응가히(ㄴ 탈락) → 응가이(ㅎ 탈락)'의 과정을 거쳐 실현된 것이다. 어형 '엉간히'는 주로 경상남도 방언형으로 것으로 보고되어 있지만 경북방언에서도 실현되는 어형이다.

48) 이는 '익- + -었(과거시상)- + -으마(연결형어미) → 이그쓰마(모음중화) →

이그스마(자음중화) →이그시마(전설모음화)'의 과정을 거쳐 실현된 이 지역
어형이며, '익었으면'으로 대역된다.

49) 이 어형은 '벗기다'로 대역되며 이 지역어에서는 '삐끼다 ~ 뻬끼다 ~ 비끼다'
등의 형태로 수의적으로 실현된다. 이는 '벗기다 → 벳기다(움라우트현상) →
베끼다(경음화) → 삐끼다(고모음화)'의 과정을 거쳐 실현된 어형이다.

50) 이는 '벗기다'로 대역되는 동사의 대동사형이다.

51) 이는 삼나무를 삶아서 그 껍질을 벗겨내고 남은 속 대공 즉, 삼대를 뜻하는
말이다. 이의 표준어 대역형은 '겨릅대'이며 이는 '겨릅'에서 경구개음화가 실
현되어 이루어진 어형이다.

52) 이는 '놈을'으로 대역되며 '노믈 → 노므(음절말자음탈락) → 노무(원순모음
화) → 누무(모음동화)'의 과정을 거쳐 실현된 이 지역어형이다.

53) 이 지역어에서는 다른 경상도방언처럼 '잇다'는 'ㅅ 불규칙동사'가 아니라 규
칙동사이다.

54) 이는 '동강' 또는 '동강이'의 이 지역어로서 이 지역 외에도 '경남, 전남, 충
북, 함북방언'에도 실현되는 것으로 보고된 바 있다.

55) 이는 '또한, 역시'로 대역되는 이 지역어형이며 이 어형은 경남방언에서도
실현됨이 보고되어 있다.

56) 이는 '그 눔도'로 실현되어야 할 어형이며 수의적 발화실수형이다. 이는 '그
것도 또는 그놈도'로 대역될 수 있은 어형이다.

57) 이는 담화표지이며 이 지역어에서는 매우 다양한 담화표지 형태가 등장한다.

58) 이는 '물레에'로 대역되는 어형이며 '물리 + -어(처소부사격)'의 구성이다.

59) 이는 '그런 것도' 또는 '그런 놈도'로 대역될 수 있는 어형이며 '그른늠도'도
실현되어야 할 오류형이다. 즉, '그런 넘도 → 그른 늠도(모음중화) → 그름
는도(음절말자음의 위치전환)'의 과정을 거쳐 실현된 어형이다.

60) 이는 '고(대명사) + -맹크로(조사)'의 구성이며 '고것처럼'으로 대역될 수 있
다. 보조사 '-맹크로'는 이 지역어 외에도 경남방언에서 보고된 바 있다.

61) 이는 '센 등겨불'로 대역될 수 있는 이 지역어형이다. '싱'은 '신'으로 실현되
어야 할 이 지역어형으로서 '신'의 동화형이며, '딩기'는 이 지역어를 비롯한
경상도방언에서 '등겨'로 대응되는 이 지역어형이다.

62) 이는 한자어 '과정(過程)'의 이 지역어 실현형으로 이중모음의 실현제약에
따른 예이다.

63) 이는 한자어 '한정(限定)'이며 여기서 이 어휘는 '끝'이라는 뜻으로 사용된

경우이다.

64) 이는 이 지역어에서 동음이의어에 해당하는 어휘이다. 하나는 '자루'의 이 지역어형이며 다른 하나는 '잘게'라는 부사에 대응되는 이 지역어형이다. 여기서는 후자의 뜻이며, '잘게 → 잘기(고모음화)'의 과정을 거쳐 실현된 어형이다.

65) 이는 '두껍게'로 대역되는 이 지역어형이며 '두껍게 → 뚜껍게(어두 경음화) → 뚜끕게(모음중화) → 뚜끕께(경음화 현상) → 뚜끄께(음절말자음 탈락) → 뚜끄끼(고모음화)'의 과정을 거쳐 실현된 이 지역어형이다.

66) 이는 '가지런하다'에 대응되는 이 지역어형으로서 이는 '간조름하- + -이(부사화접사)'의 구성이며 '간조름하이 → 간조르마이(ㅎ 탈락) → 간조르마~이(비모음화) → 깐조르마~이(어두 경음화)'와 같은 과정을 거쳐 실현된 어형이다.

67) 이는 '넓적넓적하다'에 대응되는 이 지역어형이며 그 기본형은 '넙뚜넙뚜하다'이다.

68) 이는 '위에'로 대응되는 이 지역어형이며 '우(上) + -예(조사)'의 결합형이다.

69) 이는 '확'으로 대응되는 이 지역어형이며 아직 보고된 바가 없는 어형이다.

70) 이는 한자어 '표'에 대응되는 이 지역어형이며 '표(標) → 포(이중모음 실현 제약)'의 과정을 거친 어형이다.

71) 여기서 '등지게'는 '등거리'로 대역되며 이는 평안방언형으로 보고되어 있지만 이 지역어에서도 실현된다. 이 어휘의 뜻은 '등만 덮을 만하게 걸쳐 입는 홑옷'을 가리키며 여름에는 주로 삼베를 이용해서 만들었다.

72) 이는 '저기'로 대역되는 이 지역어형이며 이 어형은 경남방언에도 실현되는 것으로 보고되어 있다.

73) 이는 '그러면'으로 대역되는 이 지역어형이며 '그러면 → 그라면(모음변이) → 가면(축약) → 가면(이중모음실현제약) → 가믄(모음중화)'의 과정을 거쳐 실현된 예다.

74) 이는 '잇다'에 대응되는 이 지역어형인 '이시다'의 활용형이다.

75) 이는 '이시'로 발화되어야 할 어형이지만 발화실수로 실현된 어형이다.

76) 이는 '쪼개다'로 대역되는 이 지역어형이며 주로 경북방언과 충북방언에서 실현되는 것으로 보고되어 있다.

77) 이는 '끼워'로 대역되는 이 지역어형이며 이는 '찡구- + -아(연결형어미) → 찡가(축약)'의 과정을 통해 실현된 예이다.

78) 이는 삼실을 만들기 위해 삼의 껍질을 쪼개어서 이를 이을 때 소리가 나는

의성어의 한 종류이다.

79) 이는 '살(筋肉) + -으(처소부사격)'의 구성이다.

80) 이는 '여기'의 이 지역어형이다.

81) 이는 '그치'로 실현되어야 할 어형이지만 발화실수로 인해 일어난 어형이다.

82) 이는 '살(筋肉)- + -으다(처소부사격)'의 구성으로 이루어진 어형이며 '살에다'로 대역된다.

83) 이는 '그것이'의 준말인 '그기'형에서 'ㄱ'음이 탈락된 예이다.

84) 이는 '어른(丈)'에 후행하는 어절 '머(뭐)'에 영향을 받아 양순음화 현상이 실현된 것이다.

85) '우독'은 '머리 벗겨진 어리석은 사람'이라는 뜻으로, 중이 자기를 낮추어 이르는 일인칭 대명사이지만 여기서는 '중의 머리'를 비유한 표현이다.

86) 이는 '어디'의 이 지역어형인 '어데'형의 수의적인 발화형이다.

87) 여기서 '고상'은 고생의 이 지역어형이며 이 지역어 외에도 '강원, 전남, 충남, 함경도방언'에 걸쳐 실현된 어형이다.

88) 이는 '삼을 삶기 위한 곳'을 뜻하는 이 지역어형이며 이전에 이런 어형이 보고된 적이 없는 어휘이며, '상꼿'의 발화실수형이며 형태론적으로 '삼꼿'으로 판단되는 어형이다.

89) 이는 '흙이'로 대역되는 어형이며 '흘기 → 헐기(모음중화) → 헐키(유기음화) → 허키(ㄹ 탈락)'의 과정을 거쳐 실현된 어형이다.

90) 이는 '익혀'로 대역되며 '익히- + -아(연결형어미) → 이키아(유기음화) → 이카(축약)'의 과정을 거쳐 실현된 어형이다.

91) 이는 '삼꼿 + -은'의 구성으로 후행하는 연구개음의 영향으로 연구개음화가 실현된 어형이다.

92) 이는 '동네 별로'로 대역되며 '별(別) + 로'의 구성형이고, 이는 이중모음 실현제약에 따라 '빌로'로 실현되었다.

93) 이는 '한 곳'이라는 의미의 뜻을 지닌 '한데'의 이 지역어형이다.

94) 이는 '며칠씩'으로 대역되며 '며칠 → 메칠(이중모음 실현제약에 따른 단모음화) → 미칠(고모음화)'의 과정을 거친 실현형이며 접미사 '씩'은 '씩 → 쓱(후설모음화) → 쓰(음절말자음 탈락) → 스(자음중화)'의 과정을 거쳐 실현된 어형이다.

95) 이는 '놓아두었다가'로 대역되는데 '놓다'의 이 지역어형인 '낳다'형의 활용형이 재구조화되어 형성된 어형이다. 또 이 부분은 실제 발화가 다 이루어지

지 않고 중간에 대화의 내용이 전이된 경우이다. '놓(置)- + -아(연결형어미)
→ 노아(ㅎ 탈락) → 놔(축약) → 나(단모음화)'의 과정을 거쳐 실현된 어형이
새로운 어휘로 재구조화된 것이다.

96) 이 지역어에서 '없다(無)'형의 기본형은 '엄다'형이며 이 지역어를 비롯한 경
    북방언에서 이 어형의 실현이 일반적이다.

97) 이는 '또(亦)'에 음절말위치에 자음이 첨가된 예이다.

98) 이는 '축여'로 대역되며 '축기- + -어 → 축겨(축약) → 추껴(경음화) → 추
    께(이중모음실현제약에 따른 단모음화)'의 과정을 거쳐 실현된 어형이다.

99) 이는 '붙게 되다'로 대역되는 이 지역어형이다.

100) 이는 '물레로'로 대역되며 '물리 + -로(도구격조사)'의 구성이다.

101) 이는 '돌(回)- + -이(부사화접사)'의 구성이며 '도로'로 대역된다.

102) 이는 '돌면'으로 대역되며 '돌(回)- + -으마(연결형어미)'의 구성이다.

103) 이는 '감기다 → 강기다(연구개음화) → 갱기다(움라우트현상)'의 과정을
    거쳐 실현된 어형이다.

104) 이는 '이것'의 구어적 표현인 '이거 + -는(보조사)'의 결합형이며 '이거는 →
    이어는(어중자음 탈락) → 이어느(음절말자음 탈락)'의 과정을 거쳐 실현된
    어형이다.

105) 이는 '그것도'로 대역되며 이는 '그것도 → 그거또(경음화 및 ㅅ 탈락) →
    그어또(어중자음 탈락) → 그으또(모음중화)'의 과정을 거쳐 실현된 어형이다.

106) 이는 '또, 역시'의 의미로 사용된 이 지역어형이며 이는 경남방언에도 실
    현되는 것으로 보고되어 있다.

107) 이는 '명실과'로 대역되며 '명실 + -캉(접속조사) → 명시캉(ㄹ 탈락)'의 과
    정을 거쳐 실현된 어형이다.

108) 이는 '기다랗게'로 대역되며 '기단하다 → 지단하다(경구개음화)'의 과정을
    거쳐 실현된 어형이다. 이는 '지단하(長)- + -이(부사화접사)'의 구성으로 이루
    어진 파생부사이다.

109) 이는 '합니까'로 대역되며 '합니까 → 함니까(비음동화) → 함미까(양순음
    화)'의 과정을 거쳐 실현된 예이다.

110) 이는 '해야'로 대역되며 '해야 → 해에(이중모음 실현제약에 따른 단모음
    화) → 해애(모음중화)'의 과정을 거쳐 실현된 예이며 활용형의 '-야'는 이 지
    역어에서 모두 이 어형으로 실현된다.

111) 이는 '피- + -구로(연결형어미)'의 구성이며 어미 '-구로'는 경북방언에서 주

로 '-게'로 대응된다.

112) 이는 '마뜩하게'로 대역되는데 '이는 제법 마음에 들 만하게'라는 뜻이다.

113) 이는 '창포로'로 대역되며 '쟁피 + -로(목적격조사)'의 구성이다. 창포의 뿌리를 말려서 사용한 것이 풀을 먹이는 솔이다.

114) 이는 '짚 + -을 → 지풀(원순모음화)'의 과정을 거쳐 실현된 어형이다.

115) 이는 '쇠'로 대역되며 '쇠(鐵) → 세(이중모음 실현제약에 따른 단모음화) → 시(고모음화)'의 과정을 거쳐 실현된 어형이며 '시떵어리(쇠덩어리)'와 같은 어형에서 볼 수 있듯이 '시'는 이 지역어에서 이미 어휘론적으로 재구조화가 이루어진 어형이다.

116) 이는 '박아'로 대역되며 어중 위치에서 'ㄱ'음이 탈락된 예이다.

117) 이 지역어에서 '나무'형의 경우 구술발화에서는 '낭게'형으로 실현되지만 일반 어휘조사에서는 실현이 되지 않았다. 제보자에게 '낭게'형에 대해 확인 조사를 했는데 이에 대해 제보자는 사용하지 않는 어휘라고 답변을 했다. 이처럼 구술발화와 어휘조사는 서로 차이가 드러남을 알 수 있다. 이 어형은 15세기 국어에서 곡용을 할 때 'ㄱ'이 덧나는 특수명사였으며 이런 잔재가 그대로 남아 이 지역어를 비롯한 경상도방언에서는 이런 어형으로 실현된다. 이 어형은 '나무에'로 대역되는 처소격형이며 주격형이나 서술격조사가 연결되면 '낭기'로 실현된다.

118) 이는 '훑는'으로 대역되며 기본형이 '훑다'이다. 이는 '훑- + -는 → 훌는(자음군단순화에 따른 탈락) → 훌른(유음화) → 훌릉(후행 어절에 따른 연구개음화)'의 과정을 거쳐 실현된 어형이다.

119) 이는 '삼(麻) + -을(목적격조사) → 사물(원순모음화)'의 과정을 거쳐 실현된 어형이다.

120) 이는 '삼을 삼을 때 사용하는 도구인 톱'을 가리키는 이 지역어형이며 아직 보고된 바가 없는 어형이다.

121) 이는 '가지가'로 대역되며 '가쟁이(枝) → 가쟁~이(비모음화) → 가재~이(비자음탈락)'의 과정을 거쳐 실현된 어형이다. 이 어형과 동일한 형태인 '가쟁이'형은 경남 및 충남방언에서 실현됨이 보고된 바 있다.

122) 이는 '진지'의 발화실수형이다. 여기서 '진지'는 삼을 걸어두는 장치를 말하며 이 지역어에서만 사용되는 어휘로 판단된다.

123) 이는 '그것을, 그거를'로 대역되며 '그거 + -를(목적격조사) → 그거르(어절 말자음 탈락) → 그어르(ㄱ 탈락)'의 과정을 거쳐 실현된 어형이다.

124) 여기서 '장바'는 누에를 칠 때 누에를 올려놓기 위해 겨릅대를 이용하여 만든 반자를 가리킨다. 여기서 '장바'는 '잠반자'의 준말로 판단되는 어휘이다. 여기서 누에를 치기 위한 반자는 '겨릅대'나 '대나무, 싸리나무' 등으로 만들어 사용했으며 이는 '잠반자 → 잠반(음절탈락에 의한 축약) → 잠바(음절말자음 탈락) → 장바(유추에 의한 연구개음화)'의 과정을 거쳐 실현된 어형이다.

125) 이는 '누에'의 이 지역어형이며 이는 경상도방언에서 일반적으로 실현되는 어형이다.

126) 이는 '바닥에'로 대역되며 '바닥 + -아(처소부사격 조사) → 바다아(ㄱ 탈락)'의 과정을 거쳐 실현된 예이다.

127) 이는 '지금 같으면'으로 대역되며 '지끙'은 '지금 → 지끔(경음화현상) → 지끙(후행 음절의 연구개음에 의한 연구개음화)'의 과정을 거쳐 실현된 어형이다.

128) 여기서 '가다'라는 의미는 '겨릅대를 하기 위해 가다'라는 뜻이다.

129) 이는 '눕(臥)- + -어(연결형어미) → 누브(모음중화) → 누부(원순모음화)'의 과정을 거쳐 실현된 예이며 이 지역어를 비롯한 대개의 경북방언에서는 '눕다'는 ㅂ 불규칙활용을 하는 것이 아니라 규칙활용을 하는 동사이다.

130) 이는 사동형인 '누피마'로 실현되어야 할 예지만 사동사로 실현되지 않은 예이다.

131) 이는 '몇 새, 몇 새'로 대역되는 이 지역어형이며 '몇새 → 멛새 → 믿새(고모음화) → 미쌔(경음화) → 미쎄(모음중화)'의 과정을 거쳐 실현된 어형이다.

132) 이는 '그러면'으로 대역되며 '그라마 → 그아마(ㄹ 탈락) → 그아무(원순모음화)'의 과정을 거쳐 실현된 어형이다.

133) 이는 조사자의 발화부분이며 '어떻게'로 대역되는데 '어떻게 → 어떠헤(ㄱ 탈락) → 어떠해(모음중화)'의 과정을 거쳐 실현된 예이며 'ㅎ'음이 탈락되지 않고 연구개평음이 탈락된 특이한 현상이다.

134) 이 지역어에서는 '모른다 → 모린다'의 경우처럼 'ㅡ'모음이 'ㅣ'모음으로 변화하는 전설모음화의 실현빈도가 높은 편이다.

135) 이는 '이것은 예전에 쓰던 물건을 그린 그림인데 우리가 이제 한 번 이야기를 해보도록 하지요.' 정도로 발화될 내용이지만 제보자가 조금 일찍 대화를 진행했기 때문에 발화가 중단된 부분이다.

136) 이는 '이것이 → 이거이(ㅅ 탈락) → 이게(축약) → 이기(고모음화)'의 과정을 거쳐 실현된 어형이다.

137) 이는 ‘쐐기고 → 쐐이고(ㄱ탈락현상) → 쌔이고(이중모음 실현제약에 따른 단모음화) → 쎄이고(모음중화)’의 과정을 거쳐 실현된 어형이다.

138) 이는 ‘이것은’으로 대역되며 ‘이거 + -는 → 이거느(어절말자음 탈락) → 이어느(ㄱ탈락) → 이어너(모음동화) → 이으너(모음중화)’의 과정을 거쳐 실현된 어형이다. 이는 수의적인 발화형인 ‘이그느’형으로도 실현된다.

139) 이는 ‘안장’ 또는 ‘자리, 좌석’으로 대역될 수 있는 어형이며 ‘앉을 + -개(명사화접사)’의 구성으로 이루어진 것이다. 이는 ‘안즐개 → 안질개(전설모음화) → 안질깨(경음화 현상) → 안질게(모음중화)’의 과정을 거쳐 실현된 어형이다.

140) 이는 ‘목화’로 대역되며 이는 ‘미영’으로도 실현되며 ‘미영 → 미엉(이중모음실현제약)’의 과정을 거쳐 실현된 예이다.

141) 이는 ‘솜’으로 대역되는 이 지역어형이며 ‘경상도 및 전라도방언’에서 실현되는 것으로 보고된 바 있다.

142) 이는 ‘이거는’으로 대역되는 이 지역어형이며 ‘이거 + -늠(주제표시 보조사)’의 구성이다.

143) 이는 베틀 앞다리의 끝에 얹는 나무를 뜻하는 ‘용두머리’ 부분을 가리키는 이 지역어이다. 이는 아직 방언사전에 등재되지 않은 어휘이다.

144) 이는 ‘삼베’의 이 지역어형이며 ‘삼베 → 삼비(고모음화)’의 과정을 거쳐 실현된 어형이며 이 지역어에서는 ‘베’가 이미 ‘비’로 재구조화가 된 지역이다.

145) 이는 ‘명주’의 이 지역어형이며 ‘명주 → 멩주(이중모음 실현제약에 따른 단모음화)’의 과정을 거쳐 실현된 어형이며 경상도방언에서는 이 어형 외에도 ‘밍주(고모음화)’로 실현되기도 한다.

146) 이는 지시대명사 ‘이’ 형태가 중복되어 실현된 예이며 ‘이, 이것도’처럼 대역이 가능한 부분이다.

147) 이는 ‘이것’의 구어형인 ‘이거’형에서 어중 자음 ‘ㄱ’이 탈락된 예다.

148) 이는 베틀의 한 부분으로 ‘잉앗대’로 대역되는 이 지역어형이다.

149) 이는 ‘앉을깨’로 대역되며 ‘안즐깨 → 안질깨(전설모음화)’의 과정을 거쳐 실현된 예이며 이는 베틀에 사람이 앉을 자리를 가리키는 말이다. 이 어형은 ‘안즐께’로 실현되기도 한다.

150) 이는 제보자가 착각해서 잘못 말한 부분이다.

151) 여기서 실현된 어형인 ‘베틀’은 ‘비틀’로 실현되지 않은 개신형이며 주로 이 지역어에서는 ‘비틀’로 실현된다.

152) 이는 ‘이쪽’으로 대역되는 이 지역어형이며 ‘이쪽 → 이쭉(고모음화) → 이

쪽(음절말자음 탈락)'의 과정을 거쳐 실현된 어형으로 이 지역어를 비롯하여 경상도방언에서 일반적으로 실현되는 어형이다.

153) 이는 '길면'으로 대역되는 이 지역어형이며 경구개음화가 실현된 예이다.

154) 이 지역어에서는 이런 환경에서 연구개음화가 일반적으로 실현되는 경우가 많지만 이 현상은 수의적인 현상이다.

155) 이 지역어에서는 '배우다'에 대응되는 어형은 '배아다'이며 이는 수의적으로 어두경음화가 실현되기도 하여 '빼아다' 등으로 실현되기도 한다.

156) 이는 기본형이 '게럽다'이며 '괴롭지'로 대역된다. 이는 '게럽(苦)- + -지'의 구성이며 모음동화에 따른 비원순모음화가 실현된 예이며 경남방언에 '개럽다'라는 어휘가 보고된 바 있다.

157) 이는 '정도는'으로 대역되며 '정도(程度) → 쩡도(경음화현상) → 쫑도(모음동화)'의 과정을 거쳐 실현된 이 지역어형이다.

158) 이는 '넘기'로 대역되는 이 지역어형이며 '넘(越)- + -기(명사형어미) → 넝기(연구개음화) → 능기(모음중화) → 닝기(전설모음화)'의 과정을 거쳐 실현된 어형이다.

159) 이는 '천천히'로 대역되는 이 지역어형이며 '지이'형처럼 비모음화가 실현되지 않은 어형도 나타난다. 이는 경북방언에서 일반적으로 실현되는 어형이며 '지이'형은 경남 방언에서 실현되는 것으로 보고된 바 있다.

160) 이는 이 제보자의 특징적인 발음현상으로 판단되는데 어두위치에서 경구개예사소리가 거센소리로 바뀌는 현상을 가리킨다. 이 제보자의 발음으로 이 현상이 눈에 띤다.

161) 이는 '짜만'으로 실현되어야 할 예지만 선행 음절의 영향으로 '따만'으로 발화실수가 일어난 예이다.

162) 이는 '몇 낱'으로 대역되며 '몇'의 이 지역어형인 '및'과 '낱(個)'의 이 지역어형인 '내끼'의 결합형이다. 즉, '및+내끼 → 민내끼(비음동화)'의 과정을 거쳐 실현된 어형이다.

163) 이는 '저물도록'으로 대역되는 이 지역어형이며 이는 '저물- + -도록(연결어미) → 점도록(축약) → 점도룩(고모음화) → 점드룩(모음동화)'의 과정을 거쳐 실현된 어형이다.

164) 이는 '모양(模樣)'의 이 지역형이며 '모양이더라 → 모양이더라(움라우트현상) → 모양~이더라(비모음화) → 모애~이더라(비음탈락) → 모예~이더라(모음변이) →모예~이드라(모음중화)'의 과정을 거쳐 실현된 예다.

165) 이는 '아기를'로 대역되며 '얼라'는 '간난아기 또는 어린 아이'의 뜻을 지닌 이 지역어형이며 경상, 강원, 함경도방언에서 실현되는 것으로 보고되어 있고 이형태로 '알라'형으로도 실현된다.

166) 이는 '새도록'으로 대역되며 '새- + -도록 → 세도록(모음중화) → 세도로(음절말자음ㄱ 탈락) → 세드로(이화작용)'의 과정을 거쳐 실현된 예이다.

167) 이는 '저녁'으로 대역되며 '저녁 → 저녕(후행음절 비음으로 인한 비음동화) → 즈녕(모음중화) → 지녕(전설모음화) → 지영(비음ㄴ 실현제약)'의 과정을 거쳐 실현된 예이다.

168) 이는 '묵다(食)'의 활용형이다.

169) 이는 '그러니'로 대역되며 '그러니 → 그니(축약) → 그이(어중자음 탈락)'의 과정을 거쳐 실현된 어형이다.

170) 이는 '그건'으로 대역되며 '그건 → 그검(후행음절의 양순음에 의해 양순음화된 현상)'의 과정을 거쳐 실현된 예다.

171) 이는 부정부사 '못'으로 대역되며 음절말자음이 탈락된 예다.

172) 이는 '안타깝고'로 표현해야 될 부분이지만 표현이 줄어든 일종의 발화실수형이다.

173) 이는 '복잡하든지'로 대역되며 '복잡하든지 → 복짭하든지(경음화현상) → 복짜바든지(ㅎ 탈락현상) → 복짜반든지(ㄴ 첨가현상)'의 과정을 거쳐 실현된 예다.

174) 이는 '지금(只今)'에 후행하는 원순자음에 의한 역행원순모음화가 이루어진 예이다.

175) 이는 '요샌 또는 요새는'으로 대역되는 이 지역어형이며 경남방언에는 '오새'형이 보고되어 있으며 이중모음 실현양상에 따라 수의적인 변화를 일으키는 예이다.

176) 이는 '아무 것도'로 대역되며 '아무 # 것 +도 → 아무꺼또(경음화 현상) → 아무꺼떠(모음동화) → 아무꾸떠(모음동화)'의 과정을 거쳐 실현된 예이다.

177) 이는 '여자들은'으로 대역되며 '여자들은 → 여아드른(어중파찰음 탈락) → 여아드름(양순음동화)'의 과정을 거쳐 실현된 예이다.

178) 이는 '편한지'로 대역되며 이 지역어에서 기본형이 '핀(便)다' 또는 '핀하다' 등으로 교체되며 '편(便) → 핀(이중모음실현 제약에 따른 단모음화)'의 과정을 거쳐 실현된 예이다.

179) 이는 일본계 외래어 '시마이(仕舞)'이다.

180) 이는 '무지(無知)하게'로 대역되며 '무지하- + -이(부사화접사) → 무지하~
이(비모음화현상)'의 과정을 거쳐 실현된 예이다.

181) 이는 '많았지'로 대역되며 '많- + -았- + -지 → 마났지(ㅎ탈락현상) → 마
나찌(경음화현상) → 마내찌(움라우트현상)'의 과정을 거쳐 실현된 예이다.

182) 이는 '고거'로 대역되며 '고거 → 고고(모음동화)'의 과정을 거쳐 실현된 예
이다.

183) 이는 '작게'로 대역되며 '작게 → 자께(경음화현상) → 자끼(고모음화)'의
과정을 거쳐 실현된 이 지역어형이다.

184) 이는 '짠'으로 실현되어야 할 어형으로 발화실수형이다.

185) 이는 베를 짤 때 베틀에서 북이 오고가는 모양새와 그 소리를 흉내낸 말
이다.

186) 이는 '붙고'로 대역되는 어형이며 어두 유기음화가 실현된 어형이다.

187) 이는 '잉앗대'로 대역되며 이 지역어에서도 '잉아때 또는 응아때' 등의 형
태로 실현되는 것으로 나타났다.

188) 이는 '사람'의 축약형이다.

189) 이 부분은 제보자의 발화실수형이다. 이는 '아주, 나(나이), 마는(많은)'에
대응되는 어형이지만 모두 자음의 첨가가 이루어져 실현된 어형이다.

190) 이는 '그래가'형으로 실현되어야 할 예지만 어중 위치에서 자음이 약화되
어 탈락된 예이다.

191) '말하는 것'으로 대역되며 '카(云)- + -느(현재진행) + -ㄴ(관형사형어미) #
그(의존명사)'의 구성이다. 이는 '카는거 → 카능거(연구개음화) → 카능그(모
음중화)'의 과정을 거쳐 실현된 경우이다.

192) 이는 '고것밖에'로 대역되며 '고오(고것 → 고곳(모음동화) → 고고(음절말
탈락) → 고오(어중자음탈락)) + 빼으(밖에 → 빠깨(경음화현상) → 빼깨(모
음동화) → 빼끄(이화작용) → 빼으(어중자음탈락))'의 과정을 거쳐 실현된
예이다.

193) 이는 '변함없는'으로 대역되며 '변함 → 벼남(어중ㅎ탈락) → 베남(이중모
음실현제약) → 비남(고모음화)'의 과정을 거쳐 실현된 예이다. 여기서 '엄다'
는 '없다'의 이 지역어형이다.

194) '명주는'으로 대역되며 '밍주 + -노(는 → 느(음절말자음 탈락) → 노(원순
모음동화))'의 구성이다.

195) 이는 '누에알'로 대역되며 '니비(蠶) + 쎄'의 구성이다. '쎄'는 '씨'로도 실현

되며 접미사 '-아리'가 결합된 형인 '세(쎄)가리, 시가리'으로도 실현되기도 한
다. '쎄'는 '서캐'로 대응되는 이 지역어형이지만 누에의 알이 '서캐'와 비슷한
모양으로 인해 이런 어형으로 실현된 것이다.

196) 이는 '놓아두면'으로 대역되며 앞의 '내뚜마'형의 수의적인 발화실수형이다.

197) 워낙 누에의 애벌레가 작아서 이 작업을 할 때는 주로 꿩의 깃털을 사용
한다. 이는 '꿩의 털'이란 의미이지만 주로 깃털을 이용함으로써 그렇게 대역
했다.

198) 이는 '썰어'로 대역되며 '썰다'의 본말인 '써리다'에 대응되는 이 지역어형
이다.

199) 이는 '말까, 말카, 막카' 형으로 실현되는 이 지역어형이며 '모두, 전부'의
의미이다. 이는 동음이의어 형태로 '말끔'이라는 의미로도 사용되는 부사이
다. 이 어형은 '말까 → 막까(연구개음화)'의 과정을 거쳐 실현된 어형이다.

200) 이는 '기어붙는다'로 대역되며 이는 '기(匐)- + 붙-'의 구성으로 이루어진 어
휘이다. 이는 15세기 국어의 동사어간 끼리 합성하는 방식이 그대로 이 지역
어에 남아있는 형태이다.

201) 이는 '나중에'로 대역되는 이 지역어형이다.

202) 이는 '이 만큼씩'으로 대역되며 '이(관형사) + 만(의존명사) + -석(접미사)'
의 구성이다.

203) 이는 '더퍼주고'로 실현되어야 할 어형이며 구술발화에서 종종 일어나는
발화실수형이다.

204) 이는 '뭉텅이처럼'으로 대역되는 어형이다.

205) 이는 '맥차따'로 실현되어야 할 발화실수형이며 '먹찼다'로 대역된다.

206) 이는 '어지간히'로 대역되는 이 지역어형이며 경남방언에 실현되는 것으로
보고되어 있지만 경북지역어에서도 실현됨을 알 수 있다.

207) 이는 '먹기'로 대역되며 '먹기 → 머끼(경음화현상) → 메끼(움라우트현상)
→ 미끼(고모음화)'의 과정을 거쳐 실현된 어형이다.

208) 이는 '거기에다, 그곳에다'로 대역되는 이 지역어형이며 '거기에다 → 그기
에다(모음중화) → 그따(축약 및 경음화현상)'의 과정을 거쳐 실현된 예이다.

209) 이는 '열흘이나'로 대역되며 '열흘이나 → 여르리나(ㅎ탈락현상) → 여르
르나(후설모음화)'의 과정을 거쳐 실현된 이 지역어형이다.

210) 이는 '뽑아 내버리면'으로 대역되며 '뽑어내버리마 → 뽀브내브리마(모음
중화) → 뽀부내부리마(원순모음화) → 뽀부내뿌(어중경음화 현상)'의 과정을

거쳐 실현된 예이다.

211) 이는 '놈'의 이 지역어형인 '넘'에서 모음중화와 원순모음화가 차례로 일어나서 실현된 어형이다. 모음중화된 어형은 같은 발화에서 '늠'으로 실현되어 있음을 확인할 수 있다.

212) 이는 '그냥'으로 대역되며 이 어형의 이 지역어형이며 '그양'형으로도 실현된다.

213) 이는 '집어'로 대역되며 그 기본형은 '좋다'형으로 소급할 수 있다.

214) 이는 '중구서'로 실현되어야 할 어형이지만 발화실수형이며 '중국에서'로 대역된다.

215) 이는 '뽑아'로 대역되며 '뽑- + -어 → 뽀브(모음중화) → 뽀부(원순모음화)'의 과정을 거쳤다. 이 제보자의 발화에서는 원순모음화 현상이 수의적으로 실현된다.

216) 이는 '확'의 이 지역어로서 주로 경남방언에서 실현되는 것으로 보고되어 있다.

217) 이는 '꿰어'로 대역되는 이 지역어형이며, '끼(貫: 꿰- → 께(이중모음 실현 제약) →끼(고모음화))- + -어 → 끼으(모음중화) → 끼이(모음동화)'의 과정을 거친 어형이다.

218) 이는 '곱'의 발화실수형이다.

219) 이는 '곱은'으로 대역되며 '곱(麗)- + -은 → 고분(원순모음화) → 고붐(후행어절에 따른 양순음화)'의 과정을 거친 어형이다.

220) '추위는'으로 대역되는 이 지역어형이며 이 지역어를 비롯하여 경상도방언에서 일반적으로 분포한다.

221) 이는 '미겨'로 실현되어야 할 어형이며 발화실수형이다.

222) 이는 '여섯 + 일(일)'의 결합형식으로 이 어형의 축약형이다.

223) 이는 '먹이면'으로 대역되는 어형이며 '먹이다 → 메기다(움라우트 현상) → 미기다(고모음화) → 미이다(어중 ㄱ음탈락)'의 과정을 거쳤다. 여기서 어중자음 ㄱ음의 탈락은 같은 발화에서도 수의적으로 실현될 정도로 수의적인 음운현상이다.

224) 이는 '누에'를 사람에 비유해서 표현한 것이라기보다 누에를 치는 집에 따라, 그리고 영양 상태에 따라 잠을 다르게 잘 수 있다는 표현을 한 것이다.

225) 이는 기본형이 '숭구다'이며 이 지역어를 비롯하여 경상, 강원, 전라, 함경도방언에도 실현되는 것으로 보고되어 있다. 이 지역어를 비롯하여 경북지역

어에서는 성조에 따라 '숨기다'형과 동음이의어 관계를 형성하기도 한다.

226) 이는 '그러면'으로 대역되며 '그라마 → 가마(축약) → 가므(이화)'의 과정을 거친 어형이다.

227) 이는 '재배뽕을'으로 대역되며 '재배뽕 + -을 → 재배뽕얼(모음중화) → 재배뽕어(어절말자음 탈락)'의 과정을 거친 어형이다.

228) 이는 '먹이려면'으로 대역되며 '미이- + -ㄹ라'의 구성으로 양음절음화에 따라 '밀라'형으로 실현된 예이다.

229) 이는 '그럼'으로 대역되며 '그럼 → 그름(모음중화) → 그룸(역행원순모음화) → 그룽(후행어절의 연구개음에 의한 연구개음화)'의 과정을 거쳐 실현된 예이다.

230) 이는 '돌뽕 쫌'의 발화실수형이다.

231) 이는 누에를 치기 위해 대나무나 겨릅대를 이용하여 직사각형 모양의 '반자(板子)'를 가리키는 이름이다. 표준국어대사전에 등재되어 있지 않는 말이며 주로 누에를 칠 때 사용하는 반자이므로 '잠반' 또는 그냥 반자라고 많이 불렀다.

232) 이는 누에를 기르기 위해 잠반을 놓기 위한 장치로써 각각 사다리 모양의 기둥을 세우고 그 사이에 잠반을 올려놓을 수 있도록 대나무나 나무를 두 개씩 올려놓은 것을 가리킨다.

233) 이는 '처마'의 이 지역어형이며 이는 이 지역어를 비롯한 경상방언 외에도 '충북, 평북방언'에도 실현되는 것으로 보고되어 있다.

234) 이는 '대(大) + 큰일'의 구성으로 '큰일'이라는 어휘에 한자어 접사 '대(大)'가 결합된 어형이다.

235) 이는 '끼르(끼리 → 끼르(후설모음화)- + -가(연결형어미) + -ㅁ(강조보조사)'의 구성이며 '끓여서'로 대역된다. 이 어형 '끼리다'는 이 지역어를 비롯하여 '경북, 전라, 충남방언'에서 실현됨이 보고된 바 있다.

236) 이는 담화표지 '인제'의 축약형으로 이 지역어에서는 다양한 형태의 담화표지가 수의적으로 실현되는 것이 이미 확인된 바 있다.

237) 이는 '젓가락으로'로 대역되는 어형이며 '저붕까치'로 실현되어야 할 어형이지만 발화실수가 일어난 어형이다. 이는 다음의 대화에서 확인되는데 '저붐(젓가락) + 까치('가치'에서 경음화가 실현된 어형이며 '개비'라는 의미임.)'의 구성이다. 결국 '저붐 + 가치'의 구성으로 낱젓가락을 의미하는 이 지역어형이며 '저붐가치 → 저붕가치(연구개음화 현상) → 저붕까치(경음화 현상)'

의 음운과정을 거친 어형이다. '저붐'형은 이 지역어를 비롯하여 '경북, 전라, 충남방언'에 실현되는 것으로 보고된 바 있다.

238) 이는 '줄씩'으로 대역되며 '줄 +-석(접사) → 주석(어중자음 탈락) → 주서(어말자음 탈락)'의 과정을 거쳐 실현된 예이다.

239) 이는 '한 +데'의 구성으로 어중경음화 현상이 일어나서 실현된 어형이다.

240) 이는 '전부'로 대역되며 '전부 → 점부(양순음화 현상) → 점(축약)'의 과정을 거쳐 실현된 어형이다.

241) 이는 '유난히, 별스럽게, 많이'로 대역되며 이 어형은 이 지역어를 비롯해 경북방언 및 경남방언에 분포한다.

242) 이 어형은 '솜'을 나타내는 이 지역어형이며 '경상, 전라방언'에서 실현되는 것으로 보고되어 있다.

질병과 민간요법

각종 질병과 민간 요법
약초 캐는 과정과 주변 이야기

계속 쪼금 예 쪼그 머 더 하게씀미다.

그어 예'저'네 그으언넘 머 병'이 나고 하며느 어이워니 별로 업써다 아임미까?

￢ 업써찌.

꺼 요즈메 병워니 망코.

￢ 그르1) 쯔에느 은잔 마~:이 인자 인잔 점재~'이로 마~이 불러 가주오 구'슬 마~'이 해따 카이케네.

￢ 어, 그를 찌2)에느.

￢ 거 구'째~이가3) 나사 한다꼬.

아, 머 주로 어 그거 머 병워니 업쓰~이께?

￢ 여먼 지 어른 시비 누가 부슬4), 구단다, 어는 지비 누가 아푸서 구단다, 으래 꾸슬 마~이 해따 카이케네.

그때늠 머 아픈 사암 이쓰며는 구, 구스?

￢ 구'슬 마~'이 해따 카이.

금 머 구, 이집 저집 구슬 머 하능게 마이 들린다, 그지예?

￢ 마이 들리찌.

￢ 그룸께는 머 그저네느 인자 이사라 케바야 빌로 업써씨니카네 약 머 하냐 그거 으 쪼꿈 이서찌, 이사라 카느기 빌로 업써꺼더.

끄어 어르, 어르신 예저네늠 머 주로 멉 이 병들리 이쓰머 주로 어떵게 이서씀미까?

계속 조금 뭐 더 하겠습니다.

그 예전에 그러면 뭐, 병이 나고 하면, 의원이 별로 없었지 않습니까?

˗ 없었지.

그 요즘에 병원이 많고.

˗ 그럴 적에는 인제 많이 인제, 인제 점쟁이를 많이 불러 가지고 굿을 많이 했다고 하니까.

˗ 어, 그럴 적에는.

˗ 그 무당이 낫게 한다고.

아, 뭐 주로 음 그것은 뭐 병원이 없으니까?

˗ 여기 집, 어느 집이 누가 굿을, 굿을 한다, 어느 집에 누가 아파서 굿을 한다, 으레 굿을 많이 했다고 하니까.

그때는 뭐 아픈 사람이 있으면 굿, 굿을?

˗ 굿을 많이 했다고 하니까.

그럼 뭐 굿, 이집 저집 굿을 뭐 하는 게 많이 들렸다, 그렇지요?

˗ 많이 들렸지.

˗ 그렇게는 뭐, 그 전에는 인제 의사라고 해 봐야 별로 없었으니까, 약 뭐, 한약 그것이 조금 있었지, 의사라고 하는 것이 별로 없었거든.

그 어르, 어르신 예전에는 뭐 주로 뭐 병들이 있으면 주로 어떤 것이 있었습니까?

⁻ 병드리 엔저느능 그코 머 이래 뭄며~이5) 안 데따가 보니께네 멀 호:열
'짜베기니, 호:열'짜베기라6) 카능 거신 그 아주 모실 뺑'인데.

  호일쩌늠 머 어떵검'미까?

⁻ 호일짜느 머 그 저네 호열쩌이거 하문 그 저네 걸리 가주오, 호'열'짜
걸리머 막 사라믈 씬'다, 이기 인제 호열짜로 이랜는데.

  머어' 한'다고예?

⁻ 사라믈 씨'러, 사라머 마:이 중는다 이기라.

  마이 죽쓰미으?

⁻ 으.

  머 알코 나몌 머 후유쯩도 이씀미까?

⁻ 그르치에.

⁻ 그엄므 그 지베는 절:때' 인자 금쭐 치고 가지마라고.

⁻ 호열쩌 병 들리따고 머 머 이 일'쩨' 금 버'브로도 금기데'뿌꼬 그래
써.

  저념뺑이라 그러타, 그지예?

⁻ 으, 저넘뼈~이라 노이께네.

  그어 머 피'부 이런 데도 머 머머 생기고 함미까, 병이?

  그렁 거 피부에도 머?

⁻ 그 그는 머 피부에어 뽀드락'찌 그 저넨 뽀드라치라꼬 마:이 생'기따
카'이께네.

⁻ 송, 셍송까루또7) 아'라찌, 뽀드라찌 나지, 팔뚜'게도 나지, 손'때'도 나
지, 그 마:'이 그 느미 시메'따.

  그 뽀드락찌늠 머 주롬 머?

⁻ 뽀드락찌느 공기가'주 인자 벌:거이 이러마 인제 막 이만습8) 부뚝'하
마 인자 그 눔 인자 까시'르, 까시'르 찔'러가주 머 이저 그 눔 막 짜'르가
주고 넙 고름 내'뿌마 인자 겐찬타.

ﹾ 병들이 예전에는 그렇고 뭐 이래 문명이 안 되었다 보니까 뭐, 호열자
니, 호열자라고 하는 것은 그 아주 몹쓸 병인데.

호열자는 뭐 어떤 것입니까?

ﹾ 호열자는 뭐, 그 전에 호열자 이것을 하면 그 전에 걸려 가지고, 호열자
에 걸리면 막 사람을 썰어버린다, 이게 인제 호열자라고 이렇게 말했는데.

뭐, 한다고요?

ﹾ 사람을 썰어, 사람이 많이 죽는다고 이게라.

많이 죽습니까?

ﹾ 응.

뭐 앓고 나면, 뭐 후유증도 있습니까?

ﹾ 그렇지요.

ﹾ 그러면 그 집에는 절대 인제 금줄을 치고 들어가지 말라고.

ﹾ 호열자 병이 들렸다고 뭐 뭐, 일체 그 법으로도 금기가 되어 버렸고
그랬어.

전염병이라서 그렇다, 그렇지요?

ﹾ 응, 전염병이라 하니까.

그 뭐 피부 이런 곳에도 뭐, 무엇이 생기고 합니까, 병이?

그런 것 피부에도 뭐?

ﹾ 그 그럼, 뭐 피부에 뽀두라지, 그 전에 뽀두라지라고 많이 생겼다고
하니까.

ﹾ 손, 생인손도 앓았지, 뽀두라지도 났지, 팔뚝에도 났지, 손에도 났지,
그렇게 많이 그것이 심했다.

그 뽀두라지는 뭐 주로 뭐?

ﹾ 뽀두라지는 곪아서 인제 벌겋게 이러면, 인제 마구 이만큼 불뚝하면
인제 그것을 인제 가시로, 가시로 찔러서 뭐 이제 그것을 마구 짤아 가지
고 고름을 내어 버리면 인제 괜찮다.

고롬 그.
‑ 응, 공'기따 마.
학씨리 빼내야 덴다, 그지예?
‑ 그르치.
‑ 그 늠 암 빠르내마 안 나사.
음, 그러마 에저네.
‑ 기저네 그기 마:내써, 옌나레.
마니 공기따, 그지예?
‑ 그르치.
‑ 공기고 머리 인데 부시름도 아:드리.
‑ 점부 막 부시르미 티두르 티두르 해가이여.
머리 이는데?
‑ 얼치.
그암 그엄 부시러므 주로 우째 치로함미까, 부시럼 나면?
‑ 그그늠 멀 주'롬 멈 머 세워리 가야 난능기지, 예저네 약또 엉꼬, 약
꺼 바른다 케'바야 으 조야끄 해바야 달9) 라또 안하고 인저 세'워'리 가머
인절 난는 수가 이찌.
그래도 머, 그래도 머.
나이가 쯤 들며느예?
‑ 그르찌여.
근데 그르도 머 시마며느 머 약?
‑ 해:야지.
머 어떤 냐근?
‑ 요기룸 멀, 머슬 발라 가주얼 진'동짜리도 쌀:마 바리고.
머슴네?
‑ 진'동차리.

고름, 그.

˘ 응, 곪았다, 뭐.

확실히 빼내어야 된다, 그렇지요?

˘ 그렇지.

˘ 그것을 안 빨아내면 안 나아.

음, 그러면 예전에.

˘ 그전에 그게 많았어, 옛날에.

많이 곪았다, 그렇지요?

˘ 그렇지.

˘ 곪고, 머리 이런 데 부스럼도 생겼지, 아이들이.

˘ 전부 막 부스럼이 덕지덕지 해가지고 여기에.

머리 있는 데?

˘ 옳지.

그럼, 그럼 부스럼은 주로 어떻게 치료를 합니까, 부스럼이 나면?

˘ 그것은 뭐 주로 뭐, 세월이 가야 낫는 것이지, 예전에는 약도 없고, 약 그것을 바른다고 해봐야 음, 조약을 해봐야 잘 낫지도 않고 인제 세월이 가면, 인제 낫는 수가 있지.

그래도 뭐, 그래도 뭐.

나이가 좀 들며는요?

˘ 그렇지요.

그런데 그래도 뭐 심하면 뭐 약을?

˘ 해야지.

뭐 어떤 약은?

˘ 여기를 뭘, 무엇을 발라 가지고 진동차리도[10] 삶아 바르고.

무엇을요?

˘ 진동차리.

⁻ 진'동차리도 쌀머서 바리고.

거늠 멈미까?

신동차리느?

⁻ 요게 인자 거슨.

푸림미까?

⁻ 풀.

⁻ 그으또 에 하고, 머 여'러' 가지 푸를 가따아, 조야글 가따가 더러 마:
이 핸는데.

고 이 신동차리느 살머가?

⁻ 진'동차리느 쌀머가주고 거 단술도 해 무'꼬 여러 가지 해뭉능긴데,
진'동차리가 이써써.

으 또 그그늠 머 어디 드를려게 이씀미까?

⁻ 그은 저 바테 이써.

바테예?

⁻ 음.

그아우 또 모 그릉 그 말고 또 머 다른 조야근 또 어떠케 함미까?

⁻ 머 골:담초11), 머 여'러' 가지 굴피나무12), 머 도투마'리떼에13) 머 그룸
끼 여러 가지 잡초 야기 지끔 점부 약초라 카이께네.

⁻ 그 누미 마네.

⁻ 지끔도 이써.

⁻ 인자 아 해서 그르치.

그렁어 까지고 해가주고?

⁻ 그렁 어 가지고 저 해'가주오 은자 마이 바르고.

머 찌이가 바름미까?

⁻ 무'꼬, 나사'고, 어.

머 살므가?

˘ 진동차리도 삶아서 바르고.

그것은 무엇입니까?

진동차리는?

˘ 요게 인제 그것은.

풀입니까?

˘ 풀.

˘ 그것도 이것 하고, 뭐 여러 가지 풀을 갖다가, 조약을 갖다가 더러 많이 했는데.

그 이 진동차리를 삶아 가지고?

˘ 진동차리는 삶아 가지고 그 단술도 해 먹고 여러 가지를 해먹는 것인데, 진동차리가 있었어.

음, 또 그것은 뭐 어디 들녘에 있습니까?

˘ 그것은 저 밭에 있어.

밭에요?

˘ 응.

그러면 또 뭐 그런 것 말고, 도 뭐 다른 조약은 또 어떻게 합니까?

˘ 뭐, 골담초, 뭐 여러 가지 굴피나무, 뭐 도꼬마리에 뭐 그런 것이, 여러 가지 잡초약이 지금 전부 약초라고 하니까.

˘ 그것이 많아.

˘ 지금도 있어.

˘ 인제 안 해서 그렇지.

그런 것을 해 가지고, 해 가지고?

˘ 그런 것을 가지고, 저것을 해 가지고 인제 많이 바르고.

뭐 찧어서 바릅니까?

˘ 먹고 낫게 하고 뭐.

뭐, 삶아서?

- 거 또 밀깔'리[14] 그릉 걸 가따아 게 가주고도 밀깔'리행'핀도[15] 하고 머 오만 지'슬 다 해찌.

아, 밀깔로 이래 부침미까?

- 올치.

- 우 뽀다시 난 데 급 독 빠르내라꼬 부치고.

아, 그라머 어디 그 까씨 까 고룸 짜내고 고르이까 은 저.

- 그르 인자 벌거이 인자 무'더 나오그더.

- 그 놈 또 띠가 또 부치고, 또 띠가 또 부치고 이래.

조약 아까 머 이야기 핸느 그엄 머 그런 풀 가틍 건 찌이가주고 머 바름미까?

- 므 쌀머 가주우 단술도 해무꼬 그늠 머 여러 가지로 해무쓰.

어 그르가 어 주로 한다, 그지예?

- 음.

- 음 메 순: 그기지, 옌나레너.

예저네 머 혹심 머 마림버'즘 가틍 그또 마니 생기지예?

- 버'짐도 이스써.

애들레?

- 음, 그 마임버즘 마이 이서찌.

마임버즘 가틍 경우느 무 어뜨 머까 치료함미까?

- 그그'뜸 머 그으또 내나 조약 까주고 머 삼페~'여 끌'거 가주곧 딘장도 바리고.

아, 사감페에 까주고?

- 오헐치.

- 거 은잔 여럭 끌, 사살 끌거 가주우 그 름 업써지라꼬, 그래가 장도 찌거 바르고 머.

가먼 장도 바르고, 덴장도 찌거 바루 그럼미까?

- 음, 올치.

ˉ 그 또, 밀가루 그런 걸 가져다가 개어 가지고도 밀가루떡도 하고 뭐, 오만 짓을 다 했지.

아, 밀가루로 이렇게 붙입니까?

ˉ 옳지.

ˉ 음, 뾰두라지 난 곳에 거기 독을 빨아내라고 붙이고.

아, 그러면 어디 그 가시를 가지고 고름을 짜내고 그러니까, 음 저.

ˉ 그래 인제 벌겋게 인제 묻어 나오거든.

ˉ 그 놈을 또 떼어서 또 붙이고, 또 떼어 가지고 또 붙이고 이래.

조약은 아까 뭐 이야기를 했던 그런 뭐, 그런 풀 같은 것을 찧어 가지고 뭐 바릅니까?

ˉ 뭐, 삶아 가지고 단술도 해 먹고, 그것은 뭐 여러 가지로 해 먹었어.

음, 그래 가지고 음 주로 한다, 그렇지요?

ˉ 음.

ˉ 음, 뭐 순전히 그것이지, 옛날에는.

예전에 뭐 혹시 뭐 마른버짐 같은 것도 많이 생기지요?

ˉ 버짐도 있었어.

애들요?

ˉ 음, 그 마른버짐이 많이 있었지.

마른버짐 같은 경우는 뭐 어떻게, 무엇을 가지고 치료합니까?

ˉ 그것도 뭐 그것도 마찬가지로 조약을 가지고 뭐 사금파리로 긁어 가지고 된장도 바르고.

아, 사금파리를 가지고?

ˉ 옳지.

ˉ 그 인제 요렇게 긁어, 살살 긁어 가지고 그것이 없어지라고, 그래서 장도 찍어서 바르고 뭐.

그러면, 장도 바르고, 된장도 찍어 바르고 그럽니까?

ˉ 음, 옳지.

딘장 발르 나마 쫌 나씸'미까?

⁻ 따가붕께네 쫌 그 머 난능강 모.

⁻ 그는 지'또 해보고, ***.

진버'짐도 이씀미까?

⁻ 진버지미라꼬 이선는데, 거는 무리 나는 버지미고, 마름버즈믐 보하이 기~양 이꼬.

짐버즈므 그러며느 머 약끈 어떵 거 함미까?

⁻ 진버즘도 내나 먹 그렁 걸 이런 조약 치로를 마이 해찌.

어, 조약 치로를 예?

⁻ 음.

⁻ 그땐 이사가 엄따 보이께네 조약 치료빼께 할 께 업써.

그 여'르음메느 그 땀'띠 이렁 거또 마이 안 남미까?

⁻ 땀띠 마:이 나찌.

땀띠 나며느 머 우짬미까?

⁻ 지끔, 지끔도 따안띠, 땀띠나마 인자 찬무레 인쟌 저'나걸'로 씽능 거 그기지.

아, 혹심 머 다른 조야거, 밍강?

⁻ 음, 머 거 빌로 어꼬.

방버 어슴미까?

⁻ 이 여꺼.

머 끄 함며느 땀띠 잘 라꼬 하능 거?

⁻ 음, 그음 마 참무레 인젠 제'어걸로 인 자꾸 인자 씨'꼬, 그기지 머.

참므러 머 자꾸 시끈 그르이 한다, 그지예?

⁻ 음.

두 두드래기나 이렁 거 나머 어짬미까?

된장을 발라 놓으면 좀 났습니까?

˗ 따가우니까 좀, 그 뭐 낫는가 모르지.

˗ 그런 짓도 해보고, ***.

진버짐도 있습니까?

˗ 진버짐이라고 있었는데, 그것은 물이 나는 버짐이고, 마른버짐은 보얗게 그냥 있고.

진버짐은 그러면은 뭐 약은 어떤 것을 합니까?

˗ 진버짐도 마찬가지로 뭐 그런 것을 가지고 이런 조약 치료를 많이 했지.

음, 조약 치료를 예?

˗ 응.

˗ 그때는 의사가 없다 보니까, 조약 치료밖에 할 것이 없어.

그 여름에는 그 땀띠 이런 것도 많이 안 납니까?

˗ 땀띠도 많이 났지.

땀띠가 나면 뭐 어떻게 합니까?

˗ 지금, 지금도 땀띠, 땀띠가 나면 인제 찬물에 인제 저것으로 씻는 것 그것이지.

아, 혹시 뭐 다른 조약은, 민간요법은?

˗ 응, 뭐 그것은 별로 없고.

방법이 없습니까?

˗ 이 요것.

뭐 그것 하며는 땀띠가 잘 낫고 하는 것?

˗ 음, 그러면 그냥 찬물에 인제 저것으로 인제 자꾸 인제 씻고 그것이지 뭐.

찬물에 뭐 자꾸 씻고 그렇게 한다, 그렇지요?

˗ 응.

두, 두드러기나 이런 것이 나면 어떻게 합니까?

⁻ 두드래이 나마 이 그저네 저 저 그저네 초가찝 지뿌스, 그을 인자 써언'쎄, 써언'쎄 그 노무 가주오 불 디~에 가여 망 영'게르 씨'이찌16).

⁻ 긍어 이 점'부 조여기러 거이.

아, 그어머느 써근 그거까?

⁻ 으, 써'근 집', 그 까지고.

그으 까주 이래 부를 해가주고 영기르 하며넌?

⁻ 으 영게르 씨'이며느 두데기 사그러진다.

두드래기염 마니 사그러짐미까?

⁻ 음.

그덤 멥 비듬 이릉 거늠 머 특별히 치러 안 함미까?

비듬 마느면?

⁻ 비듬' 그틍 그릉 그느 보통 몸 무 그대로 머 보통 이'기'찌17).

그 다메 누네 여 보며느 또 사암들 피곤하며 여.

⁻ 다에'께.

다래끼 안니서미까?

⁻ 다래끼 나지.

⁻ 그 저네늠 마이 난는데 지끄므 인자 그이 업떼.

그 다래끼 낭 거느?

⁻ 다래끼 난 데느 그 저네 인자 파틀 가주고 은자 세미다 뜰'다 보고 내 다래끼 빼가주 가라 카믄, 파테다 세미 가따 여꼬 이래써.

⁻ 그게 인지 양바비라 그러데.

그 그으 말고느 또 업씀미까?

다래끼느?

⁻ 그그또 하고, 머 내 다래끼 가조 가거라 케사미성 그 눔 거서또 더러 이꼬.

⁻ 눈서블 하나 빼미서.

˜ 두드러기가 나면 이 그 전에 저, 저기 그 전에 초가집 짚 부스러기, 그것을 인제 썩은새, 썩은새 그것을 가지고 불을 붙여 가지고 막 연기를 쐬었지.

˜ 그것이, 이 전부 조약이라 그것이.

아, 그러면은 썩은 그것 가지고요?

˜ 음, 썩은 짚, 그것을 가지고.

그것 가지고 이렇게 불을 붙여가지고 연기를 하면은?

˜ 음, 연기를 쐬면 두드러기가 사그러진다.

두드러기는 많이 사그러집니까?

˜ 응.

그럼 뭐 비듬 이런 것은, 뭐 특별히 치료를 안 합니까?

비듬이 많으면?

˜ 비듬 같은 것은 그것은 보통 뭐 그대로 뭐 보통으로 여겼지.

그 다음에 눈에 여기 보면 또 사람들이 피곤하면 여기에.

˜ 다래끼.

다래끼가 안 있습니까?

˜ 다래끼가 나지.

˜ 그 전에는 많이 났는데 지금은 인제 거의 없지.

그 다래끼 난 것은?

˜ 다래끼 난 곳에는 그 전에 인제 팥을 가지고 인제 샘에다 들여 보고 "내 다래끼를 빼서 가라."고 하면서, 팥을 샘에다 가져다가 넣고 이랬어.

˜ 그것이 인제 조약이라고 그러더라.

그, 그것 말고는 또 없습니까?

다래끼는?

˜ 그것도 하고, 뭐 "내 다래끼 가지고 가거라."고 하면서, 그런 것도 더러 있고.

˜ 눈썹을 하나 빼면서.

아, 눈섭 뽀버 가주고예?

¯ 아, 눈서블 항 개 고 인자 달기민서[18] 쏙' 빼미서 내 달기 빼가주 가그라 그래 카이 빼고 이래따고.

아, 가며 위에 나며능, 위에?

¯ 위에 위따래끼, 미테 나마 아래따'래끼.

그암 므.

눈섭 위에 꺼 빼고, 미테 꺼 빼고?

¯ 미테 나마 아릅, 아름눈서 빼고.

그릅 빼가기고 내 내 다래기 가저가라 카미 이래 그 함미까, 고오누?

¯ 음, 음, 올치.

그 다음메 혹시 머 소네 이 머 소니나 바레 이런데 머 무조미나 이렁 거 생기만 주로?

¯ 이 무좀 마이' 생기찌.

예저네 마이 생겨씀미까?

그럼 경우느 어떠케 치러함미까?

¯ 그으늠 막 소고'물 가주오 데고 막, 건지러끄'덩.

¯ 무조미랑 얼'메나 건지롬노.

¯ 그 늠 막 소고물 가주곰 삐'데고.

소곰물' 함미까, 소곰?

¯ 소고물 가조 막 으래일 데고 망 므그 데따 카이께네.

아, 소구무로예.

¯ 올치.

¯ 막 장을 가'따가 찌'거 바르고, 담배째 아 인나?

¯ 담배째 그 노물 가저고 푸웅 거 찌끄리예[19] 그 누무 가주 막 민'뜨'데고.

¯ 그래인 마 해.

아, 눈썹을 뽑아 가지고요?

⁻ 아, 눈썹을 한 개 그 인제 당기면서 쏙 빼면서, "내 다래끼를 빼 가지고 가거라." 그렇게 해서 빼고 이랬다고.

아, 그럼 위에 나면은 윗눈썹을?

⁻ 위에는 윗다래끼, 밑에 나면 아랫다래끼.

그럼 뭐.

눈썹 위의 것을 빼고, 밑의 것을 빼고?

⁻ 밑에 나면 아래, 아래쪽 눈썹에서 빼고.

그렇게 빼가지고 "내, 내 다래끼 가져 가거라"고 하면서 이렇게, 그렇게 합니까, 고것은?

⁻ 음, 음, 옳지.

그 다음에 혹시, 뭐 손에 이 뭐 손이나 발에 이런 곳에 뭐 무좀이나 이런 것이 생기면 주로?

⁻ 이 무좀이 많이 생겼지.

예전에 많이 생겼습니까?

그런 경우는 어떻게 치료합니까?

⁻ 그것은 막 소금을 가지고 대고 막, 가렵거든.

⁻ 무좀이라 얼마나 가렵나?

⁻ 그 놈 막 소금을 가지고 비벼대고.

소금물을 합니까, 소금?

⁻ 소금을 가지고 막 이렇게 대고 막 문지르고 했다고 하니까.

아, 소금으로요.

⁻ 옳지.

⁻ 막 장을 가져다가 찍어 바르고, 담뱃재 안 있나?

⁻ 담뱃재 그 놈을 가지고 피운 것 찌꺼기에 그것을 가지고 막 문대고.

⁻ 그래 많이 해.

⁻ 그래 마이 해쓰.

음, 담배째 찌끄래기 가주고도 하고, 소공20) 까주오도 하고.

습'찐도 머 그래 함미까?

⁻ 습찐'도 그러코.

그 담메 겨우레 이 먿 동, 발 이렁어 보머 예저네 시니나 이릉어 시운차나스 동상 앙 걸림?

⁻ 동상 걸리따.

그아머 요 루쨤미까?

⁻ 동상 걸리따 카머 그 저네는 콩' 가주 콩찜'들드21) 하고.

콩찜질 어뜨케 함미까?

⁻ 콩을 여 바레 무더가 이찌.

어디?

콩?

⁻ 콩을 여 자리 여 가주고.

그으 콩은 그냥 믇 그녕 근냥 콩 함미까?

⁻ 으, 생 생코, 생콩으로.

생콩 소게 그냥 발 지버 너 노씀미까?

⁻ 음, 음, 그램 동상이 풀린다카이.

⁻ 해도우 풀린다 카며 그래 여어다.

콩에 어데 그어머 쫌 콩을 따뜨타게 함미까, 암 그아므 그냥?

⁻ 머 구둘마게22) 여 노코 구래 해쓰이.

아, 콩오 구둘마게 너나 나꼬 이랜 너노며는 바리 쫌?

⁻ 해독 덴다 그르미성, 해독.

⁻ 그으또 머 그래 덴다고 데능 거또 아이, 그 인녀 조야기 인녀 업따 보잉께네, 찌'꿈'맹그로23) 야기 업따 봉게네 옌나레느 그래 핸능기지.

근데 머 효꽈느 쫌 이씀미까, 그래 함며너?

˚ 그래 많이 했어.

음, 담배 재 찌꺼기를 가지고도 하고, 소금을 가지고도 하고.

습진도 뭐 그렇게 합니까?

˚ 습진도 그렇고.

그 다음에 겨울에 이 뭐 동상, 발 이런 것을 보면 예전에 신이나 이런 것이 시원찮아서 동상이 안 걸립니까?

˚ 동상이 걸렸다.

그러면 이것은 어떻게 합니까?

˚ 동상이 걸렸다고 하면 그 전에는 콩을 가지고 콩찜질도 하고.

콩찜질은 어떻게 합니까?

˚ 콩을 여기 발에 묻어서 있지.

어디?

콩?

˚ 콩을 여기 자루에 넣어 가지고.

그기 콩은 그냥 뭐 그냥, 그냥 콩을 합니까?

˚ 응, 생, 생콩, 생콩으로.

생콩 속에 그냥 발을 집어넣어 놓습니까?

˚ 응, 응 그럼 동상이 풀린다고 하니까.

˚ 해동이 된다고 하며 그래 넣었다.

콩에 어디에 그러면 좀 콩을 따뜻하게 합니까, 안 그러면 그냥?

˚ 뭐 아랫목에 넣어 놓고 그래 했어.

아, 콩을 아랫목에 넣어 놓고 이렇게 넣어 놓으면은 발이 좀?

˚ 해독이 된다고 그러면서, 해독이.

˚ 그것도 뭐 그래 된다고 되는 것도 아니고, 그 인제 조약이 인제 없다가 보니까, 지금처럼 약이 없다가 보니까 옛날에는 그래 했던 것이지.

그런데 뭐 효과는 좀 있습니까, 그래 하면은?

⌐ 금 머 호까24) 빌'로 인능강 업스나 그나 학시리 다뺌25) 모나게꼬.

머 하이뜬 그르케 하기느 해따, 그지예?

⌐ 그르케 해따, 어르치.

그엄 머 감귀 끼운 이쓰면 주로 머 어떠케 함미까?

⌐ 감기 끼구니 이시먼 지뀨메 야기 이찌마늠 머, 그데느 고뿌르다 커여게찌.

에, 고뿔 함머느, 고뿔 오며느 어뜨케?

⌐ 그 저네늠 모 고치까'리론 수'렐 태아가주우 마시고 그'래찌.

⌐ 고치깔리 수에닫 태아가주 막 홀 뚜루 마시마 늦 고마 그 떠 강기가 떠러진다 카미서.

또 머 다릉 거늠 머 항 거 업슴머까?

⌐ 금 멀 더러 이서찌마느 고기 다 이저'뿔후26) 모리게꼬.

머 약초 가틍 으 케가주오느 아 해수미까?

⌐ 아 해찌.

⌐ 강기 그으늠 머 그 저네 크기 므 걸리드 데세 디'이드 아네꼬.

그암 머 그 모게 가래나 이렁 거 마이 올로오멈 머 우짬미?

⌐ 그 해수아고

해소?

⌐ 해손데.

예, 해소오머 우짬미까?

⌐ 해'소 오몸 머 소'군도 무우 보고.

소그믈 그냥 맹소그 먹씀?

⌐ 으, 올치.

맹소움 무꼬?

⌐ 그러만 뜨 간 사리27) 드린다 그르미 세금도 무우 보고 그래 해따 카이.

˗ 그럼, 뭐 효과 별로 있는가, 없는가 그러나 확실히 답변은 못 하겠고.

뭐, 하여튼 그렇게 하기는 했다, 그렇지요?

˗ 그렇게 했다, 그렇지.

그럼 뭐, 감기 기운이 있으면 주로 뭐 어떻게 합니까?

˗ 감기 기운이 있으면 지금에야 약이 있지마는 뭐, 그 전에는 고뿔이라고 하며 했지.

예, 고뿔을 하면은, 고뿔이 오면은 어떻게?

˗ 그 전에는 뭐 고추가루를 술에 태워가지고 마시고 그랬지.

˗ 고추가루를 술에다 태워서 막 후루룩 들어 마시면 인제 그만 그 또, 감기가 떨어진다고 하면서.

또, 뭐 다른 것은, 뭐 한 것은 없습니까?

˗ 그, 뭐 더러 있었지마는 고것을 다 잊어버리고 모르겠고.

뭐 약초 같은 것을 캐 가지고는 안 했습니까?

˗ 아, 했지.

˗ 감기 그것은 뭐 그 전에 크게 뭐 걸리더라도 대수롭게 여기지도 안 했고.

그럼 뭐, 그 목에 가래나 이런 것이 많이 올라오면 뭐 어쩝니까?

˗ 그 해수하고?

해수?

˗ 해수인데.

예, 해수가 오면 어떻게 합니까?

˗ 해수가 오면 뭐 소금도 먹어 보고.

소금을 그냥 맨소금을 먹습니까?

˗ 음, 옳지.

맨소금을 먹고?

˗ 그러면 또 갓 사레가 들린다고 그러면서 소금도 먹어 보고 그랬다고 하니까.

먼 도라지가튼 거또 먹시무까?

도래?

￣ 도라지 가틍 거또 먼 쌀무가 무꼬 해찌.

￣ 거느 이 중녀네 해꼬, 옌나레느 그렁 거또 업써꼬.

그럼며느 예저네늠 머 그래 해, 해찌마느 요으, 요 중녀네 인쟎 끋 도라지나 이렁 거 살마 무꼬 해찌.

￣ 그르치.

￣ 도라지드이 쌀마 무꼬 머 오망 거 다 해찌, 지끄무 인자.

￣ 지끼미야28) 머 약빠~아29) 가서 약 사다 무마 머 고마 나꼬 하니까네 빌거 아이지마느.

그 다엠 머 딸꾹찔 가틍 거 머 게소 그 나며늠 머 우짬미까?

￣ 딸'꼭'찔'로 인자 물 인자 시: 분 떠'무믄 난는다.

물?

￣ 딸칵딸가 거리지.

시 븐?

￣ 참머 린제 시 분 떠무마 딸꾹찌르 아 한다 케찌.

거 쫌 나씀미까, 그그 하먼.

￣ 그 머'달 째는 므 건친 수가 이떼.

그 래엠 머 그 애들 머 예저네 열라고 이러며느 우짬미까?

￣ 열 마'이 나고 할 찌에느 옌나레늠 머 검 머 거 주'치, 그으또 모꼬.

머라고예?

￣ 줃, 주'치.

아 걷 푸림미까?

￣ 주'치, 주'치라꼬 나무 뿌'리~'인데, 고 뺄가~이 주치라꼬 이써.

￣ 그은 소'뚜 기'헤떠 거떠.

￣ 팔'라카마30) 여: 으데 인데 그라야 이찌, 벌'로31) 업써써.

뭐 도라지 같은 것도 먹습니까?

도라지?

⁻ 도라지 같은 것도 뭐 삶아서 먹고 했지.

⁻ 그것은 이 중년에 했고, 옛날에는 그런 것도 없었고.

그러면은 예전에는 뭐 그렇게 해, 했지마는 요, 요 중년에 인제 그 도라지나 이런 것 삶아서 먹고 했지.

⁻ 그렇지.

⁻ 도라지도 삶아 먹고 뭐, 오만 가지 다 했지, 지금은 인제.

⁻ 지금이야 뭐 약방에 가서 약을 사다 먹으면 뭐, 그만 낫고 하니까 별 것이 아니지마는.

그 다음에 뭐 딸꾹질 같은 것이 뭐 계속 나면, 뭐 어쩝니까?

⁻ 딸꾹질은 인제 물을 인제 세 번을 떠먹으면 낫는다.

물을?

⁻ 딸칵딸칵 거리지.

세 번?

⁻ 찬물, 인제 세 번을 떠먹으면 딸꾹질을 안 한다고 했지.

그것 좀 낫습니까, 그것을 하면.

⁻ 그 뭣할 째는 뭐 그치는 수가 있었지.

그럼, 뭐 그 애들 뭐 예전에 열이 나고 이러면은 어떻게 합니까?

⁻ 열이 많이 나고 할 적에는, 옛날에는 뭐 그, 뭐 그것 지치, 그것도 먹고.

무엇이라고요?

⁻ 지, 지치.

아, 그것은 풀입니까?

⁻ 지치, 지치라고 나무의 뿌리인데, 고것 빨간 것이 지치라고 있어.

⁻ 그건 솔직히 귀했다고 그것도.

⁻ 캐려고 하면 여기, 어디 이런 데 그래야 있지, 별로 없었어.

그거 머그머느 쫌 여리 내림미까?

⁻ 올치.

머 싱경통 가튼 데느 이 먼 이거 이 저 어떠케 해서 함미까?

⁻ 심:변'통에는 므어슨 머구 우예 하능고 잘 모르겐는데.

머 그어도 싱경통에는 먼 머 조타라는 야 까틍 거 업씀미까, 밍가느로?

⁻ 어어.

예저네?

⁻ 싱경토이도 멀' 하면 나따 카드마 지끔 내가 잘 모리게찌, 내가 신견통
에느.

⁻ 머다, 학시랑 걸 모뜰'겐네.

잘 모뜨러써여?

⁻ 으흠.

머 그아 황'다리나 이런 데는 머 우짬미꺼?

⁻ 제'달, 황달.

예.

⁻ 그를 찌언네 인자 읍 주루 인냑 고기로 마이 무야데.

⁻ 고기로.

⁻ 고기 저 소피 거틍 그릉 글 마:이 사다 무꼬.

앙 그암며 개느?

⁻ 음.

개늗 ***?

⁻ 개도, 개도 자아무꼬32).

⁻ 고기로 마'이' 무'에 데.

⁻ 황'달'하고 체'다'라고너.

그럼 부부 언제 영양이 부족해가 그럼미까?

⁻ 응, 그렁가?

그것을 먹으면 좀 열이 내립니까?

⎯ 옳지.

뭐, 신경통 같은 데는 이 뭐, 이것, 저 어떻게 합니까?

⎯ 신경통에는 무슨, 무엇을 어찌 하는지 잘 모르겠는데.

뭐 그래도 신경통에는 뭐, 무엇이 좋다고 하는 약 같은 것은 없습니까, 민간으로?

⎯ 응.

예전에도?

⎯ 신경통도 무엇을 하면 낫는다고 하지만 지금 내가 잘 모르겠지, 내가 신경통에는.

⎯ 무엇인지 확실한 것은 모르겠네.

잘 못 들었나요?

⎯ 음.

뭐, 그럼 황달이나 이런 데는 뭐 어떻게 합니까?

⎯ 채달(菜疸)[33], 황달.

예.

⎯ 그럴 적에는 인제 음 주로 인제 고기를 많이 먹어야 돼.

⎯ 고기를.

⎯ 고기, 저 소피 같은 그런 것을 많이 사다 먹고.

안 그러면 개는?

⎯ 음.

개는 ***?

⎯ 개도, 개도 잡아먹고.

⎯ 고기를 많이 먹어야 돼.

⎯ 황달하고 채달은.

그런 부분은 인제 영양이 부족해 가지고 그럽니까?

⎯ 응, 그런가?

˗ 그 예자네 인자 똥물 좀 거 그느 체다르 은자 똥물 조능 그릉그 무마 체다르 오른다 그래끄더.

˗ 그래가지 이.

아, 똥무를 뭉는다고여?

˗ 똥'무르 가따감 거서게다가34) 이 나무'레다35) 주구더.

˗ 옌나렌 거르'미 업써가주고.

˗ 그기 인자 그기 인자 체달 찌우느 오는다이.

˗ 그기 체'다으라.

예저네 머 하이튼 그어 야꾹또 읍꼬, 으어유 의워니 업써가주고 에 점부 다 머 어떡할 수가 업스따, 그지예?

˗ 음, 마자, 그러, 그르치.

방법또 어꼬.

˗ 방버또 어꼬.

머 설사나며느 그암머 머 어떠케 함미까?

˗ 설'싸 나미 융'모초를36) 뜨'드'르 무마 난다이.

˗ 융모초라고 푸리 이써.

융모초예?

˗ 씨'붕37) 거.

˗ 그으 무므 설사가 근친다.

그으 무므 또 마니 그'침미까?

˗ 앵무초늠 뜯'드러 무'마 인자 배' 아풍 거뜨도 나꼬, 설사 나능 거또 좀 난는다.

배 아프고 하올 때 융모초를?

˗ 어, 올치.

머 다릉 거는 쑥'또' 머 먹심미까?

˗ 머 쑥, 쑹'물'도 뜨 더'러 무'꼬.

￣ 그 예전에 인제 똥물을 준 것, 그런 채달을 인제 똥물 주었던 그런 것을 먹으면 채달이 오른다고 그랬거든.

￣ 그래서 이렇게.

아, 똥물을 먹는다고요?

￣ 똥물을 가져다가 거시기에다, 이 나물에다 주거든.

￣ 옛날에는 거름이 없어 가지고.

￣ 거기 인제, 거기 인제 채달 증이 오는 것이라.

￣ 그게 채달이라.

예전에 뭐, 하여튼 그 약국도 없고, 음 의원이 없어 가지고 음, 전부 다 뭐 어떻게 할 수가 없었다, 그렇지요?

￣ 음, 맞아, 그렇고, 그렇지.

방법도 없고.

￣ 방법도 없고.

뭐, 설사가 나면은 그러면 뭐 어떻게 합니까?

￣ 설사가 나면 익모초를 뜯어서 먹으면 낫는다.

￣ 익모초라고 풀이 있어.

익모초요?

￣ 쓴 것.

￣ 그것을 먹으면 설사가 그친다.

그것을 먹으면 또 많이 그칩니까?

￣ 익모초를 뚜드려 먹으면 인제 배가 아픈 것도 낫고, 설사가 나는 것도 좀 낫는다.

배가 아프고 할 때 익모초를?

￣ 응, 옳지.

뭐, 다른 것은 쑥도 뭐 먹습니까?

￣ 뭐, 쑥물도 또 더러 먹고.

- 쑹물돋 뚜'드러 갇 짜'러38) 가주고 무'구머 쫌 난는다.

그아고 머 어르심 머 여드 나찔 가틍 하다가 소니 비이고 이러며느, 상처나우 우짬미까?

베머?

- 그를 찌에느39) 우리드름40) 머 그양 기양 이릉 거 허'클 가따인 지'브 나찌.

- 피가 마이 나웅께네 흐글 가따 찌버서 쿡' 나아 가주고 이래기도 하고, 쑥:, 쑥 그 누믈 자41) 비벼 가주고 여 부처가주고 매노키도 하고.

그냥 마른 쑥 말고예?

- 거어 지꿈 쑹물트르 이짜나.

어, 서, 그냥?

- 어, 거름 비벼가주고 이래가주 그나 뚤뚤 매내뚜머 고머 나서뿌고42) 이래데.

잘 나씀미까, 그어염?

- 음.

- 머 솜 빈:능 건느 잘 나서, 월래.

그 다메 머 언치'고 하며느 우짬미까?

- 언치'고 하며는 딴'다 이르는데.

- 지끄믄.

- 그저 그어르 은자 소네 이래 가주고.

주무리가 은자 은자?

- 어, 주무르 가주고 여 송까라 끈티~이 따뿌만 새카맘 피가 나오마 고마 난는다.

주오 따고 그안다, 그지예?

- 올치, 거느 인자 우리 거석 뼈빈데.

- 음 마이 난는다 이에데.

ㅡ 쑥물도 뚜드려 갖 짜 가지고 먹으면 좀 낫는다.

그리고 뭐, 어르신 뭐 여기 낫질 같은 것을 하다가 손이 베이면 이러면 상처가 나면 어떻게 합니까?

베이면?

ㅡ 그럴 적에는 우리들은 뭐 그냥, 그냥 이런 것 흙을 가져다가 집어넣어 놓지.

ㅡ 피가 많이 나오니까 흙을 갖다가 집어서 쿡 놓아 가지고 이렇게 하기도 하고, 쑥, 쑥 그것을 잘 비벼 가지고 여기에 붙여 가지고 매어 놓기도 하고.

그냥, 마른 쑥 말고요?

ㅡ 거기 지금 쑥물들 있잖아.

음, 그냥?

ㅡ 음, 그것을 비벼가지고 이래서 그냥 돌돌 매어 놓으면 고만 나아버리고 이랬지.

잘 낫습니까, 그러면?

ㅡ 응.

ㅡ 뭐 손 베인 것은 잘 나아, 원래.

그 다음에 뭐 얹히고 하면은 어떻게 합니까?

ㅡ 얹히고 하면은 딴다고 이르는데.

ㅡ 지금은.

ㅡ 그저 그것을 인제 손에 이래 가지고.

주물려서 인제 인제?

ㅡ 응, 주물어 가지고 여기 손가락 끝을 따 버리면 새카만 피가 나오면 고만 낫는다.

주로 따고 그런다, 그렇지요?

ㅡ 옳지, 그것은 인제 우리가 하는 거시기 법인데.

ㅡ 음, 많이 낫는다고 이러더라.

˥ 그래 보통 여 언치만 따도43) 케사민 따따.

그 다메 그 머 음싱 머 잘몸 머꺼나 이라며너 머 주로 어떵 거 만남미까?

˥ 토'사.

토사 만나 버러미느, 그 토사 가틍 거 만나며느 그때도 융모초 먹씀미까?

˥ 그르치, 토사도 인자 만내마 인자 융무초 그틍 거, 쑹물 거틍 거.

˥ 그래해.

네 그어뜰 젤 조타, 그지예?

˥ 뜨드가 뭉다.

˥ 올치.

그 다으메 어 거 이 머 음시글 머꼬 나서 그 머 갑짜기 머 잘모 뜨러 가가주고 켈록꺼리지예?

˥ 셰알44), 셰알 드르따.

그를 때느 머 어짬미까?

˥ 그르 째도 물 묵찌.

세알 들리도예?

˥ 올치.

딸꾹찔할 때도?

˥ 딸꿀찔할 때 물 무.

무어 무꼬예.

그엄 머 또 머 소화 잘 안데갇 끄럭끄럭 소리나 트림나느 이렁 거느 어짬미까?

˥ 그 트'림날 째는 소와가 잘 안데서 그러는데.

머 그, 그얼 때도 머 특별한 그 야근 업씀미까?

˥ 특'뻘한 야근 업찌'.

˥ 옌, 지끄메 야기 이찌마는 옌나레는 머 그 조약 그검 머 나물 가주 하다 보니께네 비'일'로 머 엄꼬.

˚ 그래 보통 여기 얹히면 따 주라고 하면서 땄다.

그 다음에 그 뭐, 잘못 먹거나 이러면 뭐 주로 어떤 것을 만납니까?

˚ 토사.

토사를 만나 버리면, 그 토사 같은 것을 만나면 그때도 익모초를 먹습니까?

˚ 그렇지, 토사도 인제 만나면 인제 익모초 같은 것, 쑥물 같은 것.

˚ 그래 해.

네, 그런 것들이 제일 좋다, 그렇지요?

˚ 뜯어서 먹었다.

˚ 옳지.

그 다음에 음, 거 이 뭐 음식을 먹고 나서 그 뭐 갑자기 뭐 음식이 잘못 들어가지고 "콜록"하지요?

˚ 사레, 사레 들었다.

그럴 때는 뭐 어떻게 합니까?

˚ 그럴 적에도 물을 먹지.

사레가 들려도요?

˚ 옳지.

딸꾹질을 할 때도?

˚ 딸꾹질할 때는 물을 먹지.

물을 먹고요.

그럼, 뭐 또 뭐 소화가 잘 안 되어 가지고 "끄럭끄럭" 소리나 트림이 나는 이런 것은 어쩝니까?

˚ 그 트림이 날 적에는 소화가 잘 안 되어서 그러는데.

뭐, 그, 그럴 때도 뭐 특별한 그 약은 없습니까?

˚ 특별한 약은 없지.

˚ 옛날엔, 지금엔 약이 있지만은 옛날에는 뭐 그 조약, 그것 뭐 나물을 가지고 하다 보니까 별로 뭐 없고.

ᵕ 살기느 사른는데도, 그때도.

그 데엠 머 여, 머 자 그 함메, 혀 이른데 머?

ᵕ 시빠~'을45) 난는거.

ᵕ 시빠~'을 나따 가지.

그늠 머 왜 그러슴미, 그어너?

ᵕ 시빠~을 나능 거늠 머 음승물46) 잘 몸무 가주고 시빠~을 하는 수가 이리써.

ᵕ 음시기 머 얄구'지기 잘몯 떼가주고 서빠~을 난능 기 이뜨라 카이끼 네.

ᵕ 혹:: 시빠~'을 난 수가 이뜨라 캉께네.

거누 그냥?

ᵕ 검 머 그양 전'디니까 머 곰 머 또 나서지고 그러테, 거너.

검 애들 머 깜짝깜작 놀래?

ᵕ 정'끼47).

정끼들머 그때느 우짬미까?

ᵕ 정'끼 그우둔 정'끼딴다.

ᵕ 그우또 넨 바~을 가 따데.

그 다으메 거 이럼 병 말고늠 머 어떡게 이씀미까?

머 이야기?

또 다른 병도 예저네 쫌 이서씀미까?

ᵕ 풍'뼁 그저네 마네찌.

풍'뼁예?

ᵕ 아.

아, 풍'오며'누?

ᵕ 몬, 문:디이병.

문디이뼌도예?

⁻ 살기는 살았는데도, 그때도.

그 다음에 뭐, 여기 뭐 인제 그러면 혀 이런 곳에 뭐?

⁻ 혓바늘이 난 것.

⁻ 혓바늘이 났다고 하지.

그것은 뭐 왜 그렇습니까, 그것은?

⁻ 혓바늘이 난 것은 뭐 음식물을 잘못 먹어 가지고 혓바늘을 하는 수가 있었어.

⁻ 음식이 뭐 얄궂게 잘못 되어 가지고 혓바늘이 났던 게 있더라고 하니까.

⁻ 혹, 혓바늘이 난 수가 있더라고 하니까.

그것은 그냥?

⁻ 그건 뭐 그냥 견디니까, 뭐 그 뭐 또 나아지고 그렇더라, 그것은.

그럼 애들이 뭐 깜짝깜짝 놀라는 것은요?

⁻ 경기.

경기가 들면 그때는 어떻게 합니까?

⁻ 경기 그것도 경기를 딴다.

⁻ 그것도 마찬가지로 바늘을 가지고 땄어.

그 다음에 거기 이런 병 말고는 뭐 어떤 것이 있습니까?

뭐 이야기가?

또 다른 병도 예전에 좀 있었습니까?

⁻ 풍병, 그 전에 많았지.

풍병이요?

⁻ 아.

아, 풍이 오면?

⁻ 문, 문둥병.

문둥병도요?

﹣ 으.

풍'뼝오며느 감 우쨤미까?

﹣ 문디뼈 오맘 문디뼝 거늠 몽 곤친다 그러데.

﹣ 어 그르가저 문:디~이'가 데가주고.

다른 데로 거며?

﹣ 올치, 저: 가서 머'다은 데도 이꼬.

﹣ 그기 인 병이 잘 앙고치진다 카데, 문'디'뼝이.

그엄 머 풍∷ 마'즈면 우쨤미까?

중풍?

﹣ 중'풍'은 마즈마 중풍은 마즈마 지'꿈도 머.

별 방버비 업씀?

﹣ 빌 방법 업떼.

﹣ 머 침 노코, 지끄므 침 노코 머 금방 미 씨간 저네마 가마 겐잔타 케산'데, 옌나레는 줌풍 마즈만 머 그어는 할 수 엄능기라.

그르치여?

﹣ 음.

요즘 그 다음, 머 뚜 이래 등이 이래 마 기래 데느 그렁 거또 이씀미까, 예저네?

곱사등?

﹣ 등, 등, 곱사등도 이서찌.

﹣ ****.

﹣ 거느 인자 베속'뼝'이다 보잉께네, 곱사너.

머 애들 려?

﹣ 얼처깨~'이48) 빙'도 이꼬.

여여여?

﹣ 볼'치기.

˗ 응.

풍병이 오면은 그럼 어떻게 합니까?

˗ 문둥병이 오면 문둥병 그것은 못 고친다고 그러더라.

˗ 음, 그래서 문둥이가 되어 가지고.

다른 곳으로 그러면?

˗ 옳지, 멀리 가서 모아놓은 곳에도 있고.

˗ 거기 음 병이 잘 안 고쳐진다고 하더라, 문둥병이.

그럼 뭐 풍을 맞으면 어떻게 합니까?

중풍?

˗ 중풍은 맞으면 중풍이 오면 지금도 뭐.

별 방법이 없습니까?

˗ 별 방법이 없더라고.

˗ 뭐, 침을 놓고, 지금은 침도 놓고 뭐 금방 몇 시간 전에만 가면 괜찮다고 하는데, 옛날에는 중풍을 맞으면 뭐 그것은 할 수가 없는 것이라.

그렇지요?

˗ 응.

요즘 그 다음, 뭐 또 이렇게 등이, 이렇게 그냥 그렇게 되었는 그런 사람도 있습니까, 예전에?

곱사등?

˗ 등, 등, 곱사등도 있었지.

˗ ****.

˗ 그것은 인제 배속병이다 보니까, 곱사는.

뭐, 애들 여기에?

˗ 얼뜨기, 병도 있고.

여, 여기.?

˗ 볼거리.

예, 그릉어 뎀 우짬미까?

‑ 볼:치'김 멀 뚜'드르 부'치등아.

‑ 달갈 띠'드가 부'치등가?

‑ 그 볼치기 난 데는 달갈' 부'치등강 머 부치데.

머 말 뜨뜸거리능 경우 거틈 이거느?

‑ 말, 말떠드미.

그렁 경우는?

‑ 그그똔 병이라서 잘.

그면 나술⁴⁹⁾ 방법 이씀미까?

‑ 금 나술 방법 업떼.

아, 거느 잘 업씀미까?

‑ 어, 에에.

‑ 그는 머 하이, 해야 데엔다 카능 거 어꼬.

머 아까 이 말씀 쪼그므 해주션는데, 보통 그럼며너 병 어 쫌 나수기 힘든 병 가틍 거 인제 들며너 아까 구탄다 아해씀미까?

‑ 음.

그암 보통 구슨 어떤 시그로 함미까?

‑ 보통 구슨 인제 그어이⁵⁰⁾.

고 고 병 드러쓸 때예?

‑ 거 인자 병에서 인자 머 조'상이 드르따, 머'시 드르따, 머 나무 톨, 토'시~이⁵¹⁾ 드르따, 머 질까엔⁵²⁾ 질깨기⁵³⁾ 드르따, 아 머 여러: 가지러 인쟎 그 사암드안 드름 마 만치.

‑ 그 낭글⁵⁴⁾ 니가 비슬 그른 병이 드르따.

‑ 어데 가선 니간 머시 나뿐' 지슬 헤서 그런 병이 드르따.

‑ 어, 그럼 지시 인자 마네찌.

그아며 검 병 어뜨케 나수라 함미까, 그언?

예, 그런 것 되면 어떻게 합니까?
˗ 볼거리는 무엇을 뚜드려 붙이더라.
˗ 달걀을 뜯어서 붙이든가?
˗ 그 볼거리가 난 곳에는 달걀을 붙이든가 무엇을 붙이더라.
뭐, 말을 더듬거리는 경우 같은 이것은?
˗ 말, 말더듬이.
그런 경우는?
˗ 그것도 병이라서 잘 안 낫지.
그러면 낫게 할 방법이 있습니까?
˗ 그것은 낫게 할 방법이 없지.
아, 그것은 잘 없습니까?
˗ 음, 예, 예.
˗ 그것은 무엇을 하니, 해야 된다고 하는 것은 없고.
뭐, 아까 이것은 말씀을 조금은 해주셨는데, 보통 그러면은 병이 음 좀 낫게 하기 힘든 병 같은 것이 인제 들면 아까 굿한다고 안 했습니까?
˗ 응.
그럼, 보통 굿은 어떤 식으로 합니까?
˗ 보통 굿은 인제 그것이.
그, 그 병이 들었을 때에?
˗ 거기 인제 병에서 인제 뭐 조상이 들었다, 무엇이 들었다, 뭐 나무, 토, 토신이 들었다, 뭐 길가에는 길손이 들었다, 아 뭐 여러 가지 인제 그 사람들은 드는 것이 많고, 많지.
˗ 그 나무를 네가 베서 그런 병이 들었다.
˗ 어디에 가서 네가 무슨 나쁜 짓을 해서 그런 병이 들었다.
˗ 어, 그런 짓이 인제 많았지.
그러면 그런 병은 어떻게 낫게 합니까, 그런 병은?

˗ 구언 은자 구, 구슬 헤가주고 인자 어데 가서 은좐 바블 해노코 비러라.

˗ 바블 해노코 빌머 덴다, 내가 가서 머즐 부를 써부치 주마 난는다, 머 그럼 여러: 가지 방버비 마네써.

머 앙감 머 똑 기신때무네 그러타고도 함미가?

˗ 음, 기신 때미네 글타 그르마 처'녀 주근 기시~이다, 총각 주근 기시~이다, 너거 할배가 옌라레 주근 기시~이다, 기신 좔 타가 만치.

˗ 아풍55) 기56) 인자.

˗ 아픈 데은 드가마57) 느거 할배가 드르서, 기시~이 드르서 그르타.

˗ 그을 푸르 조:케 해조야 덴다, 오슬 해엠 블 해조이덴다, 멀 해조야 덴다, 바블 한 상 차려조야 덴다, 그능 마리 마내써.

그암 머 바, 오슬 그래 해가 주며 오슨?

˗ 오슨 저: 가따 은자 사르 준다.

˗ 사'라주마 데지.

아, 불살르, 아.

˗ 사'르주마 니꼬 간다 이기라.

그러, 그런 시그로 머 머 한다 그지예?

˗ 그러치, 음.

앙 그암며 머 이래가 떠 어디 나뿡 기시 쪼끼도 하고 그래 함미까?

˗ 그르치.

˗ 머 부를 써가지 가다 부치먼 난는다, 머 얀난 바쁘이 여러: 가지드라 카이께네.

그그또 워넉 종뉴아 만타, 그지예?

˗ 마네.

ᅳ 그건 인제, 굿, 굿을 해 가지고 인제 어디에 가서 인제 밥을 해놓고 빌어라.

ᅳ 밥을 해놓고 빌면 된다, 내가 가서 무슨 부적을 써서 붙여 주면 낫는다, 뭐 그런 여러 가지 방법이 많았어.

뭐, 안 그러면 뭐 또 귀신 때문에 그렇다고도 합니까?

ᅳ 음, 귀신 때문에 그렇다고 그러면 처녀 죽은 귀신이다, 총각이 죽은 귀신이다, 너희 할아버지가 옛날에 죽은 귀신이다, 인제 귀신 탓이 많지.

ᅳ 아픈 게 인제.

ᅳ 아픈 곳은 들어가면 너희 할아버지가 들어서, 귀신이 들어서 그렇다.

ᅳ 그것을 풀어 좋게 해주어야 된다, 옷을 한 벌을 해주어야 된다, 무엇을 해 주어야 된다, 밥을 한 상을 차려 주어야 된다, 그런 말이 많았어.

그럼 뭐, 밥, 옷을 그래 해지고 주면 옷은?

ᅳ 옷은 저기 가져다가 인제 불살아 준다.

ᅳ 불살아 주면 되지.

아, 불살아서, 아.

ᅳ 불살아 주면 입고 간다, 이것이라.

그런, 그런 식으로 뭐, 무엇을 한다 그렇지요?

ᅳ 그렇지, 음.

안 그러면 뭐 이렇게 해가지고, 또 어디 나쁜 귀신을 쫓기도 하고 그래 합니까?

ᅳ 그렇지.

ᅳ 뭐, 부적을 써 가지고 갖다가 붙이면 낫는다, 뭐 하는 방법이 여러 가지더라고 하니까.

그것도 워낙 종류가 많다, 그렇지요?

ᅳ 많아.

그 다메 그 혹씨 어르신 약초는 케보셔씀미까?

˗ 약초 더러 케바써.

˗ 마늘쪼가리.

약초는 그 주로 어디 사니나 드레 가서 켐미까?

˗ 드레도 이꼬, 사네도 이꼬.

엄 머 주로 어떠 [X어떤거 케로X] 감미까?

˗ 사네 가맘 머 마늘'쪼'가리, 골담초, 굴피'나무, 거'지'나무, 지'피'나무58), 머 여엔 골담초, 머시 여 야까지가 여러 수백까지가 너머.

˗ 다 이'얄라59) 카마 한전도 어꼬.

주로 그르도 약초?

˗ 그르, 그으가주 약딴술 해무'마 인자 다리도 나꼬.

싱경통 이런테?

˗ 야그 그러며 싱거통에도 나꼬.

약딴술 해 무며 훨씬 조씀미까?

˗ 올치, 음, 조타 이카더라.

그암며느 그 인제 그 약초가틍 거 케로 갈 때 머 주로 어떠케 감미까?

˗ 인잔 톱또 가주가 비기도 하고 뿌링이가60) 인자 깽이 가주 케기도 하고.

검며 이 약초 그거 인제 호맹이까 케기도 하고, 깨이로 케기도 하고 그러케 함미까?

약초 캐는 과정과 주변 이야기

그 다음에 그 혹시 어르신 약초는 캐 보셨습니까?

¯ 약초는 더러 캐 보았어.

¯ 마늘쪽.

약초는 그 주로 어디 산이나 들에 가서 캡니까?

¯ 들에도 있고, 산에도 있고.

음, 뭐 주로 어떤[x어떤 것을 캐러x] 갑니까?

¯ 산에 가면 뭐, 마늘쪽, 골담초, 굴피나무, 거지나무, 초피나무 뭐 여기 골담초, 무엇 여기 약의 가지가 여러 수백 가지가 넘어.

¯ 모두 이야기하려고 하면 한정도 없고.

주로 그래도 약초?

¯ 그래, 그래서 약단술을 해 먹으면 인제 다리도 낫고.

신경통 이런 곳에?

¯ 약은, 그러면 신경통도 낫고.

약단술을 해 먹으면 훨씬 좋습니까?

¯ 옳지, 음 좋다고 말하더라.

그러면은 그 인제 그 약초 같은 것을 캐러 갈 때는 뭐 주로 어떻게 갑니까?

¯ 인제 톱도 가지고 가서 베기도 하고 뿌리니까 인제 괭이를 가지고 캐기도 하고.

그러면 이 약초, 그것을 인제 호미로 캐기도 하고, 괭이로 캐기도 하고 그렇게 합니까?

˗ 올치, 음, 음.

그엠 그 약초 가틍 거 아까 이야기흘 아셔는데 무 골'담초느 어디에 조씀미까?

˗ 골'담초돈 뼈 아푼데 조코.

˗ 어, 뻬가61) 라푼데 조코.

지피나무너예?

˗ 지피나무도 그러코.

˗ 자으덩 다리 인제 이그 뼈거 라푼데가 이 제일 조타.

엄나무거틍 거또 약촘미까?

˗ 엄나무또 약초.

거늠 머 함미까?

˗ 거두 은잗 뼤'고' 라푼데 조'코, 머 건 머 맘병통치지.

아까 또 머 어떵거 이따 해씀미까?

굴피라고 그래씀미까?

˗ 굴피'나무.

그늠 머 어데 조씀미까?

˗ 머 거지나무.

˗ 그릉 거또 점부 다 약 따더 해무마 모메 다 조타 이기라.

특별히 별?

˗ 어데 어데라도 다 조타.

머 혹씨 예저네 머 소와 잘 안데고 이럴 때 삽추, 삽주나 이렁 걸 케가주고느 안드셔씀미꺼?

˗ 삽초도 마이 케가주우, 그으또 인자 모메 삽초야기 몸 보야기다.

˗ 어늠 뗑기미 참초 뿌리~'이도 마이 케다 무꼬.

서조 뿌리~이도 케다가 잡수꼬예?

˗ 그르치.

⁻ 옳지, 음, 음.

그럼, 그 약초 같은 것은 아까 이야기를 하셨는데 뭐, 골담초는 어디에 좋습니까?

⁻ 골담초도 뼈가 아픈데 좋고.

⁻ 음, 뼈가 아픈데 좋고.

초피나무도요?

⁻ 초피나무도 그렇고.

⁻ 하여튼 다리가 인제 이것은 뼈가 아픈 데가 제일 좋다.

음나무 같은 것도 약초입니까?

⁻ 음나무도 약초지.

그것은 무엇을 합니까?

⁻ 그것도 인제 뼈가 아픈데 좋고, 뭐 그것은 뭐 만병통치지.

아까 또 뭐 어떤 것이 있다고 했습니까?

굴피라고 그랬습니까?

⁻ 굴피나무.

그것은 뭐 어디에 좋습니까?

⁻ 뭐, 거지나무.

⁻ 그런 것도 전부 다 약으로 따다가 해먹으면 몸에 다 좋다고 말하는 것이라.

특별히?

⁻ 어디, 어디라도 다 좋다.

뭐 혹시 예전에는 뭐 소화가 잘 안 되고 이럴 때는 삽주, 삽주나 이런 것을 캐 가지고는 안 드셨습니까?

⁻ 삽주도 많이 캐 가지고, 그것도 인제 몸에 삽주 약이 몸에 보약이다.

⁻ 그래 다니면서 삽주 뿌리도 많이 캐다가 먹고.

삽주 뿌리도 캐다가 잡숩고요.

⁻ 그렇지.

머 주로 그릉거 마이 해따, 그지예?

‐ 마이 해찌에.

칠게이도 함미까?

‐ 이 머 여 칠겡이도 해다 짤러 무꼬.

‐ 칠게~이도 해다가 인잔 살무가주 물도 무꼬 인자 생닙도 내머 생니빈 올[62] 그 지끔 내묵찌.

옌날레느 씨버 무꺼나 머?

‐ 올치, 씨부 무꼬.

앙 그암 야근?

‐ 기양 쌀머 가주 무꼬.

약단수로 해가느 그래씀미까?

‐ 으, 그래 무꼬.

아까 그거 머 드레는 그암 약초 어떵 게 이씀미까, 들판네너?

‐ 들파네느 약초가 거'이' 업찌.

‐ 녀 사느로 가야 마이 이꼬 저 꼴짜굴 가야 마이 이찌.

머 약쑤기나 이렁 거또 함미까?

‐ 약쑤 그이 그 저네 여 더'러 이선데, 지끔 약쑤기 사라저뿌떼.

‐ 약쑤기.

약쑤근 머 어데 주?

‐ 그글, 그글 말랴가 비벼가주 인자 인데 뜨능 기라.

뜸 뜨는?

‐ 뜸 뜨은 데다.

‐ 뜨물[63] 마이 뜨지.

‐ 다리 아픈데 인자 어데 다리가 여래 아프다 카마 거 데고 인자 뜨'믈 뜨'고.

약쑥 비벼가주 불 부쳐?

뭐 주로 그런 것을 많이 했다, 그렇지요?

― 많이 했지요.

칡도 합니까?

― 이 뭐, 여기 칡도 해다가 잘라서 먹고.

― 칡도 해다가 인제 삶아서 물도 먹고 인제 생즙도 내면 생즙은 곧 그요즘 내어 먹지.

옛날에는 씹어 먹거나 뭐?

― 옳지, 씹어 먹고.

안 그러면 약은?

― 그냥 삶아 가지고 먹고.

약단술을 해가지고 그랬습니까?

― 응, 그래 먹고.

아까 그것 뭐 들에는 그럼 약초는 어떤 것이 있습니까, 들판에는?

― 들판에는 약초가 거의 없지.

― 여기 산으로 가야 많이 있고, 저 골짜기로 가야 많이 있지.

뭐 약쑥이나 이런 것도 합니까?

― 약쑥은 그게, 그 전에 여기에 더러 있었는데, 지금은 약쑥이 사라져 버렸어.

― 약쑥이.

약쑥은 뭐 어디에 주로?

― 그것을, 그것을 말려서 비벼 가지고 인제 이런 곳에 뜨는 것이라.

뜸을 뜨는?

― 뜸을 뜨는 데다.

― 뜸을 많이 뜨지.

― 다리가 아픈 곳에 인제 어디에 다리가 이래 아프다고 하면 그것을 대고 인제 뜸을 뜨고.

약쑥을 비벼 가지고 불을 붙여서?

- 어, 비비가, 비비가주고.

- 어, 뜨물 마이 떠써.

쑥떠믈 마이 해따, 그지예?

검 머끼도 함미까, 약쑥?

- 약쑤은64) 암 무어 바찌.

- 약쑤이 상다이 써븐 모야~이던데.

살머서 머꼬 그러친 안씀미까?

- 음.

- 뜨믈 마이 떠찌, 그 가주고.

- 비벼 가주고.

그 아까 거기 약쑹65) 머 융모초 그래씀미까?

- 융모초.

융모초는?

- 융모초는 상다이66) 씨버.

점부 살마가 먹씀미까?

- 음.

- 이 살므가 약술 해 무꼬.

그는 나스로 빔미까?

- 그으또 약딴술 해 무꼬.

- 그르치.

- 나트로67) 가 비지.

약쑤기나 융모초 이렁 어 비가주고 그래 함미까?

- 음.

혹시 이런데 머 약초 재배하능 거느 이씀미까?

- 이: 골짜아서늠68) 빌로 아나지, 야초 재배로.

- 엔나레 그저네 쪼맨창69) 머 숭구다가 마라써.

- 응, 비벼서, 비벼 가지고.

- 응, 뜸을 많이 떴지.

쑥뜸을 많이 했다, 그렇지요?

그럼 먹기도 합니까, 약쑥은?

- 약쑥은 안 먹어 봤지.

- 약쑥이 상당히 쓴 모양이던데.

삶아서 먹고 그러지는 않았습니까?

- 응.

- 뜸을 많이 떴지, 그것을 가지고.

- 비벼 가지고.

그 아까 거기 약쑥 뭐, 익모초도 그랬습니까?

- 익모초.

익모초는?

- 익모초는 상당히 써.

전부 삶아서 먹습니까?

- 응.

- 이것을 삶아서 약술을 해 먹고.

그것은 낫으로 벱니까?

- 그것도 약단술을 해 먹고.

- 그렇지.

- 낫으로 가서 베지.

약쑥이나 익모초 이런 것을 베어 가지고 그렇게 합니까?

- 응.

혹시 이런 곳에 뭐 약초를 재배하는 것은 있습니까?

- 이 골짝에서는 별로 안 하지, 약초 재배는.

- 옛날에 그전에 조금씩 뭐 심다가 말았어.

그엄 멈 여기서느 야글 머 직쩜70) 머 만들거나 그러지는 잘 안 한다, 그지예?

￣ 그르치.

￣ 약딴술마 주로 인자 혹: 약딴술 해 묵찌.

약딴수른 어떠케 만드는지 함 분 쪼끔 이야기해 주이소.

￣ 약딴수느 야글 인자 낭기가71) 사네 가서 인자 케'고 비고 해가주고 와가주고.

주로 어뜽거 드러감?

￣ 큰: 가매소'테다가72) 인제, 거 드가능 거는 머 아까 내 약까통 머 골담초, 지피나무, 음나무, 짜가사리나무, 머 복선, 돌복숭, 여러 수시 까지지.

￣ 어 여러 수시까진데 그 노믈 우케73) 인자 해다가 가매소테다 인자 푹 하루 쩜:더로74) 쌀마.

￣ 살므 가주고 그 늠믈 인자 하루 쩜:드르 쌀마 무리 좀 쪼'러지거등, 함 감 부가주고.

￣ 그눔 부마 인자 물 퍼가주고 그넝 거 인자 싸'레다가 인자 바블 안치가 그걸 가준 바블 해.

￣ 바블 해가 인자 그래 인자 그 누믈 이찔구믈75) 여가 인자 사'카 가주고 인자 단수를 한다 카이께네.

￣ 단수를 해가조 그래 인자 야그이 원청 마이 드러가마 점 씨꼬76), 야기 덜 드러가마 덜 씨꼬.

￣ 그기 인자 약딴수라꼬.

가 양물 거기다가?

￣ 올치 거다 바블.

사칸는, 단술 데가주고?

￣ 올치 바블 안즈가 점부 그 까주고 쌀믄는 그 물 가 하능기라.

그럼 뭐, 여기서는 약을 뭐 직접 뭐, 만들거나 그러지는 잘 안 한다, 그렇지요?

- 그렇지.

- 약단술만 주로 인제 혹, 약단술을 해먹지.

약단술은 어떻게 만드는지 한 번 조금 이야기해 주십시오.

- 약단술은 약을 인제 나무를 산에 가서 인제 캐고, 베고 해 가지고 와 가지고.

주로 어떤 것이 들어갑니까?

- 큰 가마솥에다가 인제, 거기 들어가는 것은 뭐 아까 내가 말한 약 같은 것 뭐, 골담초, 초피나무, 음나무, 짜가사리나무, 뭐 복숭아, 돌복숭아, 여러 수십 가지지.

- 음, 여러 수십 가지인데 그 놈을 어떻게 인제 해다가 가마솥에다 인제 푹 하루가 저물도록 삶아서.

- 삶아 가지고 그 놈을 인제 하루가 저물도록 삶아 물이 좀 줄어지거든, 한 가득 부어 가지고.

- 그것을 부으면 인제 물을 퍼가지고 그런 것을 인제 쌀에다가 인제 밥을 안쳐서 그것을 가지고 밥을 해.

- 밥을 해서 인제 그래, 인제 그것에 엿기름을 넣어서 인제 삭혀 가지고 인제 단술을 한다고 하니까.

- 단술을 해서 그래 인제 약 그것이 엄청 많이 들어가면 좀 쓰고, 약이 덜 들어가면 덜 쓰고.

- 그게 인제 약단술이라고.

거기 약물 거기다가?

- 옳지, 거기에다 밥을.

삭힌 단술을 되어 가지고?

- 옳지, 밥을 안쳐서 전부 그것을 가지고 삶은 그 물을 가지고 하는 것이라.

글 끄림미까?

– 음.

그어며느 인자 아까 이야기하신 데로 머 소와 데도 조코?

– 소화도 조코.

싱경네?

– 다리 아푼 데도 조코.

– 배 아푼 데도 조코 머 거 맘병통치라.

맘병통치네 그?

– 으.

그게 마 제일 이 동네에서느 마니 해드시능 그네?

– 마'이' 마'이' 해무.

– 지쭘마중77) 근 하네 함붐스 해문 띠베도 마네.

그에 그이 야기다, 그지예?

– 음, 야기라.

아, 보약?

– 올치, 보양맹'크로 그래.

보양 맨치로 그러케 해드시네, 그러지예?

– 그르치.

그걸, 끓입니까?

‑ 응.

그러면은 인제 아까, 이야기를 하신 대로 뭐 소화가 되어도 좋고?

‑ 소화에도 좋고.

신경통에도요?

‑ 다리가 아픈 곳에도 좋고.

‑ 배가 아픈 곳에도 좋고 뭐 그것은 만병통치라.

만병통치네, 그것은?

‑ 응.

그것이 그냥 제일 이 동네에서는 많이 해서 드시는 것이네요?

‑ 많이, 많이 해먹어.

‑ 집집마다 거의 한 해에 한 번씩 해 먹는 집도 많아.

그것이 그 약이다, 그렇지요?

‑ 음, 약이라.

아, 보약?

‑ 옳지, 보약처럼 그래.

보약처럼 그렇게 해드시네, 그렇지요?

‑ 그렇지.

1) 이는 '그럴'형으로 대역되며 '그럴 → 그러(음절말자음 탈락) → 그르(모음중화)'의 과정을 거친 어형이다.
2) 이는 '적에는'로 대역되며 '적에는 → 쩌게는(경음화 현상) → 쩌에느(음절말자음탈락 현상) → 쯔에느(모음중화 현상) → 찌에느(전설모음화 현상)'의 과정을 거쳐 실현된 어형이다.
3) 이는 '무당이'로 대역되며 '구째~이 + -가'의 구성이다. '구째~이'는 '전라, 경상도방언'에서 실현되는 것으로 보고되어 있다.
4) 이는 '어느 지비 누가 구슬'으로 실현되어야 할 표현이지만 발화실수형이다.
5) 이는 '문명이'로 대역되며 '문명이 → 뭄명이(양순음화) → 뭄명~이(비모음화) → 뭄며~이(음절말자음 비음 탈락)'의 과정을 거쳐 실현된 어형이다.
6) 이는 '호열자(虎熱刺) + 배기'의 구성이다.
7) 이는 '생인손'의 이 지역어형이며 '생인손'은 원래 '생(生) +앓- + -ㄴ(관형사형 어미)#손 → 생안손'의 구성이다. 이 지역어형인 '셍송까루'는 '생(生) + 손 + 가락'의 구성이며 '생손가락 +-도 → 생송가락도(연구개음화) → 생송까락또(어중 경음화) → 생송까라또(음절말자음 탈락) → 셍송까라또(모음중화)'의 과정을 거쳐 실현된 예이다.
8) 이는 '이만큼'으로 대역되며 '만습'은 '만큼'에 대응되는 이 지역어형이다.
9) 이는 부사 '잘'의 발화실수형이다.
10) 이는 식물명을 정확히 알 수 없지만 '민간에서 부스럼에 좋다는 풀이름'의 하나이다.
11) 이는 콩과의 낙엽 활엽 관목이며 나무의 높이는 2미터 정도, 가시가 있다. 잎은 어긋나고 깃 모양 겹잎이며, 봄에 나비 모양의 노란빛을 띤 붉은 꽃이 잎겨드랑이에서 하나씩 피고 열매는 원기둥 모양의 협과(莢果)로 가을에 익는다. 이 나무는 관상용으로 재배하며 한국, 중국 등지에 분포하며 학명은 Caragana sinica이다.
12) 이는 가래나뭇과의 낙엽 활엽 소교목이다. 나무의 높이는 10미터 정도이며, 잎은 어긋나고 깃 모양 겹잎이다. 초여름에 많은 잔꽃이 수상(穗狀) 꽃차례로 가지 끝에 피고 둥근 열매는 가을에 익는다. 열매는 노란색을 내는 물감으로

쓰고 나무는 성냥개비를 만든다. 뿌리는 약용하고 나무껍질은 어망의 물감이나 포어용(捕魚用)으로 쓴다. 산기슭이나 산 중턱의 따뜻한 곳에 자라는데 한국, 일본, 중국 등지에 분포한다.

13) 이는 '도꼬마리'에 대응되는 이 지역어이며 국화과의 한해살이풀이다. 나무줄기는 높이가 1.5미터 정도이고 온몸에 거친 털이 많으며, 잎은 삼각형으로 가장자리에 톱니가 있다. 여름에 노란 두상화(頭狀花)가 피는데 수꽃은 꼭지에 붙고 암꽃은 그 밑에 붙으며, 열매는 수과(瘦果)로 갈고리 모양의 가시와 짧은 털이 있다. 들이나 길가에 나는데 한국, 일본, 중국, 대만, 유럽, 북아메리카 등지에 분포한다.

14) 이는 '밀가루'에 대응되는 이 지역어형이며 '밀 + 갈리'의 결합형이다. 이 지역어에서는 '가루'형이 '갈리, 가리' 등으로 실현되며 이는 15세기 국어의 '가ᄅ + -이 → 갈이'에 소급되는 이 지역어형이다.

15) 이는 '밀가루떡'으로 대역되는 이 지역어형이며 '행편'은 전병 모양의 떡을 가리킨다. 여기서는 밀가루를 물에 개어 떡을 만들어서 상처 부위에 발라두면 종기의 고름이 밀가루에 흡수되게 해서 종기를 낫게 하는 민간요법이다.

16) 이는 '쐬었지'로 대역되는 이 지역어형이며 '씨이- + -었- + -지 → 씨이있지(모음동화) → 씨이찌(축약 및 경음화)'의 과정을 거쳐 실현된 어형이다. '씨이다'는 경남방언에 분포하는 것으로 보고되어 있지만 이 지역어를 비롯해 경북방언에서도 실현되는 어형이다.

17) 이는 '여겼지'로 대역되며 '이기- +-었- + -지 → 이기있지(모음동화) → 이깄지(축약) → 이기찌(경음화)'의 과정을 거친 어형이다. 이 어형은 이 지역어를 비롯하여 경남방언에 실현되는 것으로 보고되어 있다.

18) 이는 '당기민서'로 표현되어야 할 예이며 발화실수형이다.

19) 이는 '찌꺼기에'로 대역되며 '찌꺼리 + -에 → 찌끄리에(모음중화) → 찌끄리예(ㅣ모음동화)'의 과정을 거쳐 실현된 예이다. '찌꺼리'는 경남방언에 분포하는 것으로 보고되어 있으며 이 지역어에서도 모음중화가 일어난 '찌끄리'형이 확인되었다.

20) 이는 '소금'에 대응되는 어형이며 '소금 → 소곰(원순모음화) → 소공(후행 음절의 연구개음화)'의 과정을 거쳐 실현된 것이다.

21) 이는 '콩찜질'로 대역되는 이 지역어형이며 이는 콩으로 찜질을 해서 낫게 하는 방법이다.

22) 이는 '구둘막 + -에(처소격조사)'의 구성이며 '아랫목'의 이 지역어형이다.

23) 이는 '처럼'으로 대역되는 이 지역어형이다. 이는 '맹크로'로 실현되기도 하며 이 지역어를 비롯하여 경상방언에 분포하는 예이다.

24) 이는 '효과'에 대응되는 이 지역어형이며 이는 '효과(效果) → 호가(이중모음실현제약에 따른 단모음화) → 호까(경음화현상)'의 과정을 거쳐 실현된 예이다.

25) 이는 '답변(答辯)'에 대응되는 이 지역어형이며 '답변 → 답뼌(경음화현상) → 다뼌(음절말자음 탈락) → 다뺌(후행음절에 의한 양순음화 현상)'의 과정을 거쳐 실현된 예이다.

26) 이는 '잊어버리고'로 대역되며 '이저버리고 → 이저벌고(축약) → 이저뻘고(모음중화) → 이저뿔고(원순모음화) → 이저뿔구(모음동화) → 이저뿔후(자음탈락)'의 과정을 거쳐 실현된 예이다.

27) 이는 '사레'에 대응되는 이 지역어형이다.

28) 이는 '지금이야'로 대역되며 '지낌 + -이야'의 구성이다.

29) 이는 '약방(藥房) + -아(처소격조사) → 약빵아(경음화현상) → 약빵~아(비모음화) → 약빠~아(비자음탈락)'의 과정을 거쳐 실현된 예이다.

30) 이는 '캐려고 하면'으로 대역되며 어휘 '파다(掘)'는 '캐다'의 의미로 사용된 예다.

31) 이는 '별(別)로'로 대역되며 '별로 → 벨로(이중모음실현 제약) → 빌로(고모음화) → 블로(과도교정에 의한 후설모음화) → 벌로(모음중화)'의 과정을 거쳐 실현된 것이다.

32) 이는 '잡아먹고'로 대역되며 '잡아묵- + -고 → 자아묵고(어중자음 탈락) → 자아무꼬(경음화 현상)'의 과정을 거쳐 실현된 어형이다.

33) 이는 인분을 준 채소를 먹고 난 다음에 그로 인해 얻은 병을 가리킨다.

34) 이는 '거시기에다가'로 대역되며 '거석'은 '거시기'형에 대응되는 이 지역어로서 경남방언에 분포하는 것으로 보고되어 있다.

35) 이 어휘는 표준어로 등재되어 있지만 실제 의미로는 '나물'이라는 의미보다는 밭에서 재배하여 키워서 먹는 나물인 '채소(菜蔬)'에 더 가깝지만 '나물'로도 대역이 가능하기에 이렇게 대역했다.

36) 이는 '익모초(益母草)'에 대응되는 이 지역어형이다. 이는 꿀풀과의 두해살이풀이고 식물의 높이는 1미터 정도이며, 잎은 마주나고 잎자루가 길다. 7~9월에 엷은 홍자색 꽃이 잎의 겨드랑이에서 피고 열매는 다섯 갈래가 지는 분과(分果)이며 약재로 쓴다. 이는 한약재로 쓰이는데 주로 더위 먹은 데, 산모

의 지혈, 강장제, 이뇨제 따위에 쓰는 것으로 알려져 있다.

37) 이는 그 기본형이 ‘씹다’이며 ‘씹(苦)- + -은 → 씨붕(후행음절에 의한 연구 개음화)’의 과정을 거쳐 실현된 예다.

38) 이는 ‘짜다’의 이 지역어 활용형이며 기본형은 ‘짤다’이다. 이 어형은 이 지역어를 비롯하여 경상도방언에서 일반적으로 분포하는 어휘이다.

39) 이는 ‘적에는’으로 대역되며 ‘적에는 → 쩌게는(경음화 현상) → 쯔게는(모음중화) → 찌게는(전설모음화) → 찌에는(어중자음 탈락) → 찌에느(어말자음 탈락)’의 과정을 거쳐 실현된 이 지역어형이다.

40) 이 지역어에서는 비자음동화가 어절경계 사이에서도 실현되는 것은 아주 일반적인 음운현상이다.

41) 이는 부사 ‘잘’의 음절말자음이 탈락된 형태로 실현된 어형이다.

42) 이 지역어에서 ‘낫다’는 불규칙활용이 아니라 규칙 활용을 하는 동사이다.

43) 이는 ‘따다오’로 대역되며 이는 ‘따다오 → 따도(축약)’의 과정을 거쳐 실현된 어형이다.

44) 이는 ‘사레’로 대역되며 이 지역어를 비롯하여 경남방언에 ‘새알’형이 분포하는 것으로 보고되어 있다.

45) 이는 ‘혓바늘’로 대역되며 ‘혀 → 헤(이중모음실현 제약) → 세(자음교체) → 시(고모음화)’의 과정을 거쳐 실현된 어형이며 ‘바늘’은 ‘바늘 → 빠늘(경음화 현상) → 빠~늘(비모음화 현상) → 빠~을(비자음탈락)’의 과정을 거친 어형이다.

46) 이는 ‘음식물’로 대역되는데 ‘음식물 → 음싱물(비자음화) → 음승물(과도교정)’의 과정을 거쳐 실현된 예이다. 여기서 ‘ㅡ’모음 동화로 설명이 가능하지만 이 지역어에서 이런 동화현상이 잘 일어나지 않음을 고려한다면 ‘전설모음화’에 따른 과도교정 현상으로 설명하는 것이 더 바람직한 것으로 판단된다.

47) 이는 ‘경기(驚氣)’로 대역되며 이 지역어를 비롯하여 경상도방언에서 일반적으로 실현되는 예이다.

48) 이는 ‘얼뜨기’로 대역되며 대체로 ‘대체로 겁이 많고 어리석어서 조금 얼이 빠진 듯한 정신지체아’를 가리키는 병이다.

49) 이는 ‘낮게 하다’란 의미를 지니는 동사이며 경북방언과 경남방언에 모두 실현된다.

50) 이는 ‘그것이’로 대역되며 ‘그것이 → 그거이(ㅅ 탈락) → 그어이(ㄱ 탈락)’의

과정을 거쳐 실현된 예이다.

51) 이는 '토신(土神)이'로 대역되며 '토신이 → 토시~니(비모음화) → 토시~이(비자음탈락)'의 과정을 거친 예이다. 여기서 토신은 땅의 신 즉, 지신(地神)을 가리킨다.

52) 이는 '길가에는'으로 대역되며 '질가'는 '길가'에서 경구개음화된 예가 이 지역어의 어휘로 재구조화 것이다.

53) 이는 '길손'으로 대역되는 예이며 '질(길 → 질(경구개음화) + 객(客)'의 구성으로 이루어진 예이다.

54) 이는 '나무를'로 대역되며 15세기국어에서처럼 곡용을 할 때마다 'ㄱ'음이 실현되는 특수체언이 재구조화된 예이다.

55) 이는 '아픈'으로 대역되며 '아픈 → 아푼(원순모음화) → 아풍(후행음절에 의한 연구개음화)'의 과정을 거쳐 실현된 예이다.

56) 이는 '것이'로 대역되며 '것이 → 게(축약) → 기(고모음화)'의 과정을 거쳐 실현된 예이다.

57) 이는 '들어가면'으로 대역되며 '들(入)- + 가(去)-'의 구성으로 15세기중엽 국어에서처럼 어간끼리 합성이 이루어진 어휘이다.

58) 이는 '초피나무'의 이 지역어형이며 이 지역어를 비롯한 경북방언에서는 '지피나무' 외에도 '산초나무, 제피나무' 등으로도 실현된다.

59) 이는 '말하려고'로 대역되는데 '이야다, 이우다' 등으로 실현되는 이 지역어형이다. 즉, '말하다, 말을 잇다'라는 의미로 쓰인 이 지역어휘이다.

60) 이는 '뿌리니까'로 대역되는 이 지역어형이며 이 지역어를 비롯한 경북방언에서 뿌리에 대해 '뿌링'형으로 실현되기도 한다.

61) 이는 '뼈'의 이 지역어형이며 이는 '뼈 → 뻬(이중모음실현제약에 따른 단모음화) → 삐(고모음화)'의 과정을 거쳐 실현된 어형이다. 이는 경상도 및 전라방언에서도 실현되는 것으로 보고되어 있다.

62) 이는 '곧'으로 대역되며 발화 중에서 어두 자음이 탈락된 형태이다.

63) 이는 '뜸을'로 대역되며 '뜸을 → 뜨물(원순모음화)'의 과정을 거쳐 실현된 예이다.

64) 이 제보자의 발화에서는 어중자음의 탈락이 많이 나타난다.

65) 이는 '약쑥'으로 대응되는 이 지역어형이며 후행하는 비자음의 영향으로 비음화가 실현된 형태이다.

66) 이는 '상당히'로 대응되며 모음 사이에서 자음 'ㅎ, ㅇ'이 탈락된 결과형이다.

67) 이는 '낫으로'로 대응되는 이 지역어형이며 음절말자음이 '나트로'으로 실현된 것이다.

68) 이는 '골짝에서는'으로 대역되며 '골짝(谷) + -아서(부사격조사) + -는(보조사) → 골짜아서는(ㄱ 탈락) → 골짜아서늠(양순음화현상)'의 과정을 거쳐 실현된 예이다.

69) 이는 '쪼맨(조금) + -창(접미사)'의 구성으로 이루어진 어형이다.

70) 이는 '직접'으로 대응되는 어형이며 '직접(直接) → 직쩝(경음화현상) → 직쩜(비자음화현상)'의 과정을 거쳐 실현된 예이다.

71) 이는 '나무가'로 대역되며 '낭기(木) + -가(주격조사)'의 구성이다. 이는 '낡 + -이'의 구성으로 이루어진 어형이다.

72) 이는 '가마솥 + -에다가(부사격조사)'의 구성이며 이 지역어 외에 평안도방언에 실현되는 것으로 보고되어 있다.

73) 이는 '어떻게'로 대역되며 이 어형은 '전라도방언'에서 실현되는 것으로 보고되어 있다.

74) 이는 '저물도록'으로 대역되는 이 지역어형이며 '저물- + -도록 → 쩌물도록(경음화현상) → 쩜도록(축약) → 쩜도로(어말자음 탈락)'의 과정을 거쳐 실현된 예이다. 이는 모음동화에 따른 수의적인 실현형으로 '쩜드르'형으로도 실현되었다.

75) 이는 '엿질금'형의 수의적인 실현형으로 '엿질금'형은 강원도와 충남방언에서 실현되는 것으로 보고되어 있지만 이 지역어를 비롯한 경북방언에서도 일반적으로 실현된다.

76) 이는 '쓰고'로 대역되는 이 지역어형이며 '씹(苦)- + -고'의 구성이다.

77) 이는 '집집마다'로 대역되는 이 지역어형이며 '집집 + -마중(보조사) → 집찝마중(경음화 현상) → 지찝마중(어중자음 탈락) → 지찜마중(비음화 현상) → 지쯤마중(과도교정에 따른 후설모음화) → 지쭘마중(역행원순모음화 현상)'의 과정을 거쳐 실현된 예이다. 이 지역어에서는 역행원순모음화가 많이 실현되는 편이며 대개 역행원순모음화는 일반적인 순행원순모음화에서 볼 수 있듯이 약모음인 'ㅡ'모음에서 대개 실현되는 특징을 보인다.

세시 풍속과 놀이

세시 풍속

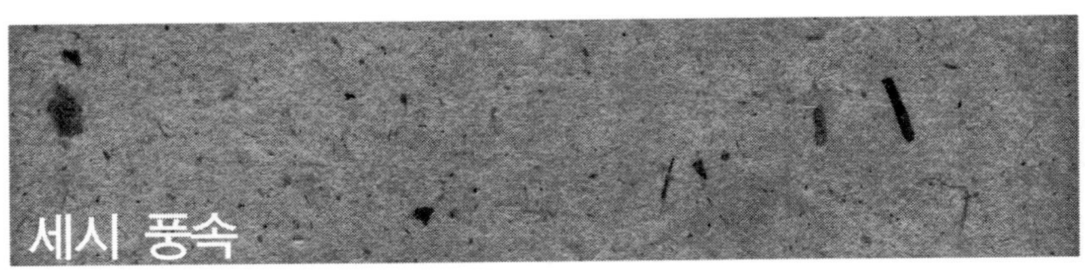

그 어르신 인제 그 세시풍소게 대에서 저, 절기에 따른 그 풍속 아니씀미까?

풍소게 대에서 쪽 함 분 여쩌 보게씀미따.

정'워레는 주로 어떤 세시풍소기 이씀미까?

정월따레너?

음녁 정월따레너?

ᐨ 정울1) 따니는 주로 은자 대보'르미 이꼬, 풍소기.

설?

ᐨ 은자 여 산지2) 지내능 기 이꼬, 옌나레느.

ᐨ 그르 정'월따레는 여자들 너무 지베 마이 가지 마라.

ᐨ 그릉 기 이꼬.

ᐨ 그르 미까지 이찌.

그럼며 그 보통 그어며느 설라른 머 머 함미까, 그엄며느?

설라른?

ᐨ 설라른 지:사 지내지 인자.

지사예?

ᐨ 올치.

ᐨ 인자 조상으 인자 지사 지내지.

지사 지내고?

ᐨ 으, 고기 인자 주로 은자 지'사 지냉기 목쩌기고.

세베드리고?

그 어르신 인제 그 세시풍속에 대해서 절, 절기에 따른 그 풍속이 안 있습니까?

풍속에 대해서 쭉 한 번 여쭈어 보겠습니다.

정월에는 주로 어떤 세시풍속이 있습니까?

정월달에는?

음력 정월달에는?

¯ 정월달에는 주로 인제 대보름이 있고, 풍속이.

설?

¯ 인제, 여기 산제 지내는 게 있고, 옛날에는.

¯ 그런 정월달에는 여자들은 남의 집에 많이 가지 마라.

¯ 그런 게 있고.

¯ 그런 몇 가지가 있지.

그러면 그 보통 그러면은 설날은 뭐, 무엇을 합니까, 그러면은?

설날은?

¯ 설날은 제사를 지내지, 인제.

제사요?

¯ 옳지.

¯ 인제 조상에게 인제 제사를 지내지.

제사를 지내고?

¯ 음, 고게 인제 주로 인제 제사를 지내는 것이 목적이고.

새배를 드리고?

- 그르치.

또 머 노는, 노능 거또 이씀미까?

- 설라느늠 머 빌로 머 안 놀지.

- 인자 이튼날 인자 정월 보름 데야 인자 유'또 놀고.

그엄 정월 보름나른.

인자 유또 놀고?

- 그르치.

- 인자 고 아네도 할 수 이찌.

- 설마 지내가마 인자 아무나나도 인자 유'또 놀 수 이꼬.

유또 놀고, 정월 보름까지는 유또 놀고함미?

- 올치, 그르치, 유또 놀고 머, 이 껭'가리도 치고, 오망 거 다하지.

- 자치기도 하고, 공:치기도 하고 그어늠 머 여러: 가지 노는 방버비 만치.

그, 그 다으메 거 정월 보름나른 그어머늠 머 또 어떵 거 머?

- 주롬 보~울 보름나레 인자 대'동이라꼬 동:이도3) 하고.

- 어, 동이 인자 해가주오 일려네 거 동네서 썬는 정'비가4) 얼매나 쓰'인'나, 머시 미뿌이나 썬'나, 그능 게 인자 주로 인자 보름날 마~이 인자 하지.

- 그래 하고 나서느 인자 피를' 갈라 가주고 인자 입뚜 놀고, 상품 사가 주오.

- 그래 인자 하루 즐겁게 보내여.

- 메구도5) 치고.

거기 머 그어며 인제 지심발끼도 하고 그러켄네, 그어머?

- 그르치.

지심발끼도 하고, 거 은제 거기 정월 보름날 머 른 그어 머 달찝 태우기도 함미까?

- 그렇지.

또, 뭐 노는, 노는 것도 있습니까?

- 설날은 뭐 별로 뭐 안 놀지.

- 인제 이튿날 인제 정월 보름이나 되어야 인제 윷놀이도 놀고.

그럼 정월 보름날은.

인제 윷놀이도 놀고?

- 그렇지.

- 인제, 그 안에도 할 수 있지.

- 설만 지내 가면 인제 아무 날에도 인제 윷놀이도 놀 수 있고.

윷놀이도 놀고, 정월 보름까지는 윷놀이도 놀고 합니까?

- 옳지, 그렇지, 윷놀이도 놀고 뭐, 이 꽹과리도 치고, 여러 가지를 다 하지.

- 자치기도 하고, 공치기도 하고 그것은 뭐 여러 가지 노는 방법이 많지.

그, 그 다음에 거기 정월 보름날에는 그러면 뭐 또 어떤 것이 뭐?

- 주로 보름, 보름날에 인제 대동계라고 동계도 하고.

- 응, 동계를 인제 해 가지고 일 년에 거기 동네에서 쓴 경비가 얼마나 쓰였나, 무엇이 몇 푼이나 썼나, 그런 것이 인제 주로 인제 보름날에 많이 인제 하지.

- 그래 하고 나서는 인제 편을 갈라 가지고 인제 윷놀이도 놀고 상품을 사 가지고.

- 그렇게 인제 하루를 즐겁게 보내요.

- 꽹과리도 치고.

거기 뭐 그러면 인제 지신밟기도 하고 그렇겠네, 그러면요?

- 그렇지.

지신밟기도 하고, 거 인제 거기 정월 보름날은 뭐 그런 그것, 뭐 달집을 태우기도 합니까?

- 달찝 태우기 하지.
- 달찝 예저네느 그 동네마중 다 태아찌.

달찌븐 머 우쨈미까?

- 저: 사네 가서 은자 솔리퍼리, 솔께~이⁶⁾, 솔께~이 그 누믈 막 지므를 쩌다가 지불 지 가주고 그르가 인자 아네 인자 지풀 마이 여가주고 마 그 따다 부를 지르마 영게가 막 엄:청시리 나네.
- 둘:둘: 마르섬 겡'자이 마이 나지.

검 달찝태우기느 태우기 하기 저네 머 거게서 절도 하고 함미가?

고사 지냄미까?

- 고다도⁷⁾ 지내고 거도 머 글도 써가주 노코 머 여러: 가지로 하능 기만치.

비내예, 그러며느.

- 올치, 비능 기지.

주로 머?

- 으, 자서게⁸⁾ 대에서 빌:고, 난도 아나푸곤 일련 잘 지내라꼬도 빌고 머 비능 게 이찌.

농사 잘 데, 어 머 그라?

- 올치, 농사도 잘 디라⁹⁾ 그래고.
- 그 인자 가끼 소망이 인자 다 다르지.

고옴 머 저월 대보름미나 또는 그어 설라레 이럴 때늠 머 복'쪼리도 함미까?

- 복'쪼리 하지.
- 복쪼리 저저도 걸려가 인네.

복쪼리 언제 함미까?

- 복쪼리 보통 은자 정월 초하룬날 시자슨자 대보릉까지 인자 저누우 팔로 뎅기든다, 마이 뎅기지.

설랄부터 해가주 그래 한다, 그지예?

˝ 달집을 태우기도 하지.

˝ 달집을 예전에는 그 동네마다 다 태웠지.

달집은 뭐 어떻게 합니까?

˝ 저기 산에 가서 인제 솔이파리, 솔가지, 솔가지 그것을 막 짐을 져다가 집을 지어 가지고, 그래서 인제 안에 인제 짚을 많이 넣어 가지고 그냥 거기에다 불을 지르면 연기가 막 엄청스럽게 나지.

˝ 둘둘 말아서 굉장히 많이 나지.

그럼 달집태우기는 태우기를 하기 전에 뭐 거기서 절도 하고 합니까?

고사도 지냅니까?

˝ 고사도 지내고 거기도 뭐 글도 써 가지고 놓고, 뭐 여러 가지로 하는 게 많지.

비는 것이네요, 그러면은.

˝ 옳지, 비는 게지.

주로 뭐?

˝ 음, 자식에 대해서 빌고, 나도 안 아프고 일 년 잘 지내라고도 빌고, 뭐 비는 것이 있지.

농사가 잘 되라고, 음 뭐 그렇게?

˝ 옳지, 농사도 잘 되라고 그러고.

˝ 그 인제 각기 소망이 인제 다 다르지.

그럼, 뭐 정월 대보름이나 또는 거기 설날에 이럴 때는 뭐 복조리도 합니까?

˝ 복조리도 하지.

˝ 복조리는 저기, 저기도 걸려서 있네.

복조리는 언제 합니까?

˝ 복조리는 보통 인제 정월 초하룻날부터 시작해서 대보름까지 인제 저것을 파려고 다닌다, 많이 다니지.

설날부터 해 가지고 그렇게 한다, 그렇지요?

⁻ 음, 그러치.

그 다으메 혹씨 그 머 정월따레느 머 구또, 구또 함미까?

⁻ 정우따리느 구슨 잘 안하지.

그 다으메 머 정월따레 머 설라이나 이럴 때 성묘도 감'미까?

⁻ 성모늠 파러레 마이 가지.

잘 앙가고예, 우 여너?

⁻ 올치.

그 뎀 당즈, 그 당제하고 머 산신제 그래 함미까?

⁻ 음, 당선제.

당산제 그거너 인제 누가 제주 한 사람 정해가 그래 함미까?

⁻ 그르치.

⁻ 근 이저납'시10) 말해'찌.

그 다으메, 그 다으메 머 점도 봄미까?

⁻ 점도 해.

⁻ 금년 신'수가 어'뜬'노.

저믄 어떤 점 봄미까?

⁻ 그 사:주'라 카능 거또 이꼬 점도 보고 그래 탄11) 처느12)가지로 나 나가 보지.

그며 저믄 누가 점, 점찌베 가서 봄미까?

⁻ 인제 채글르아, 토종에, 토정비겨리라 카능 거또 이짜나.

⁻ 토정비걸도 보고.

⁻ 토정비거른 여서 인자 나 여코 해가주고 그 인자 글마 알만 대충 볼 수 이찌.

그암 누아 챙녀 가주고 바주는 사암도 이꼬 그러씀미까?

⁻ 바주은 사암도 일, 그르치.

동네에서?

﹘ 음, 그렇지.

그 다음에 혹시 그 뭐 정월달에는 뭐 굿도, 굿도 합니까?

﹘ 정월달에는 굿은 잘 안 하지.

그 다음에 뭐 정월달에 뭐 설날이나 이럴 때 성묘도 갑니까?

﹘ 성묘는 팔월에13) 많이 가지.

잘 안가고요, 여기서는요?

﹘ 옳지.

그 다음, 당제, 그 당제하고 뭐 산신제도 그렇게 합니까?

﹘ 응, 당산제.

당산제, 그것은 인제 누가 제주를 한 사람을 정해서 그렇게 합니까?

﹘ 그렇지.

﹘ 그것은 이전 날에 말했지.

그 다음에, 그 다음에 뭐 점도 봅니까?

﹘ 점도 하지.

﹘ 금년 신수가 어떠한지?

점은 어떤 점을 봅니까?

﹘ 그 사주라고 카는 것도 있고, 점도 보고 그래 한 서너 가지로 나, 나눠 보지.

그러면 점은 누가 점, 점집에 가서 봅니까?

﹘ 인제 책으로, 토정에 토정비결이라고 하는 것도 있잖아.

﹘ 토정비결도 보고.

﹘ 토정비결은 여기서 인제 나이를 넣고 해 가지고 그래 인제 글만 알면 대충은 볼 수가 있지.

그럼 누가 책력을 가지고 봐주는 사람도 있고 그렇습니까?

﹘ 봐주는 사람도 있고, 그렇지.

동네에서?

- 그르치.

어 그아므 그르가 자기 일련 신수나 이렁 거 본다, 그지예?

- 그르치에.

- 일련 신수 내가 어'느 나르늠 머'시14) 나쁘고 어느 나르늠 머 머'실 조심해라, 무를 조심해라, 사'늘 조심해라, 머'른 조심해라 케사미서 인자 일련 열뚜달 인자 다: 인자 신수를 인자 바주지.

그으 보통 그읍 너 설라르 머글, 떠꿍 머글 때 나이 수망큼 먹슴미까, 우짬미까, 예저네?

- 떠꾸은 인쟌 떠꿍15) 무'마 한 살 무운, 한 살 더 무따, 아 인자 이 끼래데지.

- 떠꾸은 머 수를 가따 시알르16) 뭉능 거또 아이고 떠'꿍'만 무'마 너 한 살 무'따, 동지 파쭉 무마 한 살 무따.

그아며느 정월 대보르르메는 머 어떵 거 해, 음시근 머 어떵 게 해묵씀미까?

- 정월 보른내는 부'름' 마'이' 깬'다.

부름네?

- 에.

부룸무?

- 부시르'믈17) 난느라꼬.

금 머 어떠케?

- 머 인자 으리'더18) 께무고.

머 그냥 무 깨묵씀미까, 앙 그암 머머 이야기 하미까?

- 어, 올치, 부시름 깨'묵'짜.

이야기 하면서?

- 올치.

- 부시름 깨'묵'짜 카미 무'꼬.

- 또 술 마시며느 기발기수리라 카머 인자 기발기, 인자 기 발끼 해돌라

˙ 그렇지.

음, 그러면 그래서 자기 일 년의 신수나 이런 것을 본다, 그렇지요?

˙ 그렇지요.

˙ 일 년 신수를, 내가 어느 날은 무엇이 나쁘고 어느 날은 뭐, 무엇을 조심해라, 무엇을 조심해라, 산을 조심해라, 물은 조심해라고 하면서 인제 일 년 열두 달을 인제 다, 인제 신수를 인제 봐주지.

그럼 보통 그러면 설날에 먹을, 떡국을 먹을 때 나이 수만큼 먹습니까, 어떻게 합니까, 예전에?

˙ 떡국은 인제 떡국을 먹으면 한 살을 먹었지, 한 살을 더 먹었다, 아 인제 이렇게 되었지.

˙ 떡국은 뭐 수를 갖다가 헤아리면서 먹는 것도 아니고 떡국만 먹으면 너 한 살을 먹었다, 동지 팥죽을 먹으면 한 살을 먹었다.

그러면 정월 대보름에는 뭐 어떤 것을 해, 음식은 뭐 어떤 것을 해 먹습니까?

˙ 정월 보름에는 부럼을 많이 깬다.

부럼요?

˙ 예.

부럼은 뭐?

˙ 부스럼을 낫게 하느라고.

그럼 뭐 어떻게?

˙ 뭐 인제 강정도 깨어 먹고.

뭐, 그냥 뭐 깨어 먹습니까, 안 그럼 뭐 말을 합니까?

˙ 어, 옳지, "부스럼을 깨먹자."

말을 하면서?

˙ 옳지.

˙ 부스럼을 깨먹자고 하면서 먹고.

˙ 또, 술을 마시면은 귀밝이술이라고 하며 인제 귀를 밝게, 인제 귀를

꼬 기발기수리라꼬도 하고.

그머 연세 마, 어른드러 기발기술 드시고 그런다, 그지예?

⌐ 올치.

거 부시름 깨기도 하고?

⌐ 음.

그 다메 머 조, 조리밤 어끼도 함미까?

⌐ 조리바브 어끼도 하고.

⌐ 조리, 조리밥19) 어드러 마이 가써.

⌐ 아들' 마이 보내따 카이께네.

그어늠 머 그러며는 집찜마다?

⌐ 조리 인자 하나 가슥, 가주고 인자 지찐마다 여 조리밥 주소, 조리밥 주소 카미 인자 뎅기마 인자 한 수까르스20) 더러가주고 조리 다 다머주머 근 한 여남치 모타가 와 인자 옌나렌 은자 방아까레 올라 안자 무'우'마 인자 약 떼고 조타꼬 아들 인자 어더 와서 바아까레 타고 안자서 머꼬, 지베 와가이 노'나서 무끼도 하고 그래찌.

아, 그엄미느 그르가 인제 애들한테 조타고 인제 그래가, 어.

⌐ 음, 조타고 어더와서 무라.

어라 한다, 그지예?

⌐ 얼치, 얼치.

조리밥또 하고?

⌐ 마이 해찌.

⌐ 옌나르느 마이 해찌.

금 머 더이팔기도 함미까?

⌐ 더이 파능 기너, 더이팔기도 머 한다 그래산데, 그으느 학시리 모르게 꼬.

그 대엠 머 그 정월 대보름메늠 머 방'아 가틍 걷 안 찍슴미까?

밝게 해 달라고 귀밝이술이라고도 하고.

  그럼 연세 많으면, 어른들은 귀밝이술을 드시고 그런다, 그렇지요?

  ˉ 옳지.

  거기 부스럼을 깨기도 하고?

  ˉ 응.

  그 다음에 뭐, 조리, 조리밥을 얻기도 합니까?

  ˉ 조리밥을 얻기도 하고.

  ˉ 조리, 조리밥을 얻으러 많이 갔어.

  ˉ 아이들을 많이 보냈다고 하니까.

  그러면 뭐, 그러면은 집집마다?

  ˉ 조리를 인제 하나씩 가지고 인제 집집마다 여기, "조리밥 주소, 조리밥 주소."라고 하면서 인제 다니면 인제 한 숟가락씩 밥을 덜어가지고 조리에 다, 담아주면서 그 한 여남 집을 모아가 와서, 인제 옛날에는 인제 방아의 갈래에 올라 앉아 먹으면 인제 약이 되고 좋다고 아이들에게 인제 얻어 와서 방아 갈래에 타고 앉아서 먹고, 집에 와서 나누어서 먹기도 하고 그 랬지.

  아, 그러면은 그래 가지고 인제 애들한테 좋다고 인제 그래 가지고, 음.

  ˉ 음, 좋다고 얻어 와서 먹으라고.

  먹어라 한다, 그렇지요?

  ˉ 옳지, 옳지.

  조리밥도 하고?

  ˉ 많이 했지.

  ˉ 옛날에는 많이 했지.

  그럼 뭐 더위팔기도 합니까?

  ˉ 더위를 파는 것은, 더위팔기도 뭐 한다고 그렇게 말하던데, 그것은 확 실히 모르겠고.

  그 다음에 뭐, 그 정월 대보름에는 뭐 방아 같은 것은 안 찍습니까?

⎺ 그르 바~'애도21) 잘 안 찌치.

쩌~어, 정월 대보름 방아찌으므 안 데는 나림미까?

⎺ 으, 음.

⎺ 거 미리 다 해나라, 줌비 해노코 그날 찌치 마라, 델 수 이씨마.

⎺ 온, 오또 빨지 마라, 빨래도 하지 마라, 그르사치.

어 그엄 설라리는 설라레도 하 안, 하면 안데능 거 이슴미거, 머 빨래 이렁거느 아함미가, 설?

⎺ 설라레 이러끈 아 하지.

⎺ 정월 초하룬나린데 할 수도 어꼬.

⎺ 거 미리 다 해나찌.

빨래라든지?

⎺ 아 하지, 그때느.

그 다으메 저기 멈미까 바'아도 안 찌꼬?

⎺ 그르치.

⎺ 정월 초하룬나르 아무 끄도 아 하지.

머리 깜꼬 이렁 거또 안 함미까?

⎺ 머리야 머 거 정월 초하른날 까물 수도, 머리느 까물 수 이찌마느 다릉 거느 안 하지.

바느질 가틍 거또?

⎺ 바늘질도 아 하고, 모등 거 점부 다 안 하지.

⎺ 그날 미리 첨'부 다 해노치.

근 정월 대보름날 아까 이 윤노리나 이렁거또 하고 머 널띠기도 함미까?

⎺ 겡가리도 치고, 널띠기도 하고, 고네도 타고.

그 지불노리도?

⎺ 지불로리도 하고, 달찝또 태우고.

⎺ 머 여러: 가지 정월 대보름날 하능 기 만치.

˘ 그래 방아도 잘 안 찧지.

정월, 정월 대보름에는 방아를 찧으면 안 되는 날입니까?

˘ 응, 음.

˘ 그런 것은 미리 다 해 놓아라, 준비를 해 놓고 그날은 찧지 마라, 될 수 있으면.

˘ 옷, 옷도 빨지 마라, 빨래도 하지 마라, 그래 말하지.

어, 그럼 설날에는 설날에도 하면 안 되는 것, 하면 안 되는 것이 있습니까, 뭐 빨래 이런 것은 안 합니까, 설에는?

˘ 설날에 이런 것은 안 하지.

˘ 정월 초하룻날인데 할 수도 없고.

˘ 그런 것은 미리 다 해 놓았지.

빨래라든지?

˘ 안 하지, 그때는.

그 다음에 저기 뭡니까, 방아도 안 찧고?

˘ 그렇지.

˘ 정월 초하룻날은 아무 것도 안 하지.

머리를 감고 이런 것도 안 합니까?

˘ 머리야 뭐, 그 정월 초하루날은 감을 수도, 머리는 감을 수도 있지만 은 다른 것은 안 하지.

바느질 같은 것도?

˘ 바느질도 안 하고 모든 것, 전부 다 안 하지.

˘ 그날은 미리 전부 다 해 놓지.

거기 정월 대보름날 아까 말한 이 윷놀이나 이런 것도 하고 뭐 널뛰기도 합니까?

˘ 꽹과리도 치고, 널뛰기도 하고, 그네도 타고.

그 쥐불놀이도?

˘ 쥐불놀이도 하고, 달집도 태우고.

˘ 뭐 여러 가지 정월 대보름날은 하는 게 많지.

그 머 당산제 지내고 이럴 때너 금구줄도 침미까?

⁻ 검무줄, 지쭘마정 검무줄 쳐.

집찜마다 다 침미까?

⁻ 어.

어디 언제 검 긍구줄 언제 침미까?

정월 대보름 당일랄 침미까, 앙 그암며너?

⁻ 그르치, 인자 그날 초눈나흔날.

⁻ 열라은날 지어'게 다 치지.

⁻ 저여'게 인냐 항테 파다간 니:군데 인자 노코 인자 경구쭐²²⁾ 치고.

황토 그건 왜 가따 노씀미까?

⁻ 그 인자 뿔'궁 걸 가따 은자 자끼²³⁾ 자시늠 몬 달리들구로 하능 기지.

거느 어디다 가따 논는 데예?

⁻ 삽짝²⁴⁾ 아페 전데 너치.

아, 네 군데에다가 흑 떠다 가따 노코, 예저네 반드시 긍구쭐도 치고, 그래 핸
네, 그지예?

⁻ 음, 으, 올치, 올치, 음.

거 무 머 이래 정워른 보통 그래 하고 이월레도 머 하능 거 이씀미까?

⁻ 이워레도 이월빠비라꼬 엔나레느 해써.

⁻ 이월 초하룬날 바비레²⁵⁾ 나코 인자 그때르 인자 삼시는 저 거서 삼신
할마이가²⁶⁾ 니르오민성 바'람물 딜'꼬 온다, 비'를 딜꼬 온다.

⁻ 인자 딸 딜꼬²⁷⁾ 올 쩌게는 바라믈 딜꼬 오고, 바라므 처메²⁸⁾ 팔랑팔랑
거꼬, 미느리 델꼬 올 찌에는 비가 주룩쭈룩 오고, 그른 전서리 이서찌.

삼신할마이가예?

⁻ 올치.

⁻ 그를 째 영등할마'이가²⁹⁾, 영등할마'이라 그래찌, 삼스할마여.

⁻ 영등할마'이.

그 뭐 당산제를 지내고 이럴 때는 금줄도 칩니까?

˗ 금줄, 집집마다 금줄을 쳐.

집집마다 다 칩니까?

˗ 응.

어디 언제 그럼, 금줄을 언제 칩니까?

정월 대보름 당일 칩니까, 안 그러면은?

˗ 그렇지, 인제 그날 초나흘 날.

˗ 열나흘 날 저녁에 다 치지.

˗ 저녁에 인제 황토 흙을 파다가 네 군데 인제 놓고, 인제 금줄을 치고.

황토 그것은 왜 갖다가 놓습니까?

˗ 그 인제 붉은 것을 갖다가 인제 잡귀 잡신이 못 달려들게 하는 것이지.

그것은 어디에다 가져다 놓는가요?

˗ 사립문 앞에 저런 곳에 놓지.

아, 네 곳에다가 흙을 떠다가 갖다 놓고, 예전에는 반드시 금줄도 치고, 그래 했는데, 그렇지요?

˗ 음, 으 옳지, 옳지, 음.

그 뭐 이래 정월은 보통 그래 하고, 이월에도 뭐 하는 것이 있습니까?

˗ 이월에도 이월밥이라고 옛날에는 했어.

˗ 이월 초하룻날 밥을 이래 놓고 인제 그때는 인제 삼신은 저 거기서 삼신할머니가 내려오면서 바람을 데리고 온다, 비를 데리고 온다.

˗ 인제 딸을 데리고 올 적에는 바람을 데리고 오고, 바람에 치마가 팔랑팔랑 거리고, 며느리를 데리고 올 적에는 비가 주룩주룩 오고, 그런 전설이 있었지.

삼신할머니가요?

˗ 옳지.

˗ 그럴 적에 영등할머니가, 영등할머니라고 그랬지, 삼신할머니를.

˗ 영등할머니.

- 영등할마이가 니르오면서 인자 딸 딜꼬 올 찌에넌 바라미 불고, 미'르리 딜고 올 찌에는 비가 오고, 그라 오 쩌즈라꼬그, 욕시미 만타 이기라.

그엄며느 그 정월 따레느 아까 설라리너 대보름나레 머 음식 해멍능 거또 이꼬 핸는데, 이워레느 머 음식가틍 거또 함미까?

- 미월또30) 나물도 장망코, 오곡빱또 하고, 응 그래써.

매 정월 대보름처럼?

- 그래, 갈, 어, 갈라무끼도 하고.

오곡빱또 하고?

- 음.

나물도 하고 그러셔씀미까?

- 올치, 오오덕 가까'지 나물 다 장망코.

- 그르가 일'찍 새'부게31) 해'무'거.

- 그노 와 그러노 하면 농사 일'쪽', 일'찍 진는다꼬.

- 머 늠 아펜 바블 해야 뭉다 그러머 막 세부게 바블 한다 카이.

아, 이월따레마예?

- 음.

농사 아직 실찌로 지찌도 안는데도?

- 으, 농사 잘 디라꼬.

- 으 그때야 머 농산 다 쪼매슥 지이찌, 지끼느.

아이, 아니 그른데 이월따레느 아지 추워서 안 농사.

- 이얼딸 멈, 이얼딸 이자 지내마 인자 이'얼'빰 무꼬 나마 써근 새끼 몽매'단다.

- 옌나레 인자.

거늠 멈미까?

ˉ 영등할머니가 내려오면서 인제 딸을 데리고 올 적에는 바람이 불고, 며느리를 데리고 올 적에는 비가 오고, 그렇게 옷이 젖으라고, 욕심이 많다 이것이라.

그러면 그 정월달에는 아까 살날이나 대보름날에 뭐 음식을 해먹는 것도 있고 했는데, 이월에는 뭐 음식 같은 것도 합니까?

ˉ 이월에도 나물도 장만하고, 오곡밥도 하고, 응 그랬어.

맨 정월 대보름처럼요?

ˉ 그래, 갈라, 음 갈라 먹기도 하고.

오곡밥도 하고?

ˉ 음.

나물도 하고 그렇게 하셨습니까?

ˉ 옳지, 오곡밥, 갖가지 나물을 다 장만하고.

ˉ 그래서 일찍 새벽에 해 먹었어.

ˉ 그것은 왜 그런가 하면 농사를 일찍, 일찍 짓는다고.

ˉ 뭐 남보다 앞에 밥을 해 먹어야 된다고 그러면서 막 새벽에 밥을 한다고 하니까.

아, 이월달에만요?

ˉ 음.

농사를 아직 실제로 짓지도 않는데도?

ˉ 응, 농사가 잘 되라고.

ˉ 음, 그때야 뭐 농사를 다 조금씩 지었지, 짓기는.

아니, 아니 그런데, 이월달에는 아직 추워서 아직 농사를 지을 수가 없을 텐데.

ˉ 이월달 뭐, 이월달이 인제 지내면 인제 이월밥을 먹고 나면 썩은 새끼 줄에 목을 매단다.

ˉ 옛날에 인제.

그것은 뭡니까?

￢ 머심드리32) 이서끄더, 이얼딸 디마 인자 아치말로 가서 일 해야 데고 인자 이얼딸 디머누 허여리 막 케'에'석 달러든다, 이렝께네 인자 써근 소끼33) 몽 매다라가주 주글란다 이기라.

그 정도로 히미 든다, 그제?

￢ 올치, 그만치 히미 든다, 그른 니르 우예 하겐노 이기라.

￢ 그르이 써근 소테34) 몽 매달러 간다::.

￢ 옘마레 그럼 말 이써써.

머 그 이월따레느 인자 아까 말씀하신데로 농사 그어 잘 데라고 젤 일찍 바블 다은 동네 다을 어떤 집뽀다 빨리 멍는다, 그지예?

￢ 올치, 그기 인자 풍시기지.

아, 그이 풍스이다, 그지예?

￢ 음.

머 혹씨 머 이월따레는 머 노리 하능 거느 이씀미까?

￢ 이얼따름 머 큰 노린 업써찌.

￢ 인자 일: 처'리다 보잉께네.

인저 이월딸부터 은자 이리 쫌 만타 그지예?

￢ 그르치.

거 정월딸 아꺼 대보르메느 긍구쭐도 치고 그래 핸는데, 이월따르늠 머, 머 하능 거 업씀미까?

￢ 거 이얼따레느 건 머 안 하지, 인자.

￢ 정월따레 보통 다 해뿌고.

황토가틍 어 그렁 거또 안한다, 그지예?

아, 가며 하이트 이워레 여너 비가 오며는 영등할마리가?

￢ 영등할마이가 니르오미서 비 올 찌에느 미느리 딜꼬 오고, 바람 불 째에느 딸 딜꼬 오고.

딸 델꼬 온다 이래 이야기 하미까?

⎺ 머슴들이 있었거든, 이월달이 되면 인제 아침 전에 가서 일을 해야 되고 인제 이월달이 되면 할 일이 막 계속 달려든다, 이러니까 인제 썩은 새끼에 목을 매달아서 죽으려고 하는 것이라.

그 정도로 힘이 든다, 그렇지요?

⎺ 옳지, 그만큼 힘이 든다, 그런 일을 어찌 하겠냐고 이것이라.

⎺ 그러니까 썩은 새끼에 목을 매달러 간다.

⎺ 옛말에 그런 말이 있었어.

뭐, 이월달에는 인제 아까 말씀을 하신 대로 농사, 거기 잘 되라고 제일 일찍 밥을, 다른 동네, 다른 어떤 집보다 빨리 먹는다, 그렇지요?

⎺ 옳지, 거게 인제 풍습이지.

아, 그게 풍습이다, 그렇지요?

⎺ 응.

뭐, 혹시 뭐 이월달에는 뭐 놀이하는 것은 있습니까?

⎺ 이월달은 뭐 큰 놀이는 없었지.

⎺ 인제 일 철이다 보니까.

인제 이월달부터 인제 일이 좀 많다 그렇지요?

⎺ 그렇지.

그 정월달, 아까 대보름에는 금줄도 치고 그래 했는데, 이월달은 뭐, 뭐 하는 것은 없습니까?

⎺ 거기 이월달에는 그런 건 뭐, 안 하지, 인제.

⎺ 정월달에 보통 다 해버리고.

황토 같은 음, 그런 것도 안 한다, 그렇지요?

아, 그러면 하여튼 이월에 여기는 비가 오면 영등할머니가?

⎺ 영등할머니가 내려오면서 비가 올 적에는 며느리를 데리고 오고, 바람이 불 적에는 딸을 데리고 오고.

딸을 데리고 온다고 이래 이야기를 합니까?

- 올치, 음.

그 날씨저미다, 그지예?

- 그르치, 날씨 인저 딸 딜꼬 올 쩬 바램 팔랑팔랑거마 처매 짜라게 가 팔랑팔랑 거림 보기 조라꼬 인자 바람 딜꼬 오고, 미느리 딜꼬 올 찌에느 인자 미느리 비가 저저 가주오 인자 더어'러'께 비라꼬 인자 비가 오고, 머 욕씨미 그만치 만타 이기.

머 혹씨 보리 뿌리 보고도 점 치고 해씀미까?

이월따레?

- 버리35) 뿌르 보오느 인자 버리 싸기 인자 입춘.

아니 이월따레, 음녁 이워레 머 보리 뿌리 보고 머 하네 농사나 이렁 거 점치고 신수에 대해서 점치고 해씀미까?

- 어어, 그느이 그그녀 엄서꼬.

그릉 건 업써써예?

- 거시긴 거 머꼬 그을 째는~36) 인잗 입춘, 첟 은자 봄나르 은자 버리 뿌르 뽀부 봄 버리 꾸리가 시: 가지 니'리따.

- 시 가지 니리마 인자 대풍녀~이 덴다, 인자 그런 전서리 이서찌.

보리 뿌리 이래 뽀버 가주고 머가 보며예?

- 시'이' 뿌'리나, 니 뿌리너 뻐리 뿌리가 마이 내리시마 풍'녀니 지'고 버리 뿌리가 자끼 내리마 풍녀~이, 숭녀~이 덴다, 이래.

으, 그른 시그로 전도 치기도 해따, 그지예?

- 그르치.

사머레느 머 하능 게 이씀미까?

- 사머레느 사멀 삼신나리지37).

- 사멀 삼신나르 인자 여 여 그 저네 연자 이선나?

- 연자 날라 온다꼬 사멀 삼신나른 연자가 나라든다 이래찌.

연자 날라 드는 날?

⁻ 옳지, 음.

그 날씨점이다, 그러지요?

⁻ 그렇지 날씨, 인제 딸을 데리고 올 적에는 바람이 팔랑, 팔랑거리면 치마 자락에 바람이 가서 팔랑, 팔랑거리면 보기가 좋으라고 인제 바람을 데리고 오고, 며느리를 데리고 올 적에는 인제 며느리가 비에 젖어 가지고 인제 더럽게 보이라고 인제 비가 오고, 뭐 욕심이 그만큼 많다 이것이지.

뭐, 혹시 보리 뿌리를 보고도 점을 치고 했습니까?

이월달에?

⁻ 보리 뿌리를 보는 인제 보리 싹이 인제 입춘에.

아니 이월달에, 음력 이월에 뭐 보리 뿌리를 보고 뭐 한 해 이런 농사나 이런 것을 점을 치고, 신수에 대해서 점치고 했습니까?

⁻ 음, 그러니까 그것은 없었고.

그런 것은 없었어요?

⁻ 거시기 그 무엇이지, 그럴 적에는 인제 입춘, 저 인제 봄날은 인제 보리 뿌리를 뽑아서 봄보리 뿌리가 세 가지가 내렸다.

⁻ 세 가지가 내리면 인제 대풍녕이 된다, 인제 그런 전설이 있었지.

보리 뿌리를 이렇게 뽑아 가지고 무엇을 보면요?

⁻ 세 뿌리나, 네 뿌리의 보리 뿌리가 많이 내렸으면 풍년이 지고 보리 뿌리가 작게 내렸으면 풍년이, 흉년이 된다, 이래.

음, 그런 식으로 점도 치기도 했다, 그렇지요?

⁻ 그렇지.

삼월에는 뭐 하는 것이 있습니까?

⁻ 삼월에는 삼월 삼짇날이지.

⁻ 삼월 삼짇날은 인제 여기, 여기 그 전에 제비가 있잖아?

⁻ 제비가 날라 온다고 삼월 삼짇날은 제비가 날아든다고 이래 말했지.

제비가 날라 드는 날이요?

- 음.

- 차멀 삼진날.

- 사멀 삼신날도 존 나르지.

- 인냐38) 꼬또 피고, 입또 피고.

- 사멀 삼신나리 인자 존 나, 옌나레 그릉 어 하루슥 노라따 카니께네, 일꾼드리.

사멀 삼진나름 머 하고 놈미까, 그어면?

- 사멀 삼신나르 그 날도 머 메구도 치고 놀고 그래찌.

건 사멀 삼진나른 머 점치고, 그렁 거 머, 아까 머 보리싸기나 또느?

- 어, 그릉 건 엄서꼬.

그릉 건 어꼬예?

- 어.

- 사믈, 사믈 삼신나리 인자 옌날부터 은자 존' 나리다.

사멀 삼진나른 머 머 멍, 멍능 거 특?

- 머이, 해무꼬 머, 특뻬라이39) 해무꼬 그능 건 엄서꼬.

- 사믈 삼신나르 인자 꼬 피고, 이 피고, 인자 춘사머리르다 보잉끼 조은 나리다.

- 그래가 사멀 삼신날 정핸능 기, 어른드리.

사멀 삼진날 머 혹씨 예저네 꼳, 꼬찌지미나 이렁 거느 암 부치머거씀미까?

- 음, 사멀 사은날 머 그릉 그늠 빌로 아 핸능 거 엄찌 이거.

아, 별로 꼬찌지미나 이렁 건느 별로 아 해따, 그지예?

- 어.

그러고 머 사멀 삼진날 하면 안 데능 이른 니른 업써씀미까?

- 그그는 빌로 업서찌 시푸다, 우리 생가에는.

그 다으메.

- 사워른 자 초파일라리고.

- 응.
- 삼월 삼짇날
- 삼월 삼짇날도 좋은 날이지.
- 인제 꽃도 피고, 잎도 피고.
- 삼월 삼짇날이 인제 좋은 날, 옛날에 그런 날은 음, 하루씩 놀았다고
하니까, 일꾼들이.

삼월 삼짇날은 뭐 하고 놀았습니까, 그러면?
- 삼월 삼짇날은 그 날도 뭐 꽹과리도 치고 놀고 그랬지.

그건 삼월 삼짇날은 뭐 점치고, 그런 것 뭐, 아까 뭐 보리 싹이나 또는?
- 응, 그런 것은 없었고.

그런 것은 없고요?
- 응.
- 삼월, 삼월 삼짇날이 인제 옛날부터 인제 좋은 날이다.

삼월 삼짇날은 뭐, 뭐 먹는 것은 특별히 없고요?
- 무엇을 해 먹고 뭐, 특별하게 해 먹고 그런 것은 없었고.
- 삼월 삼짇날은 인제 꽃이 피고, 잎이 피고, 인제 춘삼월이다 보니까
좋은 날이다.
- 그래서 삼월 삼짇날을 정했는 것이라, 어른들이.

삼월 삼짇날은 뭐 혹시 예전에 꽃, 꽃찌짐이나 이런 것은 안 붙여먹었습니까?
- 음, 삼월 사흗날 뭐 그런 것은 별로, 안 했는 것은 없지, 이것은.

아, 별로 꽃찌짐이나 이런 것은 별로 안 했다, 그렇지요?
- 응.

그리고 뭐 삼월 삼짇날이라고 하면 안 해야 되는 이런 일은 없었습니까?
- 그것은 별로 없었지 싶다, 우리 생각에는.

그 다음에?
- 사월은 인제 초파일이고.

사월 초라릴날?

¯ 어, 서꺼머리가 인자 탄생핸 나리다.

그늠 초파릴레?

¯ 속범, 토파이나느[40] 인자 만능 구깅하러 해인사르 마이 가찌.

¯ 이제로 인제 쭉: 너머 가미서 여자들 막 춤도 치고 너머 가고, 그 안날 분, 산 사널 저 부터 인자 거러가다가 보잉께네 인자 가이 데그더.

¯ 그러 만둥불사 구경가자 그러민성 마이 인자 사래미[41] 마이 운집해찌.

남자드른 잘 앙가고 주로 여자?

¯ 남자드름 마이 가고.

¯ 그때는 작때꾸~'이라꼬[42] 남자들도 마이 가고, 여자들도 마이 가고 그래.

잘때꾸늠 멈미까?

¯ 작때꾸느 인자 작때~'이머 지꼬 뎅기미 인저 어더 무꼬 사는 사라미다.

¯ 작때~이마 가즈거 건는 인는 지베 가마 작때꾼 드론다 카머 머 거블 슬슬 내써.

¯ 그른 사람 마이 알기도 알고, 그르 뎅기미 인는 닫 인는 사알만 뜨드 무꼬 뎅기는 사아미 작때꾸~이다.

사월따른 저 초파일랄 은젼 검 초퍼일랄 날씨 보고도 머 점치고 해씀미까?

¯ 그르이 비 오마 잘[43] 조빼날, 보통 보마 사얼 초퍼일라이 사래미 마이 끝따 보이 비가 좀 와써.

비 오몀 머 어떠타 그럼미까?

¯ 머 그런 전서른 엄서꼬.

그 데엠메 사월레느 다릉 거느 업찌예?

¯ 음찌, 그래이.

그 다으메?

사월 초파일?

⎯ 응, 석가모니가 인제 탄생했던 날이다.

그럼 초파일에?

⎯ 초파일, 초파일은 인제 많이 구경하러 해인사를 많이 갔지.

⎯ 이제로 인제 쭉 넘어 가면서 여자들은 막 춤도 추면서 넘어 가고, 그 안날부터 한 사나흘 전부터 인제 걸어가다가 보니까 인제 가야 되거든.

⎯ 그래 만등불사를 구경을 가자고 그러면서 많이 인제 사람이 많이 운집했지.

남자들은 잘 안 가고 주로 여자?

⎯ 남자들도 많이 가고.

⎯ 그때는 작대기꾼이라고 남자들도 많이 가고, 여자들도 많이 가고 그랬어.

작대기꾼은 무엇입니까?

⎯ 작대기꾼은 인제 작대기를 집고 다니면서 얻어먹고 사는 사람이다.

⎯ 작대기만 가지고 걸으면서, 재산이 있는 집에 가면 작대기꾼이 들어온다고 하면 뭐 겁을 슬슬 내었어.

⎯ 그런 사람은 많이 알기도 알고, 그래 다니면서 있는, 인제 있는 사람만 뜯어 먹고 다니는 사람이 작대기꾼이다.

사월달은 저 초파일은 인제 그럼 초파일 날씨를 보고도 뭐 점을 치고 했습니까?

⎯ 그러니까 비가 오면 사월 초파일날, 보통 보면 사월 초파일이 사람이 많이 끓다가 보니까 비가 좀 왔어.

비가 오면 뭐 어떻다고 그럽니까?

⎯ 뭐, 그런 전설은 없었고.

그 다음에 사월에는 다른 것은 없지요?

⎯ 없지, 그렇게

그 다음에?

⁻ 오워른 다논날.

오, 오월 다노.

여 다노 마니 함미까?

⁻ 여 다노 빌로 아은데, 여 울로 가마 다노 마이 해찌.

⁻ 그날 마 여자들 군데⁴⁴⁾ 띠코, 널띠기 하고, 머 강강술래 하고 오망 걸 다 해써, 그때너.

검 이 동네너?

⁻ 이 동네늠 머 그래 핸나.

단오느 크게느 아 해따, 그지예?

⁻ 일려느 *.

⁻ 아 해찌, 그래.

⁻ 어이 오느이 다노다.

⁻ 다놀 때 그 때 하참 모 숭구고 그르끄등.

⁻ 그르이께네 큰 머 행사느 업써써, 따로.

⁻ 그 저 울로넉 큼⁴⁵⁾ 명겨리라 카이.

저 위쪼게는 다노가 어느 정도 머 모싱끼 해뿌고 함미까, 그러며느?

⁻ 모싱기도 머 그은 저 글로느 우쩌루 빨리하다 보잉께네.

다노를 논다, 그지예?

⁻ 올치, 올치, 노라.

⁻ 밍저으라⁴⁶⁾, 밍저으라.

다논날 그엄며느 이 여기느 별로 안 하지마느 혹씨 다논날 까마기 울고 이러며느 머 어떠타 그람미까?

그릉 거, 그릉 거또 이씀미까, 업씀미까?

⁻ 까치 울만 손님온다, 까치 울마.

⁻ 까치 울마 방가운 손님 온다.

까마기는 머 그렁 건 업씀미까?

⁻ 오월은 단오날.

오, 오월 단오.

여기서는 단오는 많이 합니까?

⁻ 여기는 단오는 별로 않는데, 여기 위로 가면 단오를 많이 했지.

⁻ 그날은 그냥 여자들이 그네를 타고 널뛰기를 하고, 뭐 강강술래를 하고 오만 가지를 다 했어, 그때는.

그럼 이 동네는?

⁻ 이 동네는 뭐 그래 했나.

단오는 크게는 안 했다, 그렇지요?

⁻ 일 년은 *.

⁻ 안 했지, 그래.

⁻ 아, 오늘이 단오다.

⁻ 단오 때 그 때 한창 모를 심고 그렇거든.

⁻ 그러니까 큰 뭐 행사는 없었어, 따로.

⁻ 그 저기 위쪽으로는 큰 명절이라고 하니까.

저 위쪽에는 단오를 어느 정도 뭐 모심기를 해버리고 합니까, 그러면은?

⁻ 모심기도 뭐 거기는, 저 그리로는 위쪽으로는 빨리 하다가 보니까.

단오를 논다, 그렇지요?

⁻ 옳지, 옳지 놀아.

⁻ 명절이라, 명절이라.

단오날 그러면은 이 여기는 별로 안 하지만은 혹시 단오날 까마귀가 울고 이러면 뭐 어떻다고 그럽니까?

그런 것, 그런 것도 있습니까, 없습니까?

⁻ 까치가 울면 손님이 온다, 까치가 울면.

⁻ 까치가 울면 반가운 손님이 온다.

까마귀는 뭐 그런 것은 없습니까?

‑ 까마기는 빌로 머, 까마기 울맘 머 재수업따 이래꼬.

‑ 까치가 울맏 기한 손니미 온다 이래찌.

혹씨 어르신 다논날 여자드른 머 어떵 거 합띠까?

‑ 다논널 청포 가주고 인자 청포 그 넘 케다가 머리 까머찌.

‑ 머리.

이 동네너 그르도 그릉 거느?

‑ 여늠 머 그릉 거 해끼느 핸능가 몰라도 그 인자 청포 그 눔 청포가 쟁 피그덩 쟁피 그 너물 케다가 인자 쌀무 가주고 머리 까뭄 머리가 고버 진 다 이래 가저 부녀들 마이 해써.

다노 머 놀고 그렁 건 아 해도 머리?

‑ 어 그날 그날 저 을로는 마이 노르따 카이께네.

여기느?

‑ 군데도 띠고 머 풍무도 치고 마이 노르찌.

‑ 여느 그르쿰 빌로 아내써.

근녀 머리 깜기느 할, 여자들 머리 깜기느 함미까, 그래도?

‑ 음, 올치.

유워래늠 머 하능 거 이씀미까?

‑ 유거른 유디라47).

‑ 이르미 이찌.

‑ 유디느 유월따리느 빌로 하능 거 모빠써, 나느.

유두 이름마 이꼬 별로 거이 안 함미까?

‑ 어, 그르치.

머 특뼈리 음식 해뭉능 거또 어꼬예?

‑ 므꺼.

그냐 유두 말만 그 하고?

‑ 그르치.

˜ 까마귀는 별로 뭐, 까마귀가 울면 뭐 재수가 없다 이렇고.

˜ 까치가 울면 귀한 손님이 온다고 이렇게 말했지.

혹시 어르신 단오날 여자들은 뭐 어떤 것을 하던가요?

˜ 단오날 창포를 가지고 인제 창포 그것을 캐다가 머리를 감았지.

˜ 머리를.

이 동네는 그래도 그런 것은?

˜ 여기는 뭐 그런 것은 했기는 했는지 몰라도 그 인제 창포 그것이 창포가 '쟁피'48)이거던, 창포 그것을 캐다가 인제 삶아 가지고 머리를 감으면 머리가 고와진다고 이래 가지고 부녀자들이 많이 했어.

단오에 뭐 놀고 그런 것은 안 해도 머리는 감고?

˜ 음, 그날, 그날에 저 위로는 많이 놀았다고 하니까.

여기는?

˜ 그네도 타고 뭐 풍물도 치고 많이 놀았지.

˜ 여기는 그렇게 별로 안 했어.

그러면, 머리를 감기는 합니까, 여자들 머리를 감기는 합니까, 그래도?

˜ 음, 옳지.

유월에는 뭐 하는 것이 있습니까?

˜ 유월은 유두라.

˜ 이름이 있지.

˜ 유두는 유월달이라 별로 하는 것을 못 봤어, 나는.

유두 이름만 있고 별로 거의 안 합니까?

˜ 응, 그렇지.

뭐, 특별히 음식을 해 먹는 것도 없고요?

˜ 뭐, 없어.

그냥 유두 말만 그렇게 하고요?

˜ 그렇지.

별로 이야기 아 한다, 그지예?

　－ 이거 이어느49) 유걸 유두다.

　－ 치러는 칠성날 이꼬.

치럴 칠서게는 머함미까?

　－ 치럴 칠성나르 은잔 거누 징녀 만낸다.

　－ 거누 징녀가 인자 저서 인자 일려네 처움 함 붐 만낸데 그거 왈 구르메가 구룸 띠 맹글 찌이능 거 아 이뜽가?

　－ 그게 인자 거론, 거석, 거시이 거눈데, 양쭈게 인자 벼리 이서.

　－ 벼리 이써가주고 여러 삼태서이랄 은자 만내능 기, 그기 인자 거누 징녀 만낸다.

　－ 그래 인자 옌나레 전서리 나와찌.

그 다음메 머 이때 푹, 머 거 멈미까, 놈매기 하고 나서 놀고 그래 함미까?

치럴, 음녁 치럴 쓰으메 그래 함미까?

하루 놀?

　－ 그르, 그르치.

하루 노능 게 그때쯔, 음녁 치럴쯤 뎀미까?

　－ 그를 찌에늠 머 숨밀, 시불로 매고 나야 인자 깨말타고 하다 보이께네.

그게 한 음녁 치럴쯤 뎀미까?

　－ 어무 땐, 때느 은자 한 치럴딸 쓰먼 데엔나.

예.

　－ 올치.

거머 그 그 인제 머 모 시불론늠 매고 나서 쯤 놀, 하루 시고 한다, 그지예?

　－ 그르치, 시불롬 매고 나마 저엉마중, 시불론 맬 째마중 인자 깨말타고, 사깐 디비씨가주 씨고, 막 메구치고, 저어게 막 도라 뎅기미서 메구치고 그래 노라따 카이께네.

별로 이야기를 안 한다, 그렇지요?

˝ 이것 이것은 유월 유두다.

˝ 칠월은 칠석날이 있고.

칠월 칠석에는 무엇을 합니까?

˝ 칠월 칠석날은 인제 견우와 직녀가 만난다.

˝ 견우와 직녀가 인제 저기서 인제 일 년에 처음 한 번 만났는데 그것 왜, 구름에 구름띠처럼 끼이는 것이 안 있던가?

˝ 그게 인제 견우, 거시기, 거시기 견우인데, 양쪽에 인제 별이 있어서.

˝ 별이 있어 가지고 여러 삼태성이랑 인제 만나는 것이, 그게 인제 견우와 직녀가 만난다.

˝ 그래 인제 옛날에 전설이 나왔지.

그 다음에 뭐 이 때, 뭐 거기 뭡니까, 논매기를 하고 나서 놀고 그렇게 합니까?

칠월, 음력 칠월쯤에 그래 합니까?

하루 노나요?

˝ 그래, 그렇지.

하루 노는 것이 그때쯤, 음력 칠월쯤 됩니까?

˝ 그럴 쯤에는 뭐 세 벌, 세 벌로 매고 나야 인제 호미씻이 놀이50)를 하다 보니까.

그게 한 음력 칠월쯤 됩니까?

˝ 아마 때, 때는 인제 한 칠월쯤은 되었나?

예.

˝ 옳지.

그 뭐, 그 인제 뭐 세 벌 논을 매고 나서 조금 놀고, 하루를 쉬고 한다, 그렇지요?

˝ 그렇지, 세 벌 논을 매고 나면 저녁마다, 세 벌 논을 맬 적마다 인제 개말을51) 타고, 삿갓을 뒤집어 써가지고 막 꽹과리를 치고, 저녁에 막 돌아 다니면서 꽹과리를 치고 그렇게 놀았다고 하니까.

머 치럴 칠성말고 또 이씀미까?

 파럴 유딘날52).

 파럴 가온날.

 파럴 항가웬날.

유월 유두고, 치럴 칠서기고.

 파럴.

그람 치럴 백쫑은?

 퍼름, 피럴, 치럴, 파럴, 치럴 백쫑이라 그래이.

 치럴, 치럴 백쫑.

백쫑도 함미까?

 치럴 백쫑은 이선데, 마른 이선데, 치럴 백쫑날 미영 수머 가주고, 미영을 따가조 천::명을 따가주고 인자, 병마게한다 이느 전서릴 이서찌.

병마게예?

 음.

병마게는 머슴 병?

 빙에다아 쏘오믈 가주 이래 망는다.

 으 그래 인자 이 기항 그 인자 처미다, 그 마리라.

그 하몀 머 조응 게 이씀미까?

 그래 인잘 전서리 그래 나오찌.

 므 종 게 인능가 그늠 모르게꼬.

머 백쫑날 머 긍 거, 머 안 하, 안 해야 데능 거 이씀미까?

백쫑나른?

 치럴 백쫑나른 그늠 머 엄능거느 그음 학시리 모뜨러써.

혹심 머 뭄바르고 하능 거 이렁 거또 백쫑나리나 이래 함미까?

 무, 그럼 머 업서찌.

그렁 건 업서쓰미까?

뭐, 칠월 칠석 말고 또 있습니까?

‑ 팔월 유두날.

‑ 팔월 가위날.

‑ 팔월 한가위날.

팔월 유두이고 칠월 칠석이고.

‑ 팔월.

그러면 칠월 백중은?

‑ 팔월, 팔월, 칠월, 팔월, 칠월 백중이라고 그랬어.

‑ 칠월, 칠월 백중.

백중도 합니까?

‑ 칠월 백중은 있었는데, 말은 있었는데, 칠월 백중날에 목화를 심어 가지고, 명을 따 가지고 첫 명을 따 가지고 인제, 병마개를 한다고 하는 이런 전설이 있었지.

병마개요?

‑ 응.

병마개는 무슨 병?

‑ 병에다가 솜을 가지고 이렇게 막는다.

‑ 음, 그래 인제 이 귀한 것이 처음이다, 그 말이라.

그것을 하면 뭐 좋은 게 있습니까?

‑ 그래, 인제 전설이 그래 나왔지.

‑ 뭐 좋은 게 있는지 그것은 모르겠고.

뭐, 백중날 뭐 그런 것, 뭐 안 하고, 안 해야 되는 것이 있습니까?

백중날은?

‑ 칠월 백중날은 그런 뭐 하지 말아야 하는 것은 그 확실히 못 들었어.

혹시 뭐 문을 바르고 하는 것, 이런 것도 백중날에 이렇게 합니까?

‑ 뭐, 그럼 뭐 없었지.

그런 것은 없었습니까?

- 파럴따레 이서찌.
- 파럴따레 몸 바르고 해찌.
파러레느 그럼 머?
- 파러레 인자 항가위지.
항가위지예?
- 올치.
항가위느 머?
- 파러레느 항가위 인자.
머 함미까?
- 떠그, 셍페나고, 떡하고, 인자 그를 쩨느 인자 명저리다 봉께네 싱모 도53) 가고 여러 가지 해찌.
제 머 큼 명저 중에 하나다, 그지예?
- 그르치에.
파럴?
- 파럴 가온나리 큼 밍저르지.
파럴 가인나른?
- 음.
- 우리 조스, 조상드르 큼 밍저리다.
차레지레고?
- 음.
- 그래 인자 저 쩜부 인자 싱모도 인자 다 가정마정 싱모 다 뎅기고.
- 사네 올러가서, 음스 가가 절하고.
싱무도 가고?
- 으.
그러며느 그 추석 때어일, 파럴 가인날 머 달 보오, 달: 크기나 이렁 거 보고 또 점치고 해씀미까?

˹ 팔월에 있었지.

˹ 팔월에 문을 바르고 했지.

팔월에는 그럼 뭐?

˹ 팔월에는 인제 한가위지.

한가위지요?

˹ 옳지.

한가위는 뭐?

˹ 팔월에는 한가위 인제.

무엇을 합니까?

˹ 떡, 송편하고, 떡하고, 인제 그럴 적에는 인제 명절이다 보니까 성묘도 가고 여러 가지를 했지.

제일 뭐, 큰 명절 중에 하나다, 그렇지요?

˹ 그렇지요.

팔월?

˹ 팔월 가위날이 큰 명절이지.

팔월 가위날은?

˹ 음.

˹ 우리 조상, 조상들의 가장 큰 명절이다.

차례를 지내고?

˹ 응.

˹ 그렇게 인제 저, 전부 인제 성묘도 인제 다 가정마다 성묘를 다 다니고.

˹ 산에 올라가서, 음식을 가져가 절하고.

성묘도 가고?

˹ 응.

그러면은 그 추석 때에는, 팔월 한가위 날에 뭐 달을 보고, 달 크기나 이런 것을 보고 또 점치고 했습니까?

˥ 으, 접, 절도 해찌.

거늠 머 어떠?

˥ 소온54) 비르찌.

아, 소옴 빌고예?

˥ 음.

머 달 모양에 따라서도 쫌 머 해어 어데?

˥ 다 둥근 다리지 머.

˥ 파럴 항가인 나른 둥근 다리.

머 다리 쫌 뿔꼬 이러며느?

˥ 뿔, 뿔따, 뿔따.

뿔그마 어뜨타?

˥ 뿌르마 숭년진다 그래고, 이래 좀 히마 풍년진다 그래고.

˥ 그래으, 그런 전서리 이서.

다리 인제 히으, 다리 새까리 히며너 풍년든다 그러고?

˥ 음.

뿔끄며너?

˥ 뿔금머 숭년진다 그래고.

머 날씨 가주고늠 머 이야기항 거 업었고, 처?

파럴 가인날 날씨 까주오늠 별 그렁 거 어꼬예?

˥ 그러치.

그때 이때에늠 멉 그거 안 하, 하지 마라야 델 그렁 게 이씀미까?

˥ 어 끔 빌로 업서써.

˥ 그엄 정월따레 마네꼬.

이때에 머 거 파럴 가인나른 노능 거름 머 어떵 거 함미까, 그엄며느?

˥ 엉 그를 찌에도 머 질거게 노찌.

먿?

⁻ 음, 절, 절도 했지.

그럼 뭐 어떤 것을?

⁻ 소원을 빌었지.

아, 소원을 빌고요?

⁻ 응.

뭐 달 모양에 따라서도 좀 뭐 그 해에 대해 어떻게 얘기하고 했습니까?

⁻ 다 둥근 달이지 뭐.

⁻ 팔월 한가위 날은 둥근 달이.

뭐 달이 좀 붉고 이러면은?

⁻ 붉, 붉다, 붉다.

붉으면 어떻다?

⁻ 붉으면 흉년이 진다 그랬고, 이래 좀 희면 풍년이 진다 그랬고.

⁻ 그래, 그런 전설이 있어.

달이 인제 희면, 달의 색깔이 희면은 풍년이 든다 그러고?

⁻ 응.

붉으면은?

⁻ 붉으면 흉년이 진다 그랬고.

뭐 날씨를 가지고는 뭐 이야기를 한 것이 없었고요, 저?

팔월 한가위 날 날씨 가지고는 별로 그런 것이 없고요?

⁻ 그렇지.

그때, 이때에는 뭐 그것 안 해야, 하지 말아야 되는 그런 것이 있습니까?

⁻ 응, 그것은 별로 없었어.

⁻ 그럼 정월달에 많았고.

이때에 뭐 거기 팔월 한가위 날은 노는 것은 뭐 어떤 것을 합니까, 그러면은?

⁻ 응, 그럴 적에도 뭐 즐겁게 놀지.

무엇하고요?

- 풍물도 치고.
- 강강, 강강술래도 하고.
강강술래, 여기도 강강술래도 해씁미까?
- 머 여자들 강강술래 강가이해, 놀민서 함 분 해찌.
- 저 꺽짜, 꺽짜 카미 먼내상 고사리 꺽짜 카미선 아든 기지베들 인자 이 사람 하나 띠눕꼬, 저 사람 하나 띠눙꼬 이래 은좌 주를 지어 소늘 자꼬 인좌 그은 노리도 하고.
아, 그거느 노리 이르미 멈미까, 거느?
- 고사리꺽짜.
아, 고사리 꺽짜.
- 어, 어 올치.
아 강강술래도 하고?
- 올치 꺽짜꺽짜 먼데산 고사리 꺽짜 카면서, 그레 부치가면서, 여러:시 인자 소리 헤가믄서 이레 너마 데.
그거하고.
그거 그 소리 쫌 머 기억나느 거, 나시면 한 번 이야기.
- 그기 거기라.
아, 예에.
- 꺾짜 꺼짱 먼데산 대바테 고사리 꺽짜 꺽짜 카면서 내나 인제 그거 데푸리 하고, 데푸리 하고 그레 하나썩 하나스 너머와따 카이.
으, 예.
그러마 강강술레도 하고 그 다으메 으 머 이 풍물도 치고 그레 핸.
- 그러치.
그러마 이때는 머 주로 송펴 니나?
- 송편,
과일가튼거 인제.

˝ 풍물도 치고.

˝ 강강, 강강술래도 하고.

강강술래, 여기도 강강술래도 했습니까?

˝ 뭐 여자들 강강술래 간간히 해, 놀면서 한 번 했지.

˝ 저기 "꺾자, 꺽자."라고 하면서 "먼 곳의 산 고사리를 꺾자."라고 하면서 애들, 계집애들 인제 이 사람을 하나 뛰어넘고, 저 사람을 하나 뛰어넘고, 이래 인제 줄을 지어 손을 잡고 인제 그런 놀이도 하고.

아, 그것은 놀이 이름이 뭡니까, 그것은?

˝ 고사리꺽자.

아, 고사리 꺽자.

˝ 어, 응, 옳지.

아, 강강술래도 하고?

˝ 옳지, "꺽자꺽자 먼곳 산 고사리를 꺽자"라고 하면서, 그래 붙여 가면서 여럿이 인제 소리를 해가면서 이렇게 넣으면 돼.

그것하고.

그것, 그 소리가 좀 뭐 기억나는 것, 나시면 한 번 이야기를 해주십시오.

˝ 그게 거기라.

아, 예.

˝ "꺽자 꺽자 먼곳 산 대밭에 고사리를 꺽자 꺽자"라고 하면서 마찬가지로 인제 그것을 되풀이를 하고, 되풀이를 하고 그래 하나씩 하나씩 넘어왔다고 하니까.

으, 예.

그러면 강강술래도 하고, 그 다음에 음 뭐 이 풍물도 치고 그렇게 했네요.

˝ 그렇지.

그러면 이때는 뭐 주로 송편이나?

˝ 송편,

과일 같은 것도 인제.

파럴 송편 마이 하고 과일도 그때 마나꼬.

음, 예, 예∶.

⎯ 핻곡쑥도 마나꼬 파럴한가위가 조은나리지.

그러치예, 이제 농사 지으가즈고.

⎯ 음, 핻꼬도 가즈고 하고.

그 조상신한테 인제.

⎯ 음, 헤, 헤꼬글 가따 차례를 지네끼네.

예에.

그 다으메 어르신 구'얼'따'레는 머 이씀니까, 구월?

⎯ 구월, 구얼 유두라55) 카민서 이서는데 그나른 머어 그저 유두라 말만 드러찌, 그날 행사하능 거는 모빠서.

예.

구월 머 중양절 이런 부부느 전여 머 업스슴니까?

⎯ 스, 우린 잘 몯 드러서.

그 별로 업스따 그지예?

⎯ 으.

그 시'어∶∶ 레는 시워레?

⎯ 시월 상따라꼬.

예.

⎯ 그레 아까 내 카자나.

예∶.

⎯ 송고시56) 시월 상따레는 인데 송고시다 하고.

소고시.

⎯ 지찌마중 인자 소고시라꼬 그 인자 떡해노코 인자.

예.

⎯ 그 인자 잘잘 *** 비'러찌.

ᐨ 팔월에는 송편을 많이 하고 과일도 그때 많았고.

음, 예, 예.

ᐨ 햇곡식도 많았고, 팔월 한가위가 좋은 날이지.

그렇지요, 이제 농사를 지어가지고.

ᐨ 음, 햇곡도 가지고 하고.

그 조상신한테 인제.

ᐨ 음, 햇, 햇곡을 가져다 차례를 지내니까.

예.

그 다음에 어르신 구월에는 뭐가 있습니까, 구월에는?

ᐨ 구월, 구월 유두라고 하면서 있었는데 그날은 뭐 그저 유두라는 말만 들었지, 그날 행사를 하는 것은 못 보았어.

예.

구월 뭐, 중양절 이런 부분은 전혀 뭐 없었습니까?

ᐨ 그 우린 잘 못 들었어.

그 별로 없었다, 그렇지요?

ᐨ 응.

그 시월에는 시월에?

ᐨ 시월 상달이라고.

예.

ᐨ 그래, 아까 내가 말했잖아.

예.

ᐨ 송굿이 시월 상달에는 인제 송굿이다 하고.

송굿이.

ᐨ 집집마다 인제 송굿이라고 그 인제 떡을 해놓고 인제.

예.

ᐨ 그 인제 잘잘 *** 빌었지.

아:.
⁻ 그거는 마이 해서, 지찌마다 해따 카이께네, 건: 송고시.
그 머, 그건?
송고세 빈.
⁻ 송고세는 떡 해노코 짐 비는 기라.
떡 머 어떤 떡예?
⁻ 헨나락 헤가주고 시, 여 시리떡 해가주고.
시리떡 고물 어떤?
⁻ 치치로 나아가주고 인자 또.
어데 팥꼬물 함니까, 인자 콩고물 함미까?
⁻ 시, 시리떡 인제 고.
⁻ 그레 콩꼬무루 마이 하지.
으, 예.
⁻ 그레 가주고 인제 팥꼬물도 하고.
으, 음.
그러마 빌 때 머 풍년?
⁻ 올치, 주로 인제 풍년 지고 또 가정이 무사하라:, 거기지.
비미까?
좀 복 마이 달라꼬 그러케.
⁻ 냉녀네도 또 농사 잘 지키 돌라카고.
음.
그레가, 그거 한다 거지예, 굳슬 한다 그지예?
⁻ 아, 거기 인제 송고시라 이르미 이제 거기 송고시라꼬 인자 가정마중
인제 그레, 한 지베 한분쓱 그레 쭈욱 해찌, 인제 그래 천농사 지꼬.
예, 그 머, 그라믄 아주 거 시루떠글 마이 해따 그지예 이때는.
⁻ 음.

아.

⎯ 그것은 많이 했어, 집집마다 했다고 하니까, 그건 송굿은.

그 뭐, 그것은?

송굿에 빌 때는.

⎯ 송굿에는 떡을 해놓고 지금 비는 것이라.

떡 뭐, 어떤 떡이요?

⎯ 햇벼를 해 가지고 시루, 여기 시루떡을 해 가지고.

시루떡은 고물을 어떻게?

⎯ 켜켜로 고물을 놓아 가지고 인제 또.

어디 팥고물을 합니까, 인제 콩고물을 합니까?

⎯ 시루, 시루떡은 인제 고물.

⎯ 그래, 콩고물을 많이 하지.

음, 예.

⎯ 그래 가지고 인제 팥고물도 하고.

으, 음.

그러면 빌 때, 뭐 풍년을 빕니까?

⎯ 옳지, 주로 인제 풍년지고 또 가정이 무사하라고, 그것이지.

빕니까?

좀 복을 많이 달라고 그렇게?

⎯ 내년에도 또 농사를 잘 지켜 달라고 하고.

음.

그래서 그것을 한다 그렇지요, 굿을 한다 그렇지요?

⎯ 아, 거기 인제 송굿이라는 이름이 이제 거기 송굿이라고 인자 가정마다 인제 그렇게, 한 집에 한 번씩 그래 쭉 했지, 인제 그래 첫 농사를 짓고.

예, 그 뭐, 그러면 아주 그 시루떡을 많이 했다 그렇지요, 이때는.

⎯ 응.

그라마 이때 머 날씨 가주고도 저물 치기도 핸씀니까?

￣ 그때 나르 가주고는 크게 저물 안 천는데.

예에, 어르신 그 다메 시, 동지딸 뭐?

￣ 동지딸, 동지딸.

￣ 동지나레 인자 파쭉 끼리 뭉는 나리지.

아:.

￣ 파쭉 파쭉 아, 끼리 무마 인제 한살 무따 헤헤헤, 동진날 동지파쭉 끼른다.

예에, 흐흐, 예.

그러마 동지 파쭉 끼리가주고는 그냥 묵시미까 아니면 안 그르므 머 어떠케 그거또?

￣ 그거또 한그를 떠나가주고 조상에게 빌고 그레 묵찌.

음, 그러마 그 조상한테 이레 빌고.

￣ 올치 절하고.

절하고 그래 머 고'시네~이도 함니까?

￣ 고:시레이 이레 가주고 숟까라그 주글 떠가 떤지기도 하고.

아, 고시레이도 하고 그래 하네예.

￣ 올치.

그러마 이, 머 그거 파쭉 머그며느 인제 아.

￣ 한살 무:따.

한살 무거예?

￣ 응.

그 다므메 혹시 머, 머 파쭉 안, 안 끼릴 때도 읻슴니까?

￣ 그레 안 끼리는 사람도 이찌.

아니, 그걸 어떤 해는 끼리고 어떤 해는?

￣ 에기동지다.

그러면 이때 뭐 날씨 가지고도 점을 치기도 했습니까?

￣ 그때는 날을 가지고는 크게 점을 안 쳤는데.

예, 어르신 그 다음에 시월, 동짓달 뭐?

￣ 동짓달, 동짓달.

￣ 동짓날에 인제 팥죽을 끓여 먹는 날이지.

아.

￣ 팥죽, 팥죽을 음, 끓여 먹으면 인제 한 살을 먹었다, 하하하, 동짓날에 동지팥죽을 끓인다.

예, 예, 흐흐, 예.

그러면 동지 팥죽을 끓여 가지고는 그냥 먹습니까, 아니면 안 그러면 뭐 어떻게 그것도?

￣ 그것도 한 그릇을 떠 놓아 가지고 조상신에게 빌고 그렇게 먹지.

음, 그러면 그 조상한테 이래 빌고.

￣ 옳지, 절하고.

절하고 그렇게 뭐 고수레도 합니까?

￣ 고수레 이래 가지고 숟가락으로 죽을 떠 가지고 던지기도 하고.

아, 고수레도 하고 그래 하네요.

￣ 옳지.

그러면 이, 뭐 그것 팥죽 먹으면 인제 아.

￣ 한 살을 먹었다.

한 살을 먹어요?

￣ 응.

그 다음에 혹시 뭐, 뭐 팥죽을 안, 안 끓일 때도 있습니까?

￣ 그래, 안 끓이는 사람도 있지.

아니, 그것이 어떤 해는 끓이고 어떤 해는?

￣ 아기동지다.

예.

˝ 에기동지다 카민서 혹 안 끼린다 카지마는 그레도 대충은 다 끼려서,
응.

예.

˝ 에기동지라 카민서 안 끼리는 때도 이써서.

에기동지는 뭐 어떤 걸 에기동지라 함미까?

˝ 그 머 다리 작앤능가 우짼능고 이레 전서리 에기동지다, 그레 나오
데.

아:.

아, 그라마 에기동지라꼬 그럴 떼는 안 끼려 멍는 사라믄, 안 끼려 멍는 사람
도 이따 그지예.

˝ 그러치.

아, 대, 하이튼 마 파쭉 불께 해가주고 그 때.

˝ 질겨 멍는 사라믄 머 끼리 무꼬.

예에.

그 다메 서따레는 어떤 게 이슴니까?

˝ 서따레는 머 큰 거 머 그는 업서찌, 서딸 그뭄나레는 인자 그문날57)
데마 인자 서딸 그문날 바메느 이저납세 내 카드시 저 가야사네서 동사미
거러 노은게 참 바메 사라므 인제 데가주고, 동사미 인제 하:해' 가주고 사
라미 데 가주고 서딸 그문나레 저 고련자~ 장 보러 간다:, 아, 그런 전서리
이써, 동사미 화헤 가주고 그런 전서리 하나 이써찌.

예, 에, 예에.

그라마 이거 자근 서리라꼬 함미까, 자근?

˝ 그러치, 그문나르 자근서리라고 하고.

자근설날 뭐?

˝ 초하린나른 큰서리라고 하고.

예.

￢ 아기동지라고 하면서 혹, 안 끓인다고 하지마는 그래도 대충은 다 끓였어, 응.

예.

￢ 아기동지라고 하면서 안 끓이는 때도 있었어.

아기동지는 뭐 어떤 것을 아기동지라고 합니까?

￢ 그 뭐 달이 작았는가, 어떻게 했는가, 이렇게 전설이 아기동지다, 그래 나오더라고.

아.

아, 그러면 아기동지라고 그럴 때는 안 끓여 먹는 사람은 안 끓여 먹는 사람도 있었다, 그렇지요.

￢ 그렇지.

아, 대충, 하여튼 그냥 팥죽을 붙게 해 가지고 그 때.

￢ 즐겨 먹는 사람은 뭐 끓여 먹고.

예.

그 다음에 섣달에는 어떤 것이 있습니까?

￢ 섣달에는 뭐, 큰 것은 뭐, 그것은 없었지, 섣달 그믐날에는 인제, 그믐날이 되면 인제 섣달 그믐날 밤에는 앞전에 내가 말했듯이, 저 가야산에 동상을 걸어 놓은 것이 참 밤에 사람이 인제 되어 가지고, 그 동상이 인제 변화해 가지고 사람이 되어 가지고, 섣달 그믐날에 저기 고령시장에 장을 보러 간다, 아, 그런 전설이 있어, 동상이 변화해 가지고 그런 전설이 하나가 있었지.

예, 에, 예.

그러면 이것 작은설이라고 합니까, 작은설?

￢ 그렇지, 그믐날은 작은설이라고 하고.

작은설날은 뭐?

￢ 초하룻날은 큰설이라고 하고.

자근설 안한 거는 머, 하먼 안 되는 거는 어떤 거?

⁻ 자근서레는 그지 머 자근서리다.

⁻ 아:들¹⁵⁸⁾ 노래도 이뜨시 까치까치 서나른 오느리고, 우리우리 설나른 내일 이란다, 그런 노래가 이써 가지고.

예, 에.

서, 자근 섣달 그뭄날 잠자머 잠자?

⁻ 눈섭 씨인다 그래찌.

그라마 잠 안 자고 그럼니까?

⁻ 아, 눈서븐 인제 그럴 쩨는 인자 우리 쪼메 할 쩌게는 밀깔리 그노믈 가주고 인자 누서베다 인자 요레 쳐발라찌, 자마.

아:.

⁻ 아, 그라마 너 눈섭 씨'이따, 하하.

아, 하하하.

⁻ 눈서비 뽀얀 씨이따.

예에.

⁻ 그 참 밍경 들다 보끼네 밀깔'리가 눈서베 하하하.

허허허.

⁼ 그래, 거기 장난, 장나니지.

저, 그러케.

⁻ 그래, 인제 서딸 그뭄날 바메는 인자 자마 눈섭 씨인다, 그런 전서리 니러 왔쩨.

아.

그냥 제미로 또 그렁 거또 해따 그지예.

⁻ 제미로 해찌.

그라믄, 음.

⁻ 그날밤 자지 마라: 이기.

작은설에 안 하는 것은 뭐, 하면 안 되는 것은 어떤 것이 있나요?

˗ 작은설에는 그렇지 뭐, 작은설이다.

˗ 아이들 노래에도 있듯이, "까치 까치 설날은 오늘이고, 우리 우리 설날은 내일이란다"라고 그런 노래가 있어 가지고.

예, 예.

설, 작은설, 섣달 그믐날은 잠을 자면 잠자면?

˗ 눈썹이 센다고 그랬지.

그러면 잠을 안 자고 그럽니까?

˗ 아, 눈썹은 인제 그럴 적에는 우리가 조그만 한 적에는 밀가루, 그것을 가지고 인제 눈썹에다 인제 요래 발랐지, 잠을 자면.

아.

˗ 아, 그러면 너 눈썹이 세었다, 하하.

아, 하하하.

˗ 눈썹이 뽀얗게 세었다.

예.

˗ 그 참, 면경을 들여 보니까 밀가루가 눈썹에 하하하.

하하하.

゠ 그래, 그것은 장난, 장난이지.

저, 그렇게.

˗ 그래, 인제 섣달 그믐날 밤에는 인제 자면 눈썹이 센다고 하는 그런 전설이 내려 왔지요.

아.

그냥 재미로, 또 그런 것도 했다 그렇지요.

˗ 재미로 했지.

그러면, 음.

˗ 그날 밤에 자지 마라, 이게지.

‾ 마다도 불 써노코 바아도59) 불 써노코 환하게 불 써노아꺼든.

온 동네 불 다 서.

‾ 올치 올치, 지찌마중 다 써나따 카이.

그 부른 웨 서노시미꺼?

‾ 원차 발꼬 인제 새해 마지해 가주꼬 조아라꼬 하는기지.

으 음, 머 보통은.

＝ 보통 불 다 써, 올치.

아, 불 다 섬미까, 예.

‾ 저 통시도 서고.

음, 거이 다 선다 그지예?

‾ 마다~도 서고 바~도 불 안 끄고 바도 밤 세도록 서노코.

예.

‾ 그래 이써, 그렁게 이써.

예에.

머 거이 다: 그거느 다 한다 그지예.

‾ 음.

‾ 지찌마다 불 써나서이.

머 그거는 머 불 서노은 이유는 잘 모르고예?

‾ 불 서노은 이유시야 밍녀네 인자 새해를 인자 만는다, 새해르 마즈께
네 올게는60) 인제 발께 해가즈고 새해르 마따, 이기.

예, 음.

마당에도 불을 켜 놓고, 방에도 불을 켜 놓고, 환하게 불을 켜 놓았거든.
온 동네에 불을 다 켰어.

― 옳지, 옳지, 집집마다 다 켜 놓았다고 하니까.

거기 불은 왜 켜놓습니까?

― 워낙 밝고 인제 새해를 맞이해 가지고 좋으라고 하는 것이지.

으, 음 뭐 보통은.

― 보통 불을 다 켜, 옳지.

아, 불을 다 켰습니까, 예.

― 저기 화장실도 켜고.

음, 거의 다 켠다, 그렇지요?

― 마당에도 켜고, 방에도 불을 안 끄고, 방에도 밤이 새도록 켜 놓고.

예.

― 그래 있어, 그렇게 있어.

예.

뭐, 거의 다 그것은 다 한다 그렇지요.

― 응.

― 집집마다 불을 켜 놓았으니까.

뭐 그것은, 뭐 불을 켜놓은 이유는 잘 모르고요?

― 불을 켜 놓은 이유야 명년에 인제 새해를 인제 맞는다, 새해를 맞으니
까 올해는 인제 밝게 해 가지고 새해를 맞는다, 이게지.

예, 음.

■ 주석

1) 이는 '정월(正月)'의 이 지역어형이며 일반음성학적 관점에서 특이한 성격을 보이는 경우이다. 이 어형은 이중모음실현 제약에 따라 이 지역어에서는 활음(Glides)이 탈락되지 않고 단모음이 탈락된 예이기 때문이다. 일반적으로 국어음운론에서 이중모음 실현에서 활음이 탈락되는 경우만 상정하고 단모음이 탈락되고 활음이 음절핵 구성을 위해 단모음으로 바뀌는 경우는 없는 것으로 가정하는 조건을 고려하면 매우 이례적인 경우이다. 비록 이 예가 수의적 발화실수형이라고 하더라도 충분히 생각해 볼 가치가 있는 문제이다.

2) 이는 '산제(山祭)'의 이 지역어형이며 '산제 → 산지(고모음화)'의 과정을 거쳐 실현된 예이다. 정월대보름날의 세시풍속에는 여러 가지가 있지만 여기서 말하는 산제도 그 중의 하나이다. 이는 지역에 따라 다르긴 하지만 산제(山祭)·동제(洞祭)·당산굿·대동치성(大同致誠)·당제(堂祭)라고도 불렀으며 이것은 마을의 평안과 풍요 등을 기원하기 위해서 행해졌다. 대개 음력 정월대보름과 정초에 지내나 지역에 따라 10월 보름에 치르기도 한다. 제단 주변을 깨끗하게 한 뒤 부정을 막기 위해 황토를 펴고 금(禁)줄을 치는 게 보통이다. 산제의 제주(祭主)는 마을의 연장자 가운데 건강한 사람이 맡으며, 1주일 전에 목욕재계한 후 육류를 먹지 않고 상가(喪家)나 아기가 태어난 집(産家)의 출입을 하지 않으며 모든 일에 행동을 조심한다. 제물은 지역에 따라 다르지만 제주 집에서 제사 전날에 준비하고 비용은 제답(祭畓)의 수입과 각 가정에서 부담하여 마련한다. 제사는 보통 자정 전후에 시작하여 새벽에 끝낸다. 제사를 지내고 나면 굿을 하고 제사 음식과 술을 나누어 먹는다. 당산제는 제사와 굿의 이중성격을 갖고 있는 점이 특이하며 축제 분위기로 부락민의 유대강화에 큰 역할을 한다. 그리고 지역에 따라 이날 내린 신대를 가지고 집집마다 돌며 지신밟기를 하기도 한다.

3) 이는 대동계(大洞契) 또는 동계(洞契) 등으로 대역할 수 있는 어형이며 '동이'는 '동회의'의 준말이다. 이는 일 년 동안 동네에서 일어나는 크고 작은 일을 처리하고 회의를 하는 동네의 조직이다.

4) 이는 '경비(經費)'로 대역되는 이 지역어형이며 이는 경구개음화가 실현된 형태이다. 즉, '경비 → 정비(경구개음화 현상) → 정비(이중모음실현제약에 따

른 단모음화)'의 과정을 거친 어형이다.

5) 이는 '꽹과리'로 대역되며 이 지역어에서는 모음중화에 따라 수의적으로 '매구'형으로도 실현된다. 이 어형은 이 지역어를 비롯하여 경상도방언에서 일반적으로 분포하는 것으로 알려져 있다.

6) 이는 '솔가지'로 대역되며 이 어형은 '관솔'이라는 의미로도 쓰인다.

7) 이는 '고사'의 우발적인 발화실수형이다.

8) 이는 '자식에'로 대역되며 '자석'형은 이 지역어를 비롯하여 경북, 경남, 강원 방언에서 실현되는 것으로 알려져 있다.

9) 이는 '되라고'로 대역되며 '되(化)- → 데다(이중모음 실현 제약) → 디다(고모음화)'의 과정을 거쳐 실현된 예이다.

10) 이는 '이전날에, 이전의 앞에'로 대역되며 '이전(以前) + 앞(前) +세(間: 사이 → 새(축약) → 세(모음중화))'의 구성이다.

11) 이는 '한'의 발화실수형이다.

12) 이는 '서너'의 발화실수형이다.

13) 여기서 팔월은 음력 팔월을 가리키기도 하지만 '팔월한가위'를 뜻하기도 한다.

14) 이 지역어에서는 '무엇'에 대한 대응형이 '머, 머시'의 양형으로 나타남을 볼 수 있다.

15) 이는 '떡국'의 이 지역어형이며 수의적으로 후행하는 자음의 영향으로 연구개음화가 실현된 형이다.

16) 이는 '헤아리다'의 이 지역어형이며 경상, 전라, 충청방언에 분포하는 것으로 보고되어 있다.

17) 이는 '부스럼'에 대응되는 이 지역어형이며 '부스럼 → 부스름(모음동화) → 부시름(전설모음화)'의 과정을 거쳐 실현된 예이다.

18) 이는 '으리(강정) + -더(보조사)'의 구성이며 '으리'는 강정의 이 지역어형이다. '으리, 어리'형은 이 지역어를 비롯하여 경북방언에서 일반적으로 분포한다.

19) 이는 정월대보름날에 하는 세시풍속 중의 하나이다. 대개 이날에는 오곡밥을 지어 먹는 풍습이 있었고 지역에 따라 차이가 있지만 대개 보름날 아침에 먹는 것이 보통의 풍습이다. '동국세시기(東國歲時記)'에는 이 날 오곡밥을 지어 나눠 주는 풍습이 있었고 영남지방의 풍습도 같은데 이것은 제삿밥을 나눠 먹는 풍습에서 유래된 것으로 설명하고 있다. 또 이 책에는 "봄을 타서 살빛이 검고 야위는 아이는 백 집의 밥을 얻어다가 절구를 타고 개와 마주 앉아서 개에게 한 숟갈 먹게 하고 자기도 한 숟갈 먹으면 다시는 이런 병을 앓

지 않는다."라고 기록하고 있는데 이는 무병장수의 기원으로 보인다. 또 이 날 다른 성을 가진 세 집 이상의 밥을 먹어야 그 해의 운이 좋아진다고 하여 아이들에게 조리를 들고 다른 집에 가서 밥을 얻어오게 했던 풍속으로 정착된 것이 '조리밥'으로 판단된다.

20) 이는 '숟가락씩'으로 대역되는 어형이며 '숟가락씩 → 수까락씩(경음화 현상) → 수까락식(자음중화) → 수까락슥(과도교정에 따른 후설모음화) → 수까륵슥(모음동화) → 수까르스(음절말자음 탈락)'의 과정을 거쳐 실현된 어형이다.

21) 이는 '방아'의 이 지역어형이며 이 형태와 비슷한 변이형인 '방애'형은 '강원, 경남, 전남, 제주, 평안방언'에 분포하는 것으로 보고되어 있다. 이 지역어형은 '방애 → 방~애(비모음화) → 바~애(비음탈락)'의 과정을 거쳐 실현된 어형이며 이 지역어를 비롯한 경북방언에서도 '방애'형이 존재할 가능성이 큰 것으로 판단되는 예이다.

22) 이는 '금줄'의 이 지역어형이며 경북방언에 '금줄'과 함께 공존하는 어형이다.

23) 이는 '잡귀(雜鬼)'에 대응되는 이 지역어형이며 '잡귀 → 잡기(이중모음 실현 제약) → 잡끼(경음화) → 자끼(어중자음 탈락)'의 과정을 거쳐 실현된 예이다.

24) 이는 '사립문'의 이 지역어형이며 '경상도, 충북방언'에 실현되는 것으로 보고되어 있다.

25) 이는 '밥#이래'로 실현되어야 할 어절경계지만 현실발화에서는 어절경계를 건너 연음화 현상이 일어난 형태이다.

26) 이는 영등할머니인데 제보자가 잠시 착각하여 삼신할머니로 발화한 부분이다. 삼신(三神)할머니는 삼신이 할머니로 나타난다는 의미로 만들어진 것이며 '삼신'은 아기를 점지하고 산모와 태어난 아기를 돌보는 신이다.

27) 이는 '데리고'로 대역되는 이 지역어형이며 이는 '데리고 → 델고(축약) → 딜고(고모음화) → 딜꼬(경음화)'의 과정을 거쳐 실현된 예이다.

28) 이는 '치마'의 이 지역어형이며 이는 모음중화에 따른 '처매'형과 함께 이 지역어를 비롯한 경상도, 평안도방언에서 실현되는 것으로 보고되어 있다.

29) 이는 전통신앙에서 2월 초하룻날을 '영등날'이고 하며 여기서 '영등'은 바람을 관장하는 바람신이다. 영등할머니는 2월 초하룻날에 지상에 내려와서 인간 세상을 살피고 10일이나 20일 경에 하늘로 올라가는데 이때의 기후를 살펴서 한해 농사와 어촌에서는 어업에 대해 점을 쳤다. 농촌에서는 영등할머

니가 지상에 머물러 있는 동안 초하룻날에 고사를 지내고 매일 아침 정화수를 장독대에 올려놓고 빌며 어촌에서는 용떡을 만들어 용신에게 바치고 바다를 평온하게 해달라고 비는 굿을 하는 것이 보통이다. 대개 영등할머니는 혼자서는 다니지 않고 딸이나 며느리를 데리고 다니는데, 딸을 데리고 오면 다홍치마를 휘날리게 하느라고 바람이 불어 흉년이 들고, 며느리를 데리고 오면 며느리를 시샘해서 다홍치마를 젖게 하려고 비가 내려 풍년이 든다는 내용이다.

30) 이는 '이월(二月)'의 우발적인 발화실수형이다.

31) 이는 '새벽'에 대응되는 이 지역어형이며 이는 '새벽 → 새벅(이중모음 실현 제약) → 새븍(모음중화) → 새북(원순모음화)'의 과정을 거쳐 실현된 어형이다.

32) 이는 '머슴들이'로 대역되며 이 지역어에서는 치음 아래의 '一'모음은 전설모음 'ㅣ'로 바뀌는 전설모음화 현상이 비교적 활발하게 실현되고 있다.

33) 이는 '새끼'에 대한 우발적인 발화실수형이다.

34) 이는 제보자가 순간적으로 착각하여 '새끼'로 발화해야 할 부분을 '솥'으로 발화한 발화실수이다.

35) 이는 '보리'에 대응되는 이 지역어형이며 이 어형은 이 지역어를 비롯하여 '경상, 경기, 강원, 충북방언'에 이르기까지 다양한 지역에 걸쳐 분포하는 것으로 보고되어 있다.

36) 이는 '적에는'으로 대역되며 이는 '적'의 형태가 음운동화가 일어나서 '째, 쩨, 찌'등과 같은 다양한 이 형태로 실현된다.

37) 이는 제보자가 잠시 착오를 일으킨 발화의 오류이며 '삼짇날'로 발화해야 할 것을 앞의 '삼신할머니'에 이끌려 발화오류를 일으킨 것이다.

38) 이는 '인제'로 대역되며 '인자 → 인쟈(모음동화) → 인냐(자음탈락 및 양음절화)'의 과정을 거쳐 실현된 어형이다.

39) 이는 '특별하게'로 대역되며 '특별(特別)하- + -이 → 특뼐하이(경음화) → 특뼐하이(이중모음 실현제약) → 특뼬하이(고모음화) → 특뼈라이(ㅎ 탈락)'의 과정을 거쳐 실현된 어형이다.

40) 이는 '초파일'이라는 어형을 발화실수한 어형이다.

41) 이는 '사람이'로 대역되며 움라우트현상이 실현된 어형이다.

42) 이는 '작대기꾼'에 대응되는 이 지역어형이며 '작대 + 꾼 → 작때꾼(경음화) → 작때꾼~(비모음화) → 작때꾸~(비음탈락)'의 과정을 거쳐 실현된 어형이

다. 이는 강릉 단오제 때 행하는 관노 가면극에 등장하는 인물 중의 한 사람과는 다르지만 그 유래는 같은 것으로 판단된다. 강릉단오제 때 나오는 장자마리는 탈 대신 뾰족한 모자를 얼굴까지 내려 쓰고 작대기를 들고 나와 익살을 부리고 춤을 추며, 푸른 잿빛 장삼을 입고 해초를 어깨와 허리에 많이 단 형태로 등장하는 인물이다. 여기서 말하는 작대기꾼은 어떤 지역의 잔치나 주요 행사 때에 작대기를 집고 등장하여 음식을 얻어먹는 사람을 가리키지만 실제로는 남자들이 그런 사람과 같은 이치로 구경을 갔다는 뜻이다.

43) 이는 '사월'의 축약형인 '살'로 실현되어야 할 어형이지만 '잘'로 발화실수된 어형이다.

44) 이는 '그네'에 대응되는 이 지역어형이며 이 지역어를 비롯하여 '경북, 경남 방언'에 실현되는 어형이다.

45) 이는 후행하는 어절의 양순음에 의하여 동화가 이루어진 어형이다.

46) 이는 '명절'로 대응되는 이 지역어형이다. 이 제보자의 발화에서는 '명절'이 이중모음 실현 제약에 따라 '밍절, 멩절, 명절' 등과 같은 다양한 형태로 실현되며 위의 '명결'은 과도교정에 따른 발화실수형이다.

47) 이는 '유두(流頭)'의 이 지역어형이다. 이는 우리나라 명절의 하나로서 음력 유월 보름날을 가리킨다. 신라 때부터 유래한 것으로, 나쁜 일을 떨어 버리기 위해 동쪽으로 흐르는 물에 머리를 감는 풍속이 있었다. 근래까지 수단(水團)·수교위 같은 음식물을 만들어 먹으며, 농사가 잘되라고 용신제를 지내기도 하였다. 이런 민속놀이는 지역에 따라 성격이 다르게 나타나는 것이 보통이다. 여기서 수단(水團)은 쌀가루나 밀가루를 반죽하여 경단 같이 만들어서 삶은 다음, 찬물에 헹구어 물기가 마르기 전에 꿀물에 넣고 실백잣을 띄운 음식이며 수교위는 밀가루를 반죽하여 얇게 빚어 그 속에 고기와 오이 따위를 잘게 썬 소를 넣고 만두 모양으로 찐 음식으로 두 음식 모두 유두의 별미 중의 하나이다.

48) 표준어로 대역을 하면 그냥 '창포'로 해야겠지만 발화의 상황을 살리기 위해서 그냥 이 지역어 형인 '쟁피'로 표현했다.

49) '이거는'형에서 어중자음 'ㄱ'음이 탈락된 예이다.

50) 음력 칠월 보름날에 하는 놀이를 통틀어서 '백중놀이'라고 많이 부르지만 이는 지역에 따라 이름이 매우 다른 형태로 실현되는 것이 그 특징이다. 이 지역에서는 '개말타기 놀이(깨말타기)'로 불리어지지만 경북의 다른 지역에서는 '풋굿놀이(푸꾸놀이)'로 불리워지기도 한다. 아무튼 이 지역어의 개말타기

놀이는 호미씻이 놀이의 한 형태이다.

51) 원래 개말을 타고 저녁마다 풍물을 치고 술과 음식을 먹으면서 노는 것이 이 지역어에서는 '개말타기 놀이'로 명명되었으며 다른 지역의 '호미씻이 놀이'에 해당하는 것이다. 여기서 그냥 '개말'로 그냥 대역한 것은 호미씻이 놀이 중의 하나로서 개말타기가 있기 때문에 그대로 대역했다.

52) 이는 제보자가 잠시 착각하여 유월 유두를 팔월로 잘못 발화한 것이다.

53) 이는 '성묘도'로 대응되는 이 지역어형이며 '성묘(省墓) → 승묘(모음중화) → 싱묘(전설모음화) → 싱모(이중모음 실현제약)'의 과정을 거쳐 실현된 예이다.

54) 이는 이중모음 실현제약에 따라 '소온'형으로 실현되었는데 이 경우 반모음이 직접 단모음으로 실현된 것을 상정할 수도 있고 '소원 → 소언(이중모음 실현제약) → 소은(모음중화) → 소온(모음동화)'의 과정을 거쳐 실현된 것으로도 볼 수 있다. 다만, 전자의 경우 다른 지역어에서는 이런 예를 찾기가 쉽지 않지만 이 제보자에서는 이런 예가 다른 발화에서도 실현되는 것으로 보아 충분히 설명이 가능한 과정이다.

55) 여기서도 제보자가 기억의 착오로 인해 유월 유두인데 구월 유두로 표현한 부분이다.

56) 이는 '송굿'으로 대역되는데 '송굿'은 한 해 농사에 대해 감사하고 내년에도 풍년이 들고 가정에 무탈하고 행복하기를 기원하는 제의 의식이며 이를 이 지역에서는 '송(送)굿'이라고 했다.

57) 이는 '그믐날'에 대응되는 이 지역어형이며 국어의 일반적인 동화현상과는 다른 위치 동화가 일어난 예이다. 이는 '그믐날 → 그뭄날(원순모음화) → 그문날(치조음화)'의 과정을 거쳐 실현된 예이다.

58) 이 지역어에서는 '아이들'과 '아들(子)'이 음성학적으로 동음이의어 관계에 해당한다. 이 두 어휘는 성조에 따라 달리 실현되는데 '아:들'(童)과 '아들(子)'로 구별된다.

59) 이는 '방에도'로 대역되는 이 지역어형이며 '방(房) + -아(처소격)'의 구성이다.

60) '올해는'의 이 지역어형이며 이 어형은 이 지역어를 비롯하여 '경북, 전라방언'에서 실현되는 것으로 보고되어 있다.

-(귀'서)놈 g3 34

-(그대)으 g3 28, 94

-(그때)너 g3 182, 350

-(그때)능 g3 224

-(나안주)곰 g3 28

-(밍주)노 g3 358

-(옌나레)느 g3 34, 154

-는지

　-(태'어난)능강 g3 22

　-ㄴ느가 g3 22

-니

　-(가)이 g3 36, 38, 84, 88

　-(난)느 g3 74

　-(완)노 g3 74, 82

　-(써')노' g3 76

-니까

　-(황)게네 g3 28, 34, 70, 74, 78, 82,
　　　86, 96

　-(가쓰)이 g3 66, 164

　-(바드쓰)이께네 g3 232, 244, 372,
　　　482

　-(보')ㅇ께네 g3 208, 408, 414, 424,
　　　474, 490

　-(노)ㅇ께 g3 230, 244

　-(쏘'이)께네 g3 32, 224, 254, 318,
　　　346

　-(마저서)랑게네 g3 98

　-(보')잉께네 g3 272, 482

　-(보)ㅇ게넴 g3 84

　-(보)ㅇ에 g3 96

-(보)니께네 g3 242, 400, 426

-(보~)이께네 g3 224, 362, 408

-(보)이겐니 g3 352

-(보)잉끼 g3 478

-(봉)게네 g3 22, 28, 64

-(오')이'께네 g3 32

-(옹')ㄴ게네 g3 28

-(쪼부)잉께 g3 170

-(패'데)니으 g3 82

-대로

　-(마음)데러 g3 84

　-(맘)데로 g3 236, 270

　-(맘)데르 g3 84

　-(몸)더러 g3 96

　-(여)드르 g3 36

-도

　-(모)두 g3 30, 52, 78, 438

　-(그그')뜸 g3 406

　-(맘)더 g3 32, 78, 186, 236, 240,
　　　464

　-(사'암)돈 g3 98, 148

　-(빌거)드 g3 54, 80, 212

　-(아::무꾸)떠 g3 350

　-(엄나무)또 g3 438

-도록

　-(꼼꼼하)구로 g3 158

　-(뎅기)도로 g3 368

　-(띠)두루 g3 78, 96

　-(점)드르 g3 212, 350, 370, 444

　-(점:)두'루' g3 272

-(이)만습 g3 400
-(지금)맹'크로 g3 208
-며
-(뎅기)미 g3 210
-면
-(하)마 g3 28, 32, 34, 38, 50, 60,
74, 86, 98, 100, 150, 158, 160,
260, 252, 262, 264, 272, 274,
308, 316, 318, 324, 326, 328,
330, 340, 336, 372, 400, 422,
424, 426, 430, 444, 466, 474,
476, 480,
-(결혼해'따카)맘 g3 34, 96, 100,
436
-(가)모 g3 240
-(가놈)머 g3 38, 236, 258, 400,
434, 440
-(생기)만 g3 256, 272, 370, 482
-(나)먼 g3 72, 86, 256
-(나)미 g3 422
-(나)은 g3 186
-(앙가)므 g3 42, 358, 422
-(이시)맘 g3 82, 84, 86, 430
-(오시)머 g3 94
-(음'스)멈 g3 60
-(차올)르믄 g3 170
-(하)문 g3 400
-(하)믄 g3 350
-면서
-(뎅기)미성 g3 88, 414

-(놀)민서 g3 494
-(빼)미서 g3 410, 474
-밖
-(고)빼께 g3 196
-밖에
-(개속)빼끼 g3 366
-(고오')빼'으 g3 356
-(꼬)빼'기' g3 260
-빼'끼 g3 24
-뻬께 g3 224
-부터
-(그'때')부'텅 g3 74
-(조'본님)부텅 g3 22, 72
-(예)뿌터 g3 38
-(이튼날)부통 g3 50
-서
-(나)가주 g3 318, 348, 400, 416,
424, 440
-(그'래)아 g3 30
-(그래)가지 g3 422
-(그리)간 g3 40
-(끼르)감 g3 370
-(해)가 g3 330, 332, 352, 366, 414,
426, 440, 442, 444,
-(데)가짇 g3 26
-(해)가조 g3 444
-습니까
-(와)씸미꺼 g3 56
-(우'야게)씀미꺼 g3 86
-습니다

-한테

  -(매')안테 g3   82

  -(시아바시)한떼 g3   50

<가>

가(邊)

  가시 g3   202, 240

가깝다

  가차'운 g3   86

가난하다

  가나너 g3   208

  가나한 g3   208

가느스름하게

  가느소롬하~이 g3   372

가다라다

  다라 g3   304

가렵다

  건지러끄'덩 g3   412

가마니

  가마이 g3   154, 168, 176

가마솥

  가매솥 g3   444

  가매솥' g3   444

가만히

  가마 g3   86, 100, 348

가시

  까시' g3   400

가운데

  가분데 g3   216

가분뎁 g3   216

가위날

  가온날 g3   488, 490

가을

  가실 g3   198

  갈 g3   266

가을걷이하다

  가실하고 g3   196

  가실하다 g3   172

가을누에

  가을리비 g3   362

가져오다

  가올 g3   60

  가조오고 g3   70

  가조오라꼬 g3   84

  가조온다 g3   84

가지

  가재~'이 g3   332

  가쟁'이 g3   332

  가제~이 g3   192

  까'지 g3   306

가지다

  가이고 g3   310

  까주고 g3   332

  까주오 g3   334

가지런히

  칸조로마~'이 g3   322

가추가루

  고치까'리 g3   416

갈고리

고거슥 g3　308
고고(구) g3　166, 174, 262, 314330,
　　　360
고늠 g3　360
고오 g3　198, 246, 254, 332, 356,
　　　364, 366
고게
고기 g3　456
고이 g3　304
고기
고 g3　42, 56, 208, 308, 312
고랑
골베 g3　220
고래
고르익 g3　330
고래서
고래가 g3　362
고런
고'룽 g3　306
고롱 g3　150
고르 g3　92
고렇게
고'루그로 g3　358
골키 g3　84
고만
고마 g3　56, 418, 424
고(곰)머 g3　28, 238, 424
고삐줄
이까르 g3　210
고생

고상 g3　324
고생스럽다
고생시러버 g3　64
고수레
고:시레이 g3　500
고추
꼬추 g3　150
고추가루
고치깔리 g3　416
고치
꼬'치 g3　360
꼬치 g3　372
고치다
곤친다 g3　430
고함
가물 g3　84
콰흠 g3　82
고향
고(고')양 g3　22, 24
곡식
고서 g3　176
곡석' g3　272
곡서 g3　264
곡석 g3　270
곤
온 g3　440
골고루
골고리 g3　208
골짜기
골짜(짝) g3　440, 442

귀
　기' g3　340
귀신
　기시(~) g3　434
귀하다
　기'헤떠 g3　418
　기에 g3　88
　기항 g3　488
그
　고 g3　48
　굼 g3　78
　그눔 g3　40
　꺼 g3　44
그거(것)
　구걸 g3　50
　그그(으) g3　40, 64, 70, 72, 84, 88,
　　　92, 98, 182, 194, 204, 216,
　　　244, 328, 410
　그(그')어 g3　40, 46, 184
　그(그')얼 g3　158, 326
　기그 g3　34, 64
　거 g3　40, 418, 438, 440
　거'어' g3　312
　구우 g3　64, 154
　그골 g3　40
　그기 g3　316
　그어 g3　40, 74, 252, 320, 334, 424,
　　　432, 458
　그우 g3　428
　그으 g3　28, 54, 200, 314, 328, 338,

　　348, 404, 406, 412, 414, 416,
　　418, 422, 438, 442
　그허 g3　182
　기(기) g3　50, 54
그게
　그기 g3　186, 262, 312, 422, 444
　그이 g3　54, 226, 332, 440
　꺼이 g3　260
그냥
　고마 g3　242
　구여 g3　54
　그(근)나 g3　38, 424
　그양(영) g3　160, 236, 248, 360,
　　　424, 428
　그여 g3　360
　기양 g3　24, 32, 44, 64, 158, 160,
　　　186, 210, 358, 368, 408, 424,
　　　440
　마 g3　26, 34, 40, 50, 62, 64, 70,
　　　72, 74, 80, 82, 96, 98, 100,
　　　150, 214, 230, 238, 318, 330,
　　　360, 376, 408
　막(만, 맘, 망) g3　30, 38, 82, 84,
　　　98306, 308
그냥ˆ
　참 g3　28, 30
그네
　고네 g3　468
　군데 g3　482
그대로

부다 g3   38
나르다
　나리고 g3   258
나무
　낭게 g3   332
　낭글 g3
　낭긴데 g3   334, 444
　낭ㄱ g3   202, 206
　낭글 g3   192, 332, 340, 432
나무구유
　나무꾸시 g3   216
나물ˆ
　나무레다 g3   422
나물부침개
　나물찌지미 g3   90
나뭇가지
　꼬재일 g3   226
나절
　쩔 g3   274
나중(에)
　난중 g3   368
　난자 g3   162
　난제 g3   156, 250, 318, 358
　난조 g3   38, 72
　난주(이, 게) g3   36, 40, 70, 72,
　　74, 96, 358
남
　넘 g3   208, 232, 456
　늠 g3   472
낫

낱 g3   442
낫게하다
　나사고 g3   404
낯
　내끼 g3   348
낳다
　노꼬 g3   248
　노는 g3   250
　노마 g3   228, 250
　논나 g3   74
내년
　냉년 g3   498
내려가다
　니르가고 g3   150
　니르가따(가) g3   148, 348
내려오다
　니르오미서 g3   470, 474
　니르와찌 g3   38
내리다
　니리마(따) g3   476
내몰다
　후떧가 g3   210
　후두채 g3   210
　훌들처 g3   212
내버리다
　내삐(리고) g3   156, 228
너르다
　느렌 g3   262
너희
　너(느)거(그) g3   74, 78, 80, 434

달포

  달보 g3 306

닭

  달 g3 78, 94

담구멍

  당꾸'여~' g3 318

당기다

  뗑'기뿌'마 g3 354

당산제

  당선제 g3 462

당시

  헹년 g3 220

대개

  어시는 g3 72

대동계

  대'동이 g3 458

대반

  대'방' g3 74

  대바(~_ g3 70

대번에

  데바시 g3 240

댁

  띠기 g3 54

덕석

  삼저~'(정) g3 226

  삼녕 g3 226

덕지

  티두르 g3 402

덜

  드'얼' g3 98

덩어리

  등그리 g3 80

  등그르 g3 80

데리다

  두르 g3 72

  둘(고) g3 30, 70

  들'고 g3 36

  디'러 g3 32

  디리고 g3 212

  딜'고(꼬) g3 44, 208, 270, 470, 474

  띠리 g3 32

도꼬마리

  도투마'리떼 g3 404

도끼

  도치 g3 194, 216

도둑놈

  도'둥'누 g3 40

도련님

  디'르미 g3 66

도로

  다부(보) g3 30, 76, 78, 240

  도리 g3 328

  따부 g3 228

독시루

  동'실'리 g3 318

돈

  도~' g3 230, 256

돋우다

  도끄'랄라고 g3 222

돌껏

일으키다

  이'바꺼찌 g3 220

  일바시/일키 g3 146, 222

일제강점기

  일쩡시대 g3 176

일찍

  일'쪽' g3 472

입히다

  임피꼬 g3 226

있다

  이:시'가/이시마 g3 328, 360

  인 g3 318

잉앗대

  응'에때 g3 344, 346

  이~'에때 g3 310

<자>

자기

  자이/지 g3 26, 52, 80, 224

자꾸

  자꼬/자꿍 g3 50, 268

자르다

  짤러 g3 440

자식

  자'석/짜슥 g3 98, 460

자잘하게

  잔잔::하~'이 g3 358

  잘기 g3 336

  짠짜:나이 g3 366

잔잔:한 g3 310, 312

자질구레

  구지버레 g3 38

작대기

  작때~'이 g3 480

작대기꾼

  작때꾸~' g3 480

작두

  짝또 g3 218

작은아이

  저나 g3 28

잔치

  잔체 g3 94

잘게

  잘기 g3 320

잠반

  장박 g3 368

잠시

  참시 g3 348

장

  자~ g3 256

장가

  장게 g3 32, 56, 80, 84, 88,

장갓대^^

  장:가때 g3 368

장인

  자이 g3 84

장인어른

  재인:어른 g3 30, 84

재행